Breve historia de la Argentina

Humanidades

Jorge Saborido
Luciano de Privitellio

Breve historia de la Argentina

El libro de bolsillo
Historia
Alianza Editorial

Diseño de cubierta: Alianza Editorial
Ilustración de cubierta: Ángel Uriarte

Reservados todos los derechos. El contenido de esta obra está protegido por la Ley, que establece penas de prisión y/o multas, además de las correspondientes indemnizaciones por daños y perjuicios, para quienes reprodujeren, plagiaren, distribuyeren o comunicaren públicamente, en todo o en parte, una obra literaria, artística o científica, o su transformación, interpretación o ejecución artística fijada en cualquier tipo de soporte o comunicada a través de cualquier medio, sin la preceptiva autorización.

© Jorge Ramón Enrique Saborido Acerbo, 2006
© Luciano de Privitellio, 2006
© Alianza Editorial, S. A., Madrid, 2006
   Juan Ignacio Luca de Tena, 15; 28027 Madrid
   Teléfono 91 393 88 88
   www.alianzaeditorial.es
   ISBN: 84-206-6054-X
   Depósito legal: M. 37.478-2006
   Fotocomposición e impresión: Fernández Ciudad, S. L.
   Coto de Doñana, 10. 28320 Pinto (Madrid)
   Printed in Spain

SI QUIERE RECIBIR INFORMACIÓN PERIÓDICA SOBRE LAS NOVEDADES DE
ALIANZA EDITORIAL, ENVÍE UN CORREO ELECTRÓNICO A LA DIRECCIÓN:

alianzaeditorial@anaya.es

Prólogo

Abordar la empresa de escribir una historia de la Argentina implica una tarea nada fácil; las sorpresas que el país le ha proporcionado al mundo en los últimos años generan la tentación de las explicaciones fáciles, incluso con connotaciones conspirativas. Y es que la República Argentina nos ofrece elementos para el asombro y la perplejidad: ¿cómo puede ser que un país dotado de un territorio con zonas de altísima fertilidad, productor en favorables condiciones de una amplia gama de alimentos, y habitado por una población que cuenta con una considerable formación educativa, haya tenido un comportamiento tan mediocre (por lo menos) en la segunda mitad del siglo XX? La mera formulación de esta pregunta conlleva implícitamente la convicción, por otra parte generalizada, de que la Argentina estaba destinada a ocupar un lugar prominente en el concierto de las naciones desarrolladas.

Sin embargo, las dimensiones del fracaso han conducido a explicaciones que llegan incluso hasta el extremo de plantear la inevitabilidad –o casi– del destino del país, asociado en algunos casos a un legado colonial, en otros a la disponibilidad de factores que condujeron a la conformación de una determinada estructura productiva, o también al hecho de la dependencia externa, factor distorsionante que actuó incluso cuando al país le iba bien.

El texto que sigue no parte de *a priori* alguno: intenta ser un relato explicativo en el que si bien el enfoque está claramente determinado por la mirada que se lanza desde el presente, se aspira a mostrar también las circunstancias en las que operaron los diferentes actores intervinientes en cada uno de los procesos.

El enfoque principal, extremadamente elemental en su formulación, es que la evolución histórica de la Argentina fue el resultado de una multiplicidad de factores –sociales, económicos, culturales– que condujeron a que de cada coyuntura histórica emergieran consecuencias de fuerte incidencia posterior, por lo que un adecuado conocimiento de las circunstancias en las que se verificaron las mismas contribuye a aportarnos pistas para explicar la evolución futura.

Sin embargo, este abordaje no intenta repartir responsabilidades con supuestos criterios de equidad: en cada momento los acontecimientos pudieron haberse desarrollado de manera diferente, por lo que el desempeño de los actores es crucial, y la significación social, política y económica de los mismos marca diferencias en su nivel de responsabilidad. En este aspecto, sin embargo, creemos que es importante enfatizar dos cuestiones: por una parte, que el fracaso de un país en su desarrollo económico y social debe estar vinculado a la tarea realizada por sus clases dirigentes; por otra, que los comportamientos de la sociedad en su conjunto, condicionados en mayor o menor medida por factores de todo orden, tampoco son ajenos al resultado final. Puede sostenerse, en esta línea, que a partir de 1930 la interacción de circunstancias externas –la evolución de la economía mundial– e internas –los continuados conflictos sociopolíticos–, condujeron a que se tornara imposible la adecuada modificación de las instituciones y la adopción de políticas que permitieran construir una alternativa superadora respecto de la que estuvo vigente desde las últimas décadas del siglo XIX. La negativa de quienes detentaban el poder a pensar seriamente «otro» país, con reglas claras, determinó que en adelante las disputas entre diferentes grupos sociales se trasladaran al interior del Estado, que fue utilizado para la aplicación de políticas destinadas a favorecer a quienes en ese momento estaban al frente de la conducción del mismo, en detrimento del conjunto. Los continuados conflictos políticos, entonces, fueron determinantes en la falta de políticas de Estado que marcaran un rumbo definido; el resultado fue que en el conjunto de la sociedad se instaló una sensación de provisionalidad que llevó a la búsqueda exclusiva del aprovechamiento individual de coyunturas favorables, con la convicción de que las leyes podían ser violadas sin consecuencias graves. Las políticas populistas de redistribución de ingresos, las devaluaciones sorpresivas de los ministros liberales o los anuncios intempestivos de controles de precios, condujeron a que la fuga de capitales, la evasión de impuestos o la especulación con el dólar se transformaran en comportamientos generalizados –por supuesto, por parte de quienes estaban en condiciones de realizarlos– y aceptados por la sociedad como la consecuencia «lógica» de una realidad atravesada por la inestabilidad.

Si a estas circunstancias agregamos la persistencia de la presencia militar, el vapuleo y descrédito de la democracia que la misma conllevaba, la emergencia del recurso a la violencia como remedio mágico, queda perfilado un panorama en el que la decadencia deja de ser un fenómeno incomprensible para transformarse en el resultado normal de un país, una clase dirigente, una sociedad, que perdió el rumbo.

Las páginas que siguen intentan narrar y explicar ese recorrido, con la esperanza de que constituyan un aporte para superar la ya prolongada situación de deterioro, que de ninguna manera se puede considerar inevitable.

Introducción:
El Virreinato del Río de la Plata

Hasta 1776, el actual territorio argentino formaba parte del extenso Virreinato del Perú. La creación ese año del Virreinato del Río de la Plata fue un acontecimiento de enorme significación, y sus motivaciones fueron variadas. En principio, se trataba de mejorar la eficiencia de la administración colonial, uno de los objetivos del reinado de Carlos III, pero también implicaba reconocer el crecimiento y la importancia del puerto de Buenos Aires entre los siglos XVII y XVIII. En efecto, gracias a su situación estratégica desde el punto de vista defensivo –protegía la posible entrada al Alto Perú desde el sur y controlaba la presencia portuguesa en el Río de la Plata–, y a su creciente actividad comercial, la ciudad había aumentado su población –más de 24.000 habitantes en 1778– y su riqueza, y se encontraba en condiciones de competir con Lima, capital del antiguo Virreinato del Perú. Se calcula que la población total del Virreinato en el tránsito del siglo XVIII al XIX era de aproximadamente 1.250.000 habitantes.

Aunque el territorio bajo control del nuevo virrey seguía siendo muy extenso (abarcaba las actuales repúblicas de Argentina, Bolivia, Paraguay y Uruguay así como parte de Chile), se esperaba de la nueva unidad una administración más centralizada y eficaz. A este objeto contribuyó también una reforma ligeramente posterior, el Reglamento de Intendencias, que suprimió las Gobernaciones –la institución de gobierno existente hasta ese momento– reemplazándolas por unidades menores –las Intendencias– y funcionarios con mayores atribuciones. Por último, la fundación en Buenos Aires de una Audiencia –el supremo tribunal de justicia– terminó de dar forma al proyecto reformista de los Borbones para la región en el campo administrativo, que incluía asimismo el desembarco de funcionarios profesionales de la Península, con el objeto de cortar las conocidas prácticas corruptas –sobre todo el favoritismo hacia amigos y parientes– desarrolladas por las elites coloniales[1].

En la nueva estructura administrativa, Buenos Aires vio además incrementado su poderío económico porque las ricas minas de Potosí quedaban bajo su jurisdicción. La plata que se extraía de aquellos yacimientos era el principal producto de exportación que salía desde el puerto de Buenos Aires.

Los Borbones adoptaron asimismo medidas económicas de importancia, entre las que destaca sin duda la sanción del Reglamento de Comercio Libre de 1778. Luego de dos siglos de vigencia oficial de un sistema monopólico –si bien crecientemente burlado– que vinculaba unas pocas ciudades peninsulares con algunos puertos de América, el Reglamento implicaba una cierta apertura al permitir el comercio entre las mismas colonias y abrirse al tráfico legal nuevos puertos a ambos lados del Atlántico. No obstante, en realidad el comercio seguía teniendo poco de «libre». Como bien se ha dicho, el objetivo de la Corona era impulsar el desarrollo económico metropolitano abasteciendo el mercado americano.

---

1. Esta política terminó siendo problemática para la Corona española, en tanto generó resentimiento entre los sectores desplazados.

La aplicación del Reglamento tuvo una fuerte incidencia económica para el Virreinato, aunque el impacto que produjo no fue parejo para todas las regiones. Buenos Aires y la zona rural que la circundaba aceleraron su ascenso. A fines del siglo XVIII la ciudad se transformó en un centro administrativo y comercial muy importante, con sucursales de las casas importadoras y exportadoras de Cádiz. Muchos de estos comerciantes, casi todos peninsulares, se enriquecieron gracias a un comercio exterior creciente y próspero. Como se ha dicho, la principal mercancía que salía del puerto de Buenos Aires era la plata (80% del total) y, muy atrás, le seguían los cueros, el tasajo[1] y la lana de vicuña. Como contrapartida, entre los productos que ingresaban al Río de la Plata se incluían las telas de lujo, los vinos, los aceites y los esclavos.

También la «campaña» de Buenos Aires dinamizó su economía, ya que su función económica era la de asegurar el abastecimiento de la población de la ciudad. De este modo, en las afueras o tierras del ejido (actuales barrios de Flores, Chacarita y Colegiales) cobró impulso la producción de frutas y verduras; algo más lejos (Morón, San Isidro y La Matanza, por ejemplo) se cultivaba trigo y maíz, y en las zonas más lejanas (como San Nicolás de los Arroyos) la cría de vacas y de mulas iba ganando espacio sobre la agricultura. Producir alimentos para una ciudad en crecimiento como Buenos Aires requería de abundante mano de obra. Esa necesidad fue resuelta por medio de la compra de esclavos y las migraciones de hombres del interior y del Paraguay. Estos inmigrantes acudían a la campaña porteña atraídos tanto por los altos salarios como por la posibilidad de instalarse en tierras realengas, o incluso ajenas, junto a sus familias.

Las actuales provincias de Entre Ríos, Corrientes y Santa Fe, en adelante el «litoral», también formaban parte de la In-

---

1. El tasajo es la carne salada y secada al sol. Era consumida preferentemente en las zonas esclavistas.

tendencia de Buenos Aires. Al igual que la capital, sus economías mejoraron gracias a las reformas. En esta región la ganadería era la actividad más próspera porque se adaptaba muy bien a la reducida población de la zona, contribuyendo también la abundante disponibilidad de agua. En la Banda Oriental encontramos un proceso similar; de las estancias allí ubicadas provenía la mayor parte de los cueros que se exportaban desde el puerto de Buenos Aires y también desde Montevideo.

En la zona del Tucumán (Intendencias de Salta y Córdoba), las consecuencias beneficiosas de las reformas borbónicas son más discutibles. Toda la región había estado desde sus orígenes muy integrada a la economía minera de Potosí, que constituía el mercado consumidor de las telas de Córdoba y Santiago del Estero, del aguardiente de Catamarca, de las carretas de San Miguel de Tucumán y de las mulas de toda el área. A partir del siglo XVIII, además del mercado potosino, cobrará importancia el de Buenos Aires. Así, los ponchos y otras piezas textiles se vendían en el mercado porteño compitiendo (hasta cierto punto porque eran calidades muy diferentes) con productos importados, algunos de los cuales comenzaron también a llegar a la región.

Finalmente, en Cuyo (actuales provincias de Mendoza, San Juan y San Luis), zona productora de vinos y aguardientes, las reformas tendrán un impacto negativo. La importación de vinos españoles obligó a Mendoza a cambiar su orientación productiva, dedicándose a la cría de ganado. En cambio, los aguardientes de San Juan lograron mantener sus mercados tradicionales por lo que los efectos del Reglamento fueron menos perjudiciales.

En síntesis, las reformas borbónicas promovieron el crecimiento del litoral, una región antes atrasada por su escasa población y con una economía con un limitado nivel de intercambios. Como contrapartida, el interior fue quedando cada vez más postergado; su vinculación con Europa no era directa sino que se realizaba a través de Buenos Aires. Esta desigualdad tuvo, entre otros efectos, el de generar migraciones de población desde las zonas más pobres del interior hacia la ciudad y la campaña de Buenos Aires.

Los antiguos pobladores del territorio

En el momento de la conquista, el territorio de la actual República Argentina estaba ocupado por una serie de pueblos de diferentes características. En una síntesis apretada, podemos destacar que en el noroeste, en las sierras centrales y en Cuyo vivía una población relativamente numerosa de agricultores que habían accedido a una tecnología parcialmente compleja; diaguitas, comechingones y huarpes eran los pueblos más importantes. Otros grupos de agricultores –querandíes, guaraníes y algunos más– poseedores de una tecnología más simple, ocupaban aldeas dispersas y móviles en la zona de los ríos del litoral. El resto del territorio, por su parte, albergaba a bandas nómadas que obtenían sus recursos fundamentalmente de la caza y la recolección, entre los que podemos citar a tehuelches y pehuenches.

Una vez descartada la posibilidad de encontrar metales preciosos en el territorio, la presencia española se verificó en aquellas zonas donde se podía contar con mano de obra abundante en condiciones de realizar actividades agrarias. Por lo tanto, hubo pueblos enteros que quedaron en mayor o menor medida subordinados a los conquistadores, con el impacto consiguiente sobre estas sociedades, muchas de las cuales desaparecieron o sufrieron drásticas disminuciones de población.

En aquellas regiones que escaparon al control de la Corona española –la zona pampeana, el Chaco y el sur del territorio–, los contactos con los europeos también transformaron profundamente a los grupos nativos, que incorporaron a su

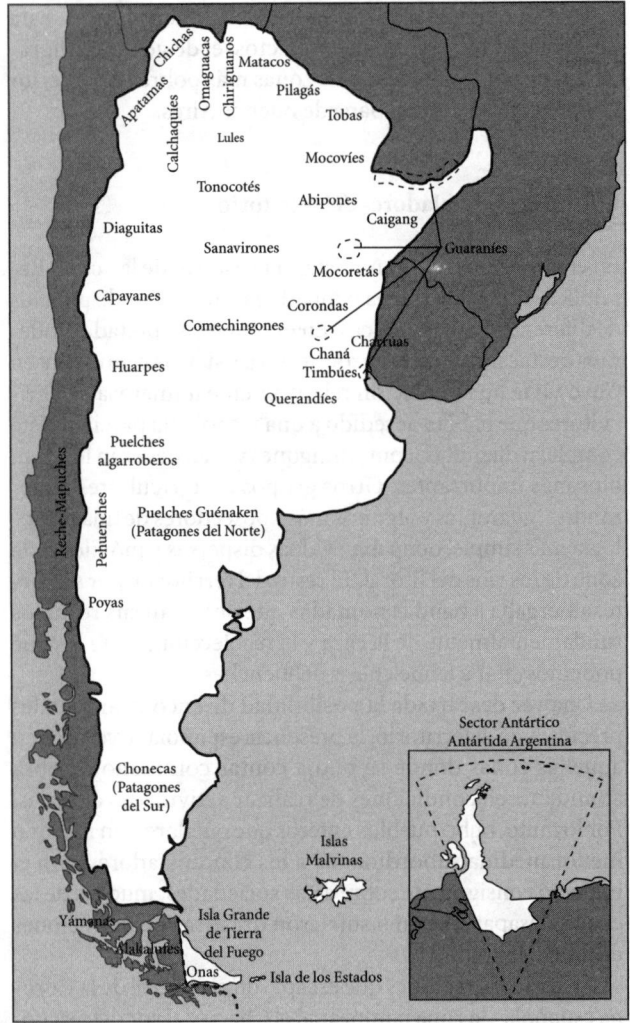

MAPA 1. Distribución de los principales pueblos originarios a principios del siglo XVI. (Raúl J. MANDRINI: *Los pueblos originarios de Argentina. La visión del otro*, Buenos Aires, Eudeba, 2004).

vida cotidiana hábitos y pautas de consumo que modificaron profundamente su vida: aprendieron a montar a caballo; incorporaron nuevos adornos a su atuendo; comenzaron a cocinar con harina y a beber aguardiente, por citar sólo algunas de las novedades. El acceso a muchos de estos artículos trajo como consecuencia el desarrollo de una extensa red de intercambios que vinculó a las distintas regiones del territorio con el mundo colonial. La existencia de estos vínculos coexistía con situaciones de guerra, producto de los roces que generaba la competencia por los recursos ganaderos.

Esta situación la reflejan las fuentes, sobre todo a partir de mediados del siglo XVIII, cuando la importancia creciente adquirida por el Río de la Plata en el marco de las reformas borbónicas convirtió a la región en una zona de frontera en la que las correrías de los indios y las campañas de represalia se alternaban con períodos de paz.

El período comprendido entre la independencia y fines de la década de 1870, cuando se produjo la definitiva derrota de los pueblos que ocupaban la zona pampeana, estuvo atravesado por la presencia de éstos, tanto como amenaza coyuntural como por su presencia comercial en la frontera. En la medida en que, como veremos, fueron años de continuos enfrentamientos entre unitarios y federales, la táctica desplegada consistía en negociar con alguno de los bandos en pugna y enfrentarse a los otros, situación que se prolongó hasta que finalmente se adoptó la decisión de terminar con ese estado de cosas, que limitaba el acceso a enormes cantidades de tierras en condiciones de ser aprovechadas. Nada resume mejor el destino de estos pueblos que dar cuenta de la catástrofe demográfica que experimentaron entre el Primer Censo Nacional realizado en 1869 –que por supuesto no incluía a un sector de la población indígena, fuera del control de las autoridades– y el Segundo Censo, efectuado en 1895: la población disminuyó de 93.000 a 30.000 habitantes.

Primera parte

La formación del Estado en la Argentina (1810-1880)

Los acontecimientos que condujeron a la independencia respecto de España tuvieron, entre otras consecuencias, la de provocar una fragmentación del espacio virreinal y la de generar una serie de conflictos y confrontaciones que tuvieron su prolongación durante varias décadas.

La formación del Estado argentino y la construcción de la nación fueron el resultado de una serie de procesos a lo largo de los cuales pudieron haberse producido alternativas distintas en la medida en que los proyectos en pugna eran claramente diferentes –federales frente a unitarios, librecambistas frente a proteccionistas–; los violentos enfrentamientos que se sucedieron son buena muestra de esas diferencias.

La capacidad económica de Buenos Aires y su entorno determinaron que el resultado final fuera la conformación de un Estado federal, resultado, a su vez, de las negociaciones habidas entre los representantes de las diferentes regiones, en el que sin embargo la orientación dominante habría de estar determinada por la actividad de la ciudad-puerto y por la producción exportable proveniente de la Pampa húmeda.

1. El proceso de independencia

Las revoluciones de independencia –en el Río de la Plata y en las principales cabeceras virreinales– fueron posibles como consecuencia de la crisis política que produjo el avance de las tropas napoleónicas en la Península Ibérica. Sin embargo, las circunstancias internas también tuvieron su peso: a principios del siglo XIX había un descontento generalizado respecto del gobierno de la metrópoli, aunque el mismo no implicaba necesariamente una voluntad de ruptura.

En la situación específica del Río de la Plata hay dos factores que se destacan y que permiten explicar el éxito y la permanencia de la revolución: la formación de unas milicias en Buenos Aires, y la actividad de un grupo de intelectuales que, desde tiempo atrás, evaluaba la posibilidad de independizarse de España.

Las invasiones inglesas y la militarización de Buenos Aires

En 1806 y 1807, la población de Buenos Aires tuvo que afrontar dos invasiones británicas, ambas culminadas con el

24 LA FORMACIÓN DEL ESTADO EN LA ARGENTINA (1810-1880)

MAPA 2. Virreinato del Río de la Plata.
(M. Antonio ZÁRATE: *América austral: los países del Plata,* Akal, Madrid, 1992)

rechazo de los agresores. En esos años, España estaba aliada a Francia en oposición a Inglaterra, hecho que justificaba la invasión; sin embargo, tenían mucho mayor peso las razones económicas. En efecto, como ya se ha comentado, a pesar de la aplicación del Reglamento de Comercio Libre, el sistema español seguía siendo monopólico, excluyendo toda presencia de operadores extranjeros. Esta situación privaba a los comerciantes ingleses de un mercado de cierta importancia para su producción industrial, sobre todo en un momento en que la estrategia napoleónica se orientaba hacia el objetivo de bloquear el ingreso de los productos ingleses al mercado continental europeo.

¿Cuál es la relación entre las invasiones inglesas y la revolución de 1810? Hay dos consecuencias importantes que destacar. Por un lado, la formación de grupos armados para resistir a los ingleses. Se trataba de una milicia urbana, organizada en regimientos diferenciados por la raza o el origen geográfico de sus componentes: había regimientos de gallegos, andaluces, patricios (criollos), arribeños (de las provincias del norte o de «arriba»), pardos y morenos. Esa fuerza militar permaneció armada incluso después de la desaparición del peligro británico, conformando una estructura relativamente independiente del sistema colonial. Más importante aún es que entre los diversos regimientos formados, los compuestos por criollos son los que van a subsistir después de 1807; de este modo, la carrera militar pasó a ser una alternativa atractiva y prestigiosa para los sectores nativos. La segunda consecuencia, claramente vinculada con la anterior, es que algunos de los jefes militares que habían actuado durante las invasiones serán protagonistas de la política rioplatense de los años siguientes. Como ejemplos se pueden citar a Martín de Álzaga, importante comerciante español, a Santiago de Liniers, militar francés al servicio de España, y a Cornelio Saavedra, jefe del Regimiento de Patricios.

El «partido de la independencia»

No solamente las milicias funcionaban como una «escuela» de política. Desde principios del siglo XIX existía en Buenos Aires un grupo de hombres ilustrados que formaban una suerte de «partido de la independencia» (así lo denominaban críticamente sus opositores). Entre sus miembros se encontraban Manuel Belgrano, secretario del Consulado de Comercio, y los hermanos Saturnino y Nicolás Rodríguez Peña. También ellos actuaron antes de 1810, procurando forjar una alianza con la infanta Carlota Joaquina, hermana de Fernando VII y esposa del regente de Portugal, para instaurar una monarquía borbónica autónoma en el Río de la Plata. Aunque la infanta luego se desdijo y el proyecto quedó en la nada, el antecedente es importante como expresión de la voluntad de independencia de un sector de los intelectuales criollos, el cual se va a manifestar con fuerza a partir de la crisis experimentada por la monarquía española desde 1808.

¿Qué significaba «independencia» en el lenguaje de la época? Las investigaciones actuales tienden a sostener con argumentos concluyentes que en manera alguna existía un sentimiento de nacionalidad unívoco que estuviese en condiciones de reemplazar el vínculo con España; la independencia no era considerada como absoluta sino relativa respecto de los órganos de poder metropolitanos. En esta línea de análisis, las expectativas de los partidarios de la independencia se centraban en la reasunción de la soberanía por parte de los «pueblos», en la línea del pensamiento ilustrado de la época o, más precisamente, de la tradición iusnaturalista. Una de las definiciones de «nación» en condiciones de ser suscrita por estos grupos sería la siguiente: «no es más que la reunión de Pueblos y Provincias sujetos a un mismo gobierno central y a unas mismas leyes».

La Revolución de Mayo

Fue entonces cuando llegó a Buenos Aires, a principios de mayo de 1810, la noticia de la caída en España del Consejo de Regencia a manos de los franceses; la revolución ya contaba con un ejército movilizado, con jefes militares prestigiosos y con una dirigencia política en formación. Estos últimos entendieron que el momento de actuar había llegado; sin embargo, enseguida quedó claro que entre los revolucionarios existían profundas diferencias. También se conoció de inmediato que la adhesión a la revolución no era igual en todo el territorio del Virreinato. El proceso de emancipación recién comenzaba pero ya contaba con enemigos internos significativos.

La revolución del 25 de mayo de 1810 se inició con la elección de una junta de gobierno (la llamada Primera Junta) que reemplazó al virrey Baltasar Hidalgo de Cisneros. Este traspaso de poder –que seguía las formas habituales y se hacía en nombre del rey de España– había sido decidido por un pequeño grupo de vecinos de Buenos Aires, reunidos en Cabildo Abierto. La posición de los habitantes del interior no fue en manera alguna de apoyo unánime, y muchos se manifestaron dispuestos a oponerse por las armas al intento realizado en Buenos Aires.

Así fue como junto con la revolución llegó también la guerra, una sucesión de enfrentamientos que se convirtió, durante varias décadas, casi en un modo de vida para los hombres y mujeres del Río de la Plata.

2. La primera década revolucionaria (1810-1820)

Entre 1810 y 1820 la cuestión de la emancipación respecto de España es central en esta guerra, aunque no siempre aparezca de manera explícita. Esa emancipación no se planteaba sin embargo en términos «nacionales» sino que ha quedado demostrado a partir de los análisis de José Carlos Chiaramonte que el supuesto de una «nación» constituyéndose en 1810 y en 1816 forma parte de lo que él ha denominado «el mito de los orígenes». La realidad es diferente: muestra a lo largo de la década una situación de provisionalidad en la que se detecta la coexistencia de la soberanía de ciudades, que buscaban extenderse a ámbitos más amplios, con gobiernos rioplatenses que gozaban de un acatamiento esporádico; del sentimiento «nacional» no existen rastros en la documentación ni en la actividad de los actores de la época.

Las consecuencias económicas de la revolución

El proceso revolucionario afectó profundamente la economía del antiguo Virreinato. En primer término, el principal producto de exportación, la plata, comenzó a circular con dificultad cada vez mayor, incluso en aquellos breves períodos de recuperación del Alto Perú de manos de los realistas. Como consecuencia de esta situación, que hacia mediados de la década se tornó definitiva, no sólo se perdió una de las principales fuentes de riqueza de la región, sino que la misma existencia de moneda metálica se volvió escasa. Además, la guerra volvió cada vez más inseguras las rutas comerciales, infestadas de bandoleros y saqueadores.

Un segundo problema fue el del abastecimiento de las ex colonias. Aquí, en realidad, desde 1809 y con el aval de la Junta Central de Sevilla, fue Inglaterra la nación que más eficazmente controló el comercio ultramarino e interno. Abolido todo tipo de restricciones arancelarias, la economía en la región del Río de la Plata se convirtió en una de las más abiertas de la época. Después de la revolución, la influencia británica en el comercio se acentuó, arruinando al grupo mercantil peninsular; los ingleses se interesaron en algunas producciones rioplatenses como la de los cueros, que pasaron gradualmente a elevar su participación en las exportaciones, hasta el punto de que hacia 1820 se habían convertido en el principal producto exportable, seguido a considerable distancia por la carne salada.

Por último, se presentaba el problema de cómo financiar la guerra. Al principio de la revolución, el entusiasmo se había expresado en generosas donaciones, pero la larga duración del conflicto produjo un progresivo enfriamiento en los ánimos de los donantes. Por eso, los gobiernos revolucionarios terminaron obteniendo parte de los recursos necesarios por la fuerza. Los ricos comerciantes españoles fueron las primeras víctimas de los «préstamos» forzados, pero también los más pobres se vieron perjudicados en términos económicos. En efecto, al ser enrolados en el ejército, al destruirse sus cosechas para impedir que el ejército enemigo se abasteciera, o al confiscarse su ganado, los campesinos contribuyeron a financiar, sin quererlo, la guerra de la independencia.

Una vez agotados los recursos existentes, el gobierno encontró una nueva fuente de ingresos: los impuestos a las importaciones. De este modo, la aduana de Buenos Aires se convirtió en la principal proveedora de recursos del período posterior a la revolución (y durante mucho tiempo más). La cuestión residía en que al monopolizar esos recursos tributarios generaba rechazos en las provincias del interior, que además se veían afectadas por el impacto de las importaciones sobre alguno de sus productos.

El impacto de la revolución se hizo sentir con fuerza sobre el litoral. Santa Fe, camino obligado de las expediciones militares hacia los distintos frentes de lucha, fue víctima de saqueos de tal envergadura que hacia el fin de la década se había quedado prácticamente sin ganado; una situación casi similar se vivió en Entre Ríos, y sólo Corrientes, favorecida por su estructura económica más diversificada, en la que las manufacturas ocupaban un lugar importante, pudo afrontar la crisis en mejores condiciones.

En cuanto al interior, si bien presenta realidades variadas, en general menos críticas que lo ocurrido en el litoral, la combinación de la pérdida del mercado de Potosí, el aumento de la presión fiscal debido a las necesidades bélicas y la presencia de comerciantes ingleses que aprovecharon la apertura económica para penetrar con sus productos y succionar hacia el exterior el metal precioso resultado de sus ventas, determinó que se produjeran transformaciones de significación. Las ciudades perdieron importancia y con ellas los sectores mercantiles que habían prosperado en la época colonial; al trasladarse entonces el eje económico al campo, los terratenientes viejos y nuevos –en este caso comerciantes que adquirieron tierras ante el rumbo que tomaban los negocios– se convirtieron en personajes que llegaron a la cúspide de la escala social. Su control sobre la población rural los transformó en jefes políticos con clientela propia, en caudillos de sus provincias.

Los desafíos de la política

En estos años pueden delimitarse dos períodos muy diferentes en la evolución política en el Río de la Plata, y son los acontecimientos en la Península Ibérica los que producen los mayores cambios, aunque también cuentan las adhesiones y oposiciones internas a la revolución.

Después de la campaña de Rusia, el Imperio napoleónico comenzó a desmoronarse. En 1814, Fernando VII, cautivo de Napoleón, fue liberado y restaurado en su trono; tuvo entonces las manos libres para recuperar su poder en España, y también para intentar someter a obediencia las colonias americanas, lo que concretó enviando a Sudamérica una importante expedición al mando de Pablo Morillo. Un nuevo peligro amenazaba entonces a los revolucionarios rioplatenses, y éstos lo afrontaron de dos maneras en buena medida contradictorias: doblando la apuesta militar y formulando propuestas políticas cada vez más conservadoras.

1810-1814: la revolución audaz

La Primera Junta creada en Buenos Aires mostraba en su composición la alianza entre militares y dirigentes políticos. Cornelio Saavedra, el presidente de la Junta, actuaba como jefe del regimiento de Patricios; otra de las figuras importantes, el secretario Mariano Moreno, era uno de los jóvenes revolucionarios más radicales de la clase política formada en aquellos años; también los vocales Manuel Belgrano y Juan José Castelli representaban a los nuevos políticos que habían tenido que convertirse de abogados en militares improvisados. La heterogeneidad en el interior de la Junta se reflejó rápidamente en los desacuerdos entre sus miembros. En buena medida, como desarrollaremos en adelante, los cambios de gobierno que se sucedieron entre 1810 y 1814 tuvieron su origen en la lucha entre los diferentes grupos de poder o facciones.

La primera prueba que la Junta debía pasar era la de hacerse reconocer y obedecer fuera de Buenos Aires. Para lograr ese objetivo, y sabiendo que no encontraría la aprobación general, envió expediciones armadas para anunciar la formación del nuevo gobierno. Los resultados, en general, fueron poco alentadores: en el interior se cuestionaba el hecho de que Buenos Aires hubiera decidido por sí sola la conformación de un gobierno para todo el Virreinato, vulnerando sus derechos, la soberanía de los pueblos. En efecto, en Paraguay, el ejército al mando de Belgrano fue derrotado en la batalla de Campichuelo, mientras que en el Alto Perú, Juan José Castelli no logró adhesiones entre los grupos más poderosos de la región. Su discurso a favor de los indios –que eran la mayor parte de la población altoperuana– creó alarma entre los realistas, que se organizaron militarmente para derrotar a las fuerzas porteñas. En el interior, la expedición al mando de Juan Ramón Balcarce debió sofocar un complot liderado por el ex virrey Santiago de Liniers en Córdoba; los cabecillas, excepto el obispo de Córdoba, que también figuraba entre los conspiradores, fueron fusilados en Cabeza de Tigre. Finalmente, en la Banda Oriental, el Cabildo local no reconoció a la Junta porteña, circunstancia grave en extremo dada la cercanía de Montevideo y el poderío de su flota.

Las divisiones internas que enfrentaban a los miembros de la Junta se manifestaban en la existencia de dos facciones opuestas: la de Cornelio Saavedra –moderada, con adhesiones en el ejército y en los sectores populares urbanos–, y la de Mariano Moreno, radical, partidaria de la ruptura inmediata con España, limitados sus apoyos a sectores medios y grupos de intelectuales.

En particular, la figura, el pensamiento y el accionar de Moreno en su corta etapa de vida política, hizo visibles las tendencias contrapuestas que existían en el escenario político de la época. Por una parte, estaba el conflicto, ya citado, vinculado con el tema de la legitimidad, reclamada por los «pueblos» del Virreinato y por la antigua capital; por otra, aparecían las tensiones emergentes entre quienes consideraban que la reasunción del poder por parte del pueblo, ocasionada por la prisión de Fernando VII, debía interpretarse en clave antigua, como una cuestión coyuntural, modificable apenas el rey recuperara su libertad, y quienes por el contrario, al postular la conformación de nuevas autoridades emergentes del ejercicio de la soberanía popular, estaban aplicando las ideas revolucionarias provenientes de la Revolución Francesa.

En 1811, Saavedra consigue la primera victoria sobre Moreno al incorporar a la Junta a los delegados del interior, elementos conservadores que fuerzan el alejamiento del secretario; Moreno es enviado a Inglaterra en misión diplomática y muere en alta mar. La incorporación de los delegados del interior da origen a la llamada Junta Grande, de 22 miembros, que tuvo una duración de menos de un año. En efecto, la derrota de Huaqui en 1811 frente a los realistas, que implicó la primera pérdida del Alto Perú, obligó a Saavedra a abandonar Buenos Aires para reorganizar las tropas, y le proporcionó a los partidarios del difunto Mariano Moreno –que ya no eran mayoría en la Junta pero que conspiraban desde el Cabildo– la oportunidad de una suerte de golpe de estado. Con el pretexto de mejorar la eficiencia del gobierno, la Junta Grande dejó de ejercer el poder ejecutivo, que recayó en un triunvirato, integrado por Juan José Paso, Manuel de Sarratea y Feliciano Chiclana.

Se ha interpretado que todos estos cambios políticos reflejaban también las profundas transformaciones que se estaban operando en el Ejército. En efecto, las milicias creadas como consecuencia de las invasiones inglesas habían cambiado completamente su estructura para responder a una guerra cada vez más exigente. El Ejército era ahora masivo, con soldados malamente preparados y reclutados por la fuerza. A estos cambios que impuso la revolución de 1810, se sumarán muy pronto otros nuevos, impulsados por dos militares formados en el Ejército español y retornados luego al Río de la Plata para participar en las guerras de la independencia: José de San Martín y Carlos María de Alvear. Ambos fomentaron una reforma destinada a profesionalizar el Ejército y también alentaron el recambio de dos de los miembros del triunvirato en octubre de 1812. El segundo triunvirato que surge de esta operación, integrado por Paso, Antonio Álvarez Jonte y Nicolás Rodríguez Peña, representaba los intereses de la logia Lautaro, organización secreta en la que militaban San Martín y Alvear, que se proponía declarar formalmente la independencia de España.

Se abre en este momento un período de grandes cambios. La convocatoria en 1813 de una Asamblea que aspiraba a declarar la independencia de las «Provincias Unidas del Río de la Plata» y sancionar una constitución, es un buen ejemplo de la determinación del gobierno porteño. Aunque no se concretó ninguno de los dos objetivos, algunas de las medidas que se adoptaron en la misma –la liberación de los hijos de los esclavos, la supresión de la Inquisición y los títulos de nobleza, el fin de los tributos indígenas, la quema de los instrumentos de tortura– sancionaron la desaparición de instituciones representativas del *Ancien Régime*. Otras disposiciones, en cambio, perfilaban el proyecto de creación de un órgano político rioplatense que no pudo llevarse hasta su conclusión: la aprobación de los símbolos patrios y del himno nacional se incluyen entre ellas.

En una de sus últimas decisiones, la Asamblea se pronunció por el poder ejecutivo unipersonal, aboliendo el triunvirato. En su lugar se instituyó el cargo de Director Supremo, y Gervasio Antonio de Posadas fue el primero en ocuparlo.

Las innovaciones que reflejaba la Asamblea del año 1813 tenían como telón de fondo las victorias militares alcanzadas ese año en Tucumán y Salta, que reabren durante un tiempo el camino del Alto Perú. Sin embargo, esta coyuntura relativamente favorable para el bando patriota cambió con el fin de la ocupación francesa en la Península Ibérica. Hasta 1814 la guerra había sido civil; se enfrentaban dos bandos, uno realista y otro patriota, pero todos los recursos puestos en juego (financieros y humanos) eran locales. La situación se modificó drásticamente con el retorno de Fernando VII y con el surgimiento de un foco revolucionario en la Banda Oriental, donde se impulsaban proyectos políticos alternativos a los de Buenos Aires.

1815-1820: la revolución conservadora

El clima reaccionario surgido en España y Europa después de la caída de Napoleón prometía tiempos difíciles para las revoluciones hispanoamericanas. La expedición militar que se envió desde España consiguió derrotar todas las intentonas independentistas, salvo la del Río de la Plata. Era imprescindible la formación de un Ejército profesional para responder a la nueva situación militar. Es en este escenario que José de San Martín comienza a desplegar en Mendoza un proyecto militar muy ambicioso: sostenía que el mejor camino para llegar a Lima –el gran foco realista– no era el que hasta ahora se había intentado, que seguía por tierra la ruta del Alto Perú. Su plan consistía, en cambio, en cruzar la cordillera de los Andes hasta Chile y subir hacia Lima navegando por el océano Pacífico. Este proyecto requería invertir mucho dinero; la colaboración del gobierno de Buenos Aires, que le facilitó los pocos recursos a su disposición, fue imprescindible en la preparación de la campaña. Y afortunadamente los resultados fueron los mejores: en 1818, tras las victorias de Chacabuco y Maipú, Chile logró independizarse y, en 1820, las tropas de San Martín alcanzaron por fin el Perú.

También la política tuvo que adaptarse a la delicada situación. El paso de cuerpos colegiados de gobierno (juntas y triunviratos) a sistemas unipersonales como el Directorio reflejó la concentración de poder en manos de los grupos dirigentes porteños. A la vez, la declaración de la independencia ya no pudo seguir retrasándose; el rey estaba ahora en libertad y no se podía continuar gobernando en su nombre. En ese escenario, un Congreso Constituyente reunido en la ciudad de Tucumán sancionó el día 9 de julio de 1816 la independencia formal de las «Provincias Unidas de Sud América».

¿Qué territorio ocupaba este nuevo Estado que acababa de formarse? ¿Era equivalente al viejo Virreinato del Río de la Plata? ¿O por el contrario, tal como lo quería San Martín, incluía nuevas regiones americanas? En medio de la guerra, con extensas regiones que no reconocían al Directorio instalado en Buenos Aires desde 1814, era muy difícil responder a esta pregunta. Tampoco había acuerdo sobre la forma de gobierno que habría de regir a las Provincias Unidas. Sin embargo, a tono con la delicada situación política, los congresistas prefirieron los proyectos monárquicos o fuertemente centralistas, generando nuevos conflictos entre Buenos Aires y el interior. En este sentido, la Constitución de 1819, sancionada por el Congreso, que se había trasladado a Buenos Aires, fue rechazada por las provincias justamente por su excesivo centralismo. En esta negativa se iban definiendo las tendencias que marcarían a fuego la política en la década de 1820: la unitaria y la federal.

La guerra profesional, la concentración del poder y los proyectos de constitución centralista expresaban el giro conservador que había adoptado la revolución. Falta completar el panorama describiendo la situación de la Banda

Oriental. Para comprenderla hay que retroceder a 1811, cuando un alzamiento rural dirigido por el comandante de campaña José Gervasio Artigas, quien contaba con la adhesión de campesinos, hacendados e indígenas, enfrentó al Cabildo de Montevideo, que no había aceptado reconocer a la Junta de Buenos Aires. Sin embargo, la adhesión de Artigas a la revolución porteña fue rechazada por el gobierno de Buenos Aires. Las relaciones con el caudillo oriental se fueron deteriorando, hasta el punto de llegar el Directorio a ponerle precio a su cabeza en 1815. Por otra parte, la influencia política de Artigas no se limitó a la campaña uruguaya sino que se extendió a las provincias de Santa Fe, Corrientes y Entre Ríos.

¿En qué consistía el proyecto de Artigas y por qué motivos se enfrentaba con el de Buenos Aires? Artigas cuestionaba el centralismo porteño y la conducción de la revolución por parte de los dirigentes políticos porteños. Además, sus seguidores, buena parte de ellos campesinos pobres e indígenas, despertaban la desconfianza del gobierno porteño, temeroso del «desorden social» que podía derivarse de esta revolución. Así se explica que el Directorio apoyara, junto al Cabildo de Montevideo, la invasión portuguesa de la Banda Oriental. Ésta terminó por derrotar a Artigas definitivamente en 1819, pero el problema en la región continuó. Las provincias del litoral de la actual Argentina siguieron manteniéndose tenazmente opositoras a Buenos Aires. En la batalla de Cepeda, celebrada el 1 de febrero de 1820, Francisco Ramírez y Estanislao López –caudillos de Corrientes y Santa Fe, respectivamente, y ex lugartenientes de Artigas– triunfaron sobre las fuerzas del directorio, aislado y sin apoyos ni siquiera en Buenos Aires. Las Provincias Unidas dejaron de serlo, amenazando con una disgregación política de consecuencias.

3. Anarquía y descomposición (1820-1829)

La batalla de Cepeda inauguró un prolongado período caracterizado por la inexistencia de un Estado centralizado. A partir de la caída del Directorio, y con la excepción de la breve presidencia de Bernardino Rivadavia en 1826, cada provincia se gobernó por su cuenta, sancionó sus propias leyes y creó instituciones locales para hacer efectivo el ejercicio del poder. La autonomía de los estados provinciales no implicó, sin embargo, la ausencia de relaciones políticas y económicas entre ellos. Todos estaban de acuerdo en que la unidad política llegaría en algún momento; mientras tanto, las relaciones se regulaban por medio de pactos interprovinciales.

Por su parte, la economía se recuperó, por lo menos parcialmente, del impacto negativo producido por las guerras de la independencia, aunque el proceso se desarrolló sobre nuevas bases.

Una economía en expansión

La década de 1820 estuvo caracterizada por la prosperidad económica de Buenos Aires, que se basaba en varias circunstancias. En primer lugar, desde 1820 el Estado provincial no tenía que compartir con las demás provincias las rentas de las aduanas. Además, tampoco estaba obligado a sostener las guerras de independencia ni los fuertes gastos administrativos derivados de mantener un Estado central. Finalmente, la expansión de la ganadería en la provincia creó una nueva fuente de recursos. Quienes más se beneficiaron de esta expansión fueron los miembros de un nuevo «grupo económico»: el de los terratenientes de Buenos Aires.

La economía porteña y los terratenientes

La revolución y la guerra condujeron a la crisis del comercio porteño –la actividad económica más lucrativa de la colonia– dejando los beneficios más jugosos en manos de los hábiles comerciantes ingleses. ¿En qué podían invertir su dinero los grupos locales más ricos? A partir de 1810, y sobre todo de 1820, quedó claro que el campo, y en particular la producción ganadera, podía ser un buen negocio. Las zonas más aptas para la ganadería –la Banda Oriental y el litoral– se encontraban destruidas por las guerras, brindándole una oportunidad al campo de Buenos Aires. El comercio libre proporcionaba a la campaña bonaerense mercados mucho más amplios que los que tradicionalmente había tenido para sus cueros y carnes saladas. La tierra, una inversión segura y barata, favoreció el surgimiento de un grupo poderoso de empresarios rurales.

El Estado provincial, con su actuación, favoreció a los propietarios de tierras de diferentes maneras: 1) a través de la expansión de la frontera desplazando a los indios; 2) mediante la distribución de las nuevas tierras, y 3) impulsando el intento de disciplinamiento de los trabajadores, poniéndolos al servicio de los estancieros.

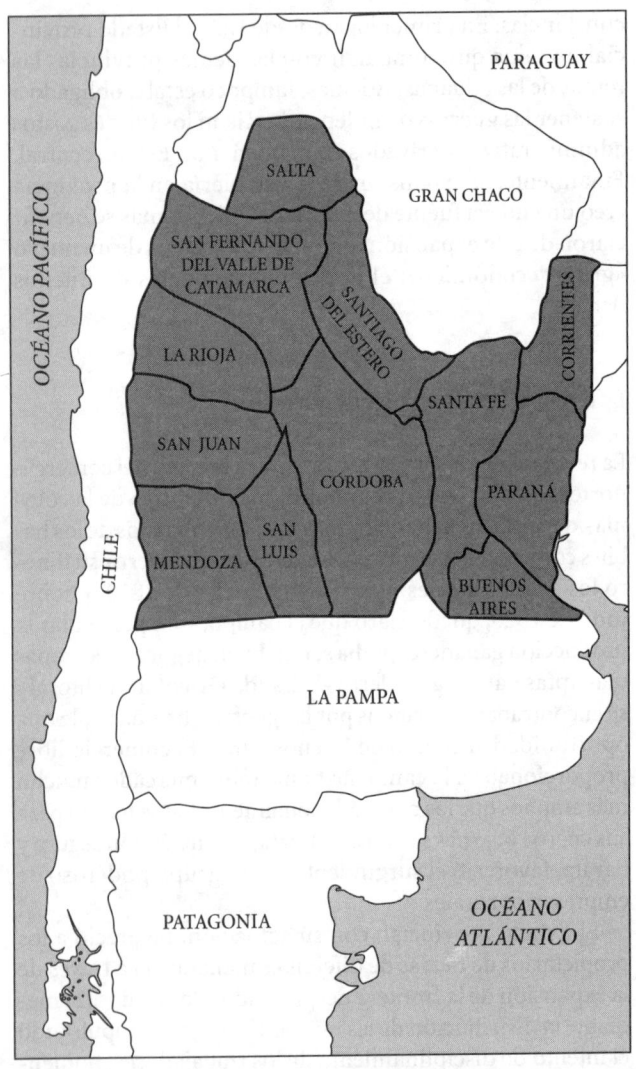

Mapa 3. El Río de la Plata hacia 1820.

1) *La expansión de la frontera.* Durante la época colonial y hasta los inicios del período independiente, los territorios al sur del río Salado conformaban una zona de frontera, que en la práctica controlaban las sociedades indígenas de la Pampa. A partir de 1820, las relaciones con ellas se hicieron más conflictivas: en la medida en que blancos e indios se disputaban un mismo territorio, era lógico que se produjeran enfrentamientos. El gobernador Martín Rodríguez fue el jefe de una campaña militar que aseguró la expansión del territorio de la provincia más allá del río Salado. La defensa de la frontera mediante tropas militares pagadas con fondos de la provincia y apostadas en los «fuertes» contribuyó a hacer más efectivo el control sobre las tierras conquistadas. Sin embargo, era una política insuficiente: los tratados de paz y más tarde la entrega de alimentos o raciones completaron las políticas seguidas con los indígenas pampeanos.

2) *Política de tierras.* Buena parte de las extensiones ganadas a los indígenas fueron entregadas en enfiteusis, que consistía en el alquiler de tierras fiscales a precios bajos. A pesar de que la intención era promover la subdivisión de la tierra, en la práctica ocurrió todo lo contrario; especialmente en el sur de la provincia, la concentración de tierras fue la característica dominante. Así, surgen en esta época las grandes estancias ganaderas, como la de los Anchorena, una vieja familia de origen español y comercial convertida en terrateniente.

3) *Disciplinamiento de la mano de obra.* La población rural de Buenos Aires disfrutó durante el período colonial de una situación de relativa autonomía económica. Los campesinos tenían la posibilidad real de trabajar de forma independiente, sin tener que emplearse como peones. El surgimiento de las nuevas estancias ganaderas y la lenta desaparición de la esclavitud generaron mayores necesidades de mano de obra. El gobierno provincial trató de cubrir esas necesidades reflotando viejas disposiciones coloniales

que penaban el vagabundaje. Así, los jueces de paz estaban autorizados a solicitarles a quienes transitaran por la campaña la «papeleta de conchabo», un certificado que acreditaba el trabajo efectivo en una estancia. Este intento de captar mano de obra para los hacendados no tuvo demasiado éxito. Los peones siguieron siendo escasos y su trabajo extremadamente caro; además, siguió existiendo un amplio sector de productores familiares, propietarios de pequeñas y medianas explotaciones.

Todas estas medidas beneficiaron a la emergente clase terrateniente. La instalación de saladeros en la margen occidental del Río de la Plata ayudó al incremento de la producción de cueros y tasajo, y la disposición de grandes extensiones de tierra a bajo costo, sumado a los bajísimos costos de producción porque la tecnología era muy rudimentaria, permitió que algunas pocas familias amasaran grandes fortunas sobre la base de una exportación creciente con precios en alza, aunque inestable como consecuencia de los avatares políticos. Justamente, el orden y la prosperidad, la «feliz experiencia» del grupo ahora definido como unitario, llegó a su fin a mediados de la década. El Congreso de 1824 y la guerra con el Brasil determinaron que el experimento rivadaviano concluyera en un fracaso, si bien el poder económico de los dueños de la tierra no se vio afectado.

Mientras esto ocurría en Buenos Aires, en el resto del territorio se producía el comienzo de una reorientación económica destinada a superar la crisis; la disgregación política fue acompañada de la supervivencia de las actividades artesanales tradicionales a la sombra de un proteccionismo que cada provincia utilizaba no como factor de impulso a la producción artesanal local sino apenas como forma de impedir un derrumbe más acusado, con su secuela de empobrecimiento y desocupación. Pero una nueva realidad emergió como consecuencia de la culminación del proceso independentista: la posibilidad que se le presentó a algunas regiones –el noroeste, Cuyo– de colocar algunas mercaderías en las recién creadas naciones vecinas.

Una década de agitada vida política

Los conflictos entre Buenos Aires y las provincias, ya evidentes en la primera década revolucionaria, se agravaron a partir de 1820. Dos tendencias contrapuestas dividieron la política del período: la unitaria y la federal. La pretensión de los unitarios era lograr una reorganización nacional bajo la conducción de Buenos Aires. Los federales, en cambio, no querían renunciar a la autonomía conseguida después de Cepeda; para ellos la historia independiente comenzaba en 1820 y no en 1810, como lo sentían los unitarios. Estas diferencias se manifestaban también en el terreno económico: como se ha comentado, mientras la mayoría de los unitarios aspiraban a retener para sí las rentas aduaneras provenientes de las mercaderías que entraban por el puerto de Buenos Aires –Rivadavia era una de las excepciones–, los federales del interior exigían su reparto entre las provincias. Tengamos presente que no todos los federales eran del interior ni todos los unitarios residían en Buenos Aires. Ambos sectores se enfrentaron política, y también militarmente, durante varios años, por lo que la guerra siguió ocupando un lugar central; algunos de sus coletazos se extendieron incluso hasta la década de 1860.

La «feliz experiencia» de Buenos Aires (1820-1826)

A fines de 1820, Martín Rodríguez fue elegido gobernador de la provincia de Buenos Aires. Se inauguraba así un período de crecimiento de la economía porteña, que le permitió al gobierno provincial encarar la modernización de sus instituciones a través de un ambicioso conjunto de reformas. El promotor de las mismas fue el ministro de Gobierno de Martín Rodríguez, Bernardino Rivadavia.

El común denominador de las reformas rivadavianas fue la centralización de la administración provincial. Para ello abolió viejas instituciones coloniales, reemplazándolas por otras. A cargo del poder legislativo provincial quedó una Sala de Representantes, que era la que elegía al gobernador; sus miembros eran a su vez elegidos por medio de un sufragio casi universal masculino. En los comicios competían distintas listas de candidatos, que se presentaban a través de la prensa, lo que permitió una cierta rotación en el poder. En cuanto a las funciones judiciales que antes eran desempeñadas por el Cabildo y las Audiencias, quedaron delegadas en los nuevos jueces de paz y en los tribunales letrados que los sustituyeron.

Rivadavia no buscaba solamente mejorar la eficiencia de la administración; su intención era también eliminar la agitación política, que no se había aplacado desde 1810. La supresión del Cabildo tenía que ver con esa intención, ya que en él se habían decidido cambios de gobierno y se había conspirado contra las instituciones revolucionarias. En el mismo sentido operaba la reforma militar, que disponía el paso a situación de retiro de los militares más ancianos y reducía el Ejército, otro foco de agitación política y conspiraciones. Además, ahora que Buenos Aires ya no tenía que participar en las guerras de la independencia –que seguía muy lejos, en las provincias del norte–, esas tropas fueron ubicadas en la frontera indígena, protegiendo los intereses de los criadores de ganado del sur de la provincia.

Otra reforma muy importante y polémica de Rivadavia fue la eclesiástica. Entre otras medidas, se dispuso que las órdenes religiosas que contaran con muy pocos miembros los secularizaran. La intención era remediar los problemas generados por la escasez del clero en las parroquias: faltaban sacerdotes que impartieran los sacramentos y celebraran las misas. Además, según las doctrinas vigentes en la época, las órdenes religiosas no eran de utilidad pública. Como consecuencia, sus bienes fueron traspasados al Estado provincial; el cementerio de La Recoleta, por ejemplo, se edificó sobre tierras pertenecientes a la orden monástica de los Recoletos.

Por último, también la vida cultural de la ciudad fue muy favorecida por las reformas. En el ámbito educativo, Rivadavia incentivó la instrucción en todos sus niveles por medio de la creación de distintas instituciones, como el Colegio de Ciencias Morales y la Universidad de Buenos Aires. La prensa también adquirió un gran impulso gracias a una ley sancionada en 1821, que favoreció el surgimiento de nuevos periódicos y promovió el debate público.

El Congreso de 1824 y la guerra con el Brasil

La desunión de las provincias otorgaba sin duda ventajas concretas a la más rica de ellas, Buenos Aires. Sin embargo, la ausencia de un Estado centralizado creaba también dificultades en las relaciones internacionales. Por ejemplo, Inglaterra deseaba firmar un tratado en el cual, además de reconocer la independencia de la ex colonia, se acordaran mutuas ventajas comerciales. Dada la situación política, no encontraba un interlocutor con el que dialogar, ni un marco legal que sirviera para fijar las condiciones.

En 1824 se reunió un Congreso Constituyente para intentar, una vez más, organizar y unificar la nueva nación. En efecto, no era la primera iniciativa en ese sentido: el tratado interprovincial de Benegas (1820) y el del Cuadrilátero (1822) ya habían apoyado la realización de un congreso que no había logrado materializarse. Además, se había presentado una situación difícil, que exigía soluciones. La Banda Oriental, ocupada desde 1817 por las tropas portuguesas, había sido incorporada en 1822 al flamante Imperio del Brasil, independiente ya de Portugal. Esta situación generó un serio debate en Buenos Aires acerca de la necesidad de intervenir o no en la otra orilla del Río de la Plata.

El Congreso que se reunió en Buenos Aires estaba compuesto por una amplia mayoría de porteños, dado que los representantes de cada provincia no debían ser obligatoriamente oriundos de la misma. En medio de grandes debates, se sancionaron algunas importantes disposiciones, como la Ley Fundamental, la de creación del Ejército Nacional y de un Banco Nacional, la Ley de Presidencia, la Ley de Capitalización y, finalmente, la Constitución de 1826. Todas las leyes mencionadas casi no se aplicaron; del mismo modo, la Constitución de 1826 fue rechazada por las provincias. Un desacuerdo sobre el que parecía imposible avanzar era el del sujeto que debía ejercer la soberanía del nuevo Estado que se quería formar. ¿Le correspondía a la nación o a las provincias autónomas? Los unitarios creían en la primera opción y los federales en la segunda. En todo caso, la cuestión no pudo resolverse y se manifestó en las diversas discusiones a las que dieron lugar las nuevas leyes.

La Ley Fundamental delegaba el Poder Ejecutivo provisorio en la provincia de Buenos Aires; ésta quedaría a cargo de las relaciones exteriores, algo muy importante en un contexto de posible guerra con el Brasil. La creación de un Ejército Nacional fue una iniciativa unitaria, muy discutida por preceder la ley a la sanción de una constitución. La Ley de Presidencia designó en 1826 como primer presidente argentino a Bernardino Rivadavia, que no consiguió superar un año de mandato. Finalmente, el establecimiento de Buenos Aires como capital del conjunto del país también generó fogosos debates, porque si por un lado suponía el reconocimiento de la hegemonía porteña en el proceso de unificación, por el otro implicaba compartir los recursos de la provincia más rica. Los federales, y también algunos unitarios, se opusieron fuertemente al proyecto de capitalización (denominación que recibe la transformación de la ciudad de Buenos Aires en capital de la República, separándola de la provincia del mismo nombre), así como al que proponía la división de la provincia de Buenos Aires en tres partes.

La Constitución de 1826 fue la que despertó las oposiciones más fuertes. Su centralismo y especialmente la restricción del sufragio –que ahora excluía explícitamente a criados, peones, jornaleros, soldados y «vagos»– fue discutida por la oposición federal. El escaso margen de autonomía que se le concedía a las provincias (que no podían siquiera elegir sus propios gobernadores) generó un fuerte rechazo en el interior y el litoral. El estallido de la guerra contra el Brasil, finalmente, terminó por precipitar el fracaso del Congreso.

En efecto, mientras transcurrían las sesiones del Congreso, en la Banda Oriental una expedición militar que había partido de Buenos Aires dirigida por Juan Antonio Lavalleja logró la adhesión de los habitantes de la campaña uruguaya e importantes victorias sobre los brasileños. Este éxito alentó a los defensores de la guerra con Brasil. Así, en octubre de 1825, el Congreso aceptó la incorporación de la Banda Oriental a las Provincias Unidas, lo que era equivalente a una declaración de guerra pues el emperador brasileño no estaba dispuesto a ceder ante la que ellos denominaban «Provincia Cisplatina».

Regresar a la guerra significaba volver a los viejos sacrificios. El ejército, con sus soldados hartos e indisciplinados, fue víctima de una deserción masiva, mientras la flota brasileña, que bloqueaba el río, sometía a las Provincias Unidas a un fuerte deterioro económico. Buenos Aires se vio obligada a organizar una flota para defenderse. El conflicto prometía prolongarse, afectando los intereses económicos locales y también los de los comerciantes ingleses, que comenzaron a presionar para acelerar su fin. Esta necesidad urgente de concluir las hostilidades, sumada a la presión británica, explica el tratado firmado por Manuel José García, que restituía la Banda Oriental al Imperio brasileño. Ese acuerdo humillante fue rechazado, obligando a Bernardino Rivadavia a renunciar a su cargo; el breve paréntesis de unidad política había finalizado y el Congreso carecía de apoyo, incluso entre los mismos unitarios.

Los federales se encontraban ahora en condiciones de tomarse la revancha: la Sala de Representantes de la provincia de Buenos Aires, repuesta ya de la renuncia de Rivadavia, eligió como gobernador al federal Manuel Dorrego, a quien le tocó además renegociar las condiciones de la paz. Ésta se resolvió con una novedad de proporciones: la instauración de un Estado independiente en la Banda Oriental: la República Oriental del Uruguay.

La política en el interior: caudillos y Estados provinciales

La derrota de las fuerzas del Directorio en la batalla de Cepeda aceleró la disolución del viejo espacio colonial, ya iniciada con la revolución en 1810. A falta de fronteras nacionales precisas y de una dirigencia capaz de conciliar los proyectos unitario y federal, la realidad que logró afirmarse más sólidamente en este período fue la del Estado provincial. En efecto, a esta altura un gran estado americano parecía imposible, y la identidad argentina o rioplatense era todavía muy débil. En cada provincia era más sencillo conciliar las diferencias y llevar adelante el gobierno local.

¿Cuál era el origen de las provincias? En un primer paso, surgieron de la fragmentación de las antiguas intendencias. Como se ha comentado, los gobiernos revolucionarios las habían subdividido en unidades menores para una mejor administración. Así, por ejemplo, en 1813 el triunvirato separó a Mendoza, San Juan y San Luis de la Intendencia de Córdoba, formando una nueva jurisdicción. En 1814 Entre Ríos y Corrientes se habían desprendido del gobierno de Buenos Aires, y Tucumán de la Intendencia de Salta. El segundo paso, que fue el más importante, se produjo en la década de 1820 y se originó por la voluntad de autonomía de las provincias. Entre 1820 y 1830, cada una de las nuevas intendencias se redujo al mínimo, a la ciudad cabecera y su territorio circundante. Fue así como Salta, Jujuy, Catamarca, La Rioja, San Juan, San Luis, Mendoza, Córdoba, Tucumán, Santiago del Estero, Corrientes, Entre Ríos y Buenos Aires se configuraron como Estados provinciales autónomos.

Ya hemos visto el caso de Buenos Aires, el único que llegó a prosperar económicamente; además, promulgó sus propias leyes y reorganizó sus instituciones de gobierno. En las demás provincias tuvieron lugar procesos similares y algunas de ellas llegaron a dictar sus propias constituciones.

Al igual que en el Estado porteño, también en el interior y en el litoral la representación política se extendió a zonas agrarias. Las nuevas Juntas de representantes o legislaturas que sustituyeron a los antiguos Cabildos incorporaron a los pobladores rurales, cada vez más numerosos. Este nuevo peso político de la población rural, visible a partir del período revolucionario y especialmente en la década de 1820, ha llevado a sostener la idea de una «ruralización» del poder político en el período; la misma le concedía un papel central a la figura del caudillo, líder militar y político con influencia sobre las masas rurales. Muchos de ellos habían nacido a la vida política en 1810, y acumularon poder aportando ganado y hombres para la guerra.

La figura del caudillo ha sido censurada por los dirigentes políticos contemporáneos e incluso por muchos historiadores. Se veía en ellos el símbolo de un poder ilegítimo, basado en la fuerza militar; representaban, como escribió

Domingo Faustino Sarmiento, la «barbarie» rural. También se los criticaba por privilegiar los intereses provinciales por encima de los proyectos de organización nacional conducidos desde Buenos Aires. Bartolomé Mitre, y otros historiadores que luego continuaron su tradición, caracterizaron al período que se abre en 1820 como el de la «anarquía», y señalaron a los caudillos como los principales responsables de la desunión de las provincias. Sin embargo, es necesario destacar que hubo casos de caudillos que se convirtieron en gobernadores elegidos de manera legítima, y que todos ellos tuvieron que atenerse a las reglas que les fijaban las instituciones creadas por los Estados provinciales.

Este punto puede ilustrarse exponiendo las carreras de algunos de ellos. Santa Fe, provincia que había integrado el bloque de Artigas, estaba liderada por un personaje típico de la época: Estanislao López. Su ascenso político culminaba una exitosa carrera militar en la frontera indígena; mantuvo su alianza con Artigas y alcanzó finalmente la gobernación de la provincia, para la que fue elegido por primera vez en 1819 y reelegido más tarde. Sin embargo, la influencia de López no consiguió superar el ámbito local; la dependencia de su provincia respecto del gobierno de Buenos Aires, que la subsidiaba económicamente, le impidió a Santa Fe alcanzar una autonomía efectiva y a López el ejercicio de un liderazgo más significativo.

En la provincia de La Rioja, el poder del caudillo Facundo Quiroga coexistió con el de la Junta de Representantes y con el poder judicial. Quiroga comenzó su trayectoria como comandante de milicias de campaña y nunca fue gobernador de la provincia, aunque sin duda logró acumular mucho poder. Domingo Faustino Sarmiento se sirvió de la biografía de Quiroga para explicar su tesis del triunfo de la barbarie –encarnada en el caudillo riojano– que relacionó con la ruralización del poder. Sin embargo, Quiroga, que había sido primero delegado del gobierno central, no luchaba contra la ciudad sino que surgió de las instituciones urbanas, y en particular del Cabildo de La Rioja.

Por otra parte, hubo otras provincias que no tuvieron caudillos. Es el caso de Corrientes, una provincia bastante sólida económicamente y por lo tanto menos dependiente de Buenos Aires. Después de la muerte de Francisco Ramírez en 1821, el caudillo entrerriano cuya influencia política se extendía hasta Corrientes, la provincia no conoció otros caudillos y logró estructurar un sistema político estable. En Entre Ríos tampoco surgieron caudillos fuertes, pero por razones distintas de las de Corrientes. Aquí el conflicto político entre distintos grupos regionales era tan intenso y la situación económica tan crítica que los destinos de la provincia se regían desde Buenos Aires. Entre 1830 y 1840 la zona oriental de la provincia se impuso como un área ganadera importante, y fue emergiendo la figura de Justo José de Urquiza, que tendría una gran influencia política posterior.

Los gobiernos de los Estados provinciales del litoral y del interior fueron cambiando a lo largo de la década sus relaciones con Buenos Aires, lo que condicionó profundamente sus posibilidades de autonomía. El litoral, exhausto por la guerra, mantuvo al principio una actitud conciliadora y prudente, reflejada en el Tratado del Cuadrilátero, suscrito en 1822, que establecía una alianza ofensiva y defensiva entre Buenos Aires, Santa Fe, Entre Ríos y Corrientes. Córdoba, por el contrario, se opuso fuertemente a Buenos Aires y a su política, aunque no sería su gobernador Bustos, sino Facundo Quiroga, quien conseguió alinear a las diversas provincias del interior en un gran frente antiporteño. En efecto, el año 1826 fue decisivo en la formación de una coalición de las provincias andinas para responder militarmente al centralismo del Congreso. Hasta su asesinato en 1835, el caudillo riojano fue el líder indiscutido de la oposición federal en el interior.

El ascenso de Rosas

A fines de 1827, Manuel Dorrego fue elegido gobernador de la provincia de Buenos Aires. Este militar federal no contaba con apoyos suficientes y eran muchos sus opositores: los terratenientes bonaerenses desconfiaban de él por su federalismo, pero más aún por su arraigo entre los sectores populares. A su vez, los federales del interior no lo querían por ser porteño y también lo rechazaban varios oficiales unitarios, entre ellos Juan Lavalle, que habían participado en la guerra contra Brasil.

La firma de la paz con el Brasil acrecentó los conflictos y la prensa unitaria se hizo eco del descontento. Dorrego restringió entonces la libertad de prensa, profundizando la oposición entre los federales urbanos y el grupo unitario porteño. Así, en un clima cada vez más tenso, un motín militar liderado por Lavalle –que contaba con el apoyo de conocidos civiles unitarios– consiguió capturar al gobernador, a quien se fusiló en Navarro poco tiempo después. Si bien Lavalle consiguió su objetivo de hacerse designar gobernador de la provincia de Buenos Aires, la situación política en poco tiempo se tornó insostenible. Lavalle, además de contar con apoyos divididos en Buenos Aires, fue rechazado por los líderes federales del interior, en especial por Estanislao López, gobernador de Santa Fe y uno de los principales aliados de Juan Manuel de Rosas, el presidente de la Comisión Pacificadora de Indios.

Pero sobre todo fueron los mismos habitantes de la campaña los que se rebelaron contra la iniciativa de los «decembristas» –así fueron llamados los seguidores de Lavalle– a fines de 1828. Un levantamiento rural muy heterogéneo, del que participaron grupos indígenas, campesinos y también pequeños caudillos ligados al hacendado Juan Manuel de Rosas sacudió la campaña. El descontento de estos sectores no se vinculaba solamente al desorden político y a la adhesión a la figura de Dorrego. El temor a nuevas levas militares, una fuerte sequía y una situación puntual de des-ocupación rural debida al regreso de las tropas desde Brasil se sumaban para crear una pesada atmósfera. Estos grupos, de todos modos, no estaban organizados ni actuaban de manera coordinada. Como lo demostraron los acontecimientos posteriores, en última instancia fue Rosas quien se benefició de la protesta campesina que sirvió como telón de fondo para su ascenso político.

En abril de 1829, el general Lavalle fue derrotado en Puente de Márquez por las fuerzas conjuntas de López y Rosas. La contienda terminó por dirimirse diplomáticamente en dos tratados cuyos firmantes fueron Rosas y Lavalle. En Cañuelas se decidió el fin de las hostilidades y la elección de representantes para constituir una nueva Junta. El segundo acuerdo se firmó en Barracas, y allí se enfatizaron las condiciones de paz y se designó al general Viamonte como gobernador provisional. Aunque éste cumplió con lo pactado e intentó la pacificación a toda costa –reforzando las alianzas con Córdoba, Santa Fe, Corrientes, Entre Ríos e intentando mediar entre Facundo Quiroga y el nuevo gobernador unitario de Córdoba, José María Paz–, las presiones de Rosas obligaron a acelerar la reconstitución de la legislatura que había elegido antes a Dorrego y que era la única institución considerada legítima por haber sido disuelta por los decembristas. El 8 de diciembre de 1829, ya derrotada la facción unitaria, Juan Manuel de Rosas fue elegido gobernador de la provincia de Buenos Aires.

4. La Confederación rosista (1829-1852)

El escenario en el cual se gesta y consolida la Confederación rosista es el de una sociedad posrevolucionaria en tránsito hacia un nuevo orden, que abandona lentamente y con resistencias la tradición colonial hispana. El desafío de esta sociedad será encontrar nuevas maneras de reconocer y hacer frente a una realidad cambiante, lo que implicará ajustar y redefinir todas sus relaciones sociales.

Estamos en una época convulsa, con un clima de violencia política instalado en la vida cotidiana. Hombres y mujeres se rigen por las pasiones, y la vida y la muerte tienen el mismo valor. El terror, fenómeno característico de las prácticas políticas de este período, será una cuestión de Estado. La militarización de la sociedad, herencia necesaria de las guerras por la independencia y de los enfrentamientos entre distintos intereses locales que condujeron a guerras civiles, impone el uso de la violencia como medio de vida.

La fragilidad de las instituciones se refleja en la dificultad para poner límites a los desbordes. Como se ha explicado en el capítulo anterior, la ausencia de una clase dirigente capaz de conciliar los intereses enfrentados y de imponerse a nivel nacional, hizo que la nota dominante de este período fuera la fragmentación política, y el Estado provincial la figura central.

Los proyectos de organización nacional impulsados por unitarios y federales sólo expresaban un cierto clima de ideas, intereses y objetivos de la sociedad; no alcanzaban a definir la trama más compleja de los comportamientos sociales. Esta trama está presente en la difícil convivencia entre lo conocido, la tradición hispano-criolla, y el particular modo de incorporar las ideas de los Estados Unidos independiente y de la Francia revolucionaria por los diferentes sectores de la sociedad. La continuidad del mundo hispano se verificaba en mayor medida en el campo, mientras que las nuevas ideas encontraron mayor aceptación en grupos de intelectuales y elites urbanas.

Como ya se ha dicho, a partir de 1820 los sectores dirigentes de cada provincia reestructurarán la producción. En el caso de Buenos Aires y el litoral, las nuevas posibilidades que ofrece la economía se basan en las exportaciones de productos pecuarios como cuero, carne salada y sebo. Este proceso transformará el mundo rural; la expansión de la campaña le asignará un nuevo peso político a su población. La «ruralización del poder» se reafirma como rasgo distintivo de la etapa.

El principal distrito ganadero era Buenos Aires, cuyo importante crecimiento le permitió, además, concentrar los intercambios comerciales con el exterior. En la escena de la provincia porteña, la figura protagonista de estos cambios fue Juan Manuel de Rosas. Su personalidad y la gestión como gobernador de Buenos Aires durante los períodos 1829-1832 y 1835-1852 dieron lugar a encendidos debates dentro de las interpretaciones históricas. Fue asociado a múltiples imágenes: para sus detractores fue un tirano, un caudillo que representaba los intereses de los ricos estancieros bonaerenses, autoritario y paternalista, que implantó una dictadura teñida de terror y barbarie, y se convirtió en el principal obstáculo en el proceso de normalización constitucional del país. Sus defensores, en cambio, lo rescatan como un hacendado progresista, intérprete de los sectores populares, un gobernante que supo comprender la necesidad de pacificar el país antes de organizarlo constitucionalmente, destacando su actuación como defensor de la soberanía nacional frente a las pretensiones de las grandes potencias europeas. Estudios más recientes se apartan de estas visiones históricas antagónicas, proponiendo otra perspectiva, la de una «historia desde abajo», es decir, examinar cómo vivieron la «experiencia rosista» sectores populares como peones, soldados, labradores, comerciantes, sirvientes, etc.

Desde cualquiera de estas perspectivas, las referencias a su figura se imponen de manera inevitable por ser la personalidad que dominó todo este período. Pero, sin desconocer la impronta singular que el orden rosista le imprimió a la sociedad rioplatense, parece más apropiado situarlo dentro de un contexto más vasto. Los aspectos sustanciales de su gestión no eran extraños a la cultura y a las prácticas políticas en vigencia. Su objetivo principal era compartido por el conjunto de las elites rioplatenses: la construcción de un orden social y político tras un extenso período posrevolucionario convulsionado por las guerras y luchas civiles.

Las bases económicas del régimen rosista

Entre 1820 y 1850 se verifica un intenso proceso de movimientos de población, que se va volcando hacia las regiones del litoral, y cuyo resultado es la conformación de un panorama económico y demográfico diferente. El estancamiento relativo del interior impulsó a millares de hombres de las provincias del norte a buscar otros horizontes; ellos fueron los protagonistas de la expansión agraria, poniendo en producción una gran cantidad de tierras nuevas, que modificaron la realidad del mundo rural.

De todo el litoral, el crecimiento agrario más espectacular fue el de Buenos Aires, cuya expansión ganadera arranca en 1820, seguido más tardíamente por Entre Ríos. Los primeros estudios sobre las transformaciones económicas posrevolucionarias señalaron las características de la evolución rioplatense, haciendo hincapié exclusivamente en el exitoso crecimiento de la campaña rural bonaerense, que volcaba sus exportaciones al mercado atlántico. También se insistía en la expansión acelerada de la gran estancia, que en esta etapa estaría amparada por el Estado. El crecimiento de la gran propiedad hizo necesaria la llegada de grupos cada vez mayores de trabajadores, que a pesar de las continuas migraciones seguía siendo escaso.

Sin embargo, nuevos enfoques indican que la situación era más compleja. Si bien hubo un espectacular desarrollo de las estancias ganaderas, que colocó a los grandes hacendados en el centro de la escena, dicha situación no implicó la desaparición de la pequeña producción agrícola ni ganadera. Una pujante sociedad campesina creció alrededor de las estancias, e incluso en su interior. Miles de pequeños pastores y agricultores poblaron la campaña contribuyendo a la prosperidad de la región. El crecimiento demográfico estimuló la producción agrícola, complementando el desarrollo de la ganadería.

La política de librecambio le permitió a Buenos Aires concentrar buena parte del comercio exterior, provocando un fuerte impacto en las economías de las provincias del interior. Como se ha comentado, a pesar de la ruptura del eje comercial Potosí-Buenos Aires, estas provincias buscaron orientar sus producciones a otros ámbitos económicos. De este modo, organizaron su economía en dos frentes, estableciendo relaciones con otros mercados, como el boliviano y los puertos chilenos del Pacífico, pero, a la vez, manteniendo en lo posible sus vínculos comerciales con el litoral atlántico. Un acontecimiento externo de importancia, el descubrimiento de oro en California, tuvo un impacto positivo sobre las regiones que estaban reorientando su producción hacia el Pacífico. La enorme demanda generada por tres millones de personas concentradas en la Costa Oeste norteamericana tuvo un efecto expansivo que alcanzó a la producción agrícola y a los vinos y aceites de Cuyo, a la ganadería, que prosperó también en La Rioja y Catamarca, y a los productos madereros y artesanías de cuero de Tucumán.

La política económica de Rosas

Entre 1830 y 1852, pese a la incertidumbre planteada por una etapa histórica agitada, Buenos Aires prosiguió su expansión ganadera iniciada en la década anterior. Hemos visto que la formación de las grandes estancias fue favorecida por la política del gobierno bonaerense, ya que la Ley de Enfiteusis permitió el acaparamiento de tierras. Después de 1830 esa situación se profundizó con las concesiones de tierras como premio a quienes participaron en las guerras civiles. Finalmente, la política agraria llevada a cabo por Rosas a partir de la sanción de la primera ley de venta masiva de tierras públicas en 1836 consolidó esta orientación. La gran propiedad concentrada en pocas manos fue entonces un rasgo característico de la etapa, aunque siguió subsistiendo una cantidad importante de pequeños propietarios.

Durante el rosismo era previsible que se buscara favorecer por cualquier medio la extracción de productos pecuarios, y esta realidad involucró a todos los productores y comerciantes de ganado. Los estudios realizados parecen consolidar la idea de que no se trató sólo de un crecimiento extensivo sino que se produjo un significativo incremento de la productividad.

4. LA CONFEDERACIÓN ROSISTA (1829-1852)

Si bien las actividades agrícolas dieron vida a una sociedad dinámica de labradores y de pastores, el crédito de los llamados «capitalistas» se articuló en torno al ciclo del cuero. De ahí que el bloqueo francés, que trataremos más adelante, funcione como pretexto para que muchos hacendados se unieran contra Rosas.

Por lo tanto, la política económica del régimen se orientó a favorecer el crecimiento del sector ganadero de Buenos Aires y la exportación de productos pecuarios. Durante su gobierno, Rosas mantuvo el monopolio del puerto de la ciudad, el control sobre la navegación de los ríos y el manejo exclusivo de la aduana.

En cuanto a las provincias, otorgó subsidios para que pudieran hacer frente a sus gastos, pero se opuso al reparto de los ingresos aduaneros. Con el objetivo de fomentar la unión nacional bajo el predominio de Buenos Aires consolidando las alianzas políticas, y ante los reclamos proteccionistas que provenían de algunos representantes de las provincias del interior, entre los que se destacaba el gobernador de Corrientes, Pedro Ferré, puso en marcha la Ley de Aduanas de 1835, que se convirtió en el instrumento utilizado para alcanzar un acuerdo económico duradero con los Estados provinciales. La ley elevaba los aranceles que pagaban los productos llegados del exterior y prohibía la importación de otros que se producían dentro de las fronteras de la Confederación. La introducción de productos por vía terrestre era libre, con excepción del tabaco y la yerba mate del Paraguay, Misiones y Corrientes.

La puesta en vigencia de la ley tuvo repercusiones positivas en el interior, fortaleciendo la imagen política de Rosas; sin duda sentaba las bases para la reactivación de la agricultura, la industria del cuero, la vitivinícola, la textil, la de los metales y la de la madera. Sin embargo, su aplicación fue dificultosa pues tuvo que ser corregida varias veces, en parte por la presión de los bloqueos extranjeros, el primero establecido por Francia en marzo de 1838, y el segundo impuesto conjuntamente por Inglaterra y Francia en septiembre de 1845. Ambos episodios afectaron severamente la economía y en mayor medida la captación de recursos por vía del Estado, situación que obligó a reducir los aranceles.

Es difícil determinar el éxito o el fracaso de la Ley de Aduanas, pero, analizada en el contexto de los objetivos políticos del rosismo, parece haber resultado útil para el establecimiento del orden buscado.

Por su parte, la política financiera de Rosas tuvo claros objetivos: otorgar respaldo al papel moneda legal y obtener metálico o moneda extranjera para pagar al exterior. En 1836 fue creada la Casa de la Moneda en reemplazo del Banco Nacional; presentaba las características de un banco del Estado administrado por una Junta bajo el control del gobierno. Tenía a su cargo las emisiones monetarias, descontaba letras y pagarés y recibía depósitos en dinero y depósitos judiciales.

El orden político rosista

Las décadas dominadas por la figura de Juan Manuel de Rosas estuvieron atravesadas por tensiones de todo tipo, pues aunque su gestión se realizó en oposición a los unitarios de Buenos Aires, también se enfrentó a caudillos del interior que, por diferentes circunstancias, se opusieron al gobernador de Buenos Aires.

Primer gobierno de Rosas (1829-1832)

El proceso de transformación del mundo rural bonaerense que hemos descrito permite una aproximación al escenario en el cual se gestó el régimen rosista.

4. LA CONFEDERACIÓN ROSISTA (1829-1852)

Podemos iniciar el análisis formulando una pregunta: ¿por qué el rosismo pudo imponerse y mantenerse sobre otros proyectos políticos? Las posibles respuestas podrían ser, en primer lugar, porque Rosas fue quien mejor supo comprender los profundos cambios que venían operándose luego de la independencia; en segundo lugar, porque percibió la urgente necesidad de contar con los sectores populares para llevar a cabo cualquier acción política.

Las pasiones encendidas en una sociedad posrevolucionaria agitada por las guerras civiles fueron interpretadas por el futuro gobernador como una dificultad debido a la falta de disciplinamiento que desencadenaban; en consecuencia, intentará por todos los medios ordenar, unificar y acumular poder. La violencia y el terror que caracterizaron su régimen (pero que no sólo pueden atribuírsele a su facción) adquirieron creciente intensidad, llegando a su clímax entre los años 1838 y 1842, período en el cual una profunda crisis se abatió sobre su gobierno.

La adhesión y legitimación que distintos sectores de la sociedad le otorgaron para su acceso al gobierno de la provincia fue el resultado de una búsqueda permanente de la legalidad. Frente a un pasado violento aún vivo, intentó contraponer el imperio de la ley.

La aparición de Rosas como protagonista central de la escena pública porteña obliga a prestar particular atención a los enfrentamientos en los que, bajo el rótulo de unitarios y federales, se hallaban involucrados tanto Buenos Aires como el resto de las provincias.

El estado de guerra civil

Los acontecimientos que se suceden a partir de la firma de la paz con el Brasil, sobre todo el fusilamiento del gobernador Manuel Dorrego por el líder unitario Juan Lavalle en diciembre de 1828, dieron lugar a un momento político y económico de tal convulsión que agudizó las diferencias, profundizando el camino hacia la guerra civil y a la instalación de la violencia como un elemento ineludible de las prácticas políticas y de la vida cotidiana.

Como consecuencia de la muerte de Dorrego se produjo un levantamiento en la campaña de Buenos Aires en el que participaron grupos indígenas, gauchos seminómadas, soldados y otros grupos populares. Este levantamiento rural muestra el proceso de cambio que se iba gestando en la sociedad: la manifestación de los sectores populares revelaba que «la política» no estaba separada de la vida cotidiana.

En los relatos históricos más corrientes, el ejercicio de los asuntos políticos pertenecía a los caudillos y no se le asignaba ningún rol protagónico a la sociedad civil. Hoy resulta poco convincente esta lectura sobre la ausencia y pasividad de la masa ciudadana en el período postindependiente, y nuevos enfoques indican que su actividad no desapareció ni durante las guerras civiles ni durante el régimen rosista.

En esta sociedad sin la existencia de partidos políticos tal como los entendemos hoy, con limitados medios de comunicación escrita y un electorado prácticamente analfabeto, nos parece importante formular esta pregunta: ¿qué era la política en ese momento? Se «hacía política» siempre, en diversas formas y en los lugares más variados. Por ejemplo: las canciones, los chistes, los rumores, la forma de vestir, de hablar y comportarse, formaban parte de las expresiones políticas que circulaban en diferentes sitios como pulperías[1], cuarteles y fogones.

---

1. Eran las tiendas en las que se vendían comestibles y bebidas, pero también mercaderías de diferentes tipos para consumo de las familias.

La alteración del orden rural, que se extendió hasta abril de 1829, provocó un fuerte temor en la ciudad, que revivió los críticos momentos del año 1820, si bien los reclamos de quienes protestaban se centraban en la apelación a un mundo tradicional más justo. Ante esa realidad, Rosas tuvo la capacidad de sintonizar con los sectores populares y rurales, asumiendo como válidos sus reclamos. Esta estrategia le permitió asumir el rol de integrador de diferentes intereses sociales y convertirse en el protector de la comunidad. El triunfo federal será el resultado de la capacidad de Rosas de unificar políticamente a la ciudad y al mundo rural bajo su mando.

El nuevo gobernador inició su gestión con el apoyo de todos los sectores sociales agobiados por la incesante guerra civil, que veían en él a la persona capaz de restablecer el orden y la paz. Contaba con la adhesión tanto de los hacendados y comerciantes, incluidos los extranjeros, como de los peones y gauchos de la campaña, «orilleros», libertos y esclavos de la ciudad. En la oposición se encontraban los unitarios, acorralados ante el accionar de las mayorías, pero esperando el momento de recuperar poder.

En los funerales de Dorrego, Rosas congregó a los poderes públicos y a la población urbana pronunciando una oración fúnebre en memoria de su antecesor, en la que destacó su posición como heredero y continuador de su labor. Este acto reavivó pasiones y marcó el comienzo de una política que extremó el enfrentamiento entre las facciones federal y unitaria, buscando Rosas asegurarse la fidelidad de la plebe porteña y la cohesión interna del partido federal. La Sala de Representantes, que ya le había delegado las facultades extraordinarias, lo declaró «Restaurador de las Leyes e Instituciones de la Provincia de Buenos Aires» y le otorgó el grado de brigadier general.

Durante el transcurso de su gobierno, Rosas dio muestras de intolerancia frente a las opiniones políticas diferentes. Se dictó un decreto que condenaba como reo de rebelión a todo autor o cómplice del golpe unitario de 1828. La prensa fue objeto de censura, quemando en el Palacio de Justicia los periódicos opositores al federalismo. Asimismo, estableció el uso obligatorio de la «divisa punzó» (símbolo utilizado por sus partidarios) entre los empleados del Estado, servidores públicos, religiosos y militares.

Las provincias divididas: la Liga Unitaria y el Pacto Federal de 1831

Mientras Rosas restablecía el orden en Buenos Aires, en el interior el general unitario José María Paz consolidaba su posición en el gobierno de Córdoba luego de derrotar al gobernador federal Bustos. Ante su triunfo, los gobiernos de Santa Fe y Buenos Aires iniciaron gestiones mediadoras; sólo el caudillo riojano Facundo Quiroga mantuvo su actitud opositora: reunió un nuevo ejército y se lanzó sobre Córdoba, pero acabó derrotado el 25 de febrero de 1830 en Oncativo.

El éxito del general Paz dio lugar en 1830 a la conformación de la Liga del Interior. No obstante, su triunfo tuvo un alcance limitado porque los unitarios no contaban con un importante grado de adhesión popular; sin embargo, mediante sucesivas campañas, Paz logró destituir a los gobernadores federales aliados a Quiroga, estableciendo gobiernos que respondían a su autoridad.

A partir de los tratados del 5 de julio y del 31 de agosto de 1830, las provincias del interior –Córdoba, Tucumán, Salta, Mendoza, San Juan, San Luis, La Rioja, Santiago del Estero y Catamarca– se aliaron integrando una liga ofensiva y defensiva con el propósito de organizar la Nación mediante un congreso que fijara la forma de gobierno que considerase conveniente. Se entregaba a Paz el poder supremo militar, que disponía de un fondo bélico conformado por la cuarta parte de las rentas de cada provincia. Aunque no se hablaba de unitarismo, ése era el sistema político propiciado por su organizador. El proyecto disponía asimismo que las provincias firmantes retirasen la delegación de las relaciones exteriores que oportunamente habían cedido al gobierno de Buenos Aires.

Sin embargo, un hecho inesperado contribuyó a derrumbar la Liga del Interior: en marzo de 1831 una partida de soldados del caudillo santafesino Estanislao López hizo prisionero al general Paz, quien permaneció preso hasta 1839. El general Gregorio Aráoz de Lamadrid lo reemplazó en el mando pero fue derrotado por Quiroga en Tucumán.

Como respuesta a la Liga del Interior, las provincias del litoral –Entre Ríos, Santa Fe y Buenos Aires–, firmaron en enero de 1831 el Pacto Federal, poderosa alianza antiunitaria. Nuevamente se configuraban en el país dos organizaciones políticas enfrentadas, situación que se repetirá periódicamente hasta 1880. El Pacto Federal llegó a ser mucho más que una alianza ofensiva-defensiva: partía del reconocimiento de la libertad e independencia de las mismas y creaba una Comisión Representativa que ejercería por delegación funciones como firmar tratados de paz, declarar la guerra, invitar a las provincias a reunirse en una federación, llamar a un congreso para organizar el país bajo el sistema federal, resolver cuestiones relacionadas con el comercio interno y externo, la libre navegación de los ríos interiores, el cobro y distribución de las rentas aduaneras y el pago de la deuda que la República mantenía con el extranjero. Una vez concluidos los conflictos en el interior, en noviembre de 1831, los miembros de la Comisión consideraron oportuno impulsar la organización del país, pero el gobierno de Buenos Aires opuso fuertes resistencias a esta iniciativa.

En los comienzos de 1832 ya eran seis las provincias incorporadas, incluyendo a Corrientes, Córdoba y Mendoza;

las relaciones exteriores continuaron en manos del gobierno de Buenos Aires.

La ampliación del Pacto era la política deseada y sostenida por Rosas, en la medida que le permitía dilatar el tratamiento de la organización del país por medio de la sanción de una Constitución. El alcance de este juego político se mantuvo a lo largo de sus dos períodos de gobierno y así lo expresó a los caudillos Quiroga e Ibarra en parte de la correspondencia que mantuvo a partir de 1829, cuando éstos se atrevieron a insinuar la posibilidad de institucionalizar la República. Coherente con esta postura política, Rosas disolvió de forma definitiva la Comisión Representativa en julio de 1832.

No obstante, el Pacto supuso el origen de la organización de las provincias rioplatenses en una Confederación que, sin perder su carácter provisional, se prolongó en el tiempo hasta la caída de Rosas y la sanción de la Constitución de 1853.

El federalismo dividido

Hacia fines de 1832, la Sala de Representantes porteña ofreció a Rosas su reelección como gobernador de la provincia de Buenos Aires pero sin los poderes extraordinarios que gozaba. Esta ambigüedad expresaba que si bien era el líder máximo del federalismo porteño, Buenos Aires era un Estado republicano y como tal el poder ejecutivo debía tener límites. Rosas no estaba dispuesto a aceptar una segunda gobernación en estas condiciones. En consecuencia, la Junta eligió a su ministro de Guerra, Juan Ramón Balcarce.

Gobierno de Balcarce (1832-1833)

Con Balcarce en el gobierno, Rosas decidió dedicarse a sus actividades privadas pero sin perder el control de la vida política porteña, por lo que reasumió su antiguo cargo de comandante general. Entre 1832 y 1833 retomó una idea ya planificada durante su gobierno: la Campaña del desierto. La propuesta reunía de forma ventajosa los intereses particulares con los públicos, o al menos con los intereses de comerciantes y hacendados, al asegurar la extensa línea de frontera que venía ampliándose al sur del río Salado. En 1833, los logros del operativo le permitieron a Rosas obtener un doble éxito: asegurar la frontera en el sur y alimentar una crisis política que, una vez resuelta, le facilitó el retorno al poder.

En el marco de esta crisis se revelaron un conjunto de fenómenos considerados característicos del gobierno rosista y de su grupo de seguidores. Uno de los conflictos surgió en el seno del federalismo de Buenos Aires, que polarizó el escenario político porteño: se buscaba identificar a los amigos y a los enemigos. Amigos eran los «buenos federales», los «federales netos» o «apostólicos», y enemigos, los «decembristas unitarios», o «cismáticos».

Otra manifestación de este período crítico y violento fue la creación de la Mazorca, un grupo de choque integrado por sectores populares, usado para perseguir y hostigar a los opositores; su máxima figura era la mujer de Rosas, Encarnación Ezcurra.

La «Revolución de los Restauradores»

En abril de 1833, en medio de un acto electoral convocado para renovar la Sala de Representantes provincial, se agudizó el enfrentamiento entre federales «cismáticos» y «apostólicos», y se suspendieron las elecciones. Esta situación aumentó las tensiones y llevó a un conflicto cuya violenta resolución fue la denominada «Revolución de los Restauradores».

La disputa se agravó a partir de las graves acusaciones cruzadas entre los diarios adictos al gobierno de Balcarce («cismáticos») y los rosistas; en ellos se ventilaron cuestiones personales que obligaron a intervenir a la justicia. El primer juicio se produjo contra el periódico *El Restaurador de las Leyes*, situación que fue aprovechada para empapelar la ciudad haciendo creer que se enjuiciaba al propio Rosas. La noticia provocó el 11 de octubre de 1833 un alzamiento contra el gobierno, dirigido en secreto por la esposa de Rosas, que obligó a renunciar a Balcarce. En su lugar, la Sala de Representantes, con los votos de los «cismáticos», designó a Juan José Viamonte.

Viamonte y Maza: el predominio rosista

Durante su breve mandato, Viamonte intentó desarrollar una política conciliadora entre las facciones antagónicas, a la vez que tomó medidas con el fin de limitar la concentración del poder en manos de Rosas. Sectores intransigentes del rosismo creían ver en estos actos un intento de reinstalar la hegemonía unitaria.

El gobierno tuvo que soportar un clima de violencia creciente, encabezado por Encarnación Ezcurra, cuyo resultado fue la emigración de los federales «cismáticos» hacia Uruguay y el interior. Finalmente, en junio de 1834, Viamonte presentó su renuncia expresando que fuerzas perturbadoras le impedían gobernar, en clara alusión a los seguidores de Rosas.

Como era de esperar, la Sala de Representantes le ofreció el gobierno sin los poderes extraordinarios a Rosas, pero no lo aceptó. Asumió el cargo, de forma interina, el presidente de la Sala de Representantes, Dr. Manuel Maza. A partir de ese momento se fue allanando el camino para el regreso del ex gobernador en las condiciones que exigía. Este traspaso, que había sido concebido como una suave transición, debió ser apurado por la conflictiva situación en las provincias del interior. A su regreso de una misión de mediador en un conflicto entre las provincias de Salta y Tucumán, el caudillo riojano Facundo Quiroga fue asesinado en Barranca Yaco (Córdoba) el 16 de febrero de 1835.

La noticia conmovió a Buenos Aires. Maza renunció a su cargo denunciando el peligro y culpando a los unitarios del caos. La Junta de Representantes, impactada por el temor, designó entonces a Rosas como gobernador con la «Suma del poder público».

Consolidación del orden rosista (1835-1852)

La construcción de la hegemonía del rosismo debió vencer fuertes resistencias, incluso entre sus partidarios y aliados. Derrotados los unitarios en Buenos Aires en 1829 y en el interior en 1832, Rosas debió esperar hasta 1835 la oportunidad para unificar políticamente (bajo su signo) todo el territorio. El asesinato de Quiroga en 1835 más que crear una nueva situación puso en evidencia aspectos que se venían insinuando desde 1829: Rosas logró el dominio sobre Buenos Aires, y Buenos Aires hizo lo propio sobre el litoral y el interior. El nuevo orden político se sustentará sobre estas nuevas bases.

El crimen de Quiroga representó para Rosas la pérdida de un valioso aliado pero, al mismo tiempo, el clima de crisis de Buenos Aires y de «guerra social» en todo el territorio sirvió para que le concedieran no sólo las facultades extraordinarias, sino, como ya hemos indicado, la «Suma del poder público», con una duración de cinco años.

Rosas quería el poder sobre una base firme por lo que convocó a un plebiscito al pueblo de Buenos Aires para expresarse por sí o por no antes de aceptar este tipo de mandato; la respuesta fue un respaldo masivo. El 13 de abril de 1835, en medio de una multitud que lo aclamaba, se hizo cargo del gobierno de Buenos Aires.

Un nuevo estilo de hacer política

La visión liberal tradicional ha presentado al orden rosista instalado en 1835 como un régimen despótico, antirrepublicano, como una desviación tajante de los principios revolucionarios de Mayo y, sobre todo, como un regreso a las formas tradicionales de gobierno de la época colonial.

Sin embargo, se ha destacado también que se trató de un gobierno que, a pesar de concentrar un poder casi ilimitado, exigió por primera vez a la Sala de Representantes someter las condiciones de su nombramiento al veredicto popular, conformando lo que muchos vieron como un gobierno «republicano de excepción», al tiempo que inauguraba un nuevo tipo de legitimidad: la consulta popular a través del voto plebiscitario. De esta forma, Rosas le quitó a la Sala de Representantes la exclusividad de otorgar los poderes extraordinarios creando nuevas condiciones en las elecciones políticas. Inició así su segundo mandato, que se prolongó durante diecisiete años.

La época de la hegemonía rosista ha sido interpretada en clave de dominación personal, incluyendo componentes cuasi feudales. Al ser considerada la estancia como la estructura socioeconómica dominante en el campo, la relación patrón-peón propia de dicha estructura se habría extendido al ámbito político. Rosas, en esta imagen, representaría al gran patrón y jefe militar de la gran estancia –entendida ésta como el Estado provincial–, secundado por otros, cuyo rol era generar obediencia entre los subordinados.

Sin embargo, la realidad era bastante más compleja. Los nuevos abordajes de la cuestión muestran que en el campo convivieron diversas formas de explotación –economía campesina familiar, chacra[1], estancia–, y que la estructura social y política resultante fue mucho más diversificada. La «ruralización de la política» durante la época de Rosas implicó llevar a la ciudad la lógica representativa del campo. Rosas, sobre la base de la legalidad del funcionamiento de las instituciones heredadas de la experiencia liberal rivadaviana, logró establecer cambios significativos. El mundo rural bonaerense fue integrado a la vida política con toda la fuerza de sus transformaciones.

Hasta su definitiva caída, el sistema de gobierno rosista conservó todos los procedimientos formales del funcionamiento institucional de la provincia. La importancia que tuvo para el régimen esta obsesiva inclinación a las formas revela una de sus mayores ambigüedades. Producto de un notable pragmatismo político, el rosismo integró modos tradicionales con prácticas más modernas de concebir la política; intentó proporcionar una base políticamente sólida al crecimiento y prosperidad de Buenos Aires, y dar respuesta al viejo problema abierto por la revolución: la inestabilidad.

Rosas y la organización constitucional del país

Al otorgarle a Rosas las facultades extraordinarias, las provincias habían delegado en el gobierno de Buenos Aires las relaciones exteriores y la defensa de la soberanía de la Confederación frente a posibles agresiones externas. La ausencia de una organización nacional, una Constitución, no supuso ningún impedimento para que la Confederación Argentina existiera como una realidad, de facto, bajo el dominio de Rosas.

1. Pequeña extensión de tierra dedicada a la actividad agrícola.

Sin embargo, la posición del gobernador de Buenos Aires en torno a la organización nacional fue algo conflictiva en su relación con las provincias. Ya hemos visto cómo la ampliación del Pacto Federal era la política que le permitía dilatar el tema constitucional. Dos cuestiones rondan en relación con este problema: una de tipo político y otra vinculada a lo económico. En primer lugar, el pragmatismo político de Rosas lo llevó a considerar que la convocatoria a un Congreso Constituyente para emprender la tarea de la organización nacional provocaría enfrentamientos que conducirían al caos, el mayor peligro para él, un amante del orden. Las provincias no tenían experiencia política ni recursos económicos para afrontar esa empresa; era conveniente que se ocuparan de fortalecer sus instituciones particulares, y sólo después trabajar en los cimientos de una Constitución nacional.

En segundo lugar, el proyecto de organizar la nación representaba un duro golpe para las finanzas de la provincia de Buenos Aires, ya que conllevaba la nacionalización de las rentas aduaneras. A este tema se sumaba el hecho de que las provincias del litoral reclamaban la libre navegación de los ríos como condición necesaria para un acuerdo constitucional.

Desafíos internos y externos a la Confederación rosista

No es posible explicar la consolidación y éxito de la Confederación rosista sin comprender que existía la sensación de estar bajo una permanente amenaza de ataques internos y externos. El período del segundo gobierno estuvo marcado por recurrentes y simultáneas campañas militares destinadas a evitar golpes de estado, conspiraciones, rebeliones, bloqueos, invasiones protagonizadas por caudillos provinciales, jefes unitarios y potencias extranjeras. Cada uno de estos acontecimientos, en mayor o en menor medida, puso en peligro el gobierno, las fronteras o la soberanía de alguna parte de la Confederación.

Crisis y oposición: la implantación del terror

La idea de permanente amenaza que se abatía sobre el régimen propició el uso de la violencia y el terror como política de Estado. La «política del terror» aplicada por el gobernador para sostener su poder y para combatir e intimidar a la oposición se llevó a cabo a través de diferentes formas: confección de «listas de unitarios» por los jueces de paz, que servían de advertencia o amenaza, muchas veces concretada en palizas, prisión y hasta asesinatos; confiscación de propiedades que servían para retribuir servicios a la causa federal...

La exclusión y la intolerancia formaban parte del «federalismo rosista». La prensa, mediante la propaganda, alentó el patriotismo de los sectores populares, logrando reacciones exaltadas ante situaciones de peligro interno del régimen o de agresiones externas a la Confederación. La imposibilidad de conciliar los intereses entre unitarios y federales fue una idea difundida por Rosas por la cual logró la adhesión de los sectores medios rurales.

La Mazorca era el órgano ejecutor de las intimidaciones y asesinatos políticos; sus integrantes («mazorqueros») actuaban de noche, tiroteando las casas de los sospechosos de ser opositores, o allanando las viviendas particulares en búsqueda de evidencias incriminatorias. Por lo general, los que así eran intimidados, si salvaban sus vidas, elegían el camino del exilio. Después de varias advertencias, venían los asesinatos. El método preferido por los mazorqueros era el degüello a cuchillo; en los momentos de exacerbación del terror, cuerpos descabezados podían encontrarse en las calles de Buenos Aires cada mañana.

Sin embargo, el terror de Estado no fue constante en su aplicación. Fue utilizado en momentos de crisis política o militar, especialmente entre 1838 y 1842.

Desde Buenos Aires, el gobernador logró imponer su política bajo el nombre de la Santa Federación. Sin embargo, existían opositores que habían emigrado a Uruguay, Bolivia y Chile que no aceptaban esta situación y trataban de recuperar el terreno perdido; para ello recurrieron desde la propaganda hasta la acción armada, incluyendo alianzas con países limítrofes y potencias europeas.

La naturaleza de estos desafíos y el modo en que Rosas los resolvió ayudan a comprender su popularidad y la continuidad de su poder. La oposición estaba integrada por distintos sectores: viejos unitarios, federales «cismáticos», federales del litoral y del interior, y también los jóvenes que integraron la «Generación de 1837».

Las nuevas ideas: la Generación de 1837

Se conoce con ese nombre a un pequeño grupo de intelectuales que desde 1837 se reunían en Buenos Aires bajo el nombre de «Salón Literario».

El conflicto con Francia que, como veremos, culminó con el bloqueo iniciado en 1838, condujo a que este conjunto de escritores y periodistas se organizara clandestinamente con el nombre de Asociación de la Joven Generación Argentina. La intención era formar un nuevo grupo político, alejado de las luchas entre unitarios y federales. En principio, los unía la discusión de las novedades intelectuales provenientes de países europeos –particularmente las nuevas ideas románticas y del socialismo utópico francés– o de Estados Unidos; algunos hacían severas críticas al régimen rosista. Rosas no toleró estos cuestionamientos, por lo que debieron exiliarse. El grupo inicial estaba formado por Juan Bautista Alberdi,

Esteban Echeverría y Juan María Gutiérrez, entre otros; más tarde encontrarán afinidad con otros emigrados, como Domingo Faustino Sarmiento.

La Generación del 37 constituye el primer movimiento intelectual que tuvo el propósito de impulsar una transformación cultural centrada en la necesidad de construir una identidad propia. El «estudio de lo nacional» proclamado como tema primordial por Alberdi en su discurso del Salón Literario se convirtió en el motivo principal de la obra de toda esa generación. Nacidos casi todos ellos entre 1805 y 1820, se consideraron hijos de la Revolución de Mayo y, como tales, tenían encomendada una misión: el desarrollo e implantación de la segunda fase de la Revolución, cuyo sentido central era definir la nueva identidad nacional en términos de los valores revolucionarios.

La obra de estos escritores abarcó todos los géneros: filosofía, historia, economía, novela, drama, poesía, periodismo político, etc., pero siempre aparecía una problemática común: la «nación», cuestión típicamente romántica que, en un país nuevo como la Argentina, se volvía más intensa por ser un Estado en proceso de construcción.

Las principales figuras del movimiento, que dominó la vida cultural argentina hasta 1880, fueron: Esteban Echeverría (1805-1851), Juan Bautista Alberdi (1810-1884), Juan María Gutiérrez (1809-1878), Domingo Faustino Sarmiento (1811-1888), Vicente Fidel López (1815-1904), José Mármol (1807-1882) y Félix Frías (1816-1881).

Uno de los debates más importantes de la época, asociado a los orígenes de la construcción/invención de la nación, se produjo justamente entre dos de los mayores exponentes de esta generación, Sarmiento y Alberdi. En sus argumentos se despliegan dos modelos de país diferentes, ubicados sus protagonistas en lugares políticos diferentes: el primero, avalando la política unitaria; el segundo apoyando la Confederación liderada por Urquiza.

Sarmiento sostenía, siguiendo el modelo norteamericano, que la libertad política no podía concebirse separada de la igualdad. El modelo de la colonización norteamericana construido sobre los minifundios de los *farmers* era el punto de partida para el funcionamiento de las instituciones, razón por la cual el desierto argentino, espacio vacío de cultura, debía ser erradicado y suplantado por colonias agrícolas en las que la asociación voluntaria fuera el gesto colectivo cotidianamente repetido. De este modo, la concentración de población posibilitaría la acción de la escuela, condición necesaria para que la educación común llegara a todos y a cada uno de sus integrantes. En otras palabras, la escuela debía convertirse en el centro de sociabilidad por excelencia, pero también en el lugar de formación del ciudadano y de la comunidad política, instrumentos indispensables para la construcción de la democracia.

Para Alberdi, en cambio, la democracia, la soberanía del pueblo, la libertad y la igualdad carecían de sentido, eran palabras vacías si primero no se construía un orden y se suplantaban los malos hábitos de la tradición hispánica por la creación de «nuevas costumbres». Acorde con el modelo de país de «crecimiento hacia fuera», Alberdi planteaba que la educación no es instrucción; la educación por contacto con las cosas era prioritaria a la instrucción que brindaba la escuela. En esta línea, Alberdi concibió la teoría del trasplante vital de Europa en América, que satisfizo sus pretensiones conservadoras de orden y seguridad. Había que cambiar la sociedad por el trasplante de los hábitos de orden e industria, pues «cada europeo que viene, nos trae más civilización en sus hábitos que el mejor libro de filosofía [...] El más instructivo catecismo es un hombre laborioso». La educación, en consecuencia, debía ser una función asumida por la sociedad civil porque la escuela instruía con lentitud aquellos conocimientos que los habitantes extranjeros enseñaban por contagio con rapidez y eficiencia.

En síntesis, dos miradas diferentes, dos modos de concebir el país y la educación. Para Sarmiento, las «luces» debían emanar de la cosa pública, de las instituciones y de quienes participaban en ella; la escuela, que encarnaba en sí misma el ámbito de lo público, debía convertirse en el instrumento privilegiado del Estado para la formación del ciudadano. Por el contrario, para Alberdi la sociedad política debía emerger del seno de la gran sociedad civil sin mediación inmediata de la institución escolar.

La crisis de la Confederación

Entre 1838 y 1843, a pesar de su fortaleza, el rosismo debió hacer frente a una seria crisis, que incluyó desde rebeliones en el interior hasta movimientos armados de carácter internacional. Las primeras pusieron en evidencia la fuerte resistencia que existía en las provincias al surgimiento de una autoridad central que las subordinara; además dejaban en claro que el problema no se reducía a la lucha entre federales y unitarios, sino que dividía también al federalismo.

La comprensión de los hechos que dieron lugar a esta crisis obliga a poner el acento en el impacto y trascendencia que tuvo el bloqueo francés (1838-1840) sobre los futuros acontecimientos políticos que debió atravesar el régimen. Francia tenía sólidos intereses comerciales en Montevideo, aspiraba a extender su influencia económica en el Río de la Plata y reclamaba que sus ciudadanos tuvieran el mismo trato preferencial que tenían los ingleses.

El bloqueo de Francia al puerto de Buenos Aires perjudicó gravemente a la economía porteña al privarla de los ingresos de la aduana y de la circulación de bienes. Por otra parte, favoreció el comienzo de acciones conjuntas y simultáneas por parte de la oposición en todo el territorio de la

Confederación; comenzó en ese momento la pérdida de adhesiones al federalismo rosista.

Entre 1837 y 1838, Rosas participó en una guerra contra la Confederación Peruano-Boliviana, y en febrero de 1839 el gobernador de Corrientes, Genaro Berón de Astrada, declaró la guerra a Buenos Aires y Entre Ríos, pero fue derrotado; las razones de su levantamiento deben buscarse en los perjuicios económicos que le producía el librecambio aplicado por la aduana porteña.

En Buenos Aires, miembros de la Asociación de Mayo (entidad que agrupaba a sectores de oposición al régimen) planearon un alzamiento militar. Decidida a derrocar a Rosas, esta rebelión estaba encabezada por el hijo del presidente de la Sala de Representantes, Ramón Maza. En junio de 1839 el plan estaba en marcha. El gobernador, enterado de la conspiración, hizo arrestar a los cabecillas. Este incidente causó una enorme reacción popular: el pueblo federal pidió la destitución del presidente Manuel Maza, quien fue asesinado por mazorqueros el 27 de junio; a su vez, Ramón Maza fue fusilado. La prensa rosista aprovechó el hecho para intensificar las manifestaciones violentas contra los unitarios.

En octubre de 1839 estalló un levantamiento en Dolores y Chascomús, dirigido por poderosos hacendados. El plan de provocar una insurrección en la campaña fracasó; los rebeldes fueron fácilmente derrotados y sus bienes embargados, usados luego para premiar a quienes sofocaron la rebelión.

A fines del mismo año, una poderosa coalición se formó en el norte, liderada por Tucumán y Salta, a la que se adhirieron también las provincias de Catamarca, La Rioja y Jujuy. El objetivo era denunciar los métodos del gobierno, quitarle la representación de los asuntos exteriores y armar un ejército opositor poderoso. El general Gregorio Aráoz de Lamadrid, que comandaba la coalición, logró incorporar a Córdoba.

En agosto de 1840 un ejército unitario organizado en Montevideo por el general Juan Lavalle, contando con el apoyo francés, se proponía atacar la ciudad de Buenos Aires. Instalado en Entre Ríos, Lavalle se enteró del fracaso de los levantamientos contra Rosas y modificó su estrategia. Con la ayuda de las naves francesas cruzó el Paraná y sin oposición logró llegar a la provincia de Buenos Aires; a la espera de refuerzos detuvo su marcha en Mercedes. Ante la indiferencia de la población, y con escasos recursos, Lavalle se retiró hacia Santa Fe ocupando la ciudad. Las noticias de la finalización del bloqueo francés, que lo dejaba sin su aliado más importante, lo obligaron a replegarse a Córdoba. Un ejército rosista marchó para combatirlo y lo derrotó en Quebracho Herrado (28 de noviembre de 1840), mientras los jefes unitarios se dirigían hacia el norte.

Las fuerzas rosistas lograron también terminar con la coalición del norte y sus principales jefes fueron fusilados. En 1841, Lavalle trató de llegar a Bolivia, pero fue alcanzado en Jujuy y muerto por sus perseguidores.

Estos acontecimientos condujeron al fortalecimiento del poder del gobernador porteño, quien obtuvo la victoria gracias a la escasa colaboración prestada en el interior a los ejércitos unitarios, a las peleas internas dentro de la oposición (no todos compartían la alianza con los franceses) y, además, a la falta de una adecuada estrategia. Sin embargo, su real carta de triunfo fue el apoyo de la población campesina y buena parte de la urbana.

Dado que el principal centro de oposición a su gobierno estaba en el Uruguay, Rosas decidió llevar la guerra al territorio oriental. En 1838, el presidente uruguayo Manuel Oribe, firme aliado de la causa federal rosista, fue derrocado por Fructuoso Rivera con el apoyo del jefe unitario Lavalle. En 1843, en defensa de los derechos de Oribe a la presidencia de su país, el gobernador de Buenos Aires dio al Ejército la orden de tomar Montevideo. Se inicia así el llamado «sitio grande de Montevideo». El aislamiento de la capital del Uruguay por parte de las fuerzas rosistas originó conflictos internacionales. La presión de los comerciantes y políticos británicos, junto al reclamo de otras comunidades extranjeras, provocaron la intervención de los gobiernos de Gran Bretaña y Francia. El bloqueo anglo-francés del puerto de Buenos Aires entre 1845-1848 fue la represalia de las dos potencias europeas ante el sitio de Montevideo y uno de los conflictos de más difícil resolución para el gobernador.

En noviembre de 1845 la flota anglo-francesa organizó una incursión por el Paraná para abrirlo a la navegación internacional. Rosas ordenó que se les cortara el paso mediante el establecimiento de una batería de artillería en la Vuelta de Obligado. A pesar de la tenaz resistencia de los federales, el 20 de noviembre las naves británicas consiguieron pasar, escoltando un grupo de cien buques mercantes. Esta victoria no aumentó los mercados para las importaciones ni produjo ganancias políticas para los unitarios. Por el contrario, el apoyo a Rosas creció por la reacción social en contra de este acto de invasión externa.

El sitio de Montevideo se prolongó por tres años más, redujo el comercio exterior en el Río de la Plata y complicó las relaciones con Gran Bretaña y Francia. El bloqueo afectó los intereses de los comerciantes ingleses residentes en Buenos Aires y ambas potencias comenzaron las negociaciones de paz, que finalizaron en 1850. Por esos tratados se reconocía a Oribe como presidente del Uruguay y el derecho de Buenos Aires a ejercer el control sobre los ríos; a cambio, las fuerzas de Rosas abandonarían el territorio oriental y los extranjeros residentes depondrían las armas.

Disolución del orden rosista

La región del litoral fue el escenario donde se gestó la alianza que puso fin a la hegemonía de Rosas. En ella, Entre Ríos ocupó una posición destacada gracias a la acción de su gobernador, el general Justo José de Urquiza. Este acaudalado estanciero, que gozaba de gran prestigio militar y político, había logrado reconstruir la economía de su provincia. Sin embargo, la política económica de Buenos Aires constituía un freno para la expansión entrerriana. Decidido a encarar un proyecto constitucional que sentara las bases para la organización de la nación, y ante la oposición de Rosas, Urquiza buscó alianzas entre sus mayores enemigos: Brasil y Uruguay.

El 1.º de mayo de 1851 el gobernador de Entre Ríos aceptó la renuncia formal que Rosas presentaba cada año como encargado de las relaciones exteriores de la Confederación. Al mismo tiempo invitó a las demás provincias a reasumir la empresa pendiente de la organización nacional. A excepción de Corrientes, ninguna otra provincia se plegó al movimiento y manifestaron su apoyo a Rosas. Urquiza fue calificado por el gobierno porteño como «traidor, loco y salvaje unitario».

Incapaz de costear los gastos de un ejército para enfrentarse al de Buenos Aires, buscó el apoyo del Brasil y del gobierno de Montevideo, opuesto a Oribe. El «Ejército Grande», resultado de estas alianzas, cruzó el río Uruguay y obligó a Oribe a levantar el sitio de Montevideo. Poco tiempo después, atravesó Entre Ríos, invadió Santa Fe y penetró en Buenos Aires. En la batalla librada en los campos de Caseros, el 3 de febrero de 1852, las fuerzas de la Confederación fueron derrotadas.

En el interior, ninguna provincia movilizó fuerzas en defensa del régimen de Rosas, y en la misma Buenos Aires nadie se propuso organizar una resistencia al ejército invasor. En realidad, la movilización fue tardía y desorganizada. Hasta ese momento, gran parte de la sociedad había apoyado a Rosas como garantía de paz y orden en la provincia, pero su voluntad de perpetuarse en el poder hizo imposible mantener esas bases de apoyo. Sin comprender demasiado las causas de su caída, el Restaurador aceptó los hechos y emprendió el camino del exilio en Gran Bretaña.

5. La trabajosa construcción del Estado nacional (1852-1880)

Los hombres de la Generación de 1837 habían encontrado en Juan Manuel de Rosas el obstáculo más importante para que la Argentina se organizara como Estado nacional. Sin embargo, pronto quedó claro que no era ése el único problema que impedía la unificación: tampoco entre 1852 y 1862 se consiguió concretar la organización nacional porque resultó imposible conciliar dos proyectos diferentes. Por un lado, el vencedor de Caseros, Justo José de Urquiza, esperaba que el proceso de unificación fuera conducido por su provincia, secundada por sus aliados del interior. Por otro, los dirigentes políticos porteños asumían que ese papel le correspondía «naturalmente» a Buenos Aires. Debido a este gran desacuerdo, Buenos Aires no aceptó la Constitución –finalmente sancionada en Santa Fe en 1853–, y se mantuvo como un estado diferenciado de la Confederación promovida por Urquiza. De este modo, una situación de «empate» entre los dos bloques atrasó una década más la organización nacional.

En efecto, ésta sólo fue posible de modo definitivo después de la victoria porteña de Pavón (1861). Habría unión de todas las provincias, tal como quería Urquiza, pero sería

Buenos Aires la que asumiera la tarea de imponer el nuevo orden. En esta construcción del Estado, que se acelera a lo largo de las presidencias de Mitre, Sarmiento y Avellaneda, fue fundamental la prosperidad económica que empieza a insinuarse en estos años, que son también los de formación de un modelo de desarrollo económico de base agroexportadora.

Las transformaciones económicas y sociales

Este proceso de construcción del Estado nacional estuvo acompañado de otro de similar importancia: la incorporación de la Argentina a la división internacional del trabajo. Como venimos argumentando, desde las revoluciones de la independencia la economía de la región se había ido configurando como una economía exportadora. El saladero (establecimiento destinado a la matanza de reses vacunas y a la salazón de su carne para el consumo humano), a partir de 1820, había posibilitado una ampliación de los mercados, con grandes beneficios para los hacendados porteños. Hacia fines del período rosista aparecía un nuevo producto: el ovino. Esta producción ganadera, factible de desarrollar en parcelas más pequeñas, y que en buena medida estaba en manos de inmigrantes extranjeros, anticipaba la «fiebre del lanar» que cambió la estructura productiva del campo bonaerense.

Sin embargo, aunque podamos rastrear los antecedentes muchas décadas atrás, sólo en la segunda mitad del siglo XIX se advierte una revolución en la escala de la producción y del comercio exportador. Las transformaciones operadas en el contexto internacional, y ciertas innovaciones tecnológicas, hicieron posible este proceso. Una nueva revolución de los transportes, en efecto, tenía lugar en Europa, basada en el ferrocarril y en la navegación a vapor. Los costos de los viajes marítimos se abarataron tan notablemente que resultó más ventajoso para los países industrializados abastecerse de alimentos y materias primas en regiones remotas que producirlos localmente. El comercio entraba, pues, en una nueva etapa de expansión que suponía intercambios cualitativamente distintos: las mercancías transportadas desde América del Sur hacia Europa ya no poseían un alto valor agregado, pero suponían volúmenes gigantescos. En la dirección opuesta, los países americanos se seguían abasteciendo de los bienes industrializados que procedían del viejo continente.

Pero Europa tenía más en esos años para ofrecer a la periferia del mundo. Sobraban allí capitales que, sobre todo después de la crisis de 1873, no rendían los beneficios esperados y que convenía exportar y radicar en las nuevas regiones incorporadas al sistema capitalista mundial. Además, en el sur de Europa sobraban también hombres y mujeres que ni la industria ni el agro estaban en condiciones de absorber como mano de obra. Así es que comercio, inversiones directas, préstamos e inmigración serían las notas distintivas del período que se abría en la segunda mitad del siglo XIX.

La puesta en marcha de la Argentina agroexportadora

En el esquema de división internacional del trabajo recién explicado, la República Argentina, con sus dilatadas llanuras fértiles y su predisposición favorable para recibir capitales e inmigrantes, se perfilaba como una óptima contrapartida para los intereses europeos. Aunque todos los países latinoamericanos se especializaron en la producción de bienes exportables entre 1860 y 1930, el caso argentino se reveló como uno de los más exitosos. Las razones de este suceso fueron varias:

- En principio, las «reformas liberales» fueron más sencillas de llevar a cabo en la Argentina que en otros países latinoamericanos. Salvo las extensiones ocupadas por las sociedades indígenas, recuperadas totalmente después de la «Conquista del desierto», no existían impedimentos para que la totalidad de las tierras ingresara en un mercado libre. La Iglesia no había sido nunca una gran propietaria, y tampoco habían abundado las tierras de corporaciones como los pueblos de indios.
- Argentina, gracias a la amplitud de su territorio, contaba con una gama relativamente amplia de productos que ofrecer al mercado internacional. Esta posición favorable le permitió afrontar con éxito los problemas emergentes de la variable demanda de bienes y de las alteraciones de los precios internacionales. Entre 1860 y 1900 la oferta de sus exportaciones se fue diversificando y adaptando flexiblemente a los nuevos requerimientos.
- Los grupos económicos locales mantuvieron en sus manos los factores de producción y se ocuparon en parte también de la comercialización. Esto les permitió una mayor autonomía política respecto de los países extranjeros así como la acumulación de una impresionante riqueza material.

Claro que para ingresar plenamente en el sistema de división internacional del trabajo era necesario resolver antes ciertos problemas estructurales. El comienzo de resolución de esos problemas acompaña al proceso de formación del Estado que se va a revisar seguidamente. Cuatro cuestiones se le planteaban a las clases dirigentes, y el contexto internacional era favorable para encaminarse hacia su solución.

1) Un *mercado de tierras* capitalista era una condición necesaria para un país que se dedicaría a exportar masivamente productos primarios. Esto significaba, por un lado, resolver definitivamente la «cuestión indígena», pero tam-

bién garantizar la propiedad privada. La Campaña del desierto y el establecimiento de un orden legal reconocido fueron las respuestas que el Estado argentino ofreció para asegurar un clima favorable al desenvolvimiento de los negocios.

2) La tierra, sin embargo, carecería de valor de no asegurarse la salida de la producción hacia el exterior y hacia el mercado interno. Una *red de transportes* se hacía imprescindible en esta nueva etapa. Las pesadas carretas y los caminos precarios encarecían los fletes, absorbían mucho trabajo e implicaban altos riesgos para las mercaderías y sus portadores. El tendido de vías férreas fue vital en la superación de este obstáculo. Por tratarse de una importante inversión, al capital estatal le sucedió el privado, en general de origen extranjero. Aunque el período de mayor actividad ferroviaria se verificó con posterioridad al período que estamos tratando, era la configuración del nuevo orden económico la que planteaba esta exigencia. El ferrocarril cumplió un papel clave en la valorización de las tierras que atravesaba, a la vez que garantizaba la salida comercial de la producción proveniente de las mismas. En cambio, su tendido favoreció menos la integración del mercado interno: su trazado confluía en el puerto de Buenos Aires consolidando las desigualdades regionales.

3) Un *mercado de capitales* era otra condición imprescindible para emprender las grandes obras de infraestructura requeridas para el buen funcionamiento del sistema agroexportador. Además de la red ferroviaria, también los puertos, el transporte urbano, el sistema de comunicaciones (telégrafo, correo) requerían ingentes inversiones que el Estado argentino no estaba en condiciones de afrontar. Así, al vínculo comercial con países extranjeros se le agregó el financiero. Gran Bretaña fue la socia principal de la Argentina tanto en el comercio (en ambas direcciones) como en los préstamos e inversiones directas. La necesidad imperiosa de

capitales tuvo por resultado la acumulación de una importante deuda externa. Pagar los intereses de esa deuda no fue gravoso mientras el crecimiento argentino mantuvo su intensidad; existieron sin embargo momentos de crisis que pusieron al descubierto los problemas del modelo de crecimiento puesto en marcha.

4) Por último, la escasez de mano de obra también conspiraba contra el crecimiento argentino. Aunque el crecimiento vegetativo era alto, la población local no bastaba para satisfacer la demanda creciente de bienes primarios del mercado internacional. El fomento de la inmigración extranjera estaba en el ideario de los hombres de la Generación de 1837 y ya en la primera mitad del siglo XIX se habían instalado en Buenos Aires pequeñas colonias de galeses, irlandeses y vascos. Será sin embargo a partir de 1870 y hasta 1930 cuando la inmigración de ultramar podrá ser considerada masiva. El aporte inmigratorio en aquellos años resultará decisivo en la formación de un *mercado de mano de obra* y no puede adjudicarse tanto a una acción estatal como a un proceso espontáneo, consolidado por la amplitud de las redes sociales de los recién llegados.

La formación de un mercado capitalista de tierras, de capitales y de mano de obra requirió de varias décadas, pero despuntó como proceso en la segunda mitad del siglo XIX. En estas condiciones, la producción exportable fue creciendo y diversificándose. En el período que estamos estudiando la lana apareció como el producto principal, superando al tasajo.

La «fiebre» del lanar

Ya se ha dicho que la producción ovina despunta hacia finales del período rosista. En torno a la década de 1840, zonas del sur de la provincia de Buenos Aires ya se dedicaban exclusivamente a la producción de lana y carne ovina, pero fue a partir de fines de la década de 1850 cuando los rebaños se multiplicaron y las exportaciones crecieron de manera exponencial. Entre 1859 y 1865, la cantidad de lana exportada aumentó cuatro veces, siendo Bélgica su principal mercado.

Una de las consecuencias más importantes de este *boom* fue el desplazamiento de la cría de vacunos hacia áreas marginales. Los mejores campos de la provincia de Buenos Aires fueron poblados con rebaños ovinos mientras los precios de la lana se mantuvieron altos. Del mismo modo, la expansión de la frontera indígena fue en buena medida alentada por este fenómeno. Tan buen negocio resultaba la producción lanera que capitales privados y de inversores ajenos al sector rural se volcaron en ella, favorecidos por un Estado que depreciaba la moneda en su beneficio y otorgaba asistencia legal y financiera a los productores.

Los precios de la tierra, la mano de obra y los animales subieron, al comienzo de la década de 1860, al ritmo del dinamismo de la economía. Una consecuencia de ello fue la tendencia de la propiedad a fragmentarse, especialmente al norte del río Salado. Los buenos precios internacionales alimentaban el optimismo, pero éste no duró mucho. En efecto, en 1866 la producción ovina comenzó a sufrir una crisis de la que nunca terminó de reponerse totalmente. La misma estuvo originada en la caída de los precios internacionales, que comenzaron a bajar por efecto de la superproducción de lana. Los productores se defendieron sacrificando ganado en las graserías (fábrica de velas de sebo); al mismo tiempo surgieron algunas voces proteccionistas, que llegaron a sugerir la «industrialización» o lavado de la lana (que se exportaba sucia), pero las mismas se acallaron una vez que las condiciones mejoraron en la década de 1870. La lana mantuvo hasta aproximadamente 1880 un peso importante en la composición de las exportaciones, pero fue gradualmente desplazada por otros productos como la exportación de ganado vivo y los cereales. La «fiebre» había pasado y el ganado ovino fue relocalizado en la Patagonia.

El interior frente a la nueva situación

El proceso de vinculación con el exterior que se había desplegado en varias regiones del interior se vio interrumpido de manera definitiva como consecuencia de la aparición del ferrocarril. Al ritmo de su construcción se verificó una definitiva centralización que reorientó al conjunto de la actividad productiva en relación con Buenos Aires y el litoral. El trazado de la red ferroviaria acercó el interior a los mercados atlánticos, lo que significó: 1) la posibilidad de colocar allí su producción; 2) de reconvertir su estructura en función de ese mercado; y 3) de adquirir las importaciones provenientes de sus puertos, mucho más baratas que las que venían de Chile.

Se produjo entonces la conformación de un mercado nacional paralelo a la centralización política, en el que las diferentes regiones se vieron enfrentadas a una nueva realidad, y los resultados fueron variados: productos como el azúcar de Tucumán y el vino de Mendoza pudieron crecer abasteciendo el mercado interno, asegurando una duradera prosperidad a ambas provincias. Otras producciones locales, como el tabaco, el algodón o el arroz, no se vieron tan favorecidas, experimentando una expansión mucho más lenta.

Una sociedad crecientemente heterogénea

Durante la presidencia de Domingo Faustino Sarmiento (1868-1874) se realizó el Primer Censo Nacional. Según las cifras obtenidas en 1869, la población argentina alcanzaba

1.830.214 habitantes. Su desigual distribución consolidaba el proceso observable desde fines de la colonia: sin dudas, la región pampeana resultaba la más atractiva para los migrantes internos y los de ultramar, no obstante la densidad demográfica de la provincia de Buenos Aires seguía siendo baja (entre 1 y 1,49 habitantes por km^2).

Otro dato remarcable que arrojaba el censo era el importante porcentaje de extranjeros, destinado a crecer en los años que siguieron. Casi un 12% de la población provenía de países europeos, especialmente Italia, España, Francia, Inglaterra, Suiza y Alemania. En Buenos Aires y el litoral ese porcentaje llegaba al 16%. Estos cambios en la composición y distribución demográfica tuvieron profundas repercusiones sociales. Por ejemplo, aunque la población rural seguía siendo mayoritaria (en 1869 alcanzaba el 67%), las ciudades crecieron y se modernizaron. Especialmente Buenos Aires, que fue abandonando gradualmente su aspecto pueblerino. De ello nos ilustra Lucio V. López cuando en *La gran aldea* describe las transformaciones del centro de la ciudad:

Las tiendas europeas de hoy, híbridas y raquíticas, sin carácter local, han desterrado la tienda porteña de aquella época, de mostrador corrido y gato blanco formal sentado sobre él a guisa de esfinge.

Con melancolía, López recuerda cómo las relaciones impersonales de la ciudad reemplazaron a aquellas «cara a cara» del pasado y los «tenderos franceses y españoles de hoy» a los comerciantes nativos, a los que define como «tenderos dandies» por su origen aristocrático. En estos años, además, la ciudad gozó de los adelantos del transporte público y del alumbrado a gas, además de mejorar su infraestructura urbana.

También en el campo se operaban cambios trascendentes. La famosa obra *Martín Fierro* de José Hernández, escrita en 1872, describe los avatares del gaucho, el hombre de campo cuya vida se forjó libremente en la frontera, y ofrece una imagen pesimista de la sociedad rural de estos años, presionada por el avance de la civilización. Su protagonista es un campesino que lo pierde todo:

> Tuve en mi pago en un tiempo
> hijos, hacienda y mujer,
> pero empecé a padecer,
> me echaron a la frontera,
> ¡y qué iba a hallar al volver!
> tan sólo hallé la tapera.

Cuando el juez de paz lo enrola arbitrariamente en el Ejército. Fierro recuerda el pasado como un tiempo de abundancia para el gaucho:

> Venía la carne con cuero,
> la sabrosa carbonada,
> mazamorra bien pisada,
> los pasteles y el güen vino...
> pero ha querido el destino
> que todo aquello acabara.

Esto contrasta con un presente de profunda injusticia. De aquí que su mirada sobre los inmigrantes sea, en la primera parte del libro, negativa. El «gringo» es ridiculizado porque no sabe trabajar como el criollo, conocedor del campo y del oficio:

> Allí un gringo con un órgano
> y una mona que bailaba,
> haciéndonos reír estaba,
> cuanto le tocó el arreo,
> ¡tan grande el gringo y tan feo,
> lo viera cómo lloraba!

Sin duda, Hernández identificaba al gobierno como el mayor responsable de la degradación de las condiciones de vida del gaucho. Y en verdad, las presiones sobre la población rural se multiplicaron en el período de construcción del Estado. El avance de la frontera y de la apropiación privada de la tierra fueron marginando al campesinado nativo. Del mismo modo, el enrolamiento militar no decayó en este período sino todo lo contrario. En este contexto se comprende que Martín Fierro no se sienta cómodo ni en la nueva sociedad en construcción ni en los residuos del mundo indígena de las fronteras (la vida en la toldería[1] le resulta insoportable por la crueldad y barbarie de los indios).

El período estudiado en este capítulo marcaba la transición hacia el esperado progreso económico y social. A partir de 1880, sobre las bases materiales, legales y humanas elaboradas en estos años, los cambios adquirirán un ritmo vertiginoso.

El proceso político de la secesión de Buenos Aires

¿Por qué la derrota de Rosas no sirvió para organizar a las provincias en un nuevo Estado nacional? El primer obstáculo residía en que las coincidencias entre los vencedores no eran suficientes. Urquiza, que al principio era apoyado por los terratenientes porteños y los intelectuales exiliados, rápidamente encontró una fuerte oposición en Buenos Aires. La ejecución de los desertores y los saqueos que su ejército realizó la misma noche de la batalla de Caseros deterioraron su imagen entre los porteños. Tal fue su aislamiento que terminó por buscar aliados entre los ex rosistas, quienes, por otra parte, también desconfiaban de él por su condición de provinciano.

La confusión de la política porteña en los días inmediatos a Caseros se reflejó también en las primeras elecciones para

---

1. Campamento formado por toldos –cubierta de lienzo u otra tela– de indios.

elegir gobernador. Las dos listas que competían incluían por igual a federales ex rosistas y a viejos unitarios. La Sala de Representantes designó como gobernador al candidato de Urquiza, Vicente Fidel López, generando cierto disgusto en la ciudad. Convocados por Urquiza para preparar la Convención Constituyente, los gobernadores de todas las provincias se reunieron en San Nicolás y suscribieron un Acuerdo que renovaba el Pacto Federal de 1831. En él se abolía el pago de derechos por la circulación interna de mercancías y se le daba a Urquiza el mando de las fuerzas militares así como el ejercicio provisional de las relaciones exteriores.

Buenos Aires mostró su oposición ya antes de que la Convención se reuniera; a través de la prensa se atacó violentamente a López por comprometer su asistencia. La respuesta de Urquiza fue la clausura de los periódicos, el cierre de la Sala de Representantes y el destierro de los diputados opositores. También se cuestionó la formación de un gobierno provisional y los criterios de representación en el Congreso Constituyente, que disponía dos representantes por provincia independientemente de la población que éstas tuvieran, neutralizando así a Buenos Aires. A pesar de esta oposición, Urquiza fue designado presidente provisional y el Congreso comenzó a organizarse.

Mientras tanto, en Buenos Aires el clima era cada vez más difícil. López se vio obligado a renunciar frente a las presiones opositoras, y su sustituto designado por Urquiza, el general José Miguel Galán, fue derrocado rápidamente: la revolución del 11 de septiembre de 1852 puso fin a lo que la oposición porteña llamó «la dictadura de Urquiza». Con la elección de Valentín Alsina como gobernador terminó mal el intento de Urquiza de conducir la política porteña; en la ciudad-puerto se impondrá una política dirigida exclusivamente a proteger los intereses de la provincia. El «autonomismo porteño», corriente política encabezada por Adolfo Alsina, no estaba dispuesto a integrar un Estado nacional en el que Buenos Aires no predominara; prefería la separación a la subordinación, actitud que era posible por la prosperidad porteña: las rentas de la aduana quedaban bajo su control.

Además de la común oposición a Urquiza, un nuevo hecho ayudó a los distintos grupos políticos porteños a unirse entre sí. El 28 de noviembre el militar federal Hilario Lagos, con el apoyo de los urquicistas, sitió la ciudad bajo la exigencia de convocar una Convención provincial que incorporara Buenos Aires a la nación. Hilario Lagos fue finalmente derrotado, pero su intento brindó a la oposición instalada en Buenos Aires nuevos pretextos para sostener la necesidad de mantener su independencia respecto de la Confederación.

La Confederación

El 20 de abril de 1853 se sancionó la Constitución en la ciudad de Santa Fe. El proyecto se inspiraba en las *Bases* escritas por Juan Bautista Alberdi y en las constituciones de Estados Unidos, Suiza y Chile. El gobierno que se fijaba era *representativo* (el pueblo gobierna a través de sus representantes), *republicano* (división en tres poderes) y *federal* (reconocía amplia autonomía a las provincias), pero a la vez contemplaba un poder ejecutivo con amplias atribuciones. Asimismo, declaraba a la religión católica «protegida por el Estado». Se trataba, pues, de un proyecto liberal, que se evidenciaba, por ejemplo, en la existencia de toda una sección sobre derechos y garantías de los ciudadanos y en las cláusulas acerca de la libre navegación de los ríos. La Constitución fue jurada por todas las provincias con excepción de Buenos Aires y comportó la aceptación del gobierno nacional, cuyo primer presidente fue Justo José de Urquiza.

Los gobernadores del interior reconocieron la autoridad de Urquiza. Sin embargo, ¿hasta qué punto puede sostenerse que la Confederación conformaba un auténtico Estado nacional? En rigor, durante la gestión de Urquiza se hicieron intentos en ese sentido, pero los resultados fueron parciales. En primer lugar, porque las relaciones del presidente con los gobernadores de las provincias respondían más bien a vínculos personales con aquéllos, tal como lo demuestra la suscripción de acuerdos bilaterales. En segundo lugar, porque no se logró obtener recursos económicos importantes; la recaudación aduanera y fiscal resultó imposible de organizar así como tampoco pudieron abolirse las aduanas internas, contradictorias con la existencia de un mercado nacional. En tercer lugar, ni siquiera el ejército de la Confederación contaba con soldados de todas las provincias: sus efectivos eran entrerrianos y su función principal consistía en defender la frontera indígena.

A pesar de estas limitaciones, Urquiza intentó hacer realidad algunos de los proyectos soñados por los hombres de la Generación del 37. Por ejemplo, impulsó la fundación de colonias de inmigrantes para completar la reactivación económica del litoral. Las colonias Villa Urquiza (1853) y San José (1857), pobladas por inmigrantes suizos, saboyanos y piamonteses, se asentaron en tierras donadas por el mismo Urquiza. El pacto con los colonos consistía en la entrega en propiedad de las tierras a cambio del compromiso de entregar un tercio de las cosechas a lo largo de cinco años. En las colonias se sembraba trigo, maíz, algodón, tabaco y maní y se elaboraba aceite, harina y miel. En estos primeros asentamientos no se obtuvieron los resultados esperados; el choque entre las actividades agrícolas y las tradicionales ganaderas, y más tarde los conflictos políticos, detuvieron su crecimiento.

El gran problema de la Confederación era su asfixia económica: al controlar Buenos Aires los recursos aduaneros y mantenerse como puerto principal, poco podía hacer Urquiza para modificar la situación financiera. En 1857, con el objetivo de incrementar los recursos fiscales, se sancionó la Ley de Derechos Diferenciales, que establecía un recargo impositivo a los productos que entraran por Buenos Aires para estimular así el ingreso de mercaderías por el puerto de Rosario; sin embargo, este intento también terminó en fracaso.

Buenos Aires consolida su Estado

Al no incorporarse a la Confederación presidida por Urquiza, Buenos Aires no sólo obtenía beneficios económicos: evitaba también su designación como capital, hecho que implicaba la pérdida del territorio provincial y por consiguiente de sus recursos.

En 1854 Buenos Aires sancionó su propia Constitución; también se redactó un Código Comercial, Criminal y Rural, avanzando decisivamente en la construcción de su propio Estado. Por último, la pujante economía porteña permitió crear un banco sólido, así como disponer de un abultado presupuesto militar para la defensa de la frontera indígena.

Sin embargo, aunque la figura de Urquiza no tuviera peso en Buenos Aires, no todos los dirigentes estaban de acuerdo con la secesión. Dos tendencias, que terminarían conformando partidos políticos, comienzan a perfilarse en esos años. Por un lado, los «autonomistas» se encontraban en fuerte conflicto con la Confederación y abogaban por el mantenimiento de Buenos Aires como Estado independiente. Dado que al principio fueron ellos los que controlaron la política porteña, Urquiza les reconoció esa condición en los pactos de convivencia firmados entre 1854 y 1855. En los mismos, sin embargo, se proponía una futura reunificación. Por el otro lado, los «nacionalistas», cuya figura más importante era Bartolomé Mitre, apoyaban la unificación, pero con la condición de que Buenos Aires estuviera a la cabeza del proceso de organización nacional. Por lo demás, estos dos partidos carecían de programas claros y representaban en ambos casos los intereses coyunturalmente contrapuestos de sectores pertenecientes a la única clase que podía disputar el poder: la burguesía. Nacionalistas y autonomistas se mantuvieron como partidos también después de la unificación nacional; en 1880 se fusionaron en el Partido Autonomista Nacional, revelando que sus diferencias no eran al fin demasiado sustanciales.

¿En qué términos se relacionaron el Estado de Buenos Aires y la Confederación? En principio, la provincia declaró no reconocer el Congreso de Santa Fe y retiró sus diputados; del mismo modo, le revocó a Urquiza el derecho al manejo de las relaciones exteriores. Finalmente, en un decreto de 1857, el Estado de Buenos Aires otorgó a la Confederación la categoría de un país extranjero a efectos comerciales; los dos gobiernos, que buscaban el reconocimiento de la personalidad internacional de sus Estados, fueron creando las condiciones para un conflicto bélico.

En 1859, la guerra entre Buenos Aires y la Confederación parecía inevitable y la finalización del mandato de Urquiza aceleró los tiempos. Dos candidatos se disputaban la sucesión, Salvador María del Carril, el vicepresidente de Urquiza, y Santiago Derqui, su ministro del Interior. Aunque terminó por imponerse Derqui, los conflictos no se atenuaron. Por el contrario, Derqui, apartándose de la tutela de Urquiza, procuró acercarse a Mitre, generando desconfianzas en Entre Ríos. Mientras tanto, el interventor federal de San Luis fue asesinado, motivando la ocupación de la provincia, un hecho celebrado por los porteños mitristas.

Entre Cepeda y Pavón

En octubre de 1859 las tropas de Buenos Aires y las de la Confederación se enfrentaron en los campos de Cepeda. Las fuerzas porteñas, que comandaba Mitre, fueron derrotadas, y de inmediato se firmó entre los dos Estados el Pacto de San José de Flores de acuerdo con el cual Buenos Aires se incorporaría a la Confederación. Se le concedía, sin embargo, el derecho a revisar la Constitución de 1853, lo que se llevó a cabo en 1860, y de introducir reformas, entre las cuales se acordó la nacionalización de las rentas aduaneras y la derogación de la Ley de Derechos Diferenciales. A modo de compensación económica, Buenos Aires recibiría durante cinco años un subsidio de la nación. Finalmente, la segunda gran cuestión conflictiva, la capitalización de Buenos Aires, era postergada para el futuro.

Aunque la política favorable a la unión se impuso después de Cepeda, los desacuerdos y conflictos continuaron: Bartolomé Mitre, Urquiza y Derqui lideraban grupos políticos rivales entre sí, que a la vez aglutinaban a los gobernadores de las diferentes provincias. Así, en Corrientes se desconoció la autoridad del presidente Derqui, mientras que en San Juan una rebelión interna condujo al asesinato del autoinstituido gobernador Virasoro, según se sospechaba, con complicidad porteña. La provincia fue intervenida por el gobierno central y el descontento y el recelo entre los políticos aumentó. Por último, problemas formales suscitados en torno a la elección de los diputados que concurrirían al Congreso que discutiría las reformas a la Constitución apresuraron el estallido de un nuevo enfrentamiento militar.

El 17 de septiembre de 1861 los dos ejércitos se encontraban de nuevo en Pavón. Las fuerzas de la Confederación, sorpresivamente, se retiraron del campo de batalla y el ejército de Mitre se declaró vencedor ante la defección de Urquiza. Derqui renunció unos meses después y Mitre fue proclamado presidente provisional y luego constitucional para el período 1862-1868, iniciando una nueva etapa. Pavón significaba la aceptación, por parte de las provincias, de Buenos

Aires como conductora del proceso de construcción del Estado nacional.

Hacia la definitiva organización nacional

Bartolomé Mitre, Domingo Faustino Sarmiento (1868-1874) y Nicolás Avellaneda (1874-1880) fueron los tres primeros presidentes de la Argentina unificada. En esos dieciocho años, el Estado nacional fue creando instituciones nuevas, reformulando otras anteriores y definiendo sus leyes para lograr ofrecer una imagen confiable y sólida frente a los Estados extranjeros. De éstos se esperaban oportunidades comerciales, inversiones de capital y también muchos inmigrantes deseosos de instalarse en la Argentina.

El Estado, según la Constitución de 1853, se basaba en la división republicana de poderes. El Poder Ejecutivo quedaba en manos de un presidente de la República con amplias atribuciones, que contaba con el auxilio del conjunto de ministros. El Poder Legislativo constaba de dos cámaras: la de Diputados suponía una proporcionalidad entre el número de representantes por provincia y la población de cada una de ellas; la Cámara de Senadores, en cambio, disponía igual número de representantes para cada provincia, de ahí que el Senado funcionara como un órgano representativo de los intereses de un interior cada vez menos poblado. En cuanto al Poder Judicial, disponía de una Corte Suprema que debía preservar su autonomía de los demás poderes.

El objetivo principal en la formación del nuevo Estado era sustentar un orden confiable, superando el desorden político y la guerra permanente de la primera mitad del siglo XIX. Una vez establecido este orden, pensaban los grupos dirigentes, sería posible el progreso económico.

¿En qué consistía ese orden? En principio, suponía la ausencia de conflictos internacionales –que de todos modos no pudieron evitarse, como ocurrió durante la guerra del Paraguay[1] – y también el fin de la oposición interna y armada al nuevo Estado nacional. Tampoco esto último faltó[2] –en La Rioja los caudillos Felipe Varela y Chacho Peñaloza se le-

1. Entre 1865-1871 el gobierno del Paraguay –un régimen dictatorial que desarrolló su vida política y económica de manera autárquica, primero con José Gaspar de Francia y luego con Francisco Solano López– tuvo que enfrentarse a una alianza militar integrada por Argentina, Brasil y Uruguay. El pretexto de la guerra fue la intervención de Paraguay y Brasil en la guerra civil entre los partidos uruguayos Blanco y Colorado. Paraguay solicitó permiso al gobierno argentino para atravesar con sus tropas el territorio correntino y colaborar con los blancos. Bartolomé Mitre, a quien se consideraba simpatizante de los colorados, negó la autorización. La respuesta de Solano López fue una declaración de guerra a la que Mitre concurrió en alianza con Brasil y Uruguay. La guerra no contó con demasiado entusiasmo entre la población, a pesar de que el ejército aliado obtuvo importantes éxitos. La resistencia paraguaya se prolongó penosamente hasta 1870. En marzo de ese año se firmó la paz, favorable para los aliados. La participación de la Argentina en esta guerra contribuyó al fortalecimiento del flamante Ejército nacional, ingrediente imprescindible en la formación del Estado. Para el Paraguay, la guerra fue completamente ruinosa, ya que devastó su economía y acabó con buena parte de su población masculina adulta.
2. En 1862 el caudillo riojano Ángel Vicente («Chacho») Peñaloza se levantó contra el gobierno nacional. Contaba con el apoyo de fuerzas federales de San Juan, San Luis y más tarde también de Córdoba y Catamarca. Aunque los seguidores del «Chacho» Peñaloza conformaban una fuerza numerosa (cerca de 2.000 personas), las tropas enviadas por Mitre derrotaron a los rebeldes y terminaron con su cabecilla en 1863. El movimiento fue continuado por un lugarteniente de Peñaloza, Felipe Varela, que redobló su popularidad al oponerse a la guerra del Paraguay. Finalmente, en 1867, también esta rebelión fue aplastada. Por último, en Entre Ríos la oposición vino de los contrincantes de Justo José de Urquiza, quien, después de la unificación, defendía una política de acercamiento a Buenos Aires. En 1870, tras la visita del presidente Sarmiento, una revolución terminó con el asesinato de Urquiza. López Jordán, caudillo opositor y sospechoso del asesinato, fue elegido por la Cámara legislativa provincial para terminar el mandato del gobernador, lo que fue respondido por el gobierno nacional con la ocupación armada de la provincia.

vantaron contra las fuerzas nacionales, mientras que la rebelión de López Jordán en Entre Ríos también puede entenderse como una resistencia frente al Estado Nacional–, pero la situación fue finalmente controlada.

¿Qué herramientas precisaba el Estado para conseguir el orden?

En primer lugar, resultaba imprescindible la formación de un Ejército nacional que, además de afrontar posibles amenazas extranjeras, impusiera su autoridad en todo el territorio. Para ello era necesario disolver primero a las Guardias Nacionales de las provincias, que podían crear focos alternativos de poder. Por otro lado, movilizar un Ejército suponía destinar muchos recursos y, en efecto, Sarmiento, Mitre y Avellaneda dedicaron gran parte del presupuesto estatal a su formación profesional –se creó el Colegio Militar y la Escuela de Náutica– y a la compra de armamento moderno.

En segundo lugar, era preciso fijar claramente las normas jurídicas necesarias para inspirar la confianza de las naciones extranjeras. Una intensa tarea de codificación tuvo lugar en estos años: la aprobación del Código de Comercio y del Código Civil terminaron de darle forma al orden jurídico liberal fijado por la Constitución de 1853.

En tercer lugar, la creación de una burocracia estatal que, entre otras tareas, se encargara de recaudar impuestos con los cuales sostener al Estado.

Por último, el Estado debía esforzarse por crear entre sus ciudadanos un sentimiento de pertenencia a la nación o de «identidad colectiva». No era una tarea sencilla en este espacio históricamente dividido por diferencias políticas y fuertes identidades regionales y que, además, recibía cada vez más inmigrantes extranjeros. Las políticas educativas fueron fundamentales en el intento de lograr la identidad argentina entre sus ciudadanos y, sobre todo durante la gestión de Sarmiento, se hicieron importantes inversiones en ese sentido, creándose escuelas para la formación de maestras, colegios nacionales y otras instituciones de educación superior.

Otras iniciativas necesarias para conquistar «el orden» quedaron pendientes o se concretaron hacia el final de este período. Entre las primeras, cabe destacar que la Iglesia aún seguía controlando cuestiones centrales para el Estado, como el registro de los nacimientos, matrimonios y defunciones, y parte de la educación básica. A partir de 1880, durante la presidencia de Roca, la Iglesia fue despojada, no sin conflictos, de estas competencias.

El avance de la frontera indígena puede colocarse entre los problemas resueltos; aunque ya muy debilitados por las políticas de Adolfo Alsina, las sociedades indígenas del territorio pampeano fueron derrotadas definitivamente por la Campaña del desierto de Roca en 1879[1].

Por último, también la cuestión clave de la capitalización de Buenos Aires terminó por resolverse militarmente al final del período, coincidiendo con los últimos meses del gobierno de Nicolás Avellaneda.

Como resultado de la superación de estos diferentes obstáculos, en el año 1880 el general Roca asumía la presidencia

---

1. Las políticas de los gobiernos nacionales hacia los indígenas de la Pampa patagónica implicaron una ruptura radical con el pasado. Durante varias décadas se combinaron las expediciones armadas con las negociaciones con los caciques. A partir de la presidencia de Avellaneda, el gobierno nacional comenzó una ofensiva militar que no dejaba lugar para las alianzas. El primer ministro de Guerra que intervino en la política indígena fue Adolfo Alsina, quien logró incorporar de manera efectiva 56.000 km^2. Su proyecto contemplaba la construcción de una zanja defensiva que consolidara el control del territorio e impidiera los arreos de ganado por parte de los indios. Su sustituto al frente del Ministerio, Julio A. Roca, impulsó un plan más ambicioso que suponía la ocupación total del territorio de la Pampa. La «Campaña del desierto» de 1879 se concluyó con el sometimiento del cacique araucano de Neuquén, Valentín Sayhueque, y la expulsión de las tribus hacia el sur y el oeste.

en una situación de considerable fortaleza. Apoyado por la Liga de Gobernadores –integrada por los gobernadores de Córdoba, Entre Ríos, Tucumán, La Rioja y Santiago del Estero–, Roca se impuso como candidato sobre el autonomista y gobernador de Buenos Aires, Carlos Tejedor. El triunfo de la candidatura de Roca y la disputa por la capitalización de Buenos Aires enfrentó a las tropas autonomistas porteñas y al Ejército nacional en su última batalla, celebrada en junio de 1880 en plena ciudad de Buenos Aires. La derrota porteña condujo a que en septiembre de ese año la ciudad de Buenos Aires fuera declarada Capital Federal.

Después de haber sido Buenos Aires la iniciadora del proceso de formación del Estado nacional, las elites provinciales fueron las que culminaron el proceso, en el momento en el que comprendieron la esterilidad de los constantes enfrentamientos y las posibilidades que les brindaba el nuevo andamiaje institucional.

Segunda parte

Apogeo y crisis de un proyecto de nación (1880-1943)

Desde las últimas décadas del siglo XIX, el despliegue de una economía de base agroexportadora tuvo como consecuencia un crecimiento hasta entonces desconocido para la Argentina y, de acuerdo con las estadísticas disponibles, sin parangón en el mundo. A las bases de ese crecimiento nos referiremos seguidamente, destacando sus importantes logros así como sus limitaciones. Los avatares económicos y políticos por los que atravesó el país después de la crisis de 1930 han generado un arduo y en muchos casos excesivamente politizado debate sobre ese pasado. Mientras para algunos el período constituyó una «edad de oro», cuyos principios deberían tomarse como ejemplo, para otros fue nada más que el buen aprovechamiento de una coyuntura favorable, que sin embargo llevó al país a una dependencia de elementos sobre los cuales no tenía mayor incidencia.

Se propone aquí un análisis que dé cuenta de una realidad compleja, en la que los principales actores sociales se movieron en un escenario caracterizado por la existencia de oportunidades que estaban en condiciones de ser aprovechadas, pero también de condicionamientos frente a los que era preciso moverse con precaución. Los resultados escapan sin duda al juicio fácil, aunque están atravesados por el hecho indiscutible de que, al calor de un Estado que tuvo un papel preponderante en la conducción de todo el proceso, se materializó una idea de nación que, apuntalada en las posibilidades económicas que brindaba la inserción en el mercado mundial, conformó una sociedad abierta, pero un régimen político fuertemente conservador. Incluso la apertura democrática que se produjo a partir de la instauración del sufragio universal masculino tuvo como consecuencia una ampliación de los derechos ciudadanos, incorporando la primera generación de los descendientes de inmigrantes, pero sin modificar seriamente las bases socioeconómicas y políticas sobre las que se asentó la prosperidad.

Tuvo que producirse un acontecimiento de las dimensiones de la crisis de 1930 para que comenzaran a plantearse alternativas diferentes, en la medida en que mostró sus insuficiencias el modelo de acumulación basado en la exportación de materias primas, al tiempo que quienes detentaban el poder optaron por refugiarse en el control oficial de los comicios a fin de bloquear cualquier intento que pudiera eventualmente afectar su posición de dominio. El impulso alcanzado por la industrialización sustitutiva de importaciones y las transformaciones sociales y políticas que ese proceso generó hizo de la República Argentina un país notablemente diferente, aunque algunas de las consecuencias de esos cambios sólo se fueron apreciando de manera progresiva.

6. Argentina 1880-1916: una economía abierta y un orden político conservador

Como se ha visto, tras la caída de Rosas el ritmo de la economía se incrementó de manera considerable gracias a la creciente demanda de alimentos provenientes del mundo capitalista en expansión. Sin embargo, esta intensa actividad económica pronto encontró limitaciones a causa de diversos factores, como la precariedad de los medios de comunicación y transporte, la desorganización en los medios de pago y la inexistencia de una estabilidad política e institucional que garantizara los negocios sin poner en riesgo la propiedad privada. La idea de «orden» apareció como el principal problema a resolver, entendido como un ordenamiento jurídico y político adaptado al sistema productivo que se estaba desarrollando.

Se dijo ya que el triunfo de Buenos Aires sobre el resto del territorio argentino en la batalla de Pavón dio origen al proceso de construcción definitiva del Estado nacional. Su consolidación terminó de hacerse efectiva en la década de 1880, momento en el que también se va a concretar la presencia de la República Argentina en el mercado mundial como proveedora de alimentos. Los años que siguieron, y que han sido caracterizados como los del «régimen conservador» u «oligárquico», instalaron un sistema basado en la hegemonía del gobierno de unos pocos y en el control de la sucesión del poder. Este proceso político, que tiene lugar entre 1880 y 1916, puede dividirse en dos etapas, separadas por el año 1890 que es, simultáneamente, un año de crisis económica y política. Entre 1880 y 1890, el partido gobernante, Partido Autonomista Nacional (PAN), desplegó su actividad sin grandes cuestionamientos y en un clima de gran prosperidad económica. A partir de 1890, en cambio, el gobierno encontrará críticos por fuera y por dentro del partido oficial. Por fuera, la Unión Cívica Radical se configurará como el único partido de oposición capaz de disputarle el poder a la maquinaria electoral del oficialismo. Por dentro, un ala innovadora de la elite comenzará a exigir ciertos cambios, entre los cuales se destaca la reforma electoral.

La economía en un período de expansión

En el período 1880-1914 Argentina abandonó su posición relativamente marginal en la economía mundial y se integró al sistema internacional logrando un importante crecimiento económico. La complementariedad económica a nivel comercial parecía perfecta: el país, dotado de una enorme superficie de tierra extremadamente fértil, producía materias primas, principalmente alimenticias, e importaba los bienes manufacturados provenientes de los países industrializados. El abaratamiento de los transportes y los altos precios de los productos exportables volvían provechoso y conveniente este tipo de comercio. La teoría de los costes comparativos elaborada a principios del siglo XIX por David Ricardo parecía encontrar confirmación en la realidad.

El mercado de capitales ofrecía un panorama comparable: Inglaterra, pero también otros países, disponían de importantes excedentes de capital, de allí que se encontrara

6. ARGENTINA 1880-1916: ECONOMÍA ABIERTA Y ORDEN POLÍTICO CONSERVADOR 111

MAPA 4. República Argentina (espacio continental, insular y oceánico).

conveniente ofrecer crédito y realizar inversiones directas, entre las que se destacaron los ferrocarriles. Por otra parte, la Argentina contó con una legislación que le garantizaba seguridad y rentabilidad al inversor extranjero. Finalmente, la gran inmigración ultramarina entre 1870-1914, vinculada con políticas específicas de atracción por parte del gobierno, y favorecida por los problemas económicos existentes en varias regiones agrarias de Europa, fue un factor de suma importancia. Una vez iniciada, las estrategias de los recién llegados llevaron a la multiplicación de los arribos a partir del establecimiento de redes con parientes y vecinos situados en la localidad de origen. Como consecuencia de las dificultades existentes para acceder a la propiedad de la tierra y a las posibilidades que brindaban los principales núcleos urbanos, la mayor parte de la población se concentró en Buenos Aires y en ciudades económicamente activas, como Rosario o la recién fundada ciudad de La Plata.

El crecimiento en cifras

Las estadísticas disponibles corroboran de manera inequívoca la significación del crecimiento argentino en términos comparativos[1]. Entre 1870 y 1913, la población creció a una tasa del 3,43% anual, el PIB a un ritmo del 6,02% y el PIB por habitante al 2,5% anual; en todos los casos se trata de los porcentajes más elevados a nivel mundial. El cuadro si-

---

1. Los trabajos más reconocidos son: Angus Maddison, *The World Economy. Historical Statistics.* París, OCDE, 2003; ibídem, *The World Economy. A Millennial Perspective.* París, OCDE, 2001; ibídem, *La economía mundial. 1820-1992. Análisis y Estadísticas.* París, OCDE, 1997. Las cifras aportadas por estos textos han sido cuestionadas; para una versión de las mismas puede consultarse Mario Rapoport y colaboradores: *Historia económica, política y social de la Argentina (1880-2000).* Buenos Aires, Ediciones Macchi, 2000, pp. 100-105.

guiente compara estos valores con un conjunto de países seleccionados, entre los que se incluyen países con algunas características similares –Canadá y Australia–; un conjunto de países desarrollados de tres continentes –Estados Unidos, Reino Unido, Alemania y Japón–; dos países mediterráneos de desarrollo tardío –España e Italia–, y los más importantes países latinoamericanos además de Argentina: México, Brasil y Chile.

TASAS DE CRECIMIENTO DE LA POBLACIÓN, DEL PIB
Y DEL PIB/HABITANTE (1870-1913)
(en porcentaje anual)

País	Población	PIB	PIB/Hab.
Argentina	3,43	6,02	2,5
Alemania	1,18	2,83	1,6
Australia	2,36	3,43	1,0
Brasil	2,07	2,38	0,3
Canadá	1,71	4,02	2,3
Chile	1,37	s/d	s/d
España	0,52	1,68	1,2
EE.UU.	2,08	3,94	1,8
Italia	0,68	1,94	1,3
Japón	0,95	2,44	1,4
México	1,13	3,38	2,2
Reino Unido	0,87	1,90	1,3

FUENTE: Maddison (2001).

En vísperas de la Primera Guerra Mundial, la comparación del PIB/habitante con estos mismos países arroja los siguientes valores:

PIB/HABITANTE EN 1913 (en dólares de 1990)	
Argentina	3.793
Alemania	3.648
Australia	5.157
Brasil	811
Canadá	4.213
Chile	2.653
España	2.255
EE.UU.	5.301
Italia	2.564
Japón	1.387
México	1.732
Reino Unido	4.921

FUENTE: Maddison (2003).

Dado que las bases del crecimiento económico residieron en la inserción en el mercado mundial, es preciso entonces revisar lo ocurrido con la balanza comercial. La tasa de expansión de las exportaciones e importaciones da cuenta de esa apertura de la economía:

EVOLUCIÓN DE LAS EXPORTACIONES E IMPORTACIONES
1880-1913 (1880=100). Valores en dólares corrientes

Año	Exportaciones		Importaciones	
	Índice	*Valor*	*Índice*	*Valor*
1880	100	56,5	100	44,0
1885	143	81,1	203	89,2
1890	172	97,5	313	137,6
1895	205	116,1	209	92,0
1900	267	149,5	259	109,8
1905	555	313,6	453	199,3
1910	662	374,2	830	365,3
1913	855	483,0	1.050	462,2

FUENTE: Elaboración propia a partir de Llach y Gerchunoff (2003).

Es importante destacar aquí –luego se desarrollará el tema con más amplitud– que los positivos resultados del período que estamos considerando ocultan importantes desigualdades sociales y regionales. La prosperidad alcanzó fundamentalmente a la región de la Pampa húmeda, con Buenos Aires a la cabeza, y sus principales beneficiarios fueron los propietarios de tierras. Es cierto que los beneficios de la bonanza empezaron a «derramarse» a nivel vertical y horizontal sobre el conjunto de la sociedad, pero se trató de un proceso lento, que fue muy por detrás del éxito económico que muestran las estadísticas.

El sector agropecuario

El campo fue el principal protagonista del despegue económico argentino, aprovechando la ventaja competitiva que brindaba el enorme y fértil territorio de la Pampa húmeda. Una vez concretada la Campaña del desierto a fines de la década de 1870, las tierras quedaron en situación de ser aprovechadas para su puesta en cultivo y para la cría de ganado. Se creó un mercado abierto de tierras, pero el acceso a la propiedad estuvo limitado a quienes estaban en condiciones de adquirirla, por lo que se consolidó un proceso de concentración de la propiedad de la tierra iniciado varias décadas antes.

Después de la «fiebre del lanar», las tierras de la provincia de Buenos Aires fueron destinadas a la ganadería vacuna. Entre 1895 y 1900 el ganado se exportó vivo, y en adelante como carne congelada y más tarde enfriada[1], lo que supuso importantes transformaciones tecnológicas y sociales. Las primeras se resumen en el surgimiento de los frigoríficos y

1. Se denomina «carne enfriada» a la que se exportaba a una temperatura por debajo de la congelación, lo que permitía que conservara en mayor medida su gusto y sus propiedades.

los buques frigoríficos, que permitieron la exportación del *chilled* o carne enfriada. El destino de la carne era el mercado británico, que llegó a absorber el 76% de los productos ganaderos (incluyendo casi la totalidad del *chilled*). La significación de este comercio ha permitido sostener que la base de la relación comercial entre Argentina y Gran Bretaña estaba dada fundamentalmente por la dupla carne-ferrocarriles.

Una de las modificaciones que se produjeron como consecuencia del crecimiento de las exportaciones fue la división de los productores de ganado en dos grupos: «criadores» e «invernadores». El enfriado de la carne suponía contar con ganado de buena calidad, alimentado con pastos seleccionados, o disponer de forrajes. Los criadores, propietarios de tierras de inferior calidad, debían enviar sus animales a los mejores campos durante el invierno, quedando entonces subordinados al grupo de los invernadores[1]. Por otra parte, el frigorífico favoreció la instalación de un nuevo tipo de unidad productiva: la «estancia mixta», dedicada simultáneamente a la ganadería y la agricultura.

Antes de 1880 la producción agrícola era casi de subsistencia, y el escaso desarrollo de los sistemas de comunicación y transporte determinaba que los costes fueran altísimos. Las zonas productivas sólo se podían desarrollar alrededor de los ríos, ya que éstos eran los que aseguraban la rapidez en las comunicaciones. Sin embargo, la ampliación de las fronteras internas a través del despliegue de las redes ferroviarias y la llegada masiva de inmigrantes hicieron que la actividad agrícola comenzara a expandirse. Las áreas de cultivo se multiplicaron, ocupando sobre todo la zona de Santa Fe, Entre Ríos y el sur de Córdoba. Esta región se conformó como un área cerealística y de colonias de

---

1. Si bien los enfrentamientos entre criadores e invernadores fueron un rasgo de la época, eran numerosos los casos de propietarios que tenían simultáneamente tierras para crianza e invernada.

inmigrantes que practicaban una agricultura extensiva, basada en la incorporación de nuevas tierras y trabajadores. También en la provincia de Buenos Aires la agricultura fue cobrando vigor; aquí el productor fundamental no fue el colono sino el chacarero[1] arrendatario, generalmente de origen extranjero.

¿Por qué se hicieron arrendatarios los inmigrantes? Por un lado, porque a partir de 1890 las condiciones para acceder a la propiedad fueron haciéndose más difíciles, ya que los pequeños productores estaban casi excluidos de los créditos bancarios. Pero además, muchos inmigrantes esperaban ahorrar dinero para regresar a sus países de origen y por tanto preferían alquilar a comprar. En las estancias mixtas, el arreglo habitual que hacían los propietarios consistía en proveerle al chacarero una parcela en arriendo –los contratos eran en general por uno o dos años– que debía dejar alfalfada al concluirse el contrato, con lo cual obtenía un doble beneficio: cobraba la renta por la tierra y disponía de forraje para engordar sus vacas.

La importancia que adquirió la agricultura fue tal que tras tener en 1881 un peso relativo dentro del conjunto de la actividad económica del país –no llegaba al 10% de la importancia de la ganadería– veinticinco años más tarde los porcentajes se habían equilibrado. En cuanto a las exportaciones, entre 1880 y 1914 el porcentaje de los productos agrarios –trigo, maíz y lino– pasó del 3 al 64% del total de la producción primaria, al tiempo que los volúmenes exportables constituían también un porcentaje significativo de la oferta mundial: la Argentina estaba entre los tres principales países exportadores.

La orientación agroexportadora de la economía pampeana colocó en un segundo plano el desarrollo de las produccio-

---

1. Trabajador instalado en una chacra (*véase* nota pág. 71.)

nes del interior. El tendido del ferrocarril, pensado para facilitar el rápido transporte de los cereales y de la carne hacia los puertos de salida al exterior –a la vez que permitía la entrada de las importaciones–, no contribuyó a la integración regional, por lo que la evolución económica de las diferentes provincias estuvo asociada a su mayor o menor inserción en el nuevo esquema productivo. Las notorias desigualdades que se manifestaron en el desarrollo durante el período dan cuenta de esta realidad, en la medida en que se produjo el ascenso de provincias antes postergadas y el retraso de otras que en el pasado habían ocupado un lugar de relevancia.

La actividad industrial

Con anterioridad a 1880 no existía en la Argentina una estructura industrial afianzada. Sobresalían solamente los saladeros, establecimientos de bajo nivel técnico, estrechamente relacionados con las exportaciones vacunas. Por su parte, el sector textil se desarrollaba en pequeños talleres o sobre la base de la producción domiciliaria. Con la expansión de las dos últimas décadas del siglo XIX, el sector industrial argentino también creció, y una de las manifestaciones de este crecimiento fue la aparición de algunas grandes unidades productivas dedicadas a la fabricación de bienes de consumo, desde alimentos y bebidas hasta la producción textil; el destino de esta producción era el mercado interno. De cualquier manera, la mayor parte de los establecimientos fabriles eran empresas de escasa dimensión, con un bajo nivel de desarrollo tecnológico. En el interior, por su parte, la industria se dedicó sobre todo a la transformación de materias primas de la región, como la madera y el cuero. El crecimiento del sector manufacturero también estuvo ligado a la exportación (como los frigoríficos), el transporte y la construcción.

La política del gobierno respecto de la industria ha sido objeto de controversia: tradicionalmente se ha sostenido que el gobierno, imbuido de los principios liberales, estableció sólo aranceles a la importación con objetivos fiscales, y éstos eran bajos y en algunos casos injustos ya que dependían de los movimientos de grupos de presión; otras posiciones, sin embargo, han destacado que los mismos eran, en promedio, comparables con países tradicionalmente proteccionistas. De cualquier manera, parece indiscutible que el sistema arancelario no constituyó un factor importante en el impulso o desaliento de la actividad manufacturera[1].

Una situación particular, como vimos, se presentó en las provincias de Tucumán y Mendoza, que experimentaron una importante modernización industrial durante este período; contaron con industrias alimenticias que aprovechaban, respectivamente, la producción local de azúcar y vid, lo que les permitió una favorable inserción en el mercado nacional y alguna posibilidad exportadora. La razón de su éxito radicó especialmente en la protección que los gobiernos conservadores les ofrecieron, en virtud de las alianzas establecidas con las oligarquías provinciales.

Desde 1900 la industria frigorífica se consolidó como una de las más avanzadas, mientras que otras ramas de la industria, como la mecánica y la textil, se desarrollaron más lentamente.

En los comienzos de la Primera Guerra Mundial la importancia de la industria manufacturera argentina es objeto de valoraciones diferentes: para algunos autores sólo representaba el 15% del PIB, mientras que otras estimaciones

---

1. Es significativo que entre los opositores al proteccionismo se encontraran grupos de izquierda, como el Partido Socialista, que consideraban que los altos aranceles perjudicaban a los consumidores, dejando de lado el hecho de que la riqueza nacional se basaba en las actividades naturales: la agricultura y la ganadería.

lo elevan hasta el 25%. Por otra parte, es indiscutible que las importaciones industriales superaban ampliamente a las exportaciones.

Un párrafo aparte merece el crecimiento de la construcción, ligado estrechamente al proceso de urbanización, que se manifiesta en el hecho de que desde el Primer Censo Nacional, realizado en 1869, al tercero, en 1914, la población residente en ciudades pasó del 28,6 al 52,7% del total, sumando más de 4.100.000 habitantes. No es de extrañar entonces que desde la década de 1880 hasta 1910, con la excepción de la década de 1890, afectada por los coletazos de la crisis financiera, la incidencia de la construcción en el total del PIB fluctúe alrededor del 15%. El efecto multiplicador de esta actividad determinó que, directa o indirectamente, ocupara un importante porcentaje de la población económicamente activa.

Comercio e inversiones extranjeras

Los años que estamos estudiando se caracterizaron por la aparición de nuevas modalidades en el desarrollo de las relaciones económicas internacionales. En efecto, en la etapa anterior, el comercio era la forma más importante de intercambio; ahora el crédito y la inversión extranjera directa se sumaron, contribuyendo en la situación que estamos estudiando a reforzar los vínculos de la República Argentina con los países europeos y sobre todo con Gran Bretaña.

A pesar de lo dicho, el mercado internacional de capitales no funcionó tan libremente como se pretendía: muy por el contrario, existieron pactos o alianzas implícitas entre los distintos países que tenían el objetivo de favorecer los intercambios económicos bilaterales; un claro ejemplo de esta realidad fueron los lazos establecidos entre Gran Bretaña y la Argentina.

Las inversiones extranjeras en nuestro país fueron posibles gracias a dos factores fundamentales: la seguridad jurídica y la rentabilidad. La Constitución de 1853 otorgaba un valor sagrado a la propiedad privada, y prohibió rotundamente la confiscación de bienes. Además, el Estado tomó la decisión de garantizar la rentabilidad de las inversiones ferroviarias extranjeras por medio de la emisión de bonos estatales que otorgaban intereses mayores que los ofrecidos por los bancos europeos. La mayor cantidad de dinero invertido provino de Gran Bretaña –hacia 1900 alrededor del 85% de las existencias de capital extranjero eran de ese origen–, que se concentró principalmente en los servicios; de hecho, los ingleses fueron los principales constructores de las redes ferroviarias de nuestro país. En una primera etapa, el Estado asumió la responsabilidad financiera de construir los ferrocarriles, pero más tarde esta política se modificó, hasta incluir la venta de los ramales que estaban en su poder.

El tendido de las vías férreas se concretó siguiendo un esquema que privilegiaba la conexión de las zonas productoras vinculadas a la exportación con los puertos del litoral. Se centralizó así la actividad económica en torno a Buenos Aires, trampolín para el mercado mundial, haciendo que perdiera importancia, entre otros, el puerto de Rosario. Entre 1880 y 1910, período en el que se construyó la mayor parte de la red ferroviaria, los kilómetros de vías tendidas pasaron de 2.442 a 27.713, lo que significa un crecimiento de más del 1.100%.

Por su parte, el comercio interior experimentó una sensible expansión, consecuencia del proceso de urbanización y modernización que se estaba desarrollando en el país. Si bien es indiscutible que el crecimiento económico afectó de manera desigual a las diferentes regiones, el despliegue de la economía exportadora tuvo un impacto sensible sobre el mercado interno, produciendo modificaciones de significación. Entre 1880 y 1910 el transporte y el comercio pasaron del 20 al 25% del PIB; sin embargo, es preciso destacar que ese incremento no es exclusivamente atribuible al impacto de la economía exportadora: la trabajosa creación de un mercado nacional, tarea en la que hubo que proceder de manera progresiva acabando con los diferentes obstáculos impuestos por los gobiernos provinciales –tarifas «aduaneras» más o menos disfrazadas–, condujo a que la economía interior tuviera su propio dinamismo. Los productos importados arribaron a las provincias, pero también lo hicieron las mercaderías provenientes de las empresas de Buenos Aires, cuya penetración en muchos casos fue la sentencia de muerte para las actividades que se desarrollaban en el interior.

El sistema monetario

Hasta 1881 el sistema monetario argentino se caracterizó por su anarquía. Cada provincia tenía su propia moneda, que convivía también con monedas extranjeras, utilizadas generalmente para las transacciones internacionales. El circulante metálico más típico era la plata boliviana o la chilena.

En el período que estamos considerando, los dos sistemas monetarios que estuvieron en vigencia fueron el patrón oro y el papel moneda inconvertible.

Cuando regía el primero, el papel moneda era convertible en oro y, a la inversa, la cantidad de circulante estaba vinculada con la existencia de oro (y divisas convertibles en oro), y la entrada y salida del país del metal era libre. Teóricamente, el patrón oro proporcionaba un mecanismo automático de ajuste que permitía estabilizar la balanza de pagos y el nivel de precios internos. Cuando el país tenía un superávit con el exterior se producía una entrada neta de oro que elevaba la cantidad de dinero en circulación y generaba un aumento de la actividad y de los precios hasta el punto de disminuir las exportaciones y aumentar las importaciones. Llegaba entonces un punto en que se producía una desaparición del superávit en las transacciones con el exterior, disminuía la circulación monetaria, bajaban los precios y se restablecía el equilibrio del sistema. A la inversa, si el punto de partida era un déficit de las transacciones con el exterior, se contraía la circulación monetaria, disminuía la actividad económica y caían los precios; entonces, se estimulaban las exportaciones y se encarecían las importaciones, volviéndose a una nueva posición de equilibrio.

Bajo el sistema de moneda inconvertible, la cantidad de medios de pago no estaba condicionada por la existencia de oro y divisas. El papel moneda era inconvertible en oro, y el sistema bancario podía efectuar emisiones contra la entrega de papeles públicos o documentos comerciales. Por lo tanto, los billetes en circulación eran independientes del saldo de las transacciones del país con el exterior; la cotización del papel moneda en términos de oro estaba dada por las relaciones entre la demanda de oro y de papel moneda inconvertible. Los períodos de inconvertibilidad se caracterizaron en general por la depreciación del peso en términos de oro, produciendo lo que en la época se llamaba el «premio» del oro. Esta depreciación del peso abarataba las exportaciones en términos de oro y encarecía las importaciones; llegaba entonces un punto en que la balanza comercial se invertía y la moneda nacional tendía a apreciarse, circunstancia que disminuía los ingresos de los exportadores.

A partir de la sanción en 1881 de la Ley 1.130, se generalizó la utilización de dos únicas monedas: los pesos oro y los pesos de moneda nacional, emitidos por el Estado con respaldo áureo. Como el mantenimiento del sistema de patrón oro dependía de factores externos, como el ingreso de capitales extranjeros, tenía un alto grado de inestabilidad, ya que dependía de la situación exterior, y en esos años el mundo occidental estaba atravesando las dificultades de la «gran depresión». El régimen de libre convertibilidad duró entonces poco tiempo: a fines de 1884 se declaró la inconvertibilidad del peso, lo que en los años siguientes implicó que, en promedio, un peso oro valiera el 40% más que un peso papel. En 1887, bajo la presidencia de Miguel Juárez Celman, se aprobó la Ley de Bancos Garantidos, que autorizaba a diversas instituciones financieras a emitir moneda a condición de realizar un depósito en oro en el Tesoro Nacional, como respaldo de la emisión. El abuso de las instituciones, que contrajeron deudas en el exterior para poder disponer de las posibilidades de emisión, condujo a corto plazo a la circulación desordenada de moneda y su consecuencia directa fue el estallido de un fenómeno inflacionario y el abandono de la libre convertibilidad del peso en oro. Luego de la crisis de 1890, la red bancaria se fue estabilizando, y a ello contribuyó la creación al año siguiente del Banco de la Nación Argentina, institución que desarrolló una gestión despolitizada, si bien conservadora en cuanto a la concesión de créditos. Hacia fines de 1899 se aprobó una ley que restauraba la convertibilidad monetaria (un peso oro equivalía a 2,27 pesos papel), lo que implicaba reimplantar el sistema de patrón oro, vigente hasta las vísperas de la Primera Guerra Mundial. Esa decisión ha sido objeto de significativas controversias: mientras algunos analistas sostienen que el establecimiento de la convertibilidad respondió a la presión de los exportadores, que se veían afectados por la apreciación que experimentaba el peso, otros lo ven como la búsqueda de una estabilidad monetaria que, reclamada también por los comerciantes, permitiera el funcionamiento del sistema a largo plazo.

El rol del Estado

A lo largo de todo el siglo XX, la historiografía, casi sin distinción de posicionamientos ideológicos, ha coincidido en afirmar que la evolución argentina entre 1880 y 1914 constituye casi un modelo de lo que constituye un Estado liberal, preocupado exclusivamente por crear y fiscalizar el cumplimiento de las reglas de juego de una economía de mercado. Incluso para los historiadores marxistas, éste era el camino para la consolidación de la burguesía terrateniente como clase dominante.

Sin embargo, la mirada actual sobre el tema es bastante diferente y el relato que hemos realizado hasta ahora es elocuente al respecto: el Estado no sólo tuvo un papel central en el impulso a la construcción de los ferrocarriles sino que ejerció el control del sistema financiero a través de la creación del Banco de la Nación Argentina. Por otra parte, podemos afirmar, en un sentido más amplio, que la llamada «Generación del 80» tenía un proyecto de Nación, y lo impulsaron desde el Estado.

Un tema importante en relación con el papel del Estado en la economía es el de la política fiscal. Hemos hecho referencia ya a la relevancia de los ingresos aduaneros –principal fuente de recursos del erario público–, y también a las prolongadas disputas que generó su control. Una vez concretada en 1880 la definitiva organización del país, el poder del gobierno nacional se fundó sobre los ya citados gravámenes a las importaciones –las exportaciones fueron objeto de retenciones sólo de manera ocasional–, complementados por impuestos internos a artículos como las bebidas alcohólicas y el tabaco. Con estos recursos el Estado estuvo en condiciones de brindar una serie de bienes públicos –que incluían un elemento tan significativo como la educación– y además subsidiaba a varias de las provincias. Justamente éste era el problema: la realidad de un gobierno nacional rico y una mayoría de provincias pobres es la prueba evidente de que el «pacto fiscal» que formó parte constitutiva del proceso de consolidación nacional perpetuó, e incluso amplió, los desniveles existentes entre Buenos Aires y el resto del país.

Pero a esa desigualdad manifiesta a nivel territorial debe agregarse las características regresivas del sistema en su conjunto, basado en gravámenes sobre el consumo. En la elección del mismo existía sin duda un componente de poder: más allá de discutir sobre la mayor o menor factibilidad de un sistema tributario que gravara la riqueza, la decisión fue una manifestación del carácter de clase del régimen establecido en 1880. El hecho de no haber sido objeto de cuestionamientos serios por lo menos hasta los problemas originados por la Primera Guerra Mundial, es una demostración palpable de las posibilidades que en ese momento brindaba una economía en expansión, pero las consecuencias de esta decisión se han apreciado a largo plazo, al generar en la sociedad una reacción que tiende a cuestionar por abusivo y hasta ilegítimo cualquier gravamen de estas características.

La distribución del ingreso

No existen estadísticas precisas respecto de la distribución del ingreso en este período, por lo que las consideraciones que puedan hacerse en este sentido son el resultado de indicios y testimonios que no son en manera alguna concluyentes. Además, y como es natural, el tema ha sido objeto de debate interesado, ya que mientras desde un cierto posicionamiento ideológico se insiste en destacar los testimonios referidos a las condiciones de explotación que se verificaban en ciertos ámbitos laborales, desde el lado opuesto se hace referencia a las posibilidades de ascenso social existentes como prueba de la existencia de condiciones de vida favorables.

En primer término, no cabe duda de que los salarios no debieron ser bajos en términos comparativos; si esto no hubiera sido así, serían inexplicables las migraciones masivas desde Europa. Las estadísticas disponibles tienden a mostrar diferencias importantes respecto a los salarios de los países que aportaron la mayor parte de los inmigrantes, situación que contribuye a entender también la llamada inmigración «golondrina», trabajadores estacionales que tras unos meses de trabajo retornaban a su patria. Las aproximaciones estadísticas realizadas respecto a los salarios reales nos muestran que en el período 1870-1913 crecieron a un ritmo aproximado del 1% anual. En este sentido, conviene destacar que uno de los rasgos particulares de la economía de la República Argentina era el bajo precio de los alimentos, circunstancia que la hacía atractiva para las regiones pobres de Europa.

Otra cosa distinta es sostener que los beneficios del crecimiento económico se distribuyeron de manera equitativa; es posible, y de hecho así ocurrió, que una economía en expansión permita simultáneamente la mejora de las condiciones de vida de los trabajadores –e incluso el ascenso social de una cantidad significativa de los mismos– y una concentración del ingreso en pocas manos. Por otra parte, la celeridad del cambio brindó a muchos de los recién llegados una amplia gama de posibilidades de mejorar su situación económica individual que se verificaron en el ámbito urbano y también en la agricultura, mientras que la actividad ganadera siguió estando reservada a los antiguos propietarios de la tierra. Las desigualdades se manifestaron asimismo en el ámbito territorial, al profundizarse las diferencias entre Buenos Aires y la mayor parte de las provincias del interior, particularmente las pertenecientes a la región del noroeste.

El papel del Estado en relación con el tema de las desigualdades mostró dos facetas diferentes: por un lado impulsó la educación primaria obligatoria por medio de la Ley 1.420, decisión que apuntaba hacia la igualdad de oportunidades y a la apertura de posibilidades de ascenso social; por otro, a mediados de la primera década del siglo XX no se logró sancionar un proyecto de Código de Trabajo, que introducía, como se verá, una serie de propuestas sociales de importancia. A partir de estos ejemplos, cabe sostener que la concepción ideológica de quienes detentaban el poder defendía la noción de un Estado que fuera algo más allá de las limitadas funciones que le atribuía el liberalismo clásico, incorporando aportes provenientes de pensadores como Stuart Mill, que veían en el Estado posibilidades de actuar para crear las condiciones destinadas a atenuar las diferencias (aceptadas y asumidas) generadas por el desarrollo económico.

La evolución económica antes y después de la crisis de 1890

De acuerdo con lo visto hasta ahora, la inserción argentina en la economía internacional puede sintetizarse en dos palabras: crecimiento y vulnerabilidad. Las circunstancias externas colocaron a nuestro país en situación de exportar materias primas a costos remunerativos y a recibir capitales en cantidades importantes, pero estos factores favorables no estaban en condiciones de ser controlados.

Los problemas que se produjeron a fines de la década de 1880, y que culminaron en la llamada «crisis de 1890», constituyen la prueba más concreta de lo que se está afirmando. Por una parte, la situación del país incentivó la entrada de capitales, circunstancia que favoreció el desarrollo económico y el incremento del consumo. Esta situación fue manejada, como se ha comentado, de manera imprudente por el gobierno de Juárez Celman, generando una situación en la que el retiro de los inversores externos, originado por la desconfianza respecto de la evolución de la economía argentina, desencadenó una seria crisis de la balanza de pagos.

La superación de los problemas fue trabajosa, pero hacia mediados de la década de 1890 se había iniciado la recuperación, y de allí en adelante comenzó un ciclo de crecimiento que, pese a algunas fluctuaciones, se mantuvo hasta 1913: el vigor de las exportaciones y el alto valor de las mismas contribuyeron a sostener el desarrollo absorbiendo sin dificultades el incremento de las importaciones y la entrada de capitales. No obstante, lo ocurrido constituía una advertencia respecto de las dificultades que podía experimentar la economía argentina por las características de su orientación económica. En este aspecto, aunque las repercusiones de la Primera Guerra Mundial, que se analizarán en el capítulo siguiente, fueron más amplias, constituyeron una nueva manifestación de esos problemas.

Una sociedad en movimiento

Las transformaciones sociales del período 1880-1914 se encuentran en gran medida vinculadas con los incesantes flujos migratorios provenientes de Europa. Los censos de población registran con evidencia el formidable crecimiento de la misma: si como hemos indicado, en 1869 ésta era de aproximadamente 1.800.000 habitantes, en 1895 era de 4.044.911 y en 1914 de 7.903.662. Si bien el crecimiento vegetativo era muy alto, la inmigración ultramarina es la que mejor explica los cambios, y el siguiente cuadro lo muestra con claridad.

SALDOS MIGRATORIOS 1880-1914 (en miles de personas)

Período	Emigración	Inmigración	Saldo
1880-1889	174,60	1.020,60	846,00
1890-1899	551,70	754,00	202,30
1900-1914	1.839,10	3.517,00	1.677,90
TOTAL	2.565,40	5.291,60	2.726,20

FUENTE: Vázquez Presedo (1971).

Si bien el saldo es importante, se ha destacado que es muy inferior al que se produjo en esos años en Estados Unidos, lo que ha llevado a buscar explicaciones, sobre todo, respecto de los significativos niveles de retorno a sus regiones de origen; en este sentido, se llama la atención sobre las dificultades para acceder a la propiedad de tierra, así como en la indiferencia en el trato hacia los inmigrantes.

Dados los problemas que hubo para acceder a la propiedad de la tierra en la región pampeana, la inmigración masiva tuvo como correlato un proceso paralelo de urbanización. De este modo, un elevado porcentaje de los recién llegados, en lugar de asentarse en el campo se concentraron en los alrededores de las ciudades más dinámicas –Buenos Aires y Rosario, sobre todo–, que durante estos años crecieron a un ritmo vertiginoso; el Censo Nacional de 1914 registraba que el 52,7 % de la población vivía en las ciudades.

Aunque evidentemente no todos los inmigrantes europeos volvieron realidad el sueño de «hacer las Américas», las posibilidades de movilidad social fueron reales para buen número de ellos. El acceso a salarios mejores que los de sus lugares de origen y la oportunidad del ascenso social a través de la educación limitaron la conflictividad social y aseguraron el surgimiento de un mercado de consumo significativo para la época. Como consecuencia, las clases medias constituyeron el sector de mayor crecimiento por estos años y fue sobre todo entre sus filas donde se reclutó a los burócratas, profesionales y empleados del sector de los servicios.

Cuando se habla de la magnitud de las transformaciones, se hace referencia también a la necesidad urgente de afrontar cuestiones tan concretas como la de dar alojamiento a las masas que cada día bajaban de los barcos para establecerse en la Argentina. La infraestructura de las ciudades, aun de las más grandes, era insuficiente para cubrir las enormes demandas de una población que, en muchos casos, concretaba sus primeras experiencias de vida urbana. El Estado se hizo cargo del problema básicamente extendiendo la provisión de agua potable y la red cloacal, pero no intervino diseñando políticas de vivienda hasta principios del siglo XX. Así, el primer lugar que los inmigrantes –familias y hombres solos– solían habitar era el «conventillo», que era el resultado de la remodelación de las viejas casas coloniales cercanas al centro de la ciudad, en las que se alquilaban las habitaciones. Más tarde se difundió la construcción de edificios para obtener rentas, pero, en todo caso, las condiciones sanitarias no mejoraron. En efecto, el conventillo fue desde muy temprano objeto de críticas dado que su estructura –las habitaciones daban a un pasillo o patio común– impedía la privacidad de sus habitantes. El hacinamiento era lo normal –el promedio de personas por habitación era cercano a tres, y con frecuencia una familia entera ocupaba el pequeño cuarto en el que se dormía, se comía y aun se trabajaba– así como la suciedad y las precarias condiciones sanitarias. Por otra parte, la renta que se pagaba consumía, según los datos disponibles, alrededor de un tercio del salario de un trabajador cualificado.

En la medida en que progresivamente el transporte ferroviario, el tranvía y el subterráneo se fueron expandiendo, fue posible para los sectores populares buscar alojamiento en lugares más retirados, donde el precio de las propiedades era más económico. Los «loteos» (venta de terrenos en subasta) en los suburbios de Buenos Aires fueron derrotando gradualmente al conventillo y dispersando geográficamente a la población urbana. A comienzos del siglo XX la vivienda unifamiliar en las zonas suburbanas, accesibles debido a la expansión del transporte público, se convirtió en un bien asequible para los sectores populares.

También el extraordinario crecimiento económico de los sectores altos se reflejó en cambios, tanto en la ciudad como en el campo. Las familias más ricas –que incluían a viejos integrantes del patriciado, pero también a algunas fortunas recientes– se hicieron construir grandes mansiones en barrios nuevos que, como el Barrio Norte, se convirtieron en ricos y exclusivos. Las estancias de la provincia de Buenos Aires también se pusieron a tono con el prestigio y la riqueza de sus dueños y las grandes casas de campo de estilo francés convivieron con las modestas viviendas rurales de los arrendatarios. Grandes terratenientes y comerciantes, miembros de familias patricias, fueron creando sus propias corporaciones e instituciones, entre las que se destacaron la Sociedad Rural Argentina, el Jockey Club y el Club del Progreso. Durante el período bajo estudio en este capítulo, parte de los hombres que conformaban esta elite no dudaron en pensar que conducir la política argentina era una tarea que les estaba reservada –aunque en muchos casos no tuvieran una participación directa en la gestión gubernamental–, de la que toda la sociedad disfrutaría de los beneficios.

Respecto del papel desempeñado por quienes detentaban el poder económico, en los últimos años se ha producido un fructífero debate historiográfico sobre su liderazgo en el desarrollo capitalista. ¿Se trataba de una burguesía poco emprendedora, renuente a asumir riesgos, orientada a la búsqueda de beneficios rentísticos? ¿O estamos en presencia, en cambio, de una clase que con lucidez aprovechó al máximo las posibilidades que le brindaban circunstancias externas favorables? No es fácil definirse en esta cuestión; sin embargo, parece claro a la vista de lo ocurrido posteriormente que hubo una adaptación excesiva y, salvo excepciones, poco crítica en relación con las consecuencias a largo plazo del rumbo económico adoptado, que en algunos momentos aparecieron perfiladas con cierta nitidez. Además, los mecanismos y modos de ejercicio del poder tienden a reforzar la idea de que se trataba de una elite con una concepción exclusivista del manejo de la cosa pública, comportamiento que la llevó a construir un sistema básicamente injusto en el que sus beneficiarios no estuvieron dispuestos a ceder en el ejercicio de sus privilegios, imaginando que, una vez construidas las bases del crecimiento, la sola evolución de la situación económica era condición suficiente para la construcción de una sociedad próspera e integrada.

A fines del siglo, sin embargo, la hegemonía de esta elite comenzó a ser puesta en tela de juicio. Grupos subordinados de los sectores oligárquicos, las clases medias en expansión –que hicieron sentir su presencia sobre todo a partir del incremento de su participación política– y también los incipientes sectores obreros –en crecimiento, sobre todo en las ciudades– comenzaron a expresar de diferentes maneras sus reclamos.

Todo el análisis vinculado con la «protesta social» debe necesariamente vincularse con la celeridad del cambio económico que, como venimos explicando, transformó de manera radical la sociedad en un período muy corto. Argentina se convirtió en un país capitalista, lo que equivale a decir que las relaciones de carácter salarial se extendieron afectando diversas zonas del territorio, aunque, por supuesto, adquirió mayores dimensiones en Buenos Aires y la zona pampeana. Si en estos ámbitos las condiciones laborales eran malas, en el interior eran mucho mayores, viviéndose situaciones en las que el trabajo libre era casi inexistente, dependiente de los abusos de patrones.

Las primeras manifestaciones de descontento de los trabajadores se produjeron en las ciudades durante la primera década del siglo XX; no se limitaban al abandono de los lugares de trabajo sino que incluían actos y mítines en las calles, con el consiguiente desasosiego de las clases dominantes. En el año 1901, por ejemplo, se llevaron a cabo manifestaciones multitudinarias que incluían la presencia de Círculos de Obreros, que crecieron como consecuencia del impacto de la encíclica *Rerum Novarum*. Estas expresiones de protesta se manifestaban simultáneamente con los intentos de organización de los obreros, impulsados por anarquistas y socialistas –en general trabajadores extranjeros–, a los que luego se sumaron los sindicalistas. Fueron estas agrupaciones las que contribuyeron de manera decisiva al surgimiento de una cultura propiamente obrera, dotando a los trabajadores de instituciones específicas, ritos, símbolos y otros elementos. La celebración del 1 de Mayo como «Día de los Trabajadores», en 1889, en homenaje a los líderes obreros ajusticiados dos años antes, se transformó en el acontecimiento ritual más importante, atravesando las diferentes corrientes políticas.

Muy pronto quedaron delimitadas las coordenadas ideológicas de los diferentes sectores: mientras los socialistas se inclinaban a reclamar la participación en el sistema político para producir la mejora de los trabajadores desde dentro, los anarquistas mostraron su oposición violenta al capitalismo y al régimen parlamentario; finalmente, los sindicalistas revolucionarios, a pesar de cuestionar radicalmente el sistema, centraron su actividad en el sindicato.

La protesta social se manifestó sobre todo en el ámbito urbano, pero también tuvo alguna presencia en el campo. En este sentido, el llamado «Grito de Alcorta» –una huelga de arrendatarios que se inició en 1912 en esa localidad de la provincia de Santa Fe y que luego se extendió a otras provincias– fue la demostración más clara de que la prosperidad no se difundía con la misma velocidad del crecimiento económico, generándose situaciones de profunda inequidad.

Frente a la nueva realidad, algunos hombres de la elite incluyeron en su agenda la llamada «cuestión social», a la que se respondió con represión y con algunas propuestas reformistas. Las leyes de Residencia (1902) y de Defensa Social –la primera como respuesta a la efervescencia obrera de esos años y la segunda posterior a los atentados anarquistas de 1909 y 1910– son ejemplos de la búsqueda de instrumentos represivos para controlar las doctrinas anarquistas, y el ya citado intento fallido de promulgar una ley nacional de Trabajo en 1904 es un ejemplo de abordaje reformista de la cuestión social.

La dinámica política

El 12 de octubre de 1880 el general Julio Argentino Roca tomaba posesión de la Presidencia de la nación. En su discurso ante el Congreso, estableció con claridad las que habrían de ser las bases de su gobierno: «Puedo así sin jactancia y con verdad deciros que la divisa de mi gobierno será: Paz y Administración».

La trayectoria de Roca dejaba pocas dudas sobre el significado de estas palabras: nacido en una familia tradicional tucumana –ciertamente de escasos recursos–, desde joven venía avanzando en su carrera militar como fiel servidor del Estado. Su habilidad en el campo de batalla lo había convertido en uno de los principales brazos ejecutores de la paulatina pero irremediable victoria del Estado central sobre todas las formas de oposición, desde los levantamientos de los caudillos provinciales, o las revueltas de la oposición contra los resultados electorales, hasta la ocupación del «desierto», en rigor, los territorios meridionales bajo dominio indígena. Su actuación ante el levantamiento del gobernador bonaerense Carlos Tejedor consolidó definitivamente su imagen como abanderado del orden[1].

---

1. El general Roca comandó la represión de la revolución encabezada por Mitre contra las elecciones de 1874 que dieron la victoria a Nicolás Avellaneda, así como la del levantamiento de la provincia de Buenos Aires, encabezado por su gobernador Carlos Tejedor, contra la propia candidatura de Roca en 1880.

«Paz y Administración» eran las condiciones para el progreso y la modernización que, como se ha visto más arriba, fue promovida por el Estado a través de múltiples formas de intervención; eran además la garantía para la aplicación real de las libertades civiles consagradas por la Constitución, más aún cuando éstas involucraban no sólo a los criollos nativos sino también a los inmigrantes. Pero, sobre todo, «Paz y Administración» implicaban una estricta definición sobre las formas que debía adoptar la vida política: en notorio contraste con el pasado reciente, la violencia facciosa debía ser completamente erradicada de las costumbres políticas. Roca anunciaba que el suyo sería «un espíritu tolerante para todas las opiniones», pero inmediatamente advertía sobre los estrictos límites que estaba dispuesto a imponer a esa libertad al señalar a la oposición que ésta se haría realidad «siempre que no fueran revolucionarias».

Así, el «orden» que estaba dispuesto a imponer el roquismo, habitualmente identificado como «orden conservador», no ocultaba todo lo que tenía de novedoso, ya que venía a romper con las formas tradicionales de ejercicio de la política, que incluían el levantamiento armado –«la revolución»– como alternativa legítima ante el acaparamiento oficial de los comicios. El problema era que si bien Roca estaba dispuesto a terminar con este mecanismo que garantizaba a la oposición una herramienta violenta de amenaza y presión frente al control de los comicios por parte de los gobiernos, en cambio no tenía ninguna intención de abrir esos comicios a una competencia real. Así, el oficialista Partido Autonomista Nacional (PAN) mantendría una hegemonía, no exenta de sobresaltos, durante los próximos treinta años, sobre la base del estricto control que los gobernadores ejercían sobre los procesos electorales de cada una de sus provincias.

El PAN poco tenía que ver con un partido electoral moderno; era más bien una estructura política que articulaba a distintas agrupaciones provinciales que, a su vez, dependían estrechamente de los gobernadores para mantenerse en el poder. No podía ser de otro modo, toda vez que las elecciones no funcionaban como un mecanismo de representación de la sociedad en la política, ni manifestaban realmente ninguna clase de evolución de la soberanía política desde abajo hacia arriba, es decir, desde los ciudadanos hacia los gobernantes. Tampoco lo habían hecho durante el período anterior, pero ahora se revelaba una novedad: mientras que hasta 1880 los comicios oficiaban al menos como una de las instancias de disputa interna de una elite política dividida en diversas facciones, a partir de esa fecha perdieron incluso esa función para convertirse en un ritual de legitimación del oficialismo gobernante. Los tradicionales combates entre las facciones rivales por el control de los atrios de las parroquias donde se instalaban las mesas receptoras de votos fueron reemplazados por la movilización de la policía y el Ejército, que garantizaban a los gobernadores el control total de los comicios. En palabras de Natalio Botana, una verdadera inversión del mecanismo de la autorización política que en este caso iba de arriba hacia abajo. A su vez, los gobernadores dependían del presidente, quien a través del uso del recurso constitucional de la «intervención federal» estaba en condiciones de separar al gobernador de su cargo y hacerse con las instituciones provinciales necesarias para volcar una elección en favor de quien estuviera dispuesto a apoyarlo. Esto convertía al presidente no sólo en el eje alrededor del cual se articulaba todo equilibrio político nacional, sino también en el artífice de su propia sucesión.

Todo el andamiaje legal de las elecciones favorecía esta situación. Por un lado, si bien el sufragio era universal (es decir, todo argentino varón, nativo o naturalizado, y mayor de edad tenía derecho a votar), no existía obligación de votar y los índices de abstención eran altísimos. Sólo los grupos que formaban parte de las máquinas electorales dispuestas a ejercer la violencia, en general clientelas populares lideradas por algún «caudillo», se atrevían a acercarse a los atrios. La política electoral no era una cuestión de ciudadanos sino de pequeñas tropas de choque. Por otra parte, la elección presidencial en la Argentina no era directa: los ciudadanos votaban a electores de segundo grado, quienes se reunían en los colegios electorales de cada provincia para votar por un presidente y su vicepresidente, sin que los limitara ninguna clase de mandato imperativo. Las negociaciones estaban entonces a la orden del día, y los electores de segundo grado funcionaban como un capital político al servicio del gobernador de turno. Por último, el sistema de representación denominado de «lista completa», que funcionaba tanto para la elección de electores de presidente como para los diputados, otorgaba la totalidad de los escaños en disputa a la lista ganadora. De esta manera, dado que los partidos provinciales en el poder no perdían elecciones, era sencillo para el presidente saliente, «el gran elector», hacer cuentas y manejar su sucesión mediante acuerdos en la cúpula. Significativamente, durante los comicios de 1886 se manifestó una notable apatía ya que la oposición sabía que nada podía hacer; el régimen conservador funcionaba en los hechos como un régimen de partido único.

Aunque hegemónico, el PAN estaba lejos de ser una agrupación unánime. En su interior eran abundantes los conflictos, que muy poco tenían que ver con opciones ideológicas sino más bien con ambiciones personales. Cada uno de los grandes referentes del partido tenía su propia liga que competía por el apoyo de los gobernadores como forma de presión sobre la decisión final del presidente en ejercicio. Naturalmente, este conflicto se hacía más virulento a medida que se aproximaba el comicio presidencial. Desde 1880, a la liga liderada por el propio Roca (sin duda la más poderosa, aunque llamada a ejercer un rol de árbitro toda vez que la Constitución prohibía taxativamente dos mandatos presidenciales seguidos), se le enfrentaba otra comandada por Miguel

Juárez Celman, yerno de Roca, gobernador y hombre fuerte del PAN cordobés, y otra más pequeña liderada por el gobernador de Buenos Aires, Dardo Rocha.

Frente a estas circunstancias, la situación de la oposición no era fácil. Derrotada por las armas en 1880, incapaz de revertir el escenario electoral en su favor, tenía además que afrontar el hecho de que los años ochenta coincidieron con un período de crecimiento económico y modernización sin precedentes: para muchos, nada parecía más natural que olvidarse de la política para dedicarse a acumular dinero. Pero si bien la hegemonía electoral del PAN no estaba en discusión, la opinión en cambio estaba lejos de ser monopolizada por el oficialismo. Asociaciones y periódicos formaban parte de la vida política desde la caída de Juan Manuel de Rosas en 1852 y actuaban como los ámbitos donde se producía y circulaba la opinión, incluyendo por cierto la de los opositores. Los clubes de la elite –como los ya citados del Progreso o el Jockey Club– eran los lugares donde se discutía, se conformaban los consensos y se tomaban importantísimas decisiones políticas; mucho más que en el propio Congreso, dominado por el oficialismo. Por su parte, los diarios oficiaban como verdaderos partidos, defendiendo en forma virulenta la posición de sus propietarios, ya fueran oficialistas u opositores. También eran habituales las manifestaciones callejeras. Mucho más que las elecciones, todos estos eran los mecanismos de participación y presión no sólo para la oposición, sino para la sociedad toda frente a la política y el Estado.

Esta realidad ha permitido a la historiografía contemporánea matizar la idea de que la participación de la sociedad en la política era escasa, sobre todo cuando esa creencia confunde participación política con participación electoral. Tal vez el caso más significativo al respecto –dada la magnitud creciente de los involucrados y el intenso debate generado en estos años– es el de los residentes extranjeros.

La Ley de Ciudadanía de 1869 permitía un fácil acceso a la naturalización por parte de aquellos extranjeros que así lo desearan, lo cual, inmediatamente, se traducía en la adquisición de derechos electorales. Pero la naturalización no distinguía entre acceso a la ciudadanía y acceso a la nacionalidad, lo que ponía a aquellos extranjeros que pretendieran participar en los comicios en un problema, pues según la legislación de los países europeos de origen, la adopción de una nacionalidad extranjera implicaba la automática pérdida de la de origen. Esto, más la escasa relevancia de la política electoral como forma de expresión de intereses de la sociedad y la concesión de amplios derechos en la órbita civil, hacía que la naturalización fuera muy poco atractiva y, en efecto, fueron muy pocos los inmigrantes naturalizados. Sin embargo, esta actitud no reflejaba ninguna clase de desinterés por la política local. Por el contrario, las comunidades extranjeras, en especial los italianos, participaban activamente de la política argentina a través de aquellos mecanismos que eran habituales y eficaces en la época, es decir, los relacionados con el fenómeno de la opinión pública: asociaciones, diarios y manifestaciones callejeras.

La cuestión de la nacionalización de los inmigrantes se convirtió en objeto de discusión a partir de los años ochenta, cuando se revelaron posturas que iban desde la aceptación de una ciudadanía sin obligación de nacionalización, hasta la de la imposición de fuertes restricciones para cualquier tipo de naturalización. La preocupación por la nacionalidad argentina, derivada a la vez de la idea de que la comunidad nacional local no era demasiado sólida y de los temores no del todo infundados de que en un contexto de expansión imperial la comunidad extranjera pudiera ser considerada base para el establecimiento de una colonia, se expandió entre la elite gobernante. De todos modos, la ley no fue modificada y la tasa de naturalización de extranjeros siguió siendo muy baja. La cuestión de la nacionalización, si no la de los inmigrantes al menos la de sus hijos –que para el encuadre legal argentino basado en el *ius solis* eran indudablemente argentinos–, se dejó en manos de otros dispositivos, en especial la educación básica y el servicio militar obligatorio, los cuales encararían con notable éxito la tarea de convencer a los hijos de inmigrantes de que eran argentinos no sólo porque la ley lo decía, sino por propia identidad.

La implantación de la educación básica obligatoria (Ley 1.420) aprobada en 1884 formó parte de un conjunto más amplio de medidas destinadas a imponer la presencia del Estado en la sociedad y que, además, tuvieron un claro sesgo secularizador. En efecto, tanto esta ley como la creación del Registro Civil quitó a la Iglesia católica espacios que ésta venía ocupando tradicionalmente. Las reacciones de la Iglesia no se hicieron esperar, pero el conflicto y su resultado señalaron su creciente debilidad frente a una concepción oficial de la modernización que hacía de esta institución la encarnación de un pasado que debía ser abolido: el nuncio apostólico fue expulsado del país y poco más tarde la Argentina rompió relaciones con el Vaticano.

Otras leyes destinadas a imponer la autoridad del Estado central no tuvieron que enfrentarse ni siquiera con estos problemas, como la ley de capitalización de la ciudad de Buenos Aires, que privó a la provincia homónima de su más importante ciudad, o la eliminación de las guardias provinciales en favor del monopolio militar del Estado nacional.

Miguel Juárez Celman: apogeo y crisis

Dominador de la liga mejor preparada para la disputa por la sucesión, Miguel Juárez Celman no sólo conquistó la mayor parte de las adhesiones dentro del PAN, sino que también obligó a un Roca no demasiado convencido a darle su bendición como candidato presidencial. Con estos respaldos, la fórmula Juárez Celman-Carlos Pellegrini fue consagrada por los colegios electorales de todo el país.

Aunque no muy diferente en cuanto a sus ideas generales, Juárez Celman cultivaba un estilo político mucho más entusiasta, pero a la vez menos prudente, que el de su antecesor. Liberal y convencido anticlerical, no disimulaba su intención de ofrecer a la sociedad todas las facilidades posibles para la buena marcha de los negocios. A su vez, llevó la concepción oligárquica del régimen a su punto extremo: Juárez Celman no se privaba de hablar agresivamente en contra de la oposición, de los acuerdos políticos y hasta del mismo sufragio, a los que veía como un simple estorbo para el progreso material.

Junto con el presidente, desembarcó en el gobierno un plantel de jóvenes con ideas similares a las suyas, dispuestos a imponerse a cualquier precio sin ninguna voluntad de conciliar posiciones. Donde Roca había sabido gobernar imponiendo su rol de árbitro sobre los frágiles equilibrios que muchas veces él mismo alentaba, Juárez Celman estaba dispuesto a aplastar sin miramientos. Muy rápidamente la oposición acuñó términos como «dictadura» y sobre todo «unicato» para describir e impugnar a su gobierno, pero no fueron ellos los únicos que tenían reproches para el presidente. Dentro del PAN, nadie ignoraba que el juarismo apuntaba deliberadamente sus cañones contra los gobernadores de la liga roquista. La intervención federal de la provincia de Tucumán fue vista por Roca y la opinión pública como una verdadera declaración de guerra contra el ex presidente.

Demasiados enemigos, demasiado poderosos: sólo el pronunciado éxito económico sostenía al presidente en el poder, pero por el momento ni él ni sus opositores sabían que la generalizada pasividad política que esto provocaba era el verdadero y único capital político de Juárez Celman. Mientras tanto, ni siquiera el alto grado de especulación y las acusaciones de corrupción contra eminentes miembros de su gobierno parecían afectarlo. Pero, endeble como era, la crisis de 1890 hizo caer su gobierno como un castillo de naipes.

La revolución de 1890 y sus consecuencias

Las primeras manifestaciones de la crisis comenzaron a sentirse ya en 1888, pero en los dos años siguientes sus consecuencias impactaron con particular violencia. Las quiebras que se sucedían cotidianamente no sólo afectaban a las empresas involucradas; con la caída de cada una de ellas se licuaba parte del capital político del juarismo. La oposición comenzó a agitarse, mientras aparecían en Buenos Aires las primeras huelgas.

El 1 de septiembre de 1889 una agrupación opositora denominada Unión Cívica de la Juventud realizó un mitin en el Jardín Florida, en pleno centro de la ciudad de Buenos Aires. Aunque no reunió demasiado público, los periódicos se encargaron de amplificar el mitin en la opinión. Poco más tarde la Unión modificó su nombre por el de Unión Cívica (UC), mientras aglutinaba cada vez con más éxito a la totalidad del arco opositor.

El 13 de abril de 1890 la UC realizó otro mitin. Esta vez, una verdadera multitud escuchó los discursos de los más destacados líderes de la oposición, como Leandro N. Alem, Bartolomé Mitre, Aristóbulo del Valle, Francisco Barroetaveña, José Manuel Estrada y Pedro Goyena. Los nombres revelan lo heterogéneo del arco opositor: desde un liberal republicano notoriamente anticlerical como Mitre, hasta reputados católicos como Goyena y Estrada, todos encontraban en la oposición al juarismo un factor más que suficiente para aglutinarse. «No es una reunión de partido ni tampoco una coalición de partidos», declaraba Mitre en su discurso, para después asegurar que «toda la sociedad está aquí genuinamente representada». Imposible mayor claridad: el juarismo era considerado ajeno a la sociedad, la cual, por otra parte, era vista como una voluntad única que finalmente se alzaba contra un gobierno opresor en nombre del bien común.

Ciertamente, el eje de los reclamos se dirigía hacia la cuestión electoral, pero no, como ha sostenido una extensa historiografía, porque se reclamara la universalidad del sufragio –un reclamo que habría sonado un tanto absurdo dado que la universalidad ya estaba aceptada por la legislación–, sino porque se reclamaba la vuelta a aquellas épocas en que todos aquellos que querían votar podían hacerlo sin que la policía se lo impidiese. El eje del reclamo proponía la suspensión de las prácticas que habían hecho del Estado el actor hegemónico –si no el único– del proceso electoral. En este punto quedaba clara la diferencia entre los cívicos y el roquismo: mientras para los primeros el pasado anterior al ochenta era el reinado de una virtud republicana que debía ser restaurado para bien de la nación, para los segundos se trataba de un pasado de anarquía que debía ser repudiado y abandonado.

Inmediatamente comenzó a organizarse la revolución cívico-militar que vendría a imponer la restauración de las viejas virtudes. Grupos civiles interactuaron con oficiales y tropas y, aunque el gobierno conocía perfectamente cada paso de los revolucionarios, la organización siguió sin mayores contratiempos. El 26 de julio estalló la revolución con un movimiento de tropas al mando de Luis María Campos, quien luego de entrar en Buenos Aires decidió adoptar una posición defensiva en el Parque de Artillería, muy cerca del centro de la ciudad. Tres días más tarde, tropas leales al mando del general Nicolás Levalle obtuvieron la rendición de los revolucionarios. Aunque en su aspecto militar la revolución estaba derrotada, el gobierno de Juárez tenía sus días contados. Tanto Roca como Pellegrini aprovecharon el conflicto para volver a ganar espacios dentro del PAN y cuando le negaron apoyo al presidente para formar un nuevo gabinete, Juárez se vio obligado el 6 de agosto a presentar la renuncia.

El vicepresidente Pellegrini asumía la presidencia no sólo con el apoyo de Roca, sino también con el del propio Mitre, para quien, siguiendo un estilo político ya habitual en él, la revolución no era una apuesta sin retorno sino un mecanismo para forzar acuerdos posteriores. No en vano había decidido un oportuno viaje a Europa en coincidencia con el estallido revolucionario. Sin embargo, esta solución estaba basada en un compromiso destinado a ser irremediablemente pasajero, no tanto por la insinceridad de sus garantes sino porque el acuerdo reveló con demasiada claridad que los conglomerados políticos en nombre de los cuales se estaba pactando estaban muy lejos de responder a sus supuestos líderes. En el PAN, el juarismo aún conservaba mucho poder y estaba dispuesto a presionar sobre cualquier solución que beneficiara a Roca o a Pellegrini. En la UC, un sector liderado por Leandro N. Alem rechazó el acuerdo y decidió escindirse para fundar la Unión Cívica Radical (UCR) en junio de 1891. En ambos casos, esta situación coyuntural desnudaba situaciones más profundas: por un lado, el PAN nunca había dejado de ser un acuerdo entre situaciones provinciales muy diversas que marchaban más bien detrás de nombres que de ideas o convicciones, y no profesaban el menor apego por la disciplina partidaria; por otro, la UC era una coalición que sólo había tenido como factor aglutinante la oposición al juarismo, una amalgama que demostró ser demasiado frágil una vez desaparecido el enemigo común.

La ofensiva del juarismo en contra de Roca se articuló con ocasión de la elección del sucesor de Pellegrini. Un grupo denominado «modernista» proclamó la candidatura de Roque Sáenz Peña, quien gozaba de gran apoyo entre las ligas provinciales, incluyendo la de la provincia de Buenos Aires. En estas condiciones, para Roca y Mitre resultaba casi imposible frenar esta candidatura, hasta que Roca recurrió a una de esas maniobras que justificaron su apodo de «El Zorro», pero que, a la vez, era un ejemplo de su incapacidad para controlar al PAN: al proclamar la candidatura de Luis Sáenz Peña, padre de Roque, obligó al hijo a renunciar a la suya. Sin mayor oposición, Luis Sáenz Peña fue proclamado presidente para el período 1892-1898.

Luis Sáenz Peña era un personaje sin mayor poder propio; a través de él Roca esperaba ir diseñando su próximo mandato, pero el costo fue una presidencia débil y sin rumbo, caracterizada por constantes golpes de timón –particularmente fértiles en un escenario político minado por la fragmentación y las alianzas coyunturales– y recurrentes crisis de gabinete, hasta que, finalmente, terminó renunciando el propio presidente en enero de 1895. Para agravar la situación, la UCR no sólo repudiaba el camino del acuerdo encabezado por Mitre, sino que había decidido que la única forma de luchar contra lo que llamaban el «régimen», impulsando la regeneración de la política, era la revolución armada. En julio de 1893 se realizó un nuevo intento revolucionario que, aunque fracasó, fue muy serio en las provincias de Santa Fe, San Luis y Buenos Aires. Aunque estas derrotas de la UCR, lejos de afectar su prestigio, le dieron una creciente popularidad, tres años después el partido se embarcaba en una profunda crisis resultado de un rumbo político incierto y, sobre todo, del suicidio de su líder Alem el 1 de julio de 1896.

Luego de la renuncia de Sáenz Peña y el acceso a la primera magistratura de su vicepresidente José Evaristo Uriburu, se fue perfilando con más firmeza la candidatura de Roca, quien asumió la presidencia en octubre de 1898: el escenario político que rodeaba el inicio de su segundo mandato en nada se parecía a ese universo de orden y administración que había creído posible imponer durante el primero.

Hacia la reforma

Al comenzar el siglo, la idea de que el régimen político estaba agotado y que de una u otra manera debía ser reformado atravesaba a buena parte de la elite política. Los diagnósticos que sustentaban esta convicción se basaban en tres situaciones diferentes. En primer lugar, las sucesivas crisis del PAN, que durante todos los años noventa no habían dejado de provocar sobresaltos y crisis institucionales. La ruptura de Pellegrini con Roca en 1902 con ocasión de la discusión por la unificación de la deuda argentina no hizo sino mostrar la gravedad del problema.

En segundo lugar, la existencia de una oposición radical que estaba dispuesta a alzarse en armas contra el predominio del PAN. Si bien el radicalismo no se levantaba desde 1893 y parecía languidecer, en la provincia de Buenos Aires se estaba organizando lo que prácticamente sería una nueva UCR, esta vez liderada por Hipólito Yrigoyen. El importante movimiento revolucionario encabezado por la UCR yrigoyenista en febrero de 1905 vendría a demostrar que el partido estaba nuevamente en escena y dispuesto a presionar al régimen.

La tercera situación era posiblemente la más importante, ya que involucraba un problema central de la vida política y aparecía como una inquietante novedad. Hasta 1890, la relación de la política con la sociedad corría por carriles sencillos por dos razones centrales. Por un lado, existía un fuerte consenso acerca del rumbo económico que debía seguir la Argentina vinculado con el denominado «modelo agroexportador». De esa manera, los sectores dominantes no tenían necesidad de intervenir directamente en la política, toda vez que era natural que ella respondiera a sus intereses, que se identificaban con los de la nación. Por otro lado, la sociedad sobre la que debía operar la política del Estado era escasamente sofisticada y así era vista por quienes, como Juan

Bautista Alberdi o Domingo Faustino Sarmiento, se preocupaban por diseñar su futuro. Sin embargo, también era evidente que la modernización económica y la inmigración estaban introduciendo cambios que iban en favor de una creciente complejización social. Muy pronto, esa sociedad modernizada comenzó a mostrar sus conflictos y, con ellos, aparecieron las presiones sectoriales sobre el gobierno. Como se ha señalado, las huelgas, la aparición de gremios y sindicatos, la de grupos y partidos como anarquistas, sindicalistas y socialistas hacían visible un conflicto social que era del todo novedoso (ninguno de estos temas había formado parte de los discursos y las preocupaciones de la revolución de 1890, hecha en nombre «del pueblo y la Nación»). La «cuestión social» pasó a la agenda pública prioritaria durante los años noventa y no sólo por la agitación obrera, ya que tampoco en las zonas rurales –donde la expansión de las exportaciones agrícolas y de las carnes de gran calidad introducían una creciente heterogeneidad social con sus correspondientes intereses y tensiones– la situación social parecía estar en calma.

Para el grupo roquista, cuya cabeza visible era ahora el ministro del Interior y brillante intelectual Joaquín V. González, la conclusión era evidente. El régimen político restringido que en 1880 se había propuesto modernizar a la sociedad en clave progresista, y que de hecho lo había logrado, se estaba apartando cada vez más de esa sociedad que era en parte su criatura. Como consecuencia de esta fractura, la política giraba como una rueda loca, alentando luchas facciosas sin sentido. Lejos de ser la garantía de un orden que oficiara como puntal del progreso, la actividad política introducía conflictos artificiales en una sociedad que, en cambio, era concebida como naturalmente armónica, progresista y pacífica. La reforma, es decir, la creencia de la capacidad de las leyes para modificar las costumbres, se convirtió en un imperativo.

La primera oleada reformista se concentró en tres leyes cuyos destinos fueron diversos. La Ley de Servicio Militar Obligatorio (1902) fue una respuesta inmediata a las tensiones por cuestiones limítrofes con Chile, pero a largo plazo se basaba en una idea de nacionalización y ciudadanización masivas, en especial orientada a los hijos de inmigrantes. Fue la ley más exitosa y duró casi un siglo.

La segunda iniciativa fue un extenso y complejo proyecto de ley denominado Código de Trabajo, cuya característica básica era impulsar la acción del Estado en las relaciones laborales, una órbita que hasta ese momento se consideraba ajena a la acción oficial. El proyecto de ley se acompañaba de dos informes, el más importante de los cuales era el de Juan Bialet Massé, que denunciaban y criticaban las condiciones de trabajo en Buenos Aires y en el interior. Las disposiciones que preveía la ley incluían la cobertura de los accidentes de trabajo, la imposición de la jornada de ocho horas, la reglamentación del trabajo femenino e infantil y de las condiciones de higiene de los establecimientos, y la introducción de los convenios colectivos. En el contexto latinoamericano, y aun en el de los países más desarrollados, este proyecto resultaba muy avanzado. El hecho de no haberse puesto en práctica –nunca fue tratado en el Congreso– muestra las limitaciones de los reformistas, pero tuvo la virtud de hacer de la «cuestión social» un tema de interés del Estado.

La tercera iniciativa fue una nueva ley electoral que establecía un sistema basado en los circuitos uninominales, que suponía la división de las 14 provincias y la Capital Federal en tantas circunscripciones electorales como diputados enviaba al Congreso, para que cada una de esas circunscripciones eligiera un único diputado por simple mayoría. Según imaginaba González, la consiguiente reducción de la escala de la representación a un nivel local garantizaría una mejor relación entre el votante y el representante, como consecuencia natural del conocimiento directo entre uno y otro.

A su vez, el predominio de un interés socioeconómico en esa escala local aseguraría una representación más vinculada con los intereses materiales de la sociedad y no con una simple representación «aritmética» como la que generaban otros sistemas como el de lista o la representación proporcional. La llegada del dirigente socialista Alfredo Palacios al Congreso, elegido en 1904 por la circunscripción popular de la Boca en la ciudad de Buenos Aires, fue recibida con entusiasmo por el oficialismo, ya que parecía confirmar su convicción. Sin embargo, el destino de la ley fue pobre: aprobada en 1902 y utilizada para la elección de 1904, fue derogada en 1905. El dispar y poco prometedor destino de estas reformas habla menos de la fuerza de las oposiciones doctrinarias que de la creciente dificultad de Roca para disciplinar a otros actores de la política.

En efecto, para programar su sucesión y evitar el triunfo de Pellegrini, su flamante y poderoso rival, Roca tuvo que recurrir a la convocatoria de una Convención de Notables, dado que nuevamente el PAN escapaba a su control. El sucesor allí elegido, Manuel Quintana, dio muestras de independencia apenas asumió el cargo en octubre de 1904, para lo cual contó con el crucial apoyo del gobernador bonaerense Marcelino Ugarte. Pero las tensiones se hicieron cada vez más notorias. En 1905 estalló otra revolución radical que, aunque nuevamente fue derrotada, demostró la amplitud de los apoyos civiles y militares a la UCR. A esto siguieron manifestaciones de los socialistas, de los anarquistas y de las dos principales centrales obreras (FORA y UGT) que fueron ferozmente reprimidas.[1] El 11 de agosto Quintana salvó su

---

20. Durante la década de 1890 hubo importantes avances en la organización de un movimiento obrero; con la aparición de los sindicatos se planteó la cuestión de una central unificada. La primera organización duradera nació en 1901, la Federación Obrera Argentina; más tarde se le agregó la palabra «Regional» para crear la FORA. Ampliamente do-

vida en un atentado, pero a fin de ese año tuvo que delegar el mando en su vicepresidente, José Figueroa Alcorta, a causa de una enfermedad que lo llevó a la muerte en marzo de 1906. Pocos días antes también había muerto uno de los principales líderes de la oposición, Bartolomé Mitre.

Figueroa Alcorta asumía la presidencia en una situación dominada por la oposición, que había logrado grandes avances en los últimos comicios y tenía mayoría en el Congreso. Inicialmente intentó un acercamiento con Pellegrini, pero la muerte de éste el 17 de julio frustró el acuerdo. Por otra parte, las huelgas recrudecían y se multiplicaban, haciendo cada vez más acuciante el tratamiento de la «cuestión social». Así las cosas, Figueroa Alcorta decidió utilizar todos los recursos del régimen para evitar un nuevo avance de Roca: mediante una serie de intervenciones provinciales y el cierre intempestivo de las sesiones extraordinarias del Congreso, que fue rodeado por tropas militares, logró controlar los comicios de 1908 y reconstruyó una mayoría a favor del partido que estaba formando con distintas fracciones del desarticulado PAN, la Unión Nacional.

El 1 de mayo de 1909 la policía cargó contra la manifestación de obreros que celebraban ese día provocando varios muertos, lo cual abrió las puertas para el posterior asesinato del jefe de la Policía, Ramón Falcón, a manos de un militante anarquista. La Argentina, moderna y económicamente próspera, se preparaba para celebrar el centenario de la Revolución de Mayo en un clima plagado de tensiones y contrastes.

---

minada por los anarquistas, en 1902 un conjunto de militantes socialistas se apartó de ella y fundó la Unión General de los Trabajadores (UGT).

La reforma Sáenz Peña

Dueño de la situación, Figueroa Alcorta consagró como sucesor a Roque Sáenz Peña, quien no ocultaba su convicción de que era urgente encarar una reforma política. Poco después de los resonantes festejos del Centenario, Sáenz Peña asumió la primera magistratura y colocó en el Ministerio del Interior a Indalecio Gómez con la consigna de elaborar y hacer aprobar una nueva ley electoral.

Al igual que el roquismo pocos años antes, Sáenz Peña y Gómez creían que era imperativo terminar con el abismo entre sociedad y política, y al mismo tiempo dar cabida a las minorías en la representación parlamentaria para evitar los constantes levantamientos armados. La clave para lograr el primer objetivo se encontraba en otro conjunto de modificaciones de la técnica electoral: 1) la obligatoriedad, que ampliaba drásticamente el número de votantes y resolvía por esta vía el problema de los altísimos índices de abstención electoral; 2) el secreto, que impedía el control del voto por parte de los agentes electorales, consagrando la libertad de conciencia del votante; y 3) la confección de los padrones por parte del Ejército, lo cual sustraía ese crucial documento electoral de los caudillos y jueces de paz, demasiado involucrados en las luchas facciosas para resultar imparciales. Para habilitar la presencia de las minorías en el parlamento, la ley modificó el sistema de lista completa por el de lista incompleta, adjudicando dos tercios de los escaños en juego a la lista ganadora y un tercio a la segunda.

Sin embargo, la más importante apuesta de la reforma no fue consagrada en ninguna norma, aunque ocupó una parte fundamental de las preocupaciones y los discursos de ambas figuras: el mecanismo para una adecuada representación de la sociedad debía pasar por la organización de lo que llamaban «partidos orgánicos» o «de ideas». La reforma de 1912 fue totalmente ajena a la percepción pluralista de los intereses sociales presente en la ley de 1902, ya que esta vez la sociedad fue concebida de un modo abstracto, como un bloque único con un atributo también único y determinante: su ideal de progreso. En consecuencia, ni los comicios ni los partidos orgánicos debían manifestar las voces de intereses diversos, sino garantizar la representación de la voz unánime de la voluntad progresista de la nación, que era también la de cada uno de los ciudadanos obligados por ley a optar entre las ofertas partidarias. Elevados a la condición de organismos privilegiados de integración de los ciudadanos en la comunidad espiritual de la nación progresista, los partidos políticos debían ser asociaciones de carácter permanente, definidos por sus ideas y capaces de cumplir la función pedagógica de esclarecimiento de quienes habían sido convertidos compulsivamente en electores. Para Sáenz Peña estos partidos no se identificaban directamente con ninguno de los existentes, lo cual le permitía celebrar lo que otros veían como su peligrosa desintegración: los nuevos partidos, al igual que el nuevo votante, serían criaturas de sus leyes.

La ley electoral vino a consagrar una visión totalizadora de la sociedad en clave espiritual: la representación política estaba llamada a expresar el «alma de nación», cuyo contenido concreto Sáenz Peña no dudaba en reconocer primero en su propia voz y, más ampliamente, en la del «grupo pensante» del que era miembro. Ciertamente, no es difícil advertir la dimensión social de este grupo; sin embargo, también es sencillo observar cómo la ley electoral se proponía negar esa dimensión para consagrar así la persistencia de una cultura política integradora, pero a la vez ajena a cualquier concepción pluralista de la sociedad.

Las leyes discutidas a lo largo de 1911 fueron aprobadas en 1912 en un extraño clima: la mayor parte de los diputados y senadores que aprobaron la ley lo hicieron porque consideraban inevitable su aprobación; mucho menos generalizado era el entusiasmo acerca del carácter regenerador y positivo de dicha ley. Tal como ha sido planteado por Natalio Botana, nadie podía saber exactamente si la reforma habría de resultar un plan estratégico o un salto al vacío.

Hipólito Yrigoyen presidente

Para el presidente Sáenz Peña las dudas eran menores: confiaba plenamente en la posibilidad de formar un partido orgánico conservador y, una vez cumplido ese paso, dudaba aún menos sobre sus opciones electorales. La más notable prueba de que éste era su pensamiento es que no sólo respaldó la nueva ley renunciando a ocupar el tradicional lugar de «gran elector», sino que además amenazó a varios gobernadores con fuertes represalias si no imitaban su conducta y renunciaban a controlar los comicios en sus provincias. Ante los subsiguientes reproches, Sáenz Peña los instaba a formar el partido orgánico, ya que su idea de lo que debía ser la prescindencia presidencial incluía también la de encabezar esta tarea. Estas actitudes del presidente influyeron en las condiciones electorales casi tanto como la propia ley de reforma.

En 1914 se realizó el primer ensayo general con la nueva ley. En la ciudad de Buenos Aires se impuso el Partido Socialista, seguido por los radicales, que se impusieron en Santa Fe y Entre Ríos; en ambas provincias, los radicales ganaron también la gobernación (en Santa Fe desde 1912). En las restantes provincias triunfaron los partidos tradicionales que por lo general se unieron para enfrentarse a la UCR. Pocos meses más tarde, en agosto de 1914, Sáenz Peña moría como consecuencia de una enfermedad que ya lo había obligado a reiterados abandonos del cargo desde 1913.

De todos modos, el reclamo de Sáenz Peña no quedó sin respuesta. Un grupo encabezado por Lisandro de la Torre decidió poner en marcha el partido orgánico y de ideas de las fuerzas conservadoras. Sobre la base de una agrupación regional con cierto arraigo en el sur de Santa Fe, la Liga del Sur, De la Torre fue tejiendo las alianzas que dieron como resultado la fundación del Partido Demócrata Progresista (PDP) en diciembre de 1914. El nuevo partido tuvo que lidiar con dos poderosos rivales: el gobernador de Buenos Aires Marcelino Ugarte –que no disimulaba sus intenciones de acceder a la presidencia en lugar de De la Torre– y el flamante presidente Victorino de la Plaza. Ambos se encargaron de boicotear al PDP, actitud que, paradójicamente, terminaría por facilitar la victoria de la UCR. La ausencia de unidad entre los grupos políticos tradicionales no es demasiado sorprendente ya que, por un lado, años de conflictos no podían ser descartados tan fácilmente y, por otro, las maquinarias provinciales –en especial la de la poderosa provincia de Buenos Aires– confiaban en su capacidad para seguir reteniendo la mayoría electoral sin incorporar cambios mayores.

Mientras tanto, la UCR se adaptaba con rapidez a la nueva situación. A lo largo de 1914 se multiplicaron sus comités de base destinados a reclutar votantes, algunos de ellos organizados por viejos caudillos de los partidos tradicionales que cambiaban su lealtad. Una ventaja notoria de la UCR era que, más allá de las disensiones internas, que no eran pocas, las redes de comités estaban subordinadas a una organización provincial y nacional. Desde los años noventa, la UCR había tomado el modelo organizativo de los partidos norteamericanos, que ya llevaban muchos años de experiencia en la política electoral de masas y competitiva. De esta manera, desde los comités que se encargaban de conectar con los potenciales simpatizantes hasta los organismos directivos nacionales estaban encuadrados dentro de una estructura más o menos unificada. A esta organización se agregaba su líder, Hipólito Yrigoyen, que se mostraba como una figura de sólido carisma. Yrigoyen recorría las diferentes provincias buscando adhesiones a su partido, una práctica del todo novedosa que provocaba rechazo y asombro entre sus rivales. Aunque De la Torre finalmente recurrió a una práctica similar, su figura, poco carismática, no podía competir con el candidato radical. Otros, en especial el ugartismo, ni siquiera alcanzaban a comprender los cambios que imponía la nueva situación electoral: en efecto, Ugarte se resistió a presentar un candidato presidencial durante la campaña electoral, una decisión que dejaba pospuesta para el momento de la negociación en los colegios electorales. Esta práctica, tradicional durante los años anteriores a la reforma, cuando el sufragio estaba controlado, resultó ser escasamente eficaz para los nuevos tiempos.

Aunque mejor organizado, el Partido Socialista sólo tenía opciones electorales en la ciudad de Buenos Aires, pues no estaba en condiciones de enfrentarse a la maquinaria de la UCR o de los conservadores en las provincias.

Dada esta situación, no resulta demasiado sorprendente la victoria obtenida por la UCR en los comicios presidenciales de 1916. Si bien la victoria no le alcanzó para obtener la cantidad de electores de segundo grado necesarios para ser nombrado presidente, la división de su partido en la provincia de Santa Fe terminó beneficiándolo. Una vez que la mayoría disidente fue convencida de votar a Yrigoyen, sus electores se sumaron a los de la minoría yrigoyenista para abrir al líder radical el acceso a la presidencia. El 12 de octubre de 1916, en medio de una movilización popular cuyo fervor no tenía precedentes, Hipólito Yrigoyen asumía la primera magistratura; se abría así una nueva etapa política.

El mundo de la cultura: positivismo y modernismo

A tono con las novedades en la economía y la política, los años ochenta presenciaron importantes novedades en el ámbito cultural: un positivismo evolucionista de matriz spenceriana se convirtió rápidamente en la clave de interpretación y criterio de legitimidad del proceso de acelerada modernización encarado por el roquismo. No en vano se conoce a los principales intelectuales del período como «la Generación del ochenta»; entre sus miembros se encuentran figuras como Miguel Cané, Paul Groussac, Eduardo Wilde y Lucio V. López. Como ha señalado Halperin Donghi, ningún tema muestra con mayor claridad las características de esta generación que el debate producido por las leyes secularizadoras del gobierno de Roca.

La aprobación de medidas que afectaban a funciones tradicionales de la Iglesia provocó la reacción de los escasos voceros católicos, en particular Pedro Goyena y José Manuel Estrada. En este debate se revela la dimensión coral del nuevo universo cultural positivista: en claro contraste con el período anterior dominado por dos o tres figuras excluyentes, en especial Domingo F. Sarmiento y Juan B. Alberdi, a partir de 1880 las figuras reconocidas son muchas, aunque ninguna alcanzará el lugar de estos predecesores. Pero no se trata sólo de una cuestión de aptitudes intelectuales; la nueva dimensión coral está estrechamente vinculada con la aparición de una opinión pública en la cual los consensos son mayores que las disputas. A los grandes debates protagonizados por Sarmiento y Alberdi a tono con la política facciosa, en la cual cada uno se adhirió a un bando diferente, le siguió un consenso, al que las quejas católicas, lejos de poner en cuestión, vinieron a confirmar. En efecto: las críticas de los voceros del catolicismo eran permitidas, y hasta alentadas, simplemente porque no se las consideraba serias ni peligrosas. La fe positivista en la razón descartaba cualquier amenaza por parte de la vieja fe religiosa, que era asociada con un pasado colonial definitivamente cerrado o con visiones del mundo reputadas como verdaderas fábulas. Así, las reacciones de los católicos revelaban, a pesar de ellos mismos, el enorme consenso de las nuevas visiones del mundo encarnadas por el positivismo, que encontró sus máximos exponentes intelectuales en José María Ramos Mejía y José Ingenieros.

Sin embargo, una vez superado el debate con el catolicismo, es posible observar que la actitud de la Generación del ochenta hacia las consecuencias del proceso modernizador que en principio celebraban incluía una gran ambigüedad. Esta actitud se manifiesta especialmente a partir de 1890, cuando se hizo evidente para muchos que la modernización trastocaba las formas de vida con demasiada celeridad. Aparecieron así textos que lamentaban la pérdida de un idealizado universo criollo más simple pero a la vez más virtuoso, que estaría siendo sepultado por el vértigo del cambio. Este lamento solía adoptar la forma de un relato de la infancia, lo que no sólo acentuaba la idea de un pasado irremediablemente perdido sino la propia sencillez de la mirada infantil. La revolución del 90 puso en juego otra versión de este lamento, al presentarse como la restauradora de una virtud cívica tradicional que estaría siendo erosionada por la corriente de materialismo burgués y fariseo promovido por el roquismo modernizador.

Pero la expresión de estos temores se daba fundamentalmente en relación con la cuestión de la nacionalidad. Dado que una de las principales manifestaciones de la modernización era la llegada de cientos de miles de inmigrantes, las viejas miradas que veían en este fenómeno una llave para la conversión de la Argentina en un país civilizado cambiaron a favor de otra que puso el foco en el peligro que tantos extranjeros representaban para una nacionalidad, ella misma poco consolidada. Según ha mostrado Lilia Ana Bertoni, la cuestión nacional se convirtió en una preocupación generalizada, no sólo para las autoridades, sino también para múltiples asociaciones de la sociedad civil que encararon la tarea de difundir y consolidar una nacionalidad a la que juzgaban en peligro.

Si bien es cierto que el pensamiento positivista advirtió sobre los posibles peligros de la modernización, también lo es que lo hacía a partir de una fe compartida en el progreso y la razón. Sin embargo, hacia fines de siglo se fue configurando una nueva actitud intelectual que ya no sólo se encargaría de señalar las grietas de un proceso de modernización en general celebrado, sino que se asumiría como una crítica integral contra el positivismo y su materialización en la realidad social. Esta reacción no era una novedad en Europa, donde Nietzsche y Bergson en un extremo, o el impresionismo en otro, ya le habían dado sus mejores productos; en América asumiría la forma del llamado «modernismo», una corriente intelectual y literaria con fuertes raíces locales.

La principal figura del modernismo fue el nicaragüense Rubén Darío, estrechamente vinculado al universo intelectual argentino, del cual participó activamente. Otra figura de capital importancia fue el uruguayo José Enrique Rodó cuyo libro *Ariel* (1900) sirvió de manifiesto para una generación a la cual, además, legó uno de sus nombres. El «arielismo» involucró una fuerte crítica al cientificismo y al materialismo en nombre de una espiritualidad artística a la que muy pocos tenían acceso. El materialismo se asociaba indistintamente tanto con las influencias norteamericanas como con la sociedad local plena de inmigrantes que sólo sabían correr detrás del dinero. Esto daba lugar a una visión que rescataba la identidad hispánica de América, a la vez que ensalzaba a una aristocracia, que no lo era por su riqueza sino por su particular sensibilidad espiritual. Contra la razón positiva, la sensibilidad artística fue puesta por el modernismo en el centro de sus valores.

En este clima, la cuestión nacional adquirió una importancia aún mayor que la que había tenido hasta ese momento. A diferencia de la etapa anterior, cuando todavía muchos trataban de compatibilizar el proceso modernizador y la llegada de inmigrantes con la construcción de una idea de colectividad nacional –lo cual le permitía a José Ingenieros imaginar la creación de una eventual raza argentina que sería resultado de la mezcla–, el modernismo se preocupó por resaltar aquellos rasgos de la nacionalidad que excluían todo componente vinculado con dicho proceso. Ningún caso más ilustrativo que los de Leopoldo Lugones y Ricardo Rojas. Rojas, desde su flamante cátedra de Literatura Argentina, sentó las bases de una tradición literaria a la que llamó «nacional», en la que incluyó a las culturas indígenas prehispánicas. Pero fue Lugones el encargado de presentar una de las operaciones intelectuales de consecuencias más profundas. En la segunda década del siglo XX Lugones era posiblemente el más reconocido entre todos los intelectuales; en 1913 sus conferencias en el Teatro Odeón –compiladas bajo el título de *El Payador*– convocaron al propio presidente de la nación y buena parte de su gabinete. Allí, Lugones convirtió al gaucho –hasta entonces símbolo de la barbarie que debía ser arrasada– en la máxima expresión de la nacionalidad argentina y al *Martín Fierro* de José Hernández en la epopeya nacional por excelencia. La magnitud de esa operación sólo puede ser comprendida a partir de sus antecedentes y su legado. La obra de Hernández había tenido cierto éxito de ventas, pero no había sido considerada por la elite intelectual sino como un texto menor. Desde las conferencias de Lugones en 1913 y hasta nuestros días, el *Martín Fierro* es tomado por buena parte de los argentinos como el libro nacional por excelencia, mientras que el gaucho es considerado elemento fundamental de la nacionalidad. Ciertamente no puede atribuirse este legado exclusivamente a Lugones; gracias a los estudios de Adolfo Prieto sabemos que existía un extendido criollismo gauchesco de carácter popular que involucraba incluso a los propios inmigrantes, pero es a partir de Lugones cuando ese criollismo pasó a formar parte del universo legítimo de los intelectuales.

Esta transformación de la sensibilidad artística introducida por el modernismo fue paralela al descubrimiento de la tarea intelectual como un rol específico dentro de la sociedad. Mientras que hombres del ochenta eran a la vez artistas y políticos, además de reputados miembros de la elite –los *gentlemen* escritores de los que habla David Viñas–, con el cambio de siglo comenzó un proceso de profesionalización del trabajo intelectual. Ciertamente no se trataba solamente de la posibilidad de vivir del arte y del pensamiento –un umbral alcanzado por pocos–, sino el descubrimiento de una tarea que se legitimaba por sí misma. Los diarios y las revistas ofrecían posibilidades profesionales y, a la vez, el aumento del alfabetismo podía permitir buenas ventas en algunos casos, pero todo esto no era suficiente para crear un mercado amplio de productos culturales. La profesionalización se originó en la idea de que, más allá de la relación con el mercado, los intelectuales y artistas eran uno o varios grupos particulares dentro de la sociedad, diferentes de los demás por su actividad. En ese sentido, la conversión de la sensibilidad en objeto de culto favoreció esta construcción al ofrecer un valor que sólo los artistas podían alcanzar; según su propia percepción, los artistas se convirtieron en una verdadera aristocracia del sentir.

Más exitosos en su relación con el mercado eran los artistas populares que abrevaban en los géneros de mayor éxito de la época, desde el folletín, pasando por la poesía gauchesca, el teatro y circo criollos, el sainete, hasta llegar al tango. Cultura de mezcla, conformada por aportes locales e inmigratorios, era objeto de una muy especial atención por parte de los sectores populares. Si bien es cierto que muchos de los productores de estos bienes culturales vivían de este trabajo, también lo es que los artistas del modernismo jamás los hubieran considerado como parte de su misma profesión.

7. De la guerra a la depresión: los radicales en el poder (1916-1930)

El período 1916-1930 es el de la hegemonía política de los gobernantes provenientes de la Unión Cívica Radical, que con estilos distintos y haciendo frente a situaciones económicas, sociales y políticas diversas, dieron forma, después de la sanción de la Ley Sáenz Peña en 1912, al tránsito de una participación política restringida a una democracia ampliada.

Durante estos años, la Unión Cívica Radical se presentó, frente al orden conservador, como una alternativa relativamente rupturista en lo político e ideológico, pero continuista en materia económica. La persistencia de rasgos del pasado con visiones novedosas es debida a que los años radicales se inscriben en un período de transición entre la economía de orientación agroexportadora –cuyos signos de agotamiento no eran todavía visibles– y su reemplazo posterior, a partir de la crisis de la década de 1930, por un vuelco progresivo hacia la industrialización sustitutiva de importaciones.

La realidad económica

La controversia que ha generado el período que, en el terreno económico, se extiende entre el triunfo electoral de Hipólito Yrigoyen –o con más precisión, el estallido de la Primera Guerra Mundial– y la crisis de 1929, reside en plantear si nos encontramos frente a la continuidad, bien que a un ritmo más lento, de un proceso dominado por la producción agropecuaria o, por el contrario, supone un corte fundamental en la historia económica del país.

El análisis de la evolución del PIB entre 1914-1929 muestra las dimensiones del impacto de la guerra: los valores del año anterior al estallido del conflicto sólo se volvieron a alcanzar en 1920; y en cuanto al PIB por habitante, la superación de los valores de 1913 sólo se produjo en 1923.

PIB/HABITANTE EN 1913, 1919 Y 1929
(en dólares de 1990)

País	1913 (1)	1919 (2)	1929 (3)	REL. 2/1	REL. 3/1
Argentina	3.793	3.307	4.367	0,87	1,15
Alemania	3.833	2.763	4.335	0,72	1,13
Australia	5.505	4.840	5.095	0,88	0,92
Brasil	839	871	1.106	1,04	1,31
Canadá	4.213	3.808	4.799	0,90	1,14
Chile	2.653	2.155	3.396	0,81	1,28
España	2.255	2.186	2.947	0,96	1,30
EE. UU.	5.307	5.687	6.220	1,07	1,17
Italia	2.507	2.783	3.026	1,11	1,20
Japón	1.332	1.758	1.949	1,32	1,46
México	1.732	1.810	1.757	1,04	1,01
Reino Unido	5.032	4.980	5.255	0,99	1,04

Promedio 2/1: 0,975
Promedio 3/1: 1,175

FUENTE: Elaboración propia a partir de Maddison (2003).

La comparación con los países que venimos haciendo muestra que en este período el nivel de crecimiento se mantuvo por debajo del promedio del conjunto, pero la desagregación de la serie permite apreciar el fuerte retroceso habido durante la guerra –incluso superior al del Reino Unido, país que participó en el conflicto–, y que se superó en la década de 1920, período en el que hubo una expansión importante, superior, a la de Canadá, Australia y Estados Unidos.

Respecto a la balanza comercial, el saldo se tornó pronto favorable durante la guerra debido a la drástica disminución de las importaciones, y a que las exportaciones, tras una fuerte caída en 1914, recuperaron su nivel, superando incluso el promedio de preguerra. En la década de 1920, la situación apenas varió, habiendo saldos positivos en la inmediata posguerra y luego de 1924.

BALANZA COMERCIAL (1913-1929)
(millones de dólares corrientes)

Año	Export.	Import.	Saldo
1913	483,0	462,2	
1914	389,1	377,2	
1915	527,7	253,9	274
1916			
1917	608,1	356,4	
1919	889,4	590,9	
1920	1.044,3	752,3	
1925	844,1	776,3	
1929	918,4	819,3	

FUENTE: Gerchunoff y Llach (2002).

La guerra y sus consecuencias

La Primera Guerra Mundial introdujo fuertes distorsiones en el esquema económico de los años anteriores. En este sentido, el movimiento internacional de capitales, las corrientes migratorias y el comercio exterior perdieron el impulso expansivo de la etapa precedente.

Los problemas para nuestro país comenzaron incluso antes, ya que la situación financiera internacional –la subida de tasas realizada por Gran Bretaña y luego por los principales países europeos en 1913– obligó a suspender la convertibilidad en agosto de 1914 ante la continua salida de oro. En un primer momento, como muestra el cuadro, se produjo una caída del comercio exterior acompañada de una disminución del PIB del orden del 10%. Tras el primer año las exportaciones se recuperaron y la balanza comercial comenzó a estabilizarse con un importante saldo favorable a consecuencia de una fuerte caída de las importaciones, pero la actividad económica se mantuvo deprimida. Esta disminución de las importaciones tradicionales –fundamentalmente manufacturas– introduce la cuestión de las posibilidades de desarrollo de la industria sustituyendo con producción nacional lo que antes provenía del exterior. Pero los datos disponibles respecto del crecimiento de la industria en esos años muestran valores muy discretos, por lo que la significación de la coyuntura en cuanto al impulso alcanzado por el sector secundario parece haber sido muy limitada.

El impacto de la guerra se hizo sentir también muy fuertemente en los niveles de empleo y en los salarios reales, así como en el aumento de los precios, que entre 1914 y 1920 alcanzó un promedio anual superior al 11%. Además, en la medida en que la disminución del comercio exterior afectaba de manera directa al funcionamiento del aparato estatal –el grueso de los recursos gubernamentales provenía de los aranceles impuestos a las importaciones– se produjo un importante freno en las obras públicas y en la creación de empleo por parte del Estado y los gobiernos provinciales. Esta situación, sumada a los problemas experimentados por la economía, determinaron que, con escasos datos precisos, las referencias al aumento de la desocupación sean constantes, a lo que se sumó una fuerte caída de los salarios reales, motivada por la disminución de la actividad pero también por el aumento de los precios de los productos primarios ligados a la exportación –componente fundamental del fenómeno inflacionario–, que encareció enormemente los alimentos sin compensaciones por el lado de los ingresos. Como bien se ha dicho, las tensiones sociales que se vivieron en esos años y en la inmediata posguerra, sobre las que hablaremos, están sin duda vinculadas con esta realidad.

Frente al escenario que acabamos de describir, la gestión del nuevo presidente continuó en gran medida la política económica de los conservadores, pero ante las dificultades el Estado asumió un papel más activo en los asuntos económicos.

En materia de política agraria, el radicalismo llevó a cabo un programa que lo diferenció en alguna medida de las gestiones anteriores, que habían desoído los reclamos de los pequeños productores, pero sin ir mucho más lejos. Después de una violenta huelga de agricultores en 1917 se sancionó la reforma del Banco Hipotecario, que consistía en otorgar préstamos a los agricultores para que pudieran adquirir la tierra que arrendaban. En la práctica, la reforma tuvo serias dificultades para su aplicación dada la resistencia de los grandes propietarios a dividir sus tierras y la complejidad de los trámites para la adquisición de las mismas. Esta situación dejó los moderados intentos de reforma agraria a medio camino.

Una vez finalizada la guerra, se implementó una política de incremento del gasto público, rectificando la situación que se había generado durante el conflicto. El crecimiento de la burocracia estatal respondía en algunos casos al aumento de las necesidades que implicaba el desarrollo y crecimiento de la población, pero en otros casos se debía a motivos políticos y electorales; estos últimos, vinculados al acceso a los puestos públicos de los sectores medios a través de redes clientelares, fueron duramente cuestionados por la oposición. El resultado de esta orientación de la política estatal fue la existencia de importantes déficit presupuestarios que obligaron a un continuo endeudamiento, poco preocupante en situaciones favorables, pero significativos cuando declinara la prosperidad.

La posguerra

La derrota de Alemania a fines de 1918 acabó con una guerra cuyas consecuencias en todos los terrenos se prolongaron durante varios años. No sólo se requirieron gran cantidad de recursos para encarar la reconstrucción, sino que los aparatos productivos, los vínculos comerciales y el sistema monetario se vieron afectados, al tiempo que se consolidaba el liderazgo de Estados Unidos en todos los terrenos, incluyendo el hecho de convertirse en acreedor de sus aliados de montos significativos, que no se manifestó dispuesto a cancelar.

Tras una fase de expansión inflacionaria que, como vimos, se extendió hasta 1920, provocada por la combinación de la liberación de una demanda reprimida como consecuencia de la guerra con el hecho de que el aparato productivo, adaptado a las necesidades del conflicto, no estaba en condiciones de reconvertirse rápidamente a las circunstancias de un escenario de paz, la economía internacional entró a partir de fines de 1920 en una etapa recesiva, iniciada por los Estados Unidos con una importante subida de las tasas de interés que, acompañada por decisiones similares de los principales países europeos, produjo una disminución de la actividad económica hasta 1923 y dio lugar a movimientos masivos de capitales con impactos negativos sobre algunas monedas, como la argentina. A partir de ese momento se hizo sentir la presencia norteamericana en Europa contribuyendo con sus capitales a la recuperación.

Para la República Argentina, el declive de Gran Bretaña implicó modificaciones de peso en su situación internacional; por una parte, se produjo la vigorosa irrupción comercial y financiera de Estados Unidos; y por otra, como consecuencia de lo anterior, se estableció un esquema «triangular» de relaciones en el que el saldo favorable en la balanza comercial con Gran Bretaña compensaba el déficit con Estados Unidos, un país que colocaba su producción manufacturera en la Argentina pero no compraba alimentos, porque ellos mismos eran productores competitivos de cultivos de clima templado. De esta manera, la libre convertibilidad permitía vender libras para comprar los dólares con los que se pagaba el déficit.

En el plano financiero, las inversiones de Estados Unidos se adaptaron más fácilmente que las británicas a las demandas de la economía argentina. El mayor flujo de capitales norteamericanos se destinó a la industria: frigoríficos, fabricación de máquinas para el calzado y de coser, automóviles y productos farmacéuticos.

Los años de Alvear

El mandato del sucesor de Hipólito Yrigoyen, Marcelo Torcuato de Alvear, coincidió con el fin de la crisis mundial de posguerra. La progresiva reconstrucción de la economía mundial alentó el funcionamiento del modelo basado en la exportación de cereales y carnes, y la recuperación del nivel de inversiones de capital extranjero, a lo que se sumó el crecimiento satisfactorio de la industria nacional, originado en parte por la presencia de fondos externos que se orientaron hacia ese sector. Esta favorable situación económica contribuyó a la distensión social, al tiempo que se ponía en vigencia una importante legislación laboral, que incluía la reglamentación del trabajo de las mujeres y los niños y la jornada de trabajo de ocho horas. Si a esto sumamos que los salarios reales experimentaron una subida importante entre 1918-1928 –favorecidos sobre todo por una deflación que alcanzó el 3% anual en algunos años–, nos encontramos con que la década de 1920 no sólo constituyó para los trabajadores un período de recuperación tras las consecuencias negativas de la guerra, sino que implicó positivos avances en su situación general.

La producción agropecuaria

Por lo ya expuesto, las bases del crecimiento económico argentino en estos años continuaron siendo las exportaciones de cereales y carne. El ritmo de crecimiento no fue parejo, en la medida en que estuvo condicionado por las circunstancias externas: a la explosión de primeros años de la posguerra –en dólares corrientes, los valores de 1920 sólo fueron superados en 1947– siguió la brusca caída de 1921-1923, para luego producirse un progresivo crecimiento que culminó en 1928-1929.

Los elementos disponibles permiten afirmar que el crecimiento de la producción agrícola se verificó sobre todo a partir de un aumento de los rendimientos ya que, como bien se ha afirmado con frecuencia, sólo hubo una moderada expansión de la superficie cultivada. La comparación estadística con los Estados Unidos que ha hecho el más reconocido investigador de la historia económica argentina, el cubano Carlos Díaz Alejandro, muestra que en esa década los rendimientos por hectárea cosechada de maíz y trigo no diferían demasiado, circunstancia que da cuenta de los avances producidos en la mecanización del campo en el país.

En el ámbito de la ganadería, la producción se concentró en la carne enfriada *(chilled)*, desplazando a la carne congelada, cuya exportación había sido mayoritaria durante la guerra por su mayor período de conservación y menor precio. De cualquier forma, la participación de la ganadería en el PIB total fue levemente declinante en este período.

Esta orientación hacia la exportación de carne enfriada contribuyó a exacerbar los enfrentamientos entre «criadores» e «invernadores», dado que eran estos últimos, propietarios de tierras de mejor calidad, los que estaban más vinculados a la exportación y, por ello, más cercanos a los frigoríficos –mayoritariamente de origen norteamericano–, acusados con frecuencia de maniobras poco claras. Ante los reclamos, se produjo finalmente la intervención del Estado en defensa de los criadores. En ese momento, también los directivos de la Sociedad Rural Argentina, bastión de los «invernadores», se habían inclinado a apoyar la intervención estatal.

Las leyes promulgadas en 1923 (que, entre otras cosas, disponían la creación de un frigorífico del Estado en Buenos Aires y la obligación de que las transacciones se realizaran por kilo vivo) intentaron hacer tambalear el poder de los frigoríficos, pero fueron boicoteadas por éstos, que dejaron de comprar ganado. De esta manera lograron dividir a los productores y la presión de los propietarios más ricos obligó al poder ejecutivo a suspender su aplicación. Los años siguientes no trajeron soluciones al problema, mostrándose entonces el formidable poder político que tenía la dupla frigoríficos-invernadores.

El sector industrial y las inversiones

Como se ha señalado, en este período se consolidaron las inversiones de origen estadounidense en el ámbito industrial: las empresas se instalaron en el país en un proceso que se conoció como de «importación de industrias». A diferencia de las británicas, se instalaban subsidiarias de empresas en el país abaratando de este modo los costos de mano de obra y generando una demanda de insumos industriales que sus empresas proveían. Es preciso tener en cuenta que el nivel de ingresos de la Argentina la convertía en un mercado interno apetecible; por citar sólo un dato, a mediados de la década de 1920, la Argentina estaba entre los cinco primeros países del mundo en automóviles por habitante.

El crecimiento de la industria pesada y ligera no respondía a una política del Estado centrada en la protección de la industria nacional sino más bien a una coyuntura histórica determinada que obligaba a producir en grandes cantidades y a nivel nacional para satisfacer la demanda. Los ajustes arancelarios que se realizaron en 1920, y sobre todo en 1923, no parecen tanto la expresión concreta de una posición defensora de la industria por parte de los radicales –aunque tuvieron un cierto efecto positivo–, sino que más bien estuvieron motivados por la necesidad de aumentar los recursos fiscales, y en algunos casos también por la necesidad de realizar ajustes frente al aumento de los precios de los productos importados. Sin embargo, la importancia del sector industrial fue en aumento, hasta el punto de que la participación de la industria en el PIB se incrementó el 20% entre 1920 y 1930.

El ascenso de Estados Unidos en la escena financiera no fue un proceso aceptado por todos los sectores. Gran Bretaña intentó mantener el control de sus zonas de influencia, fundamentalmente restableciendo la relación bilateral con la Argentina que durante tanto tiempo le había otorgado beneficios económicos. Su discurso, como es lógico, encontró el apoyo de los «invernadores», que se dedicaban a la producción de la carne enfriada y cuyos mayores compradores eran los ingleses. Al temor de perder ese mercado se sumaba el descontento hacia Estados Unidos, que tenía una relación comercial desigual con la Argentina, cuyos productos agropecuarios veían limitada su exportación. En 1926, esta situación se agudizó tras la prohibición del gobierno norteamericano de importar carne argentina con la excusa de que estaba infectada con aftosa. La medida dio lugar a la reacción de los productores nacionales y generó entre los estancieros intentos por renovar los vínculos con Gran Bretaña y abandonar la relación con Estados Unidos. El ministro británico, sir Malcom Robertson, se propuso revertir la balanza comercial desfavorable que tenía su país con la Argentina argumentando que a ésta le convenía comprar a quienes podían comprar sus productos. Así fue como la Sociedad Rural acuñó el lema «Comprar a quien nos compra» como principio económico, esperando que su reclamo fuese puesto en práctica por el gobierno radical.

El petróleo

El hallazgo de petróleo en algunas zonas de la Patagonia –en Comodoro Rivadavia (1907) y Plaza Huincul (1918)– fue acompañado de la intervención del Estado en la exploración y explotación de este valioso recurso. Los descubrimientos, sumados a la imposibilidad de importar combustible debido a la guerra de 1914-1918, actuaron como un estímulo a la explotación petrolera, que creció en detrimento del carbón y acompañó el crecimiento del parque automotor.

En 1922, Yrigoyen creó Yacimientos Petrolíferos Fiscales (YPF); existía preocupación por la autonomía en el campo energético pero la misma no excluía la posibilidad de la intervención de capitales privados. Mientras se ampliaba la capacidad de refinamiento de YPF y se expandía su producción, el gobierno otorgó diversas concesiones a empresas privadas de origen extranjero. La continuidad del presidente Alvear con la gestión emprendida por Yrigoyen en política petrolera se tradujo en un apoyo irrestricto a YPF y a la designación del coronel Enrique Mosconi como su director.

Los radicales impulsaron entonces un proyecto de nacionalización y monopolio estatal de la explotación y comercialización del petróleo que chocaba con los intereses de las concesiones extranjeras, especialmente la Standard Oil y la Royal Dutch Shell[1]. Esta situación contribuye a explicar por qué en 1927 el proyecto fue aprobado por la Cámara de Diputados, donde había una clara mayoría radical, pero no fue sancionado por los senadores, con preeminencia opositora. En 1928, una campaña nacionalista y antiimperialista intensificó la disputa entre privatizadores y nacionalizadores, pero el golpe de 1930 puso fin al proyecto postergándolo de manera indefinida. Esto llevó a muchos a afirmar, aunque nunca pudieron mostrarse vinculaciones concretas, que la operación del 6 de septiembre de 1930 tenía «olor a petróleo».

La política monetaria y fiscal

En agosto de 1927 se reabrió la Caja de Conversión, dando fin a la política de inconvertibilidad de la moneda y volviendo al sistema de patrón oro, restaurando el tipo de cambio anterior a 1914. La situación a lo largo de la década de 1920 fue variable, dependiendo nuevamente de las relaciones co-

---

1. Incluso hubo una escaramuza con Iuyamtorg, la agencia comercial soviética instalada en la Argentina desde 1922, que se comprometió a entregar petróleo a cambio de productos agrícolas.

merciales con el exterior: así, los saldos favorables contribuyeron a la valorización del peso hasta 1920, a lo que siguió una depreciación que se prolongó durante tres años, originada por el deterioro de la balanza de pagos y por la caída de los términos de intercambio exterior. Fue en 1924 cuando se inició una nueva etapa favorable que coincidió con la recuperación internacional, y el paralelo incremento de los precios agrarios. A la altura de 1927, el peso se había recuperado tan vigorosamente como para que algunos pensaran en su momento (y algunos analistas sostengan en la actualidad) que el restablecimiento de la convertibilidad sirvió para revertir una situación en la que los exportadores se veían perjudicados por la valorización de la moneda. No obstante, hay que decir que la estabilidad monetaria fue beneficiosa para los sectores asalariados gracias al equilibrio entre remuneraciones y costo de la vida. Los precios de los artículos de consumo se mantuvieron estables, mientras que los salarios tendieron a crecer moderadamente, lo que explica en parte la disminución de la conflictividad social. Esta situación permitió que el Estado interviniera menos en la resolución de las disputas entre trabajadores y empleadores.

La economía frente a la crisis mundial: el segundo mandato de Yrigoyen

Como se verá en el apartado correspondiente, el fin de la presidencia de Alvear reagrupó a las fuerzas políticas en contra de Yrigoyen, quien, viejo y enfermo, regresaba a la política, generando tensos alineamientos que la gestión de Alvear había hecho decrecer en intensidad. Sin embargo, la figura de Yrigoyen seguía estando presente y obtuvo un amplio triunfo electoral.

Los problemas de la ganadería

La cuestión de la crisis ganadera fue considerada prioritaria por el gobierno de Yrigoyen. Después de algunas conversaciones con el gobierno inglés, desembarcó en la Argentina lord D'Abernon para realizar una negociación oficial; de sus negociaciones con el ministro de Relaciones Exteriores, Horacio Oyhanarte, salió un acuerdo que contemplaba la asignación de créditos mutuos por un monto de 100 millones de pesos, una operación de trueque por la que Argentina adquiría material ferroviario para los transportes del Estado a cambio de la venta de cereales y carne a Gran Bretaña.

Si bien el convenio suscitó el apoyo de la Sociedad Rural y de los industriales del Reino Unido, el intercambio no resultaba del todo equitativo. Argentina se comprometía a la compra de maquinaria y accesorios para los ferrocarriles que, en otras circunstancias, jamás hubiesen sido adquiridos porque no eran competitivos frente a otros proveedores, en especial de los Estados Unidos. Además, el volumen de productos argentinos que Gran Bretaña ya adquiría estaba por encima del estipulado en el contrato, por lo que el acuerdo no beneficiaba a la Argentina del mismo modo que a Gran Bretaña. El convenio pretendía evitar la penetración de los Estados Unidos en el país, favoreciendo el comercio con los ingleses, y calmar los ánimos de los sectores de la elite terrateniente. Sin embargo, el tratado no fue puesto en práctica porque la revolución de 1930 interrumpió su sanción en el Senado.

La crisis de 1929

La depresión que castigó a la economía mundial, cuya señal de partida fue el *crack* de la Bolsa de Nueva York producido en los últimos días de octubre de 1929, afectó de manera negativa a la República Argentina: el derrumbe que se produjo en las transacciones internacionales, las políticas proteccionistas y de control de divisas que empezaron a aplicarse en los países capitalistas desarrollados tuvieron un serio impacto sobre una economía tan vinculada a los mercados y capitales externos.

En principio hubo un serio aumento del déficit de la balanza de pagos, ya que no sólo cayeron los precios de los productos primarios sino que también se produjeron importantes retiradas de capitales, en especial estadounidenses, que incluso se iniciaron un tiempo antes de la crisis bursátil. Para citar sólo un dato, las cifras del comercio exterior en 1930 eran el 61% respecto de los valores de dos años antes.

Además, no sólo se debilitó la balanza de pagos sino que también disminuyeron las reservas de metálico, por lo que en diciembre de 1929 se dispuso el cierre de la Caja de Conversión y el abandono del patrón oro. Nadie lo imaginaba en ese momento, pero se estaba extendiendo el certificado de defunción de un sistema monetario que, a nivel internacional, se había convertido en uno de los factores que contribuyó al estallido de la crisis.

Las dificultades económicas generaron alarma entre los sectores dominantes de la sociedad argentina, que comenzaron a presionar al Estado para lograr medidas favorables a sus intereses, pero la falta de respuesta del gobierno contribuyó a incrementar el clima opositor a lo largo de 1930. Así, en agosto de 1930 se dio publicidad a una declaración conjunta de la Sociedad Rural, la Unión Industrial y la Bolsa de Cereales, que exigía a Yrigoyen la reducción del gasto público y la reapertura de la Caja de Conversión. La negativa del primer mandatario provocó el distanciamiento de estos grupos, que recurrieron a otras vías para hacer valer su opinión: de manera directa o indirecta apoyaron el golpe, acabando con la experiencia democrática.

¿Hubo una «gran demora» en la década de 1920?

Desde que en 1967 Di Tella y Zymelman sostuvieron que en los quince años anteriores a la crisis de los años treinta la República Argentina experimentó una demora en su crecimiento, fruto de la importancia que se siguió otorgando a la actividad agropecuaria cuando el modelo basado en las exportaciones primarias estaba dando señales de agotamiento, el tema ha sido objeto de arduo debate. A partir de la hipótesis del retraso –imposible de comprobar, por supuesto–, se despliega una crítica a los gobiernos radicales por no haber desarrollado de manera consecuente políticas económicas destinadas a impulsar el desarrollo industrial. En este terreno, es cierto que la evolución que experimentó la economía mundial a partir de la crisis que se inicia en 1929, con las profundas y negativas consecuencias que trajo para economías abiertas, no fue ciertamente prevista por nadie. Y no puede tampoco negarse que, como se ha comentado, la industria experimentó una sensible expansión durante la década de 1920, a favor de la presencia de capitales provenientes de los Estados Unidos y de la existencia de un amplio mercado de bienes de consumo, resultado de la mejora general de los salarios reales. Sin embargo, ciertos elementos –como el desarrollo de las políticas proteccionistas a nivel internacional durante la posguerra, con su necesario impacto sobre las economías abiertas, o los problemas presupuestarios, que se incrementaron durante la década de 1920 (el récord del déficit fiscal se alcanzó en 1927: 161 millones de pesos), sin que se impulsara seriamente una reforma fiscal que permitiera aumentar los ingresos a partir del establecimiento de impuestos directos– permiten afirmar que hubo algunas posibilidades de desarrollar alternativas diferentes, que no se implantaron por una combinación de optimismo a ultranza respecto del rumbo económico y también de defensa del *statu quo* por parte de los beneficiarios.

La sociedad: consolidación de las clases medias

La sociedad tradicional, polarizada entre la elite y los sectores populares, se modificó durante estos años, dando lugar a una sociedad cada vez más sólida en su estructuración en tres sectores: elite tradicional, sectores medios y clases populares, en la que los segundos tuvieron gran significación. Se trataba de grupos nativos urbanos y rurales, e inmigrantes ligados al comercio, la industria y a profesiones liberales.

El crecimiento de estos sectores medios estaba estrechamente vinculado al proyecto modernizador en el cual la inmigración masiva tenía un papel muy importante. En una sociedad con estas características, para el radicalismo en el poder el Estado debía asumir un rol esencial en la sociedad como factor primordial de justicia, custodio de los intereses generales y corrector de desigualdades; su objetivo era la armonía y la integración entre las clases.

Dos aspectos de la política oficial revelan la vocación de cambio del radicalismo, aunque también permiten vislumbrar sus límites: se trata de las actitudes seguidas por Yrigoyen con respecto al movimiento obrero y las huelgas, y las adoptadas en relación con la cuestión universitaria. No se trata de problemas menores, toda vez que afectan a amplios sectores de la población que van desde los trabajadores sindicalizados hasta las clases medias, que veían en las carreras universitarias un mecanismo privilegiado de ascenso y un umbral de reconocimiento social.

En coincidencia con el primer impulso renovador de su gobierno, Yrigoyen abandonó la política de represión sistemática de los conflictos laborales en favor de una actitud más equilibrada. De esta manera, reservaba para sí el papel de árbitro, que no dudó en utilizar en reiteradas ocasiones en favor de los trabajadores. Esta nueva actitud oficial se manifestó por primera vez con ocasión de la huelga de los ferroviarios y de la Federación de Obreros Marítimos iniciada a fines de 1916; ambos sindicatos eran muy poderosos dado que controlaban los transportes de los bienes primarios exportables, corazón del modelo económico argentino. Sorpresivamente, Yrigoyen recibió a los delegados sindicales de los «marítimos» y arbitró en favor de sus reclamos. Poco después sucedía algo similar con los ferroviarios. Como era de esperar, los patrones comenzaron a expresar sus temores y rechazos ante esta nueva situación, y en reiteradas ocasiones exigieron la intervención del Ejército. Como respuesta a una de estas demandas, Yrigoyen señaló:

Entiendan señores que los privilegios han concluido en el país y que de hoy en más, las Fuerzas Armadas de la Nación no se moverán sino en defensa de su honor y de su integridad.

Ante la evidencia de los nuevos tiempos, aparecieron en escena entidades patronales o nacionalistas de derecha, como la Asociación del Trabajo o la Liga Patriótica Argentina, dispuestas a defender la posición de los empresarios.

La presión de este tipo de asociaciones, sumada a la oposición conservadora, que aprovechaba la ocasión para atacar al presidente y los crecientes conflictos en el ámbito sindical, llevaron a Yrigoyen a un paulatino cambio de actitud. La recepción de las noticias de la revolución soviética y otras agitaciones de la posguerra europea alentaron aún más los temores de quienes querían ver en el presidente un impulsor de posturas maximalistas. Así las cosas, durante 1918 una nueva huelga ferroviaria fue respondida con represión oficial. La propia Iglesia católica intervino activamente: ante la amenaza de los «bárbaros que están a las puertas de Roma», en 1919 organizó la llamada «Gran Colecta Nacional» destinada a ejercer lo que denominaban «una acción preventiva», al tiempo que no se privaba de apoyar a los grupos patronales. Pero fue a inicios de ese mismo año cuando se desarrolló el conflicto que marcaría el fin de la actitud neutral de Yrigoyen.

Todo empezó con la declaración de una huelga por parte de los obreros de los talleres metalúrgicos Vasena, ubicados en el corazón de la Capital Federal. Las gestiones para lograr un acuerdo no llegaron a buen puerto; la subsiguiente represión culminó con cuatro obreros muertos. Durante los funerales del 9 de enero murieron otros veinte trabajadores en varios choques con la policía. Se inició así la llamada «Semana Trágica»: grupos de trabajadores sin organización aparente ocuparon partes de la ciudad con barricadas y piquetes, mientras que se atacaron e incendiaron tranvías y carruajes para paralizar la ciudad. La policía fue rápidamente desbordada y la situación escapó de control. El temor por lo que algunos creían que era el inicio de una revolución maximalista a imitación de la revolución soviética se extendió y generó inmediatas reacciones. Grupos de civiles armados, organizados por la Liga Patriótica (a la cual pertenecían muchos radicales, además de reputados conservadores), la Asociación del Trabajo y el Centro Naval iniciaron la represión, mientras acusaban al gobierno por su pasividad. Estos comandos marcharon con inusitada violencia y descontrol contra locales de partidos de izquierda, sindicatos, trabajadores en huelga, extranjeros en general y judíos –por lo general de origen ruso– en particular. Ante una situación que amenazaba con tornarse completamente caótica, Yrigoyen convocó al Ejército que, al mando del general Dellepiane, poco a poco retomó el control de una ciudad que sólo fue pacificada una semana después del comienzo del conflicto. Por entonces circularon todo tipo de rumores sobre un eventual derrocamiento del presidente, pero finalmente nada de eso sucedió.

A pesar de esta represión, la agitación sindical no disminuyó, pero Yrigoyen ya no intentó favorecer sus reclamos. Por el contrario, frente a otros conflictos se desplegó una actitud abiertamente represiva, que combinó en diferentes dosis el uso de las Fuerzas Armadas con el de grupos civiles organizados por la Liga Patriótica. Algunas de estas represiones se produjeron en pleno centro de la Capital –como la que sufrieron los trabajadores portuarios (1920)– y otras en zonas más apartadas: en el norte de Santa Fe las víctimas fueron los trabajadores de la maderera La Forestal en 1921; también los trabajadores rurales de Santa Cruz, en la Patagonia, la sufrieron ese mismo año. Esta última fue probablemente la represión más sangrienta de la historia argentina hasta ese momento, dado que fueron fusilados sin mayor contemplación no menos de 400 huelguistas.

Menos violenta –aunque no menos significativa– fue la resolución del problema universitario. El conflicto se inició en 1918 en la ciudad de Córdoba, capital de la provincia homónima, donde grupos católicos jesuitas y sectores de la oligarquía de la ciudad controlaban la universidad local. La protesta de los estudiantes ante esta situación disparó un conflicto que pronto se extendió a otros centros de altos estudios en otras ciudades. Los estudiantes exigían la modificación de las formas de gobierno de las universidades, monopolizado por el claustro de profesores, en favor de un sistema de cogobierno donde participarían en proporciones iguales estudiantes, graduados y profesores; también exigían la formación de cátedras paralelas que garantizaran el pluralismo. El reformismo universitario se inscribió en una ola de inconformismo que, en una clave juvenil, abarcó a otras ciudades de América Latina. El transparente apoyo que le ofreció el presidente Yrigoyen garantizó el éxito de su empresa.

La recuperación económica que se consolidó durante el gobierno de Marcelo Torcuato de Alvear permitió la continuidad de una gestión social activa que, a pesar de las resistencias de los sectores patronales –y también de los obreros, cuando se intentaron establecer retenciones para financiar la generalización de los beneficios jubilatorios–, marcaba la voluntad intervencionista del radicalismo, con independencia de quien estuviera al frente del Ejecutivo.

El retorno de Hipólito Yrigoyen al poder en 1928 mostró que éste podía disponer de mayores apoyos políticos concretos entre los trabajadores, ya que algunos sectores importantes, como los ferroviarios, manifestaron públicamente el apoyo a su candidatura. Sin embargo, la situación económica empezaba a deteriorarse como consecuencia de la crisis, y la relativa tranquilidad social que caracterizó la década de 1920 amenazó con resquebrajarse.

El juego de la política

Los actos de fervor popular que rodearon la llegada de Yrigoyen a la presidencia fueron, aun para sus contemporáneos, un índice de las expectativas que el radicalismo había despertado en amplios sectores de la población. La UCR había construido su identidad como el partido de la regeneración democrática y, aunque en sus discursos apuntaba más bien a la política y hablaban poco de otras cuestiones, las expectativas de esa democratización se extendían naturalmente a todos los aspectos de la vida social. Así, las imágenes asumidas por los dirigentes y militantes radicales venían a empalmar con valores sociales más profundos y difundidos, como eran la movilidad y el progreso. Por cierto, no se trata de contrastar esa creencia con series estadísticas para confirmarla o refutarla –una tarea importante, pero de un orden diferente al aquí planteado–, sino de constatar su enorme importancia en el imaginario social. Esto sucedía, particularmente, en aquellas zonas económicamente más modernas del país, donde no sólo se materializaba la bonanza de la economía agroexportadora, sino que además era el lugar donde se instalaba la abrumadora mayoría de los inmigrantes. Naturalmente, estos últimos incluían al progreso entre sus expectativas más elementales como parte de la propia experiencia de la migración.

Sin embargo, las condiciones económicas y políticas de 1916 no eran las más adecuadas para dar satisfacción a estas expectativas. Como se ha visto, la guerra mundial provocaba serias dificultades económicas, pero además ponía en cuestión muchas de las convicciones del mundo de preguerra, incluyendo la propia apertura electoral de 1912. Todo esto explica no sólo algunas de las dificultades que tuvo que afrontar el primer gobierno radical, sino también la virulencia que fue adquiriendo su relación con la oposición.

El oficialismo y la oposición

Una de las empresas asumidas con mayor tenacidad por el flamante presidente Yrigoyen fue la construcción de un partido que fuera capaz de sostenerse en el tiempo como mayoría electoral sin necesidad de recurrir a un sistemático falseamiento de los resultados. Esta preocupación, que distingue a Yrigoyen de otros importantes líderes de la historia política argentina, ha sido explicada a partir de un dato fundamental: a diferencia de lo que había sucedido con Julio A. Roca y de lo que sucedería con Agustín P. Justo o Juan Domingo Perón –quienes por su origen castrense dispusieron de las Fuerzas Armadas como una importante plataforma de poder personal–, Yrigoyen sólo podía contar con la fuerza de los votos, y para eso necesitaba un partido capaz de conquistarlos.

La tarea no era sencilla ya que implicaba dividir su atención hacia dos dimensiones del problema: por un lado, la UCR tenía que consolidarse como primera fuerza en relación con la oposición, pero, a la vez, tenía que resolver los incontables conflictos internos que –siguiendo con una tradición bastante arraigada en las costumbres políticas– desgarraban a su partido. En términos estrictos, no se trataba de dos problemas aislados, toda vez que los conflictos internos tendían múltiples vasos comunicantes con los partidos de la oposición, pero pueden ser aislados para su análisis. Dado el carácter federal de la organización política y electoral argentina, las provincias eran el principal escenario de este juego y, al menos hasta 1924, no siempre resulta posible insertar estos conflictos con alguna clase de alineamiento nacional.

La principal fuerza de oposición eran los partidos conservadores que, si bien no conformaban una única agrupación de nivel nacional –eran más bien un conjunto heterogéneo y escasamente armónico de partidos y agrupaciones provinciales–, aún guardaban muchos espacios de poder institucional. Éstos incluían varias gobernaciones, empezando por la de Buenos Aires, una mayoría cómoda en el Senado y una menos determinante en la Cámara de Diputados, que sería revertida a favor de la UCR a partir de la elección de 1918. En la Capital Federal, en cambio, el principal rival era el Partido Socialista, que en varias ocasiones había derrotado a la UCR, aunque a partir de la asunción de Yrigoyen se consolidó una tendencia en favor de los radicales.

Este panorama, ya de por sí bastante complejo, se hacía más grave porque aún en 1916 no era una novedad que los radicales no eran precisamente un partido unido y homogéneo: los grupos y facciones enfrentados –a veces con notable ferocidad– abundaban en todos los distritos, cada uno de ellos se identificaba con algún color –en especial el rojo y el azul– y se consideraba el único radicalismo «verdadero». A su vez, estas facciones jugaban sus posiciones en un juego de alianzas y enfrentamientos con los organismos centrales del partido y con el propio Yrigoyen.

Para controlar estos problemas, el presidente utilizó fundamentalmente dos mecanismos. Por un lado, no dudó en recurrir sistemáticamente a la intervención federal de las provincias: durante los seis años de mandato llevó a cabo 19 intervenciones; 15 de ellas fueron ordenadas mediante decreto presidencial, sin intervención del Congreso[1]. Si se considera que las provincias eran 14 y que la Capital Federal era un distrito dependiente del presidente de la nación, puede comprenderse la magnitud de esta herramienta política. Sin duda, la intervención más sonada y resistida fue la de la provincia de Buenos Aires en 1917, tras la cual el interventor José Luis Cantilo desarticuló la máquina electoral del partido conservador de Ugarte y sentó las bases para la subsiguiente hegemonía radical en el distrito. Pero no siempre las intervenciones se realizaban contra gobiernos conservadores: también las facciones radicales díscolas que accedieron a gobiernos provinciales podían sufrir esta medida, que era la versión extrema de un recurso anterior: la intervención del partido de la provincia en cuestión.

¿Por qué eran tan importantes estas intervenciones? La reforma de 1912 había modificado las condiciones de ejercicio del sufragio, aunque no tanto como los impulsores de esa reforma –y no pocos historiadores más tarde– lo habían imaginado. La victoria del radicalismo, un partido de oposición (habría que esperar a 1989 para que una situación similar se volviera a producir en la Argentina), había servido para disimular esta situación, aun cuando entre 1913 y 1916, e incluso en los años siguientes, no fueron pocos los dirigentes, caudillos y agentes electorales de larga experiencia en los partidos del «régimen» que desviaron su lealtad hacia el radicalismo.

Una consecuencia de esta creencia fue la tendencia a asociar los resultados electorales con la expresión transparente de la opinión. Esta visión, que en parte es heredera de los

---

1. Según la Constitución, era el Congreso quien aprobaba las intervenciones federales en las provincias. Pero existía una excepción que abrió las puertas a los reiterados abusos cometidos por sucesivos presidentes: durante el extenso período en el cual el Congreso no estaba reunido, el presidente podía intervenir las provincias por simple decreto.

discursos y convicciones del propio partido radical, sólo es totalmente cierta en un distrito: la Capital Federal. Al ser el único distrito completamente urbano, socialmente el más moderno y educado, sede del gobierno y de los medios de comunicación nacionales, no hay dudas de que en ella predomina la lucha en la opinión como el mecanismo más efectivo de producción de sufragio[1]. En las provincias, en cambio, si bien también puede haber ciudades modernas, éstas no constituyen distritos electorales y deben sumar sus votos a los de zonas rurales o pequeños poblados donde las formas de producción de sufragio están lejos de corresponderse con la construcción de opinión. Si Sáenz Peña había creído poder imponer «la quimera contra la máquina», es decir, al ciudadano que vota libremente según su opinión en detrimento de la maquinaria en manos de los caudillos, dueños de los votos, lo cierto es que en muchos casos la política posterior a 1912 presenció el mejoramiento y la sofisticación de esa maquinaria. Dado que entre los principales factores utilizados para producir resultados electorales se encontraban las propias agencias de los Estados provinciales –en especial las policías provinciales, cuya actividad el día de la elección resultaba crucial para definir un resultado–, se volvía imperioso contar con el control de esos estados para poder asegurar resultados satisfactorios. A diferencia de lo que sucedía en el Estado nacional, el sistema de despojos era una práctica habitual en los Estados provinciales: aquel partido o facción que accedía al control del Estado se hacía con todos los cargos y los utilizaba sin mayor disimulo para mejorar su situación electoral y destruir las posibilidades de su rival. En cambio, si bien es cierto que algunas agencias del Estado nacional también ocuparon un lugar importante en la produc-

---

[1]. Por esa razón, en la Capital Federal no eran imposibles las victorias de la oposición, como sucedió por ejemplo en 1924 y 1930.

ción de resultados electorales, como por ejemplo los empleados del Correo y de la Secretaría de Agricultura –no casualmente se trata de agencias que por su tarea cubrían una buena parte del territorio nacional–, también lo es que esta situación no abarcaba sino a una porción menor de la burocracia nacional. El crecimiento del número de empleados públicos denunciado constantemente por la oposición como factor de patronazgo, parece responder más al crecimiento natural de las órbitas de acción del Estado que a una política sistemática destinada a generar adhesiones electorales.

La actividad de las maquinarias electorales en las provincias se veía reforzada por el hecho de que en muchos casos las cifras de votantes efectivos eran más bien reducidas, lo cual debe al menos matizar la idea, siempre reiterada, de que la reforma de 1912 impulsó la política de masas, al menos si se considera la totalidad de los distritos del país. Cabe imaginar una infinidad de situaciones locales en todas las provincias, en las cuales las elecciones involucraban a unas pocas decenas de electores cuyas simpatías electorales eran ampliamente conocidas por sus vecinos, y, sobre todo, por los caudillos y por la policía que, de esta manera, veían facilitada su tarea de fabricación de los resultados. Para dar un ejemplo de esta escasa cantidad de votantes, tomemos el caso del comicio presidencial de 1928, conocido en la historia argentina por el altísimo y excepcional porcentaje de votantes efectivos sobre los inscritos en el padrón.

Como puede observarse en el cuadro de la página siguiente, además de la Capital Federal, sólo cuatro distritos se encuentran por encima de los 70.000 votantes, mientras que en otros seis apenas votaron entre 10.000 y 30.000 electores. Es a todas luces evidente que la idea de un sufragio masivo no describe acertadamente la realidad posterior a 1912 sino en muy contados distritos.

Elecciones presidenciales de 1928				
	Habitantes	*Inscritos*	*Votantes*	*Porcentaje*
Total nacional	10.136.738	1.807.566	1.461.581	80,85
Capital Federal		303.712	278.252	
Buenos Aires		485.898	367.026	
Catamarca		22.803	19.370	
Córdoba		209.849	149.765	
Corrientes		79.206	63.775	
Entre Ríos		116.539	105.989	
Jujuy		17.741	14.317	
La Rioja		17.595	14.227	
Mendoza		61.561	54.211	
Salta		39.962	30.893	
San Juan		33.248	28.918	
San Luis		29.156	23.628	
Santa Fe		220.145	187.734	
Sant. del Estero		75.062	55.424	
Tucumán		95.089	68.052	

El segundo mecanismo utilizado por el yrigoyenismo para extender su influencia electoral y tratar de ordenar su partido está vinculado con la construcción de una religión cívica partidaria que incluía, por un lado, un conjunto de postulados y diagnósticos acerca del país, la política y el lugar de la UCR y los demás partidos en ella y, por otro, la elaboración de una imagen del líder asociada con la figura de Yrigoyen. Ciertamente, en ninguno de los dos casos se trata de una visión demasiado compleja, ni menos aún capaz de convertirse en un programa político formal. Se trataba de un conjunto de postulados más bien sencillos y elementales de la realidad que, sin embargo –o precisamente por eso–, demostraron tener una enorme potencialidad para su difusión. La UCR yrigoyenista estigmatizaba el sistema político anterior a su victoria –y a la oposición, perduración de ese pasado en el presente– como un «régimen» frente al cual su «causa» vendría a regenerar la política y la sociedad en nombre de la moral de una nación subyugada. De esta forma, la UCR era concebida no como un partido más dentro de un juego plural, sino como la expresión verdadera y única de la nación en su conjunto y de los principios constitucionales que estarían siendo violados por los sobrevivientes del régimen. Por cierto, esta pretensión chocaba con el hecho de que la UCR no sólo había nutrido sus cuadros con notorios miembros del régimen, sino que, además, había sido un actor más de ese sistema, pero esto no fue un problema para la exitosa difusión de estas creencias. Por el contrario, la religión cívica no era contrastada con ninguna prueba proveniente de un análisis complejo del pasado, sino con las sucesivas victorias electorales que venían a confirmar la creencia de la identidad entre la nación y el radicalismo.

La causa mesiánica del radicalismo reconocía a su «apóstol» en el propio Yrigoyen. El rol del presidente dentro de la «causa» radical era habitualmente comparado con el lugar de Jesús en el mundo cristiano. Una de las imágenes favoritas de muchos radicales era la comparación de la acción de Yrigoyen con la expulsión de los mercaderes del templo por parte de Jesús. Es importante destacar que estas extravagantes visiones del radicalismo, de la oposición y de Yrigoyen no se utilizaban exclusivamente en los discursos populares o callejeros, sino también en documentos oficiales y comunicaciones entre los poderes del Estado. Las propiedades carismáticas de Yrigoyen eran, sin embargo, paradójicas: prácticamente jamás dio un discurso en público y cuando las multitudinarias manifestaciones de sus partidarios se acercaban hasta su modesta casa en la Capital Federal, apenas si salía al balcón para saludar, siempre sin pronunciar una sola palabra. En cambio, las memorias de sus colaboradores reconocen que en las frecuentes audiencias privadas que concedía a toda clase de ciudadanos, le bastaban unos pocos minutos para convertir a sus interlocutores a la «causa».

Aunque, como veremos, todas estas ideas y prácticas no alcanzaron para evitar las tendencias facciosas y hasta cismáticas de su partido, en cambio fueron enormemente exitosas a la hora de convertir el radicalismo yrigoyenista en una máquina electoral aparentemente invencible.

El gobierno de Marcelo T. de Alvear

1919 fue el peor año para Yrigoyen; en adelante –no sin dificultades– pudo consolidar su gobierno y hasta recibió los beneficios de la recuperación económica. En 1920 los candidatos radicales para la renovación de la legislatura ganaron en buena parte de los distritos, dando nuevos aires al gobierno, aunque eso no implicó la desaparición de los problemas políticos. Uno de ellos fue la cada vez más tensa relación con muchos oficiales del Ejército, descontentos tanto por la política seguida por el presidente en dicha institución, como por el uso de las tropas para la represión del conflicto social; otro fue la relación con el gobernador, también radical, de la provincia de Buenos Aires, José Camilo Crotto, que culminó con la renuncia de éste; finalmente, un nuevo problema se generó por la discusión dentro de su partido para definir al candidato a la sucesión para el comicio presidencial de 1922. Yrigoyen impuso la candidatura de Marcelo T. de Alvear, quien tuvo enfrente a los llamados «radicales principistas», que proclamaron sus propios candidatos. Sin embargo, nada de esto alcanzó para poner en riesgo una situación electoral convenientemente diseñada durante su gobierno: luego de unos comicios fácilmente ganados por el radicalismo yrigoyenista, el 12 de octubre de 1922 asumió la presidencia el segundo miembro de ese partido.

Aunque sus lauros radicales eran tan sólidos como los de Yrigoyen, la personalidad del nuevo presidente no podía contrastar más con la de su gran elector. Miembro de una de las familias más tradicionales y poderosas de la Argentina, nunca había disimulado su gusto por la diversión y la buena vida, que alternaba con sus frecuentes escapadas parisinas; era, tal vez por eso, menos propenso a creer en las visiones ascéticas y mesiánicas de la política que caracterizaban a su predecesor. Además, su gran simpatía por Francia incluía la intención de imitar su régimen de gobierno: su idea era dejar a sus ministros la responsabilidad de la administración cotidiana del Estado. Estas características, sumadas al hecho de que desde un comienzo Alvear pareció alentar a los sectores del radicalismo críticos de Yrigoyen, generó una mejor relación con la oposición. Por otra parte, Alvear pudo gozar de los beneficios de un ciclo ascendente de la economía mundial y nacional, lo cual redujo los niveles de conflictividad social que habían sacudido al gobierno de Yrigoyen. Los años locos también llegaban a la Argentina.

Sin embargo, no por eso las tensiones políticas desaparecieron. La tendencia de Alvear a respaldar a reconocidos antiyrigoyenistas provocaba una creciente desconfianza dentro de un partido cuyas tensiones se hacían cada vez más agudas. La elección para el ministerio de la Guerra del coronel Agustín P. Justo, que había protagonizado sonoros actos de oposición contra Yrigoyen durante el gobierno anterior, fue acertadamente leída como un intento de buscar en dicha arma los apoyos que su partido parecía negarle. En varias provincias las luchas facciosas que siempre habían caracterizado al partido comenzaron a ordenarse a partir de los dos referentes nacionales: Yrigoyen y Alvear. A finales de 1923 los diputados radicales se habían dividido en dos bloques enfrentados siguiendo una línea similar.

Finalmente, en 1924 se formalizó la ruptura definitiva, luego de una elección interna en la Capital Federal que culminó con la victoria de los alvearistas y la desbandada de los yrigoyenistas. El grupo alvearista se denominó a sí mismo «antipersonalista», con la evidente intención de atacar la imagen del liderazgo personalista construida alrededor de la figura de Yrigoyen que, decían con razón, violaba los principios antipersonalistas fundacionales del radicalismo. Alrededor de este conflicto desatado en la Capital Federal se fue organizando un nuevo partido nacional, la Unión Cívica Radical Antipersonalista (UCRA), que aglutinó a diferentes facciones de los radicalismos provinciales. Sin embargo, no era difícil advertir que se trataba de una coalición inestable, ya que el único factor común que aglutinaba a esas facciones era su oposición a Yrigoyen.

El gran enfrentamiento entre ambos radicalismos se produjo a lo largo de 1925 con ocasión de la discusión legislativa de una eventual intervención de la provincia de Buenos Aires. Nadie ignoraba que esa intervención era fundamental para desarticular la máquina electoral yrigoyenista y convertir al radicalismo antipersonalista en un partido con verdaderas opciones electorales. Aunque varios ministros presionaron a Alvear para que respaldara personalmente esa decisión, éste prefirió ser prudente y nunca apoyó explícitamente la iniciativa. Dada esta actitud, la intervención nunca se produjo, el yrigoyenismo siguió controlando la provincia y el antipersonalismo perdió toda posibilidad de convertirse en una verdadera potencia electoral de escala nacional.

Así, se fue delineando lo que sería el gran enfrentamiento de los comicios para la renovación presidencial de 1928, que enfrentaría a dos candidaturas de origen radical. Por un lado, una fórmula antipersonalista, surgida del propio gabinete de Alvear, Leopoldo Melo y Vicente Gallo. Por otro, la fórmula personalista, encabezada por el propio Yrigoyen. La fórmula antipersonalista ganó el apoyo abierto de los partidos conservadores, que durante 1927 habían realizado importantes aunque infructuosas gestiones con el objeto de unificarse en una llamada Confederación de las Derechas. No fue un apoyo sin disputas, ya que no faltaron roces y algunos grupos llegaron a pedir el voto a favor de Yrigoyen; luego de la elección, algunos electores de segundo grado se negaron a votar en los colegios a la fórmula antipersonalista, aunque en este caso esta actitud importaba poco frente a la magnitud de la victoria del radicalismo yrigoyenista. Pero más allá de estas reacciones, no había ninguna duda de que la elección de 1928 se estaba polarizando alrededor de las dos facciones radicales y de que toda la polémica preelectoral se concentró sobre la figura de Yrigoyen, convertido así en la figura central de toda la política argentina. En buena medida, esto fue muy positivo para el candidato personalista, quien se benefició de la enorme cantidad de expectativas despertadas entre la población por él mismo y por los militantes de su partido.

Las promesas fueron tantas y de tan amplio espectro que llamó la atención de la mirada irónica y burlona de Roberto Arlt, genial escritor y perspicaz observador de la realidad cotidiana de la Argentina, quien aseguró en una columna titulada «Cuando suba don Hipólito» publicada en el diario *El Mundo* el 12 de septiembre, poco antes de la asunción de Yrigoyen:

Lo espera todo el mundo. Lo espera el que necesita una ley de emergencia que le permita vender sus productos averiados; lo espera el encarcelado que se hace ilusiones respecto a un indulto; lo espera la viuda; lo esperan la huérfana y el huérfano; lo espera el empleado exonerado «injustamente»; y también lo esperan los quinieleros, los aspirantes a ministros, los vendedores de cocaína, los padres con familia y sin familia. ¿Quién no espera a don Hipólito?...

Del plebiscito a la crisis

En efecto, muchos lo esperaban. Los comicios presidenciales se realizaron el 1 de abril de 1928; en pocos días se conocieron los resultados: 839.140 votos para la UCR frente a los 439.178 votos de la UCRA. Aunque la victoria del yrigoyenismo no fue del todo sorprendente, pocos habían anunciado una victoria tan contundente. Un profundo desconcierto se produjo en la oposición, que se sumó a un creciente desencanto con la cultura cívica de los argentinos a la que juzgaban inmadura a la luz de los resultados. Este diagnóstico pesimista fue alentando una opción cada vez más clara a favor de una solución golpista frente a la imposibilidad de desplazar a Yrigoyen mediante los comicios. De hecho, poco antes del traspaso de mando se multiplicaron los rumores según los cuales el ministro de Guerra Justo estaba dispuesto a encabezar un golpe, un rumor que el ministro se vio obligado a desmentir mediante una carta enviada a un importante matutino de la capital.

En el radicalismo personalista, en cambio, la reelección de Yrigoyen fue concebida como un «plebiscito» definitorio: la aplastante victoria confirmaba la identidad entre el radicalismo y la nación, más aún cuando el partido había sabido quitarse de encima el lastre del antipersonalismo, es decir, del «régimen arteramente infiltrado en el seno de la propia causa». Ahora, el personalismo consideraba que había llegado su momento: no sólo porque iban a gobernar sin los antipersonalistas, sino también porque esperaban beneficiarse de la prosperidad económica que ya duraba varios años.

Sin embargo, la desmesurada magnitud de estas expectativas despertadas por Yrigoyen redundó en un rápido y proporcional desgaste, una vez que los datos de la realidad comenzaron a mostrarse cada vez más alejados de esas expectativas. Las primeras señales de la crisis económica que estallaría abiertamente luego del *crack* de Wall Street ya se estaban dejando sentir en uno de los flancos más débiles de la economía argentina: la disponibilidad de capitales para financiar los gastos fiscales. La espiral especulativa que desde 1927 caracterizaba a las inversiones bursátiles neoyorquinas limitaba dramáticamente la disponibilidad de capitales mundiales para gobiernos como el argentino. Así, se desató un proceso inflacionario que provocó un descenso de los salarios reales y obligó al recorte del gasto público. Aunque esta vez no se produjo una situación de conflicto social organizado, como había sucedido durante el primer gobierno de Yrigoyen, la adhesión al gobierno comenzó a decaer a las pocas semanas de asumirlo. Desde comienzos de 1929 se fue abriendo paso una etapa política que estaría marcada por una creciente tensión, radicalización y violencia.

En este clima, entre 1928 y 1929 el gobierno inició una ofensiva sobre la oposición con el objetivo de obtener el control del Senado, que incluyó intervenciones muy polémicas y conflictivas en las provincias de San Juan, Mendoza, Corrientes y Santa Fe. La oposición se encaminaba a perder el último reducto que aún dominaba; su reacción fue mostrarse agresivamente tanto en la prensa como en las calles. La violencia fue en aumento: grupos de choque opositores, como la nacionalista Liga Republicana, se enfrentaron en las calles con organizaciones similares de cuño oficialista, como el Klan Radical. El asesinato en Mendoza del líder radical opositor Carlos Washington Lencinas culminó con una acusación directa contra el presidente; poco más tarde fue Yrigoyen quien gracias a la mala puntería de su atacante logró salir ileso de un atentado.

Las elecciones nacionales para renovar los cargos legislativos de marzo de 1930 revelaron la gravedad de la situación. Tanto la campaña como los comicios se vieron plagados de incidentes, donde no faltaron los enfrentamientos armados con heridos y muertos. Las presiones policiales se multiplicaron y llegaron a producirse algunas maniobras de fraude abierto. En San Juan y Mendoza, los interventores enviados por Yrigoyen se preocuparon poco por ocultar las acciones destinadas a obtener resultados favorables a cualquier precio; en Córdoba, la policía detuvo a fiscales opositores y aparecieron varias urnas abiertas. Finalmente triunfó la UCR, pero la victoria fue lo suficientemente exigua como para que fuera procesada como una derrota: la religión cívica radical no incluía una explicación satisfactoria para explicar un descenso del caudal de votos como el experimentado entre 1928 y 1930. Menos aún la tenía para una derrota resonante como la sufrida en la Capital Federal frente al Partido Socialista Independiente. Este partido, que se había formado pocos años antes, en 1927, luego de que los conflictos internos en el Partido Socialista terminaran en un importante cisma, ya había tenido un buen resultado en el distrito capital en 1928.

Como consecuencia de los comicios de 1930, la oposición, que venía dando pasos firmes en favor de una salida golpista, cambiaba ahora su desconcierto de unos meses atrás por el descubrimiento alborozado de una renovada fe en la cultura electoral de la ciudadanía. Esta fe no era incompatible con el mantenimiento de esas estrategias golpistas, dado que la aritmética electoral tenía poco que ver con estas sensaciones. A diferencia de los sistemas de representación proporcional, el de mayoría y minoría es poco elástico a los descensos relativos del número de votos de un partido, por lo cual el radicalismo personalista perdió electores pero aumentó su número de diputados. De todos modos, durante 1930 el Congreso no logró funcionar dado que se prolongaron debates interminables para discutir las credenciales de los representantes electos: el radicalismo personalista estaba dispuesto a impedir el ingreso de los opositores a la Cámara. El hecho fue denunciado por un manifiesto de los legisladores opositores, el «Manifiesto de los 44», ampliamente publicitado por la prensa. Los diarios más importantes de la capital se sumaron a este clima opositor, en especial el popular e influyente vespertino *Crítica*, que atacó al presidente y su partido con una virulencia sin límites.

Tampoco era mejor la situación en el Ejército, ganado por una política facciosa cada vez más tensa. El ministro de Guerra, general Dellepiane, aplicó la denominada «política de reparaciones», que consistía en promocionar a oficiales yrigoyenistas en detrimento de aquellos con simpatías opositoras. Algunos prestigiosos oficiales, como el coronel Luis J. García, fueron pasados a disponibilidad: signo de los tiempos, el diario *La Nación* le abrió inmediatamente sus puertas para publicar una larga serie de artículos contrarios a la política militar del gobierno.

La doble situación de crisis económica y política se veía agravada por la crisis interna que vivía el gobierno, consecuencia del rápido desgaste de la autoridad personal de Yrigoyen. Ya cerca de los ochenta años, la salud del presidente se mostraba cada vez más débil, lo cual se agravaba por su costumbre de intervenir personalmente en todos los ámbitos del gobierno. Por otra parte, la posibilidad cada vez más cierta de una sucesión anticipada disparó los conflictos entre sus principales colaboradores para beneficiarse de ella. Paradójicamente, estas luchas que fragmentaban la administración política del Estado potenciaban un estilo de gobierno que hacía de Yrigoyen el centro de toda decisión, ya que lo convertía en el árbitro final de las disputas personales. Se acentuaba así la crisis de un gobierno sometido a enconadas luchas palaciegas y a un árbitro incapaz de asumir su rol.

Esta lógica se impuso dramáticamente en la estrategia oficial frente a las notorias actividades conspirativas de civiles y militares opositores, todas ellas ampliamente conocidas por el gobierno. Políticos y oficiales del Ejército se reunían para organizar un levantamiento sin mayor disimulo en lugares conocidos, como la sede del diario *Crítica* o en la casa del general retirado José Félix Uriburu. En el gabinete se evidenciaron dos grandes tendencias: una, la encabezada por el ministro Dellepiane, pretendía desarticular por la fuerza a los conspiradores; otra, la integrada entre otros por el vicepresidente Martínez, el ministro del Interior, González, y el canciller Oyhanarte, entre otros, minimizaba la situación y prefería no alterar los ánimos con iniciativas apresuradas. La decisión presidencial se inclinó por el segundo grupo: el 3 de septiembre de 1930 se conocieron los términos violentos de la renuncia de Dellepiane, luego de que González desautorizara la detención de varios conspiradores ordenada por él. Yrigoyen, enfermo y retirado en su casa de la calle Brasil, había sido convencido de que la situación no era peligrosa. Tres días más tarde su gobierno sería derrocado.

La cultura durante los gobiernos radicales

La crisis de convicciones que provocó la Gran Guerra en Europa también tuvo su impacto en la Argentina. Como afirmó el intelectual nacionalista Carlos Ibarguren en 1918, «diríase que nos toca en suerte asistir al derrumbamiento de una civilización y al final de una edad histórica...».

El espectáculo de ilimitada barbarie ofrecido por aquellas naciones que hasta pocos años antes eran consideradas el cenit de la civilización no podía sino afectar muchas de las convicciones construidas a partir de los paradigmas liberales y positivistas. Si bien es cierto que no es necesario esperar a la guerra para encontrar críticas contra aquellos paradigmas –ya hemos visto al modernismo arielista encargarse de esa tarea–, al igual que en Europa, la guerra no sólo le dio mayor verosimilitud a esa crítica, sino que amplió drásticamente el elenco de sus voceros y el de los oídos dispuestos a escucharlos.

Aproximadamente desde mediados de la segunda década del siglo y durante todos los años veinte se reprodujeron las manifestaciones de una creciente sensibilidad antipositivista y antiliberal. Sin embargo, es preciso señalar que la dimensión de este fenómeno no bastó para eliminar las convicciones preexistentes, aunque sólo fuera porque las mismas se vinculaban estrechamente con un modelo de crecimiento que durante los años veinte experimentó su último gran ciclo ascendente. Y es que lo que en la Argentina se suele denominar «liberalismo», en realidad no se corresponde con un cuerpo de ideas sólido y compacto, sino más bien con la adhesión a un modelo de crecimiento y de sociedad que en general se correspondía con principios ideológicos más bien vagos y generales[1]. Esta falta de precisión le permitió sobrevivir, aun a pesar de las cada vez más frecuentes impugnaciones que llegaban desde el mundo intelectual.

Por su parte, la política parecía vivir ajena a estos cambios, alentada por un gobierno que, como el de Alvear, se adaptaba mejor que el de su antecesor a los métodos y mecanismos de la democracia liberal que en otras latitudes estaban siendo fuertemente impugnados. Hacia 1927-1928 algunos elementos novedosos irrumpieron en la política, como sucedió con ocasión del debate por la explotación del petróleo que adquirió un matiz fuertemente nacionalista alentado por la UCR yrigoyenista. El golpe de 1930 marcó un momento dramático para las convicciones liberales, pero el fracaso del grupo nacionalista reunido alrededor del general Uriburu resulta sintomático para demostrar cómo las reacciones antiliberales siguieron una línea relativamente moderada y, sobre todo, que no alcanzaron una difusión generalizada. Habría que esperar a la década del treinta para que sus ideas llegaran a capas más amplias de la población y de la opinión.

---

1. Una de las razones posibles de ello es que, a diferencia de lo que sucedió en otros países latinoamericanos, en la Argentina del siglo XIX y comienzos del XX no existía un colectivo ideológico ni político conservador y católico en sentido estricto que obligara a los «liberales» a precisar los fundamentos de sus convicciones.

Sin embargo, más allá de estos reparos, las críticas contra el mundo burgués y liberal avanzaron durante los años veinte rodeadas, si no de la aceptación masiva, al menos de un aura de renovación y novedad que les aseguraba un lugar relevante en el mundo de las ideas. En efecto, en el amplio abanico de reacciones y opciones críticas que atravesaron todo el espectro cultural (desde el reformismo universitario, que no dudó en reconocer como tradición propia a la revolución bolchevique, hasta la derecha católica) la novedad se convirtió en el elemento común para todas ellas.

Claramente embarcada en la postura crítica contra el mundo individualista burgués, que incluía a la democracia liberal como su forma política, la Iglesia católica inició durante los años veinte una fuerte ofensiva en el plano social y cultural que a la larga sería muy exitosa y tendría enormes consecuencias. Esta ofensiva recorrió dos caminos simultáneos: por un lado el de la doctrina social –capaz de competir con la izquierda en este tema–, y por otro, el integrismo de corte corporativista. Los Cursos de Cultura Católica aglutinaron a un importante número de intelectuales y políticos, una estrategia de difusión que complementó la de la prensa –en 1928 se fundó la revista *Criterio*, que se sumó al ya tradicional diario *El Pueblo*– y la activa labor en las parroquias. Pero sin dudas, la más rica en consecuencias políticas inmediatas fue la acción pastoral dentro del Ejército, una institución a la que muchos eclesiásticos consideraron como el sujeto que debía ocupar el lugar de una elite política irremediablemente decadente.

Éste es un punto de coincidencia con las ideas de algunos nacionalistas. En 1924 Leopoldo Lugones proclamó «la hora de la espada», un llamado a las Fuerzas Armadas para que se hicieran cargo del destino de toda América Latina realizado con motivo de los festejos oficiales por los cien años de la batalla de Ayacucho. De todos modos, si bien su discurso de fuerte influencia futurista es citado canónicamente como un antecedente ideológico del lugar que el Ejército tendrá en la Argentina de las décadas siguientes, lo cierto es que en su momento tuvo escasa difusión y –lo cual es mucho más importante– tendría una influencia casi nula en comparación con el rol que en este punto tendría la Iglesia.

De todos modos, el nacionalismo en sus diferentes variantes no dejó de crecer a lo largo de toda la década del veinte. La Liga Patriótica, a través de sus congresos, fue uno de los motores de esta expansión. Pero hacia finales del período los grupos más militantes conformaron sus propios espacios: en 1927, Rodolfo Irazusta, un nacionalista maurrasiano, fundó *La Nueva República,* periódico que aglutinó a muchas de las figuras más importantes del nacionalismo, como su hermano Julio, Ernesto Palacio, Juan Carulla, César Pico y Tomás Casares. Sin embargo, todavía en 1930 no representaban un grupo con verdadero peso político y su apuesta por el proyecto del general Uriburu no les permitió ganar mayores espacios.

También desde la izquierda intelectual se produjeron visiones críticas y renovadas, aunque mucho menos revulsivas al instalarse en una tradición racionalista que era también la del liberalismo. La revista *Claridad* fue una de las principales difusoras de un pensamiento reformista que podía incluir dentro de su tradición una vaga y particular versión de la revolución bolchevique, un reformismo universitario, que por entonces atravesaba a varios países de América, además –y en este punto solían coincidir con los nacionalistas– de un antiimperialismo político y cultural que tenía como principales enemigos a Inglaterra y Estados Unidos.

Vanguardia y compromiso social

El cambio y la novedad también fueron elementos fundamentales en el ámbito del arte. La versión más extrema de esta tendencia fue la de los jóvenes artistas de las vanguardias que destacaron en las letras, la música, la plástica. En 1921, Jorge Luis Borges desembarcó de un viaje por Europa trayendo consigo las ideas del ultraísmo. Ese mismo año apareció en las calles de Buenos Aires *Prisma*, una revista mural (es decir, que se pegaba en las paredes y era ése su único formato existente) que estaba dispuesta a sacudir al público porteño; más tarde le siguieron *Proa* e *Inicial*. Pero la revista más importante y significativa de las vanguardias argentinas fue *Martín Fierro*, fundada por Evar Méndez en 1924. Desde sus páginas, artistas como el propio Borges, Oliverio Girondo o Emilio Pettorutti atacaron con irreverencia a lo que consideraban un universo cultural anquilosado y decadente. Su blanco preferido fue la literatura realista (por ejemplo, las exitosas novelas de Manuel Gálvez), el naturalismo (cuyo principal exponente fue el cuentista Horacio Quiroga) y la introspección psicológica (al estilo de las novelas de Roberto Arlt). La relación de los artistas de vanguardia con el público cada vez más masivo fue sumamente ambigua: por un lado lo despreciaban por ser la encarnación de la medianía, pero por otro buscaban consagrarse en el mercado, si era necesario, escribiendo en diarios masivos como *Crítica*. Más allá de cualquier opinión, para un campo intelectual cada vez más profesionalizado, la consagración popular ya tenía un significado fundamental. Por cierto, la profesionalización no implicaba que todos podían vivir del producto de sus obras –de hecho el mecenazgo estatal siguió siendo una fuente de recursos esencial–, pero alcanzó para construir nuevos mecanismos de consagración que iban más allá de la opinión de los pares.

También fue ambigua la vinculación de la vanguardia local con la política: mientras que en Europa ambos estaban estrechamente unidos, en Argentina la vinculación fue menos evidente. Más aún, durante la segunda mitad de los años veinte se produjo una polémica del grupo martinfierrista con otro grupo de escritores, para los cuales el compromiso político social debía ser el fundamento del arte y que se aglutinaron alrededor de la revista *Claridad,* fundada por Antonio Zamora. Participaban de este grupo autores como Roberto Mariani, César Tiempo o Leónidas Barletta. Sin embargo, más allá de esta polémica –que también fue conocida por el nombre de dos calles emblemáticas de Buenos Aires: la céntrica y elegante Florida en oposición a la más popular Boedo–, esta división fue ocasional y no alcanza para explicar adecuadamente los fluidos intercambios que se producían dentro del campo cultural. Más aún, pese a que solía reunirse con los escritores de Boedo, uno de los más grandes escritores del período, Arlt, difícilmente puede ser encuadrado en uno u otro bando.

Una cultura de masas

Más allá de los cambios en el mundo intelectual, el crecimiento de las grandes ciudades sumado al avance del alfabetismo –consecuencia de la educación pública, gratuita y obligatoria– permitieron el desarrollo de una verdadera cultura de masas. Aunque centrada ampliamente en la producción escrita y en la lectura, los años veinte presenciaron también la popularización de impactantes novedades, como el cine, la radio y el fonógrafo.

Seguramente el aspecto más significativo de este fenómeno es el cambio que sufrió el periodismo. En contraste con aquellos diarios que hasta los años del centenario funcionaban todavía como herramientas políticas de facciones y partidos, el periodismo comenzó a ser pensado como un negocio más atento a los gustos del público que a las aventuras políticas de sus dueños. No es que los diarios abandonaran su lugar en una opinión pública que hacía de la política un tema central, sino que comenzaron a interpelar al público más como maestros de política que como voceros de facción. Como afirma R. Sidicaro refiriéndose al diario *La Nación*, la política comenzó a ser «mirada desde arriba».

A los tradicionales *La Prensa* y *La Nación*, que encararon el cambio de estilo alrededor de estos años, se sumaron los vespertinos *La Razón* y sobre todo *Crítica*. Este último, fundado por el periodista uruguayo Natalio Botana en 1913, se convirtió durante los años veinte en el medio más popular y renovador de la Argentina. Como en tantos otros países, *Crítica* conquistó a su público a partir de un estilo moderno y atento a todas las novedades de la época. Era un diario capaz de sumar a las notas policiales presentadas con el estilo del folletín (eje central de su éxito), artículos firmados por los principales artistas de las vanguardias locales e internacionales. Tampoco era despreciable su influencia política: tanto el ascenso de la facción escindida del Partido Socialista denominada Socialista Independiente como el golpe de 1930 han sido atribuidos –tal vez exageradamente, pero no sin algo de razón– a la prédica de este notable vespertino.

Una de las estrategias periodísticas para sumar lectores fue el despliegue de secciones especiales que buscaban satisfacer a públicos cada vez más diferenciados y exigentes; así, aparecieron secciones dedicadas al deporte, la mecánica, la arquitectura, secciones infantiles, rurales, femeninas, espectáculos, cine, radio o literatura. La diversificación del público alentó otras novedades: junto con los tradicionales magazines que seguían el estilo ya anticipado por *Caras y Caretas*, surgieron revistas orientadas a numerosos públicos. La editorial Haynes, fundada en 1904 por Alberto Haynes, publicó, junto con las revistas de temas generales *El Hogar* y *Mundo Argentino*, otras destinadas al deporte y a los niños. En 1928 finalmente fundó su propio diario, el vespertino *El Mundo*. Diez años antes, uno de los empleados de Haynes, Constancio Vigil, fundó la editorial Atlántida, la cual publicó revistas que se convirtieron en verdaderos clásicos de la Argentina, como *Atlántida* (magazín general), *Billiken* (infantil), *El Gráfico* (deportes), *Para Ti* (femenino) y *Chacra* (rural).

La lectura popular no se limitaba a los diarios y las revistas; por el contrario, una enorme cantidad de empresas editoriales, de muy variada calidad, se orientaban a satisfacer mediante la publicación de libros a un público ávido de lecturas. Desde las más «pasatistas», como las «novelas semanales» –una mezcla de sentimientos explosivos y moderado erotismo–, hasta las colecciones que revelaban alguna clase de proyecto a la vez cultural, educativo y político como los casos de «Tor» o «Claridad».

La proliferación de material editado se complementaba, en especial en las ciudades y pueblos, con las bibliotecas. Algunas dependían de los municipios, pero la mayoría eran iniciativas vinculadas con asociaciones de todo tipo que para entonces se multiplicaban sin cesar. Al parecer, ninguna asociación se consideraba completa sin su biblioteca, lo cual aumentaba aún más la posibilidad de acceder a la lectura. Es en estas sociedades donde se advierte la magnitud creciente de esta cultura a la vez masiva y letrada: todas ellas solían publicar algún tipo de hoja, revista o periódico en el cual no sólo informaban sobre las actividades específicas de la asociación sino que además servían para canalizar las aspiraciones literarias de socios y vecinos. Si bien la escasa calidad de la abrumadora mayoría de estos textos está fuera de discusión, fue sobre esta masa crítica de donde surgieron muchos de los autores de géneros populares, en especial los de las letras de tango.

El tango es, sin duda, otro de los fenómenos culturales de la época. Hacia 1920 ya había abandonado sus orígenes arrabaleros y había agregado letras a la música, dando origen al tango-canción. En esos mismos días, entre las orquestas que hacían furor, destacaba quien se convertiría en el máximo exponente de este arte, Carlos Gardel. Junto con el jazz, el tango se convirtió en la música más escuchada y también en la más bailada en innumerables salones. La radio, cuya expansión acelerada terminó a fines de los años veinte –en 1922 existían 2.000 receptores, en 1935 un millón y medio– ayudó a esta notable difusión.

También el cine llegó para quedarse. Todavía predominaban las producciones norteamericanas, las cuales, por ser cintas mudas, no generaban mayores problemas de idioma. En 1922, la ciudad de Buenos Aires tenía 140 salas cinematográficas que, junto con varios camiones circulares, proyectaban películas que eran consumidas por un público ávido de fantasías.

8. La Argentina frente a la crisis mundial (1930-1943)

En el tránsito entre las décadas de 1920 y 1930, la próspera república «de las vacas y las mieses» tuvo que enfrentarse a la emergencia de la más grave crisis experimentada por el capitalismo occidental, que tuvo como una de sus manifestaciones más negativas la caída brusca del comercio internacional; por lo tanto, las bases sobre las que se había asentado la prosperidad argentina se vieron fuertemente conmovidas, hasta el punto de poder afirmarse que ya nada fue como antes en el terreno económico. El incremento de la presencia del Estado en la economía y el desarrollo de una industrialización sustitutiva de importaciones condujeron a un cambio notable en el rumbo económico, de profundas y prolongadas consecuencias futuras.

En el terreno político, por su parte, el 6 de septiembre de 1930 se produjo un golpe cívico-militar exitoso que concluyó con el derrocamiento del presidente Hipólito Yrigoyen, inaugurando un largo período de inestabilidad institucional.

Un análisis de la realidad argentina parece llevar a la conclusión de que no hubo conexión alguna entre los avatares de la economía y la destitución del «Peludo», pero los numerosos intentos militares –varios de ellos exitosos– que se produjeron en América del Sur en esos años obliga a reflexiones más amplias, que den cuenta de que evidentemente se estaba cerrando un ciclo, y los beneficiarios de la situación hasta ese momento trataron de apelar a recursos excepcionales para restablecer el *statu quo* anterior a la crisis.

La inestabilidad política que caracterizó a la década de 1930, y hasta 1943, fue acompañada a partir de 1935 por un falseamiento sistemático de la voluntad popular, hasta el punto de que la expresión «fraude patriótico» se generalizó para designar uno de los rasgos característicos del período. Los intentos para bloquear toda alternancia en el poder dieron lugar a un escenario en el que el accionar del gobierno y de la oposición contribuyeron, aunque no en la misma medida, al vaciamiento del juego democrático: así, mientras quienes estaban en el poder transigían sistemáticamente con las reglas del mismo, la oposición mostraba una moderación que alimentaba tanto las críticas como las tendencias centrífugas. Sin embargo, los cambios que se estaban produciendo en la economía y en la sociedad iban a repercutir en el ámbito político.

La evolución económica

El período que estamos tratando, como se ha dicho, está atravesado por las consecuencias de la crisis de 1930, que condujeron a transformaciones de importancia.

Las estadísticas del período

Los datos estadísticos disponibles nos permiten apreciar las dimensiones de los problemas que experimentó la economía argentina. Los niveles del PIB comienzan a descender a partir de 1930, y los valores del año 1929 sólo son superados en 1935. A partir de ese año, y hasta el estallido de la guerra en 1939, el crecimiento fue del orden del 3% anual, mientras que durante los años del conflicto disminuyó levemente, alcanzando el 2,9%. Por su parte, el PIB por habitante tuvo un comportamiento mucho más modesto: los valores de 1929 sólo fueron alcanzados en 1944.

La comparación que venimos realizando nos muestra que en la década de 1930 el comportamiento de la economía argentina estuvo por debajo de la media del crecimiento general del PIB por habitante (excluyendo los países involucrados en la guerra de 1939-1945), y que aun durante la guerra no hubo una recuperación demasiado espectacular, a pesar de las favorables consecuencias que tuvo la misma para un país de las características de la Argentina.

PIB/HABITANTE EN 1929, 1939 Y 1946
(en dólares de 1990)

País	1929 (1)	1939 (2)	1946 (3)	REL. 2/1	REL. 3/1
Argentina	4.367	4.148	4.665	0,95	1,07
Alemania	4.335	5.549	2.503	1,28	–
Australia	5.095	5.631	6.353	1,10	1,24
Brasil	1.106	1.307	1.460	1,18	1,32
Canadá	4.799	4.518	6.567	0,93	1,37
Chile	3.396	3.178	3.630	0,94	1,07
España	2.947	2.127	2.422	–	–
EE.UU.	6.220	6.568	9.207	1,05	–
Italia	3.026	3.444	2.448	1,14	–
Japón	1.949	2.709	1.389	1,39	–
México	1.757	1.858	2.211	1,06	1,26
Reino Unido	5.255	6.546	6.440	1,24	–

Promedio 2/1: 1,11
Promedio 3/1: 1,22

Nota: Se han excluido los datos de los países afectados por la Segunda Guerra Mundial o por una guerra civil, como España.

FUENTE: Maddison (2003).

Hemos llegado a un punto en el que es necesario explicitar en qué medida afectó de manera concreta la crisis a la economía argentina y cuál fue la reacción del Estado.

El sector externo en crisis

Las circunstancias políticas de los primeros años de la década de 1930 estuvieron influidas por el difícil acomodamiento económico a la crisis mundial. El conjunto de los precios de exportación de la Argentina era en 1932 el 37% de los precios de 1928 y su volumen había disminuido un 12%; como consecuencia, el valor de las exportaciones cayó entre los mismos años de 1.029 a 335 millones de dólares, y aunque también disminuyó el precio de las importaciones, el poder adquisitivo de las exportaciones experimentó un descenso del 40%. La caída de los precios y de los volúmenes exportables no sólo obligó a comprimir las importaciones sino que afectó también a la capacidad de recaudación fiscal del gobierno, dado que los impuestos sobre el comercio internacional proveían la mayor parte de los recursos.

A esta difícil situación exterior se sumó la salida de capitales que, como hemos puntualizado, se había iniciado ya en 1928. El gobierno del general Uriburu se encontró entonces en la disyuntiva de seguir dejando disminuir las reservas o permitir que el peso se depreciara; la otra posibilidad era realizar algún tipo de intervención estatal. Finalmente, en las postrimerías de 1931, pocos días después del abandono del patrón oro por parte de Gran Bretaña, se decidió implantar un régimen de control de cambios destinado a controlar las divisas estableciendo un tipo de cambio fijo. Se inició así un proceso de intervención del Estado en la economía que coincidía con lo que, simultáneamente, se estaba verificando en otros países occidentales. En el caso particular del manejo de las divisas, se fue avanzando progresivamente hasta llegar en 1933, ya durante el gobierno de Agustín P. Justo, al establecimiento de tipos de cambio diferenciales y al otorgamiento de «permisos de importación». Al establecerse dos mercados con tipos de cambio diferentes, las importaciones realizadas fuera del mercado «oficial» se veían afectadas por una cotización más alta de la divisa extranjera, desalentando o estableciendo límites a la entrada al país de las mismas.

La intervención del Estado se manifestó además de manera concreta en otros ámbitos a lo largo de la década: 1) la puesta en marcha de las Juntas Reguladoras, destinadas a defender a los distintos sectores económicos en crisis, en especial a los vinculados a la exportación. El caso de la Junta Nacional de Granos permite entender el funcionamiento de estos organismos: compraba los cereales a los productores a precios considerados mínimamente rentables, y los vendía luego a los exportadores a precios de mercado, absorbiendo las posibles pérdidas. También se crearon las Juntas Reguladoras de Carnes, de Vinos, de Algodón, de la Industria Lechera y la Comisión Regional de la Producción y la Comercialización de la Yerba Mate; 2) la creación en 1935 del Banco Central con el objetivo de regular la cantidad de moneda y el crédito, y adaptarlo a las necesidades de la actividad económica; y 3) la implantación de una política de obras públicas que, centrada sobre todo en la construcción de caminos, apuntalara el proceso de desarrollo industrial al que haremos referencia más adelante.

Ahora bien, la intervención que se le asignaba al Estado se concebía como transitoria; su función parecía limitarse a paliar los aspectos más dramáticos de la crisis, pero, como se verá, dio lugar a un control creciente del aparato estatal por parte de los agentes particulares organizados corporativamente, disminuyendo así las posibilidades de que pudiera actuar ubicándose por encima de los intereses en pugna.

Por supuesto, los problemas de la crisis afectaron particularmente al sector agrario: hubo un retraso en la tasa de crecimiento y asimismo se redujo la tasa de inversión. Como consecuencia de esta situación, entre 1930 y 1945 se fueron gestando cambios en el sector rural que, sin embargo, no tuvieron el mismo ritmo en toda la región pampeana. Los principales fueron el despoblamiento del medio rural, la extinción paulatina del productor tradicional, acompañada de una gradual urbanización del productor agrario, y la ampliación de la escala de la empresa agrícola, pasando a unidades más grandes, con el consiguiente proceso de concentración de la producción en una cantidad menor de explotaciones.

La Argentina se recuperó de la crisis a partir de 1932: en 1939 el PIB estaba un 15% por encima de los valores de una década antes. Esta recuperación, sin embargo, ya no se verificó sobre las mismas bases que en el pasado.

El pacto Roca-Runciman

Tal vez el acontecimiento más significativo de la década en el terreno económico, de implicancias que fueron muchos más allá de ese campo, fue el «pacto Roca-Runciman» firmado en 1933 entre Gran Bretaña y Argentina.

El origen del mismo estaba en las nuevas realidades engendradas por la crisis económica a nivel internacional. Por una parte, Gran Bretaña, en el marco de las restricciones experimentadas por el comercio mundial, estableció en la Conferencia de Ottawa de 1932 un sistema de preferencias imperiales, que reducía la compra de carne a la Argentina en beneficio de otros miembros de la Commonwealth como Australia y Nueva Zelanda. Además, los ingleses aspiraban a recuperar posiciones en un mercado, como el argentino, en el que la presencia norteamericana estaba ganando posiciones de manera rápida desde la guerra; si en 1912, el 34% de las importaciones provenía de Gran Bretaña y el 17% de

EE. UU., en 1929 los porcentajes eran, respectivamente, del 19 y del 27%. Asimismo, como consecuencia del control de cambios impuesto por el gobierno argentino, las ganancias de las compañías británicas sin posibilidad de ser remitidas comenzaron a acumularse.

Frente a esta suma de problemas, el gobierno de Justo envió a principios de 1933 una misión encabezada por el vicepresidente de la nación, Julio Argentino Roca (h). Las negociaciones culminaron con un acuerdo, que se transformó rápidamente en el centro de una polémica que conmovió en su momento a la opinión pública y se ha prolongado hasta la actualidad en los análisis de historiadores y economistas.

Los dos objetivos que se había planteado el gobierno argentino eran los siguientes: mantener sus colocaciones de carne en el mercado británico y aumentar la participación de los productores locales en el control de las exportaciones para poder negociar en mejores términos con los frigoríficos. El primero de los objetivos se alcanzó de manera razonable, al asegurarse una cuota de participación garantizada (si bien podían negociarse reducciones). El segundo, en cambio, no se logró materializar, pues Gran Bretaña se limitó a conceder una participación del 15% a los frigoríficos nacionales, que tardó varios años en hacerse efectiva. A cambio, los británicos lograron diversas medidas favorables a sus intereses: se garantizó, a través del mecanismo de control de cambios, que la cantidad de divisas necesarias para hacer frente a las remesas corrientes dirigidas hacia Inglaterra tuvieran un volumen igual a las ventas de productos argentinos; se asumió el compromiso de tratar en forma preferencial las inversiones británicas, y se aceptó no gravar los aranceles de importación de algunos productos británicos como el carbón.

Las evaluaciones respecto del pacto han sido variadas, aunque existe un acuerdo mayoritario respecto a que la posición de los negociadores argentinos fue débil, que el acuerdo privilegiaba los intereses de los sectores ganaderos, y que las concesiones argentinas a Inglaterra se cumplieron más que las británicas a los intereses argentinos.

Consecuencias del pacto

A mediados de 1935, el senador demócrata progresista Lisandro de la Torre denunció en el Congreso un negociado, producto del acuerdo Roca-Runciman, en el que incriminaba por fraude y evasión impositiva a los frigoríficos Anglo, Armour y Swift. Las pruebas, que comprometían a dos ministros del presidente Justo –Federico Pinedo de Hacienda y Luis Duhau de Agricultura–, ponían en evidencia el trato preferencial que recibían estas empresas, que prácticamente no pagaban impuestos y a las que nunca se las inspeccionaba, mientras que los pequeños y medianos frigoríficos nacionales eran controlados de manera sistemática. Las denuncias demostraron las conexiones del gobierno con otras operaciones irregulares, y las discusiones llegaron al punto de que, en pleno debate en el Senado, se produjo un acontecimiento trágico: el asesinato de Enzo Bordabehere. Ramón Valdez Cora, militante del Partido Conservador, cercano al ministro Duhau, intentó asesinar a Lisandro de la Torre, pero terminó matando al amigo y compañero de escaño del líder demócrata progresista. Ante el escándalo, los dos ministros involucrados se vieron obligados a presentar su renuncia.

La industrialización sustitutiva de importaciones

Uno de los cambios más importantes del período que estamos estudiando es el salto hacia adelante experimentado por la industria, resultado de las dificultades experimentadas por el comercio exterior. Ante la caída del poder de compra de las exportaciones, se desarrolló una industrialización sustitutiva de importaciones que se centró en la producción de bienes de consumo. Para resumirlo en pocas cifras, baste decir que en 1939 el sector industrial había crecido un 80% respecto a los niveles de 1929 –a pesar de que había disminuido su producción entre 1930 y 1932–, y representaba un 21% de la producción total, similar a la importancia de las actividades agropecuarias. La tasa de sustitución –definida como el porcentaje de los bienes de consumo cubierto por la oferta doméstica– pasó del 50% entre 1925-1929 al 63% entre 1930-1939. El censo industrial realizado en 1935 recogía la existencia de 31.000 establecimientos fabriles que ocupaban 418.000 obreros. Existía sin duda un significativo proceso de concentración: 671 sociedades anónimas poseían 2.300 establecimientos, aportando la mitad de la producción fabril nacional.

Frente a la industrialización que caracterizó al período de auge agroexportador, el tipo de producción manufacturera fue cambiando su perfil, liderado por una industria ligera en la que se producía un paulatino retroceso relativo de la producción alimenticia y un paralelo avance de las ramas textil y metalúrgica, que se convirtieron en los sectores más dinámicos del desarrollo. En 1935, la suma de ambos representaba el 35% del total de la producción industrial, frente al 16% en 1914.

El proceso de «importación de industrias» al que hemos hecho referencia en el capítulo anterior se consolidó en esta década aprovechando la existencia de un mercado que se ampliaba como consecuencia de las limitaciones existentes para la importación. Parece claro para la mayoría de los estudiosos que, más allá de algunas medidas puntuales, no existió en los gobiernos de la década una genuina vocación industrializadora, sino simplemente la adecuación a una realidad internacional que se mostraba perjudicial para la tradicional vocación agroexportadora del país.

La expansión industrial se vio además favorecida por la estabilidad del salario real y la disponibilidad de mano de obra que ofrecía la migración interna hacia las ciudades en las que se expandía la actividad manufacturera. Justamente, el desarrollo de un vigoroso proceso de urbanización fue uno de los rasgos de la década, junto con el incremento de la utilización de mano de obra femenina, que a fines de la década de 1930 suponía el 33% de los obreros industriales de Buenos Aires.

Sin embargo, uno de los problemas serios de este crecimiento de la industria fue el débil equipamiento de maquinaria; así como la limitación en las importaciones constituía un factor favorable para el desarrollo de la producción manufacturera sustitutiva, también dificultaba la importación de bienes de capital, lo que condujo entonces a que la industria se caracterizara por un significativo atraso respecto de las tecnologías más avanzadas. Muchos de los establecimientos se construyeron sobre la base de talleres de reparación y mantenimiento de equipos importados y en la mayor parte de los casos mantuvieron en funcionamiento la obsoleta maquinaria existente.

El impacto de la guerra

Nuevamente los acontecimientos externos ejercieron una profunda influencia sobre la economía argentina. El estallido de la Segunda Guerra Mundial tuvo repercusiones inmediatas sobre el comercio exterior: las exportaciones disminuyeron a partir de 1938 y mantuvieron un bajo nivel hasta 1941, aunque mucho más seria fue la caída de las importaciones, que hasta 1946 no volvieron a alcanzar los valores de 1938. Por lo tanto, se continuaban dando las condiciones para profundizar el proceso de sustitución de importaciones. Sin embargo, la reacción del gobierno ante la nueva realidad fue más allá. Temeroso de que la depresión alcanzara nuevamente niveles serios, presentó al Congreso un Plan de Reactivación Económica, que ha pasado a la historia con el nombre de «Plan Pinedo», por ser éste su impulsor, la figura más importante del conservadurismo en la década de 1930, nombrado una vez más ministro de Hacienda. A pesar de haber sido rechazado por el Congreso, por lo que no se puso oficialmente en práctica, el Plan Pinedo ha sido objeto de prolongados debates académicos, pues se trata de un documento en el que por primera vez se plantea desde el poder la posibilidad de cambiar, siquiera parcialmente, el rumbo económico del país.

Aunque algunos han presentado posteriormente el plan como un proyecto industrializador, se trata de una propuesta coyuntural destinada a superar la emergencia derivada del estallido de la Segunda Guerra Mundial. El punto específico que se refería a la industria planteaba la necesidad de financiar su desarrollo con créditos a 15 años suministrados parcialmente por el Estado. No se indicaba qué tipo de industrias se debían promover, pero se insistía en no producir aquellos bienes que el país importaba y, ante la nueva realidad económica, se recomendaba una reorientación del comercio internacional hacia América Latina y hacia Estados Unidos.

Otras de las novedades que presentaba el plan eran el impulso a la construcción por medio de un programa de viviendas populares y la compra por parte del Estado de los excedentes de las cosechas con dificultades para colocarse en los mercados exteriores afectados por la guerra.

El Plan Pinedo no logró ser aprobado en el Parlamento, y de hecho uno de los supuestos principales que condujeron a su elaboración no se cumplió en la realidad: si bien con dificultades de pago, la Argentina pudo seguir colocando sus productos en los mercados tradicionales. Sin embargo, los temas que introdujo eran de actualidad, y además la idea de que el Estado tenía que asumir responsabilidades en el terreno económico se había generalizado lo suficiente como para que algunas de sus propuestas reaparecieran en los años siguientes.

Sin embargo, la guerra produjo cambios importantes en la economía argentina, el más significativo de los cuales fue el incremento de las exportaciones manufactureras, que pasaron del 2,9% del total en 1939 al 13,6% en 1945, incluyendo un pico del 19,4% en 1943. El crecimiento tuvo como destinatario principal a los mercados latinoamericanos y como protagonistas a los textiles –la tercera parte de las exportaciones manufactureras–, la industria química y la producción alimenticia. Se trataba de una situación coyuntural, en la que la participación de Estados Unidos en la guerra dejaba algunos de sus mercados tradicionales sin abastecer, espacio que fue ocupado por la producción argentina, pero las transformaciones que experimentó la estructura productiva fueron importantes: para citar sólo un dato, basta decir que el número de obreros industriales creció casi un 49% entre 1940 y 1945.

Esta realidad introdujo un nuevo elemento en una situación en la que las bases tradicionales del crecimiento del país hasta la crisis de la década de 1930 estaban en entredicho: la existencia de un sentimiento industrialista en sectores con presencia en la sociedad, como los militares, sumada a las inquietudes de todo orden que generaba el futuro de la economía internacional, dieron lugar a que se desplegara un debate de envergadura respecto al rumbo a seguir por la economía argentina tras la finalización de la guerra. La creación en 1944 por parte del gobierno militar instalado un año antes del Consejo Nacional de Posguerra daba cuenta de la significación que se le otorgaba al futuro inmediato. Éste, como se verá, estuvo afectado por circunstancias internas y externas que iban mucho más allá de la economía.

Las transformaciones sociales

El Censo Nacional realizado en 1947 estableció la población del país en 15.890.000 habitantes, duplicando la que existía en 1914, año del censo anterior. De ese total, el 62% era población urbana y el 47,8% estaba concentrada en la Capital Federal y el llamado Gran Buenos Aires. Además, la población extranjera disminuyó al 15,4% del total, revirtiendo un proceso que venía desplegándose desde la segunda mitad del siglo XIX.

En la década de 1930 el proceso demográfico más importante fue el de las migraciones desde el campo a las ciudades, sobre todo a la Capital Federal y su área suburbana. El área metropolitana se llenó de provincianos: de 8.000 personas que arribaban anualmente hasta 1936 se pasó a un promedio de 70.000 entre 1937 y 1943 y ascendieron hasta 117.000 entre 1944 y 1947. En poco más de una década –de 1936 a 1947– se produjo un crecimiento de algo más de un millón de nuevos residentes.

La expansión de la industrialización se nutrió en buena medida de estos trabajadores provenientes del ámbito rural; el paisaje urbano experimentó profundas modificaciones, que se manifestaron en la progresiva desconcentración de los sectores populares, produciéndose el surgimiento de nuevos barrios en la periferia de las ciudades y de la extensión del Gran Buenos Aires. Este proceso también puede detectarse en ciudades como Rosario y Córdoba.

Las repercusiones de la crisis

La depresión de los años treinta tuvo un impacto inicial negativo sobre las condiciones de vida de las clases populares. En la medida en que el golpe militar encabezado por el general José Félix Uriburu se planteaba como objetivo el restablecimiento del «orden», éste fue capitalizado por los sectores empresariales, produciéndose una ola de despidos y de reducción de salarios; la desocupación afectó tanto al sector público como al privado. La ciudad de Buenos Aires comenzó a mostrar la existencia de viviendas precarias en algunos barrios; entidades privadas y sectores políticos comenzaron a efectuar repartos de víveres y se crearon «ollas populares». Sin embargo, la solución a los problemas de la crisis provino de la lenta recuperación económica.

Esta situación modificó asimismo la actividad gremial, hasta entonces controlada por sindicalistas y socialistas. En 1930, las dos tendencias crearon la Confederación General del Trabajo (CGT), que tenía una fuerte presencia entre los ferroviarios, los tranviarios, los trabajadores municipales y los empleados de comercio. Si bien en un marco de bajo nivel de sindicalización, fue despuntando de manera progresiva una actitud más orientada hacia la búsqueda de reivindicaciones inmediatas que al mantenimiento de posiciones doctrinarias rígidas. Asimismo, comenzó a verificarse un acercamiento entre los sindicatos y los partidos políticos de mayor presencia en la sociedad, como consecuencia de la necesidad de buscar la manera de organizar a un número creciente de trabajadores cualificados y semicualificados.

A partir de 1935 comenzaron a verificarse cambios de importancia en el movimiento obrero: se produjeron divisiones que dieron lugar al surgimiento de varias centrales enfrentadas, lo que determinó que durante la época de la guerra el sindicalismo en su conjunto se encontrara en una situación de debilidad; hubo, sin embargo, datos menos negativos, como el ascenso de militancia y la presencia comunista en sectores en pleno crecimiento, caso de la construcción. Pero lo más importante, y que tendrá gran relevancia para el futuro inmediato, fue que gran parte de los trabajadores surgidos en este proceso de industrialización que hemos analizado no estaba afiliado, situándose a una considerable distancia de las luchas y enfrentamientos que afectaban a los dirigentes tradicionales.

Las condiciones laborales

Las condiciones de vida del sector obrero no se modificaron de modo sustancial respecto de su situación histórica. Si bien es cierto que a mediados de la década de 1930 el Estado manifestó una cierta preocupación en materia de regulación social, y a partir de ello generó mecanismos de negociación colectiva, no existió una política laboral específica y los sectores patronales generalmente impusieron sus condiciones. El salario real de los obreros disminuyó en un 19% entre 1929 y 1931 y alcanzó su punto más bajo en 1934, momento a partir del cual se inició una lenta recuperación. En un contexto en el que, además, la desocupación se incrementaba, las condiciones de trabajo eran deficientes y existía un problema habitacional de dimensiones importantes, en la sociedad se gestó un clima de descontento social que dio lugar a movimientos huelguísticos de significación. Por otra parte, acontecimientos como la Guerra Civil española dieron ocasión a que se produjeran manifestaciones de solidaridad con la República, en las que se puso de manifiesto un sentido de unidad que iba más allá de las diferencias que existían entre las distintas organizaciones sindicales.

¿Una restauración conservadora?

El análisis de lo ocurrido en el ámbito político, objeto del apartado siguiente, muestra que el período tratado en este capítulo se caracterizó sin duda por el intento de los sectores dominantes tradicionales de mantener su situación de hegemonía en un escenario económico que estaba modificándose. En este aspecto, la tan conocida expresión «restauración conservadora» tiene un sentido concreto, pero sin duda refleja sólo parcialmente la realidad, mucho más compleja. Las transformaciones verificadas en el campo económico –que incluían el incremento del papel del Estado, el desarrollo de la industrialización sustitutiva y la presencia creciente del capital norteamericano– tuvieron su correlato en los intentos de adecuación a esa nueva realidad. El Plan Pinedo es el ejemplo más conocido de esto, y el fracaso en su aprobación en el Parlamento da cuenta de las limitaciones existentes en los diferentes ámbitos para percibir hasta qué punto la Argentina anterior a la crisis de 1930 había desaparecido. La Segunda Guerra Mundial contribuyó a hacer más relevantes los cambios, y la irrupción del fenómeno peronista trazó una línea divisoria rotunda.

La política en el intervalo de dos golpes militares

La vida política argentina entre 1930-1943 estuvo caracterizada, más allá de otras consideraciones, por la interrupción del proceso que se había iniciado con la promulgación de la Ley Sáenz Peña.

La caída de Yrigoyen y el gobierno de Uriburu

El 6 de septiembre de 1930 estalló al movimiento cívico-militar que puso fin al gobierno de Yrigoyen: si bien es habitualmente considerado como el primer golpe de estado de la larga lista que en adelante conocería la Argentina, la adhesión de las tropas fue más bien escasa. Uriburu sólo pudo movilizar algunos efectivos de la Escuela de Comunicaciones y a jóvenes cadetes del Colegio Militar. En cambio, la columna que avanzaba sobre la Capital Federal tuvo un gran apoyo civil gracias a la movilización hecha por los partidos de la oposición y los grupos nacionalistas, muchos de ellos portando sus propias armas. El entonces capitán Juan Domingo Perón, activo participante del golpe, recordaba que «sólo un milagro pudo salvar la revolución» y, aunque él lo asociaba con el notable apoyo popular, también se manifestó en la falta total de reacción por parte del gobierno radical. Ya sea porque varios funcionarios de primera línea pensaban beneficiarse con la caída de Yrigoyen o simplemente por desconcierto, se dejó avanzar a una columna que podría haber sido fácilmente reprimida, hasta que se apoderó de la sede del gobierno en pleno centro de la capital. Para las últimas horas del día, tanto el presidente como su vicepresidente habían presentado la renuncia, Uriburu fue nombrado presidente provisional y se había apagado el único foco serio de posible resistencia militar contra el golpe.

Si bien se han elaborado complejas explicaciones estructurales del golpe de septiembre –que incluyen desde los intereses de una «clase dominante» supuestamente afectados por la política «popular» de Yrigoyen, hasta las empresas petroleras extranjeras, que verían con malos ojos la política «nacional» del líder radical–, la escasa magnitud y la pésima preparación de un movimiento cuya victoria debe más a la ausencia de reacción que a sus propias fuerzas no parece corresponderse con la dimensión de tan «espectaculares» responsables. Las crecientes tensiones políticas y la crisis del gobierno ofrecen explicaciones a la vez más sencillas y adecuadas para el fenómeno; además, las «explicaciones estructurales» olvidan la popularidad del movimiento y sus conexiones con importantes personalidades del propio gobierno. Este olvido se debe no sólo a la búsqueda de causas a la altura de la importancia que más tarde se daría a los hechos del 6 de septiembre como inicio de una nueva era política, sino también a que en pocas semanas el gobierno de Uriburu –un personaje poco dotado para encontrar rumbos firmes en los laberintos de la política– se las había arreglado para licuar su capital político y destruir la alianza que lo había llevado al poder. Además, era su gobierno, y no el de Yrigoyen, el que debía lidiar con los efectos de una crisis para la que no encontraba salida y que provocaba crecientes descontentos.

De todos modos, no se trataba de una alianza fácil de sostener. Uriburu sólo contaba con el apoyo directo de un sector relevante, pero no mayoritario, de oficiales nacionalistas del Ejército y, en el ámbito civil, con el de los grupos nacionalistas, que eran sin duda muy activos y visibles pero numéricamente escasos. Uriburu buscó apoyo en el líder santafesino Lisandro de la Torre y más tarde en el propio Alvear, pero ninguna de sus gestiones tuvo éxito. Tenía, además, que lidiar con un rival más hábil y poderoso, el general Justo. Caudillo también de un importante sector del Ejército con simpatías liberales, su poder se basaba además en sus estrechos contactos con el ámbito de los partidos políticos –incluyendo el propio radicalismo– de los cuales carecía Uriburu. Así, logró imponer a éste y a su grupo de conspiradores un conjunto de reformas a la proclama revolucionaria que eliminaba los pasajes contrarios a la Constitución y a la democracia. Además, impuso una imagen del golpe por la que el principal problema no radicaba en la naturaleza del régimen, sino simplemente en las personas que dominaban el gobierno, empezando por el propio Yrigoyen. La visión de Justo coincidía, de esta manera, con la de la mayoría de la opinión pública que apoyó el golpe: el 6 de septiembre implicaba sólo la restauración de un régimen democrático e institucional que estaría siendo violado por el presidente en ejercicio. Pero, aunque Uriburu cedió la redacción de la proclama, muy rápidamente retomó la idea de una reforma constitucional, lo cual derivó en la rápida conformación de una oposición al presidente provisional dentro de los mismos grupos revolucionarios, que cristalizó con la fundación de la Federación Nacional Democrática, el 27 de septiembre, que reunió inicialmente a los partidos Socialista Independiente y Conservador de Buenos Aires y que luego incorporó a diversas agrupaciones provinciales conservadoras, liberales y radicales antipersonalistas.

Sin embargo, no fue éste el único problema que fue diluyendo el poder de Uriburu: el Ejército –institución a la que Uriburu pretendía transformar en principal sostén del poder y a la que el golpe había promovido como árbitro de los equilibrios políticos– tampoco le ofrecía un respaldo demasiado sólido. Para entender esta situación es conveniente hacer un breve paréntesis.

Desde comienzos de los años veinte, el Ejército se encontraba en plena consolidación de las estructuras institucionales creadas entre 1880 y 1910. Para entonces ya se había formado una poderosa burocracia que controlaba el funcionamiento, los destinos, las jerarquías y los ascensos desde el Ministerio de Guerra y el Estado Mayor. Los oficiales miembros de esta dirección se destacaban como funcionarios y docentes de los institutos que, desde el Colegio Militar hasta los organismos superiores de instrucción técnica, conformaban los peldaños ineludibles para la carrera de ascenso de todos los oficiales. La imposición de una mística corporativa y la invención de una tradición militar, asociada unívocamente con la existencia de la nación, amalgamaba a los cuadros y profundizaba la estructura de poder interno de estas jerarquías. En este marco, las más altas jerarquías de la burocracia castrense consideraban toda interferencia externa como perjudicial, en particular si tenían su origen en las luchas facciosas de la política.

Sin embargo, la prolongación de la política en el Ejército era una tradición que se resistía a desaparecer: un importante grupo de oficiales radicales se había formado al calor de los levantamientos revolucionarios (en especial el de 1905) y, ya en la presidencia, Yrigoyen buscó asegurarse el control de la institución favoreciendo a este grupo con destinos importantes y ascensos extraordinarios. Así, frente a la mística corporativa teñida de un fuerte mesianismo patriótico que rechazaba como ajeno lo político, surgió otra identidad interna que sobreimprimía a lo anterior diversas dosis de afinidad con la «causa» del gobierno radical. La política militar del primer mandato de Yrigoyen chocó muy rápidamente con las estructuras burocráticas, incluso con oficiales que en su momento simpatizaron con el radicalismo, como Uriburu o Justo.

A comienzos de los años veinte, los grupos descontentos comenzaron a organizarse en logias y a identificarse como «profesionalistas» para distinguirse de los «radicales», división que se montó naturalmente sobre la polarización de toda la sociedad en torno a la figura de Yrigoyen. Durante la administración Alvear, la balanza se inclinó en favor de los «profesionalistas», mientras su ministro de Guerra, el general Justo, aventajaba a Uriburu como líder indiscutido del sector y creaba una poderosa red de lealtades entre la oficialidad. Esta nueva posición venía a consagrar el gran prestigio que Justo había sabido ganar entre la oficialidad joven e intermedia durante su paso por la dirección del Colegio Militar entre 1914 y 1922. Por ello, no resulta sorprendente que a comienzos de 1931, un nutrido grupo de altos oficiales cercanos a él conminara a Uriburu a impulsar un rápido retorno a la normalidad institucional. Semanas más tarde, la decisión del presidente de convocar elecciones presidenciales detuvo un importante alzamiento castrense, muy probablemente alentado por el propio Justo. De todos modos, ya sin oportunidad de triunfar, en el mes de julio grupos de oficiales radicales comprometidos en la conspiración se alzaron en Corrientes al mando del coronel Gregorio Pomar.

Acorralado por la opinión pública y sin posibilidades de utilizar el Ejército a su favor, Uriburu ensayó una maniobra diseñada por Matías Sánchez Sorondo, su ministro del Interior, furibundo nacionalista y líder de una fracción del conservadurismo de la provincia de Buenos Aires. Se trataba de plebiscitar la figura y los proyectos presidenciales mediante un sistema de elecciones escalonadas de las autoridades provinciales (es decir, de elegir legisladores y gobernadores de uno en uno). Con el aval de las victorias parciales que daban por descontadas, Uriburu pensaba imponer la reforma constitucional y la posible continuidad de su gobierno. El Partido Conservador bonaerense se apartó de la Federación Nacional Democrática en un gesto explícito de respaldo al presidente; tan grande era la seguridad de que la máquina electoral de la UCR no había sobrevivido a la crisis que el ejecutivo no tomó mayores precauciones. El 5 de abril de 1931 se votó en Buenos Aires y la UCR bonaerense, recientemente unificada, ganó por un margen algo mayor que el de 1930. Además de consagrar el derrumbe de Uriburu, los resultados de los comicios demostraron claramente que la debacle del radicalismo estaba lejana, ya que aun sin poder contar con algunos recursos clave como la policía y las intendencias, su maquinaria electoral se mostraba vital y eficaz. La continuidad de la crisis que un año antes había perjudicado a la UCR, ahora revertía en contra de Uriburu, cuyas medidas de ajuste presupuestario deterioraron la ya pobre popularidad de un régimen empeñado en introducir innovaciones repudiadas incluso por quienes lo habían acompañado el 6 de septiembre.

La presidencia de Justo

Los sucesivos traspiés de Uriburu proyectaron la figura de Justo, quien venía trabajando a favor de su candidatura presidencial sin descartar casi a ningún partido, desde el radicalismo hasta los conservadores, pasando por el socialismo independiente y el cada vez más reducido sector antipersonalista. Sus intentos en la UCR fracasaron en buena medida porque Alvear –que, por encargo del detenido Yrigoyen, había vuelto al país para liderar el partido– pensaba presentarse como candidato. Justo buscó entonces profundizar la división del partido, pero su éxito fue relativo, ya que aunque consiguió el respaldo de varios grupos antipersonalistas y unos pocos ex yrigoyenistas, no pudo impedir que muchos otros antipersonalistas apoyaran a Alvear. Sus maniobras sólo tuvieron éxito una vez que, utilizando todo su poder de presión sobre el gobierno y aprovechando la reacción posterior al fracasado intento revolucionario de Pomar, logró el veto de la candidatura de Alvear y de varios dirigentes del radicalismo. Unos días antes de los comicios, el Comité Nacional de la UCR decidió repudiar el régimen y abstenerse de participar en todos los niveles electorales. El campo estaba allanado para la victoria electoral de Justo, quien durante los meses centrales de 1931 sumó el apoyo de los partidos conservadores –que para entonces intentaban aglutinarse en una agrupación única denominada Partido Demócrata Nacional–, y también el del Socialista Independiente, reciente ganador de las elecciones en la Capital Federal.

La otra lista fue la de la Alianza Civil formada por demócratas progresistas y socialistas con la fórmula Lisandro de la Torre (PDP) y Nicolás Repetto (PS), pero que no estaba en condiciones de disputar seriamente la presidencia. Con la ausencia de candidatos de la UCR, Justo ganó los comicios presidenciales de noviembre de 1931 con comodidad y un nivel de abstención muy bajo. A pesar de la insistencia de la historiografía, tampoco se registraron grandes maniobras fraudulentas, con excepción de las ocurridas en Buenos Aires y Mendoza, lugares donde el fraude no pretendía perjudicar a la Alianza (que en ninguno de los dos distritos tenía la mínima *chance* de ganar la elección), sino que fue parte de la disputa entre las agrupaciones que apoyaban a Justo, y que se enfrentaban por la vicepresidencia, los cargos legislativos y todos los puestos locales. Y es que, a pesar de una versión que quiere ver detrás de Justo una alianza entre partidos llamada «Concordancia», ésta no existía en 1931: el único acuerdo entre los partidos que apoyaban a Justo era su candidatura a la presidencia; para la vicepresidencia los conservadores proponían a Julio A. Roca (hijo), los antipersonalistas a José N. Matienzo. Por lo demás, cada partido presentó sus propias candidaturas a diputados y autoridades provinciales, y realizó su propia campaña manteniendo su autonomía y su identidad.

La cuestión radical: el camino hacia el fraude

El 24 de febrero de 1932, el general Justo asumió la presidencia acompañado por el conservador Julio A. Roca (hijo) como vicepresidente. Durante su mandato tuvo que hacer frente a tres grandes problemas. Por un lado, las consecuencias de la crisis económica mundial, lo cual implicó un cambio notable en el rumbo de la política, en especial en la relación entre el Estado, la economía en general y los sectores productivos más importantes en particular.

En segundo lugar, el radicalismo, la principal fuerza electoral, impugnaba la legitimidad del gobierno, tal como lo expresaba a través de la estrategia de abstención en las elecciones y los sucesivos intentos revolucionarios descubiertos y sofocados durante 1932 que, si bien no eran organizados directamente por la cúpula del partido en nombre del cual se realizaban, tampoco eran rechazados por ella. Estos intentos armados no tenían ninguna posibilidad cierta de triunfar, pero eran muy importantes para las máximas autoridades radicales, que estaban dispuestas a afrontar la prisión y el exilio sin ser directamente responsables de los mismos porque sabían hasta dónde, en ausencia de la mística generada por las campañas y las victorias electorales, las revoluciones ayudaban a sostener emociones e ideales identitarios del partido, e incluso su propia legitimidad como dirigentes. El funeral de Yrigoyen, fallecido en 1933, demostró que el caudillo radical estaba lejos de haber sido olvidado.

Inicialmente útil para mantener la unidad del partido, esta estrategia tenía un límite. En tanto que la vía armada carecía de posibilidades de éxito, la disputa con el gobierno tenía como tribunal último el impacto de los levantamientos en la opinión pública, pero la abrumadora mayoría de los diarios, junto a la oposición demócrata-socialista, se unían en una condena que también involucraba a la política de abstención. Cómodamente respaldado por este clima, Justo no se privó de recurrir a un variado arsenal para aprovechar el descrédito de la política radical, imponer una imagen de normalidad institucional y transferir al radicalismo la responsabilidad por cualquier irregularidad.

Este juego de impugnaciones entre el gobierno y el radicalismo quedaría definido con ocasión de los comicios nacionales para renovar la Cámara de Diputados en marzo de 1934. Excluida la UCR, la expectativa de estas elecciones no era la distribución de escaños, sino la disputa entre dos visiones enfrentadas de la realidad política argentina: se plebiscitaría la pretensión gubernamental de normalidad institucional, cuya mejor expresión debían ser unos comicios tranquilos y transparentes. En este contexto, cobró especial importancia el caso de la provincia de Tucumán, donde el radicalismo local decidió rechazar la abstención, en abierta disidencia con las autoridades nacionales del partido. Justo, advertido de la naturaleza del juego, puso en alerta a los jefes militares de la provincia y envió observadores propios para evitar que el gobernador conservador Próspero García utilizara la maquinaria oficial para volcar en su favor el comicio tucumano.

En marzo de 1934 la elección no registró problemas importantes; el nivel de concurrencia alcanzó un porcentaje aceptable para una elección de diputados –el 62,8% del padrón– y, lo que fue más trascendente, la UCR rebelde de Tucumán ganó la elección.

La prensa repudió a coro la abstención radical y el radicalismo se vio obligado a establecer la relación entre costos y beneficios de esta posición abstencionista. Cada vez más dirigentes radicales entendían que la apuesta era demasiado alta, ya que la concurrencia electoral era promovida por la obligatoriedad legal, por los medios de prensa, por la oposición de socialistas y demócratas progresistas, por los grupos radicales disidentes y, sobre todo, y de un modo apenas velado, por la misma máquina electoral del radicalismo. Dirigentes menores que aceptaban formalmente la abstención, negociaban sus votos con la UCRA, conscientes de que los cargos a los que aspiraban eran necesarios para su propia supervivencia, y de que la maquinaria electoral sólo podía reproducirse participando en los comicios. El riesgo era ahora la fragmentación del partido, detrás del cual acechaba expectante el presidente Justo, que no había abandonado su idea de convertirse en el jefe del partido del desaparecido Yrigoyen.

Así, la concurrencia a los comicios fue decidida entre el 2 y 3 de enero de 1935 por la Convención Nacional de la UCR. La medida obtuvo el respaldo unánime de la prensa y de la casi totalidad de los radicales, incluidos dirigentes y estructuras que se habían alineado con el antipersonalismo justista. Sólo a medida que se fue comprobando que la participación electoral tenía también sus propias consecuencias negativas para el partido, aparecería una seria oposición interna –que se identificaría como «yrigoyenista»– enfrentada al Comité Nacional presidido por Alvear. Pero hasta las elecciones presidenciales de 1937 el clima era de optimismo: se celebraba la vuelta a los comicios, la probable victoria y la casi total reunificación del partido detrás de la trilogía Alem-Yrigoyen-Alvear.

La Concordancia

Por último, Justo debía mantener el inestable equilibrio entre las fuerzas que lo habían llevado a la presidencia, un objetivo difícil de cumplir toda vez que se trataba de una alianza donde el peso del Partido Demócrata Nacional era incomparablemente más alto que el de los otros dos grupos unidos. Por otra parte, los conservadores seguían funcionando como una federación de partidos provinciales, incapaz de evitar las disidencias que, en ocasiones, se transformaban en conflictos abiertos, y algunos tan agudos y violentos que provocaron rupturas institucionales, como sucedió en la provincia de Buenos Aires durante la administración de Federico Martínez de Hoz: en 1935 se produjo la disputa por la sucesión entre las facciones lideradas por Alberto Barceló y Rodolfo Moreno. El gobernador Martínez de Hoz respaldó al primero, y el 6 de enero una movilización del sector morenista lo obligó a presentar su renuncia. Justo intervino la provincia para reponer a Martínez de Hoz. Las negociaciones continuaron y pocos días después se llegó a un acuerdo por el cual el gobernador volvió a renunciar, a cambio de lo cual Moreno descartó su candidatura.

El antipersonalismo justista no era mucho más que un puñado de estructuras provinciales con algún peso en Entre Ríos, Santa Fe, La Rioja, Santiago del Estero y la Capital. Por otra parte, el regreso de la UCR a los comicios mermó aún más sus filas. En cuanto al Partido Socialista Independiente, aunque logró ubicar a varios de sus líderes en importantes puestos de gobierno, languidecía para transformarse en una agrupación fantasmal.

Las fricciones entre los diferentes grupos en busca del favor presidencial fueron frecuentes. Los conservadores criticaban a Justo por el lugar destacado que reservaba a los antipersonalistas en el ejecutivo, argumentando –no sin razón– que eran ellos quienes aportaban la mayor cantidad de votos. Para Justo, los cálculos eran otros; la sobredimensión del antipersonalismo le permitía, a corto plazo, mantener un equilibrio que le daba libertad de maniobra y sostenía la apariencia de una coalición; a largo plazo, el antipersonalismo podía ser la mejor plataforma para su estrategia de acercamiento al radicalismo.

Justo entendió que si no podía ni convenía eliminar la disputa entre estos grupos, el conflicto debía ser acotado para evitar la parálisis del Congreso: de este acuerdo parlamentario elaborado durante los dos primeros años de su gobierno nació «la Concordancia». De hecho, la Concordancia nunca fue nada parecido a un partido y no es probable que Justo la considerara como tal ni, menos aún, que pensara en ella como una solución duradera. Era un instrumento eficaz para apartar la labor parlamentaria de los conflictos, pero esta armonía rara vez se trasladó al terreno de los comicios: por el contrario, con excepción de la elección presidencial de 1937 (donde la única representación en juego fue la cabeza del ejecutivo), los partidos siguieron manteniendo su identidad en cada provincia, si era necesario, compitiendo entre ellos con enconada virulencia.

La sucesión

El fin de la abstención radical obligó a Justo a volcarse más decididamente sobre el sector conservador de la Concordancia. Para empeorar las cosas, en 1934 se inició una investigación por operaciones de fraude económico contra la empresa frigorífica Anglo, en la que estaban involucrados importantes miembros del gobierno y que ponía bajo sospecha el tratado recientemente firmado entre el vicepresidente Roca y el ministro británico Runciman. Estos acontecimientos, ya relatados, colocaron al gobierno en una situación muy difícil. Su futuro electoral no podía ser más oscuro, por lo cual Justo hizo un viraje total de su estrategia. Por un lado, comprometió de lleno a su gobierno en el uso del fraude sistemático destinado a impedir a cualquier costo una victoria radical. Así, con el aval presidencial, las prácticas irregulares y violentas de control y producción clientelística de sufragio que, desde 1912, venían utilizándose de modo más puntual y limitado, se convirtieron en un mecanismo de alteración y manipulación sistemático del ejercicio y de los resultados electorales. Por otro lado, Justo ensayó varios acercamientos a sectores como los nacionalistas (a los que concedió la persecución legal del Partido Comunista) y, sobre todo, hacia los católicos. La ocasión elegida fue la realización del Congreso Eucarístico en octubre de 1934, presidida por el cardenal Eugenio Pacelli, futuro Pío XII. Ante la inesperada adhesión popular, el presidente Justo –un liberal agnóstico que hasta ese momento no había demostrado mayor simpatía por la fe católica– se puso a la cabeza del masivo acto, llegando incluso a tomar la comunión. Este hecho, del cual Justo esperaba obtener legitimidad y votos, fue la señal de un cambio rotundo en las relaciones entre la Iglesia y el Estado argentino: en adelante, la Iglesia –cuyo poder de convocatoria masiva no dejaría de crecer– continuaría su avance sobre el poder público, convirtiéndose en una de las más exitosas corporaciones entre las que, como veremos, se lanzaron a partir de los años treinta a la colonización del Estado.

Finalmente, Justo consagró como sucesor al radical antipersonalista Roberto M. Ortiz, un hombre políticamente débil, representante de un partido ya casi inexistente, y que despertó la desconfianza de sus aliados conservadores, sometidos por Justo a una nueva frustración al quedar relegados a la vicepresidencia. La debilidad de Ortiz y el equilibrio que desde la presidencia podría ofrecer a los grupos conservadores era una garantía de la dependencia personal que Justo esperaba de su sucesor. El objetivo final de esta estrategia era el acceso a un segundo mandato en 1943, esta vez –esperaba Justo– a la cabeza de una UCR agradecida por la eliminación del fraude y el regreso al poder bajo su liderazgo.

Los comicios de 1937 fueron los más fraudulentos en la historia argentina desde 1912; la derrota así impuesta a la UCR tuvo importantes consecuencias para el que ahora se convertía en el principal partido de oposición. En efecto, la UCR quedó entrampada en un verdadero callejón sin salida: si por un lado la participación en los comicios terminaba convalidando el fraude que le impedía acceder al gobierno, por otro tampoco podía tomar medidas como las revoluciones armadas o la abstención, ya que la experiencia reciente había demostrado que carecían de apoyo popular. La UCR no había podido traducir su condición de mayoría electoral en un respaldo equivalente de sus electores hacia la política de abstención: cualquiera que fuera la razón del voto radical, su adhesión no llegaba a tal extremo. Sin embargo, en ambos casos el peligro era el mismo: el surgimiento de sectores internos críticos con la política oficial (con cualquiera que fuera) y el consiguiente peligro de fragmentación del partido.

Así, se hizo cada vez más evidente el ascenso de grupos internos que, en nombre del fallecido Yrigoyen, criticaban lo que consideraban una traición de los dirigentes alvearistas a los postulados democráticos, intransigentes y revolucionarios del partido. Además, otros sectores aceptaron que ésta era la forma en que el partido debería sobrevivir en los años por venir y se dispusieron a convalidar con su voto iniciativas de los conservadores, a cambio de acceder a los fondos estatales, que eran necesarios para sostener su maquinaria electoral; muchos dirigentes radicales –incluido el propio Alvear– aparecieron involucrados en sonados casos de corrupción.

Ortiz o la imposible salida del fraude

Roberto M. Ortiz asumió la presidencia el 20 de febrero de 1938; su vicepresidente era el conservador catamarqueño Ramón S. Castillo. Al igual que Justo, Ortiz creía que la solución de una situación crítica e irregular –y ahora claramente identificada con el fraude electoral– debía realizarse dentro del régimen liberal y la Ley Sáenz Peña; pero en contraste con su antecesor, sus moderadas ambiciones políticas le permitían imaginar la salida del fraude como una drástica apertura electoral, aun cuando ésta derivara en una administración radical. Sin embargo, Ortiz no ignoraba que la destrucción de la maquinaria de fraude electoral provocaría la reacción de los partidos conservadores y antipersonalistas, a lo que habría que sumar la previsible oposición de Justo, quien vería desbarrancarse una de sus cartas de negociación en vistas a su proyecto de retorno a la presidencia en 1943. Aún durante las elecciones de marzo de 1938 se desplegaron todos los recursos del fraude electoral sin que el presidente intentara evitarlo. El cambio se produjo en abril de 1939, cuando Ortiz anuló los comicios provinciales de San Juan, luego de una elección plagada de irregularidades. El conflicto abierto estalló en febrero de 1940 con la intervención de Catamarca, el feudo político de su propio vicepresidente, al que le siguió en marzo la intervención del distrito más importante del país, la provincia de Buenos Aires, luego de unos comicios para gobernador denunciados por el radicalismo por el fraude escandaloso puesto en práctica por los conservadores.

Como era previsible, la nueva política presidencial destruyó la alianza concordancista, aunque Ortiz todavía podía contar con el apoyo de un reducido grupo de antipersonalistas y, en parte, con el de la UCR. Y es que la actitud presidencial no podía sino provocar entusiasmo en Alvear y en el Comité Nacional del radicalismo, en tanto venía a dar aire a una política moderada que, para entonces, generaba renovados disensos internos. De todos modos, la transformación del entusiasmo del Comité Nacional por las medidas de Ortiz en un apoyo abierto a su gobierno tenía límites precisos: la necesidad del radicalismo de mantener un perfil opositor para no seguir ofreciendo flancos débiles a esos mismos críticos internos.

Por su parte, la previsible y exacerbada hostilidad de los conservadores hacia el gobierno se canalizó en una serie de ofensivas destinadas a contrarrestar el apoyo que la apertura electoral de Ortiz cosechaba en la opinión pública. Para ello, comenzaron a ventilar varios escándalos de corrupción que supuestamente involucraban al presidente. El más resonante fue el vinculado con la compra de terrenos en la localidad bonaerense de El Palomar, que no sólo buscó el descrédito de Ortiz, sino también el de su ministro de Guerra, el general Márquez. Aunque ni uno ni otro tenían vinculación alguna con el turbio negociado que había sido ejecutado durante la presidencia de Justo, la búsqueda de un blanco castrense no era casual, ya que el general Márquez era una pieza fundamental para la política presidencial. Ortiz buscó desde un primer momento el crucial respaldo del Ejército que así, paulatinamente, recuperó su posición de árbitro de la situación política. Algo parecido había sucedido durante 1930 y 1931, pero ahora aparecían novedades significativas que modificaron sustancialmente las características de esta nueva intervención castrense en la política.

Durante su presidencia, Justo había logrado mantener a los militares relativamente alejados de la práctica política: sabía bien que él era el principal beneficiario del perfil «profesional» que respetaba en parte los equilibrios de facciones dentro del Ejército. Pero una vez fuera del gobierno y ante la eventualidad de conflictos internos generados por la búsqueda de apoyos iniciada por Ortiz, el equilibrio que otrora había beneficiado a Justo como presidente desaparecía, y aumentaba la fuerza de los potenciales contendientes, instalados en posiciones de poder. Por debajo de este complejo panorama coyuntural, venía produciéndose un proceso que transformaría de raíz los valores y comportamientos de los oficiales más jóvenes, y cuyas consecuencias se alcanzan a advertir hasta nuestros días.

En 1927, un activo sacerdote, monseñor Santiago Luis Copello, se había hecho cargo de la dirección del vicariato castrense: pese a que hasta ese momento se trataba de un cargo de menor importancia, de la intensa actividad de Copello nacería una relación destinada a tener profundas consecuencias políticas. Decidida a dejar una marca indeleble en la formación de una oficialidad a la que vislumbraba como un factor de poder sin igual, la Iglesia ofreció a los jóvenes oficiales una visión del mundo de marcado contenido antiliberal, integrista, corporativa, furiosamente nacionalista, antisemita, autoritaria, antidemocrática y antiparlamentaria. Esta concepción no sólo se presentó como una alternativa frente a las perplejidades ideológicas abiertas por la crisis mundial del liberalismo, sino que entusiasmó especialmente a los hombres de armas, ya que les reservaba un lugar de privilegio como portadores de las virtudes de la ascendente «nación católica». La Guerra Civil española, seguida con interés y entusiasmo por sacerdotes y oficiales, consolidó esta identidad agresiva y mesiánica, que fue amalgamando la cruz y la espada en nombre de los mismos valores. Así el sector nacionalista, antidemocrático y católico, que no había sido capaz de ofrecer un respaldo a Uriburu, crecía aceleradamente ganando los espíritus de los oficiales más jóvenes. Mientras el sector más liberal se dividía entre quienes apoyaban la política electoral del presidente y su ministro, y quienes se mantenían fieles a Justo, el grupo nacionalista católico no dejaba de crecer, paradójicamente también alentado por el propio Justo, dispuesto a movilizar cualquier recurso para dar por tierra con la creciente autonomía de su sucesor.

Guerra, crisis y golpe

La presencia de Ortiz en el gobierno era la única garantía que permitía mantener el precario equilibrio de la situación política y militar; su desplazamiento del cargo como consecuencia de una enfermedad que lo postraría primero y lo llevaría a la muerte en julio de 1942 señaló su drástico final. Desde mediados de 1940 Ortiz se vio obligado a tomarse largos períodos de descanso que lo apartaban cada vez más de su cargo; mientras, el vicepresidente Castillo estaba dispuesto a revertir toda la política de apertura electoral. En febrero de 1941 Ortiz condenó las iniciativas de Castillo, pero nada podía hacer para evitarlo: finalmente, en septiembre, Castillo reestructuró el gabinete de ministros para conformar su propio gobierno, comprometido con el fraude. Sin embargo, el flamante presidente en ejercicio no llegó a advertir hasta dónde su política le restaba apoyos y lo debilitaba cada vez más. Por un lado, tenía la abierta oposición del radicalismo, que veía cómo se desvanecían de nuevo sus posibilidades electorales. Por otro, la de Justo, que sabía perfectamente que, si bien Castillo no tendría problemas en utilizar el fraude, con seguridad no lo haría en su favor. Además, la cuestión de la elección de un sucesor, que esta vez sería indudablemente conservador, dividía a un partido que nunca había logrado unirse detrás de un único dirigente. Por último, los intentos de Castillo por aprobar el Plan Pinedo le ganaron la enemistad de las principales corporaciones económicas del país.

Esta oposición cobraba además una nueva forma a medida que aumentaba el impacto en la Argentina de la Segunda Guerra Mundial, un fenómeno que se había insinuado durante la Guerra Civil española, pero que ahora cobraba una fuerza indiscutible. En esta clave, radicales y socialistas promovieron la formación de una comisión legislativa que, detrás del objetivo de averiguar posibles maniobras nazis en la Argentina, se convirtió en un resonante foro de oposición contra el gobierno de Castillo. Así, la cuestión local del fraude electoral comenzó a ser considerada por la opinión pública como un caso más de la lucha en la que estaba embarcado el mundo libre en favor de la democracia y en contra del nazi-fascismo. Los lenguajes de la guerra se convirtieron en el modo de explicar la política local: Castillo era poco menos que un nazi instalado en el gobierno, aunque era evidente que no sentía mayor simpatía por el Eje y, llegado el momento, no dudó en elegir a Robustiano Patrón Costas, un ferviente aliadófilo, como su sucesor. Pero, en ese momento, importaba poco la veracidad de estas acusaciones, pues muchas personas las creían ciertas y actuaban en consecuencia.

Ayudaba a dar credibilidad a esta postura la actitud de Castillo favorable a la neutralidad, actitud basada en dos grandes razones, ninguna de las cuales supone alguna clase de apego hacia los regímenes fascistas. La primera es que, al menos hasta que la irrupción de los Estados Unidos en la guerra configuró la idea de una cruzada mundial por la democracia, la política de neutralidad era alentada por el propio gobierno británico, interesado en aplicar este estatuto a los barcos argentinos proveedores de alimentos. Pero, fundamentalmente, la neutralidad era necesaria para satisfacer al sector de los militares que respaldaban a Castillo, los oficiales nacionalistas católicos, que esperaban con indisimulada alegría lo que consideraban una victoria inevitable del Eje. A fines de 1942, los oficiales nacionalistas se hicieron con el Ministerio de Guerra, en la persona del general Pedro Pablo Ramírez, y con los mandos más importantes del Ejército.

Durante 1942 la situación política se hizo cada vez más tensa, aunque la muerte de Alvear en marzo y la de Justo en enero de 1943 parecían favorecer el fortalecimiento de Castillo. Sin embargo no fue así: desaparecidos los principales enemigos del presidente, se hizo cada vez más evidente que los oficiales nacionalistas eran la parte fuerte de una alianza que convenía menos a estos militares que a Castillo. El intento del presidente de retomar la iniciativa desplazando al general Ramírez, luego de que trascendiera la posibilidad de una candidatura presidencial del ministro por el partido radical, terminó con el alzamiento del 4 de junio. Así se produjo el primer golpe de Estado en el cual el Ejército participó autónoma e institucionalmente, bajo el mando de sus más altas jerarquías, encabezadas por la figura del ministro de Guerra. Fue un verdadero golpe militar: el Ejército abandonaba su papel como árbitro o soporte de una política civil para ocupar un lugar como protagonista principal a cara descubierta.

Estado, política y corporaciones

Los años treinta son conocidos en la Argentina, como en otras partes del mundo, por la reformulación de las relaciones entre el Estado y la sociedad. Sin embargo, es evidente que las cosas no fueron similares en todos los casos. La crisis de 1930, particularmente alarmante para un país esencialmente exportador de bienes primarios, llevó al primer plano el problema del papel del Estado como salvaguarda de la economía. Ya desde los años veinte se venían advirtiendo las dificultades del Congreso para articular los reclamos cada vez más disonantes de la sociedad y convertirlos en legislación. Pero lo que en épocas de crecimiento no parecía tan grave, en plena crisis se transformaba en un problema serio: al igual que en tantos otros países, el sistema de contrapesos del poder y los regímenes electorales masivos que habían sido característicos de la preguerra se mostraban impotentes para hacer frente a una situación bien diferente a aquella. Los mecanismos políticos tradicionales, pese a la hegemonía legislativa que tenían los conservadores dada la abstención y el fraude, demostraban una vez más que el problema no era tanto los conflictos facciosos y partidarios, sino la complejidad y multiplicidad creciente de intereses que debían ser articulados.

Sin embargo, la cultura política argentina desconfiaba de la intervención abierta del Estado, aunque había excepciones; ni siquiera la izquierda socialista se mostraba favorable a ella. El argumento no provenía exclusivamente de la tradición liberal, sino también del diagnóstico compartido acerca de la eficacia de la burocracia estatal. Un generalizado consenso establecía que, dado que los criterios clientelísticos predominaban sobre la capacidad a la hora de seleccionar al personal del Estado, la burocracia carecía de toda solvencia para administrar los bienes de la sociedad.

Por eso, las diversas agencias creadas durante la primera mitad de los años treinta –Juntas, Corporación de Transportes, Banco Central– se organizaban a partir de directorios donde predominaban los representantes de las corporaciones económico-sociales formalmente organizadas. Así, se creaba una forma de legitimidad tecnocrática que no se orientaba a hacer prevalecer a burocracias técnicas del Estado, sino a los propios interesados, los únicos con los saberes necesarios para administrar lo social con la fuerza del poder público. Se consideraba que la responsabilidad de esta situación le correspondía a la política facciosa, y, por eso, esa variante tecnocrática era también profundamente negadora de la actividad política. De esta manera, el proceso de expansión de las actividades del Estado en la sociedad se inició con una fuerte colonización del propio Estado por parte de las corporaciones sociales, una relación llamada a perdurar en la historia argentina.

Esta tendencia no sólo se explica por la citada convicción: tiene su raíz, además, en la notable fortaleza de la sociedad civil y en la de los propios partidos políticos que, a diferencia del propio Estado, resistieron con mayor fortuna los embates colonizadores de los intereses particulares. Ésta era, en última instancia, la base del problema: la fortaleza de los partidos y la perduración de un régimen representativo basado en la concepción del ciudadano como elector individual demostraba sus límites a la hora de compatibilizar sus mecanismos con la creciente fortaleza de las organizaciones de la sociedad civil. El consiguiente déficit representativo –es decir, la ausencia de instancias de representación de los intereses organizados– venía siendo denunciado desde comienzos de siglo, pero ahora se convertía en un problema de primera magnitud. Las Juntas y otros organismos, al introducir en el Estado la representación de intereses, pretendió subsanar este problema a través de una variante del discurso tecnocrático, pero terminó abriendo las puertas para una paulatina colonización del Estado por los intereses particulares y, en definitiva, la conversión del mismo en el campo de batalla de esos mismos intereses.

A fines de la década, en cambio, una nueva iniciativa del Estado ofreció la otra cara posible del avance estatal tecnocrático: en este caso se trataba de un conjunto de especialistas de reconocida capacidad, quienes, liderados por Pinedo, intentaron regular y administrar a la sociedad desde su lugar en el Estado. Su fracaso, aunque puede ser explicado por razones políticas coyunturales, demuestra hasta dónde esta modalidad estará lejos de adecuarse a las condiciones de la política argentina.

La cultura bajo el signo de la crisis

Tradicionalmente, los análisis sobre los procesos culturales de los años treinta han insistido en el drástico cambio de tono que se registra con relación a los años veinte. Los debates despreocupados, festivos, llenos de sátiras e ironías burlonas de los «años locos» se habrían convertido en la reflexión seria, preocupada y hasta algo triste de los años treinta.

Como lo ha señalado María Teresa Gramuglio, esta imagen de la evolución intelectual se adecua demasiado bien a los cortes políticos inaugurados por el golpe del treinta como para poder dar cuenta de las especificidades del campo y, si bien no debe ser descartada por completo, es preciso matizarla para identificar adecuadamente la naturaleza de las rupturas y, a la vez, incorporar las muchas continuidades que es posible registrar entre ambas décadas. En varios sentidos, esta visión un tanto esquemática de la cultura en los años treinta recoge la impugnación retrospectiva claramente negativa que subyace en la fórmula «década infame» que ha sido utilizada innumerables veces para referirse al período 1930-1943, desde que fuera acuñada por el intelectual nacionalista y filonazi José Luis Torres a mediados de los años cuarenta.

Los años treinta estuvieron marcados por un conjunto de procesos culturales que dejarían huellas profundas en la cultura argentina y, aunque es cierto que la crisis fue el gran disparador de la mayor parte de los mismos, también lo es que no todos los intelectuales transformaron esa crisis en perspectivas pesimistas acerca del futuro. En cambio, la magnitud del impacto de la crisis no puede ser exagerada. Por un lado, las lecturas en clave de crisis eran alentadas por problemas locales, en especial el golpe de Estado y el rumbo incierto de la política, junto con las dificultades cada vez más importantes que encontraba el país para sostener su crecimiento sobre la base del modelo ampliamente consensuado durante el medio siglo anterior. En este sentido, por ejemplo, el tratado Roca-Runciman, sonoramente denunciado en la opinión por ser extremadamente desventajoso para los intereses nacionales, confirmó las previsiones antiimperialistas (centralmente antibritánicas) que venían sosteniendo nacionalistas de derecha y de izquierda, además de ofrecerles un argumento fundamental para difundir sus ideas. Pero, por otro lado, la crisis tenía una dimensión internacional que impactó con fuerza entre los intelectuales argentinos, lo cual implicaba que no sólo se discutía acerca del lugar de la Argentina en el mundo, sino, fundamentalmente, sobre la naturaleza de ese mundo en el cual el país debía –o no, según los casos– insertarse.

La rápida radicalización política provocada por la crisis, el ascenso del nazismo, la Guerra Civil española y finalmente la guerra mundial impactaron muy profundamente en el mundo cultural argentino dando lugar a significativas consecuencias. En principio, las reacciones antiliberales (en el sentido que hemos mencionado, no sólo vinculadas con un grupo de ideas específicamente liberales sino también como consenso acerca de un modelo nacional) que durante los años veinte habían estado limitadas a grupos minoritarios, comenzaron a difundirse como la clave privilegiada para la interpretación de un presente pleno de incertidumbres. Pero esta clave de análisis, que determinó tan profundamente las opiniones de los intelectuales, no necesariamente dio lugar a visiones pesimistas del presente y, sobre todo, del futuro. Por el contrario, para muchos pensadores, la crisis que destruía un pasado ignominioso permitía vislumbrar un futuro más positivo: así lo concibieron muchos intelectuales de izquierda –quienes obviamente no podían sino celebrar lo que parecía ser la crisis definitiva del capitalismo–, pero también muchos pensadores católicos o filofascistas, para quienes el hundimiento del mundo plutocrático, democrático y liberal no podía sino abrir las puertas a un régimen más acorde con los principios que defendían[1]. Esta situación disparó el factor más destacado de este período: la cultura fue intensamente atravesada por las opciones políticas.

---

1. Al respecto, es bueno recordar que antes de convertirse en sinónimo de crimen, el nazismo y el fascismo despertaron visiones utópicas tan profundas y convincentes como las despertadas por la URSS.

La politización de la cultura marcó un fuerte contraste con el período anterior. Si el proyecto *Nosotros* –es decir, el de un campo cultural integrado que, aun incorporando sus debates, podía compartir una única revista– parecía algo inadecuado en los años veinte, en la década siguiente se convirtió en absurdo e imposible. Aun a comienzos de los años treinta, en la prestigiosa revista *Sur* (1931) podían escribir indistintamente un comunista como Elías Castelnuovo y un católico nacionalista como Carlos Ibarguren. Pero a partir de 1935, y en especial desde el estallido de la Guerra Civil en España, esta situación se volvió cada vez menos factible. Aunque la influencia de la contienda española en la política partidaria y electoral argentina fue más bien escasa, en cambio fue crucial para el mundo intelectual: a partir de ella ya no se trató de desplegar opiniones diversas dentro de un universo compartido, sino de imponer alternativas radicales que no sólo excluían a quienes pensaran de otra forma, sino que habilitaba –al menos en algunos casos– a reclamar su exterminio. Así, el campo cultural comenzó a estar atravesado por líneas de fractura política que no sólo demostraron ser particularmente profundas e infranqueables, sino que además rápidamente se convirtieron en institucionales y hasta personales, y se superpusieron a aquellas más propiamente estéticas que venían delineando los debates desde los años veinte[1].

Aunque es cierto que este proceso afectó a todo el campo intelectual, también lo es que uno de los factores determinantes de esta situación fue el avance cada vez más irrefrenable del nacionalismo y, fundamentalmente, del catolicismo.

---

1. Aunque significativa, la diferencia que señalamos entre ambas décadas es relativa. Sin ser el eje de las discusiones, la política no estuvo completamente ausente en los años veinte, como lo demuestra la crisis de la revista vanguardista *Martín Fierro,* provocada por la posición de muchos de sus colaboradores a favor de la reelección de Yrigoyen.

Fenómeno crucial de la década del treinta, el integrismo católico se ofreció para muchos como la alternativa más sólida frente a las perplejidades de un liberalismo que ya no ofrecía mayores certidumbres. Como hemos visto, el avance del nacionalismo católico no se inició en esta década, pero fue durante los años treinta cuando adquirió absoluta visibilidad y comenzó a ocupar cada vez más lugares de poder, hasta que encaró el asalto definitivo del Estado luego del golpe de junio de 1943. El acto multitudinario que se produjo con motivo del Congreso Eucarístico (1934) dejó en claro dos puntos: el catolicismo era capaz de convocar a las mayores multitudes jamás reunidas en la Argentina y, si eso era así, lo era porque ya no se trataba de una cuestión de mujeres y jóvenes —como, no sin cierto prejuicio, se creía hasta entonces—, sino que involucraba a un amplio público masculino. De todos modos, tampoco hay que confundir las características de este avance católico: el mismo tenía menos relación con la multiplicación de los practicantes efectivos que con el irrefrenable avance de una forma de concebir la sociedad que tuvo su mejor éxito en la asociación unilineal del catolicismo con la identidad nacional y con su tradición histórica. Se trataba entonces no de un Ejército disciplinado a las órdenes de las jerarquías eclesiásticas, sino más bien de un amplio universo de creencias que podían vincularse indistintamente tanto con ideas afines con el régimen constitucional argentino como con una radical simpatía por el fascismo europeo, el autoritarismo militarista y el antisemitismo militante. Ciertamente, la actitud de las jerarquías eclesiásticas a partir de la Guerra Civil española no favorecieron las posiciones moderadas: por el contrario, la idea de la existencia de una cruzada mundial contra los principios laicos, racionalistas y liberales que, naturalmente, engendran la anarquía y el comunismo funcionó como un catalizador del ascenso de las posturas más extremistas y radicalizadas. Los principales elementos del catolicismo de entreguerras —integrismo jerárquico, corporativismo, neotomismo, antisemitismo– empalmaron perfectamente con muchas de las variantes del nacionalismo, incluyendo el odio común a Gran Bretaña y Estados Unidos, ejemplos de sociedades modernas a la vez materialistas, plutocráticas y heréticas. La Guerra Civil española dio a estas convicciones la causa que las convirtió en cruzada, una cruzada que en el caso argentino adquirió un inequívoco tono de revancha por un pasado de marginación.

Ciertamente, para la izquierda también ésta fue la ocasión de expresar convicciones más sólidas y firmes; sin embargo, tanto por no contar con un armazón institucional como la Iglesia, como por su adscripción a una tradición que incluye el racionalismo y la modernidad, fue mucho menos revulsiva que el catolicismo de derecha. No es totalmente cierto que la izquierda careciera de instituciones significativas; por ejemplo, el Partido Socialista tenía una importante presencia en muchas ciudades, pero su naturaleza moderada y su adscripción a buena parte de los principios constitucionales lo inhabilitaba para cumplir un rol antisistema como el encarnado por la Iglesia. Tampoco el comunismo cumplió este papel, primero porque durante los años veinte fue sumamente desconfiado en relación con los intelectuales y, luego de 1935, porque la política oficial del «Frente Popular» lo convirtió en un partido dispuesto a contemporizar con los aspectos «burgueses» de la política y la sociedad.

Nada se parece en la izquierda a ese asalto en tono de cruzada emprendido por la Iglesia y la cultura católica y, por ejemplo, el panteón histórico reivindicado por la izquierda solía no diferir del panteón denominado «oficial» por los revisionistas católicos. De todos modos, una amplia gama de escritores de izquierda como Álvaro Yunque, Raúl González Tuñón, José Portogalo, Roberto Mariani, Elías Castelnuovo, Leónidas Barletta y Aníbal Ponce expusieron sus posturas, que solían incluir un apoyo a una experiencia soviética que seguía despertando más ilusiones que real conocimiento. La revolución era más un fundamento que un despliegue empírico de lo sucedido en Rusia, aunque no faltaron los intelectuales de izquierda que realizaron el viaje ritual a la URSS. Tampoco fueron pocas las revistas de izquierda que emularon a la ya decana *Claridad,* aunque su proliferación también es índice de hasta dónde en el interior de la izquierda las diferencias políticas estaban imponiendo situaciones irreconciliables.

Otros grupos, menos identificables con la izquierda aunque tampoco pueden ser asimilados con la derecha integrista, también se hicieron oír durante los años treinta. Un ejemplo es el grupo FORJA, inicialmente un desprendimiento del radicalismo, pero que tuvo mucho más impacto en el mundo intelectual que en el específicamente político, donde prácticamente no tuvo mayor trascendencia. Agrupados a partir de un nacionalismo antiimperialista de corte popular, formaron parte de este grupo intelectuales como Raúl Scalabrini Ortiz, Arturo Jauretche, Homero Manzi, Gabriel del Mazo. El forjismo fue sumamente ambiguo y confuso desde el punto de vista ideológico; así, el odio de un Scalabrini Ortiz por Gran Bretaña lo llevó a colaborar sin mayor preocupación en revistas nazis auspiciadas por la embajada alemana, a la vez que en el plano local reivindicaba con sinceridad una activa democracia popular. La mayor parte de los forjistas se adheriría más tarde al peronismo.

El «ensayo sobre el ser nacional» y otras reflexiones

Una de las manifestaciones más sintomáticas de las reflexiones surgidas de la crisis fue el llamado «ensayo sobre el ser nacional». Frente a una crisis que ponía en cuestión, entre otras cosas, las formas de identidad tradicionales, muchos intelectuales llegaron a la conclusión de que allí residía un problema esencial de la Argentina. Hay quienes transitaron alternativas pesimistas, como Ezequiel Martínez Estrada quien, en *Radiografía de la Pampa*, retomó la vieja dicotomía decimonónica ciudad-civilización/campo-barbarie para proclamar la victoria irreversible del segundo término. Pero otros intelectuales no llegaron a conclusiones similares; así, el por entonces ampliamente reconocido Eduardo Mallea, en *Historia de una pasión argentina* proclamó que la crisis era resultado de la existencia de una Argentina «visible» cuya frivolidad le impedía encontrar una salida, pero al mismo tiempo postulaba la presencia de otra Argentina, invisible, reducto de todas las virtudes, que pronto ocuparía el lugar de la primera. En otra obra que sin encuadrarse como ensayo recorre este tipo de reflexiones, Scalabrini Ortiz desplegó una visión también optimista en *El hombre que está solo y espera*.

Otra modalidad de reflexión sobre el presente que extendió buena parte de sus explicaciones hacia el pasado fue el «revisionismo histórico». Siguiendo la moda de la época, el revisionismo sostenía que existía una historia a la que denominó «oficial» que estaba basada en una pura apariencia o, utilizando la expresión de Ernesto Palacio, una «historia falsificada». En cambio, existiría una historia oculta pero verdadera que había sido escamoteada a los argentinos, pero que estos historiadores estaban dispuestos a revelar. Esa otra historia, de fuerte raigambre hispanista, nacionalista y católica, a la vez que furiosamente antibritánica, elaboró también un nuevo panteón encabezado por Juan Manuel de Rosas.

Sin embargo, no toda la producción literaria se vio seducida por la reflexión ensayística. Una importante continuidad basada en la exploración de los mecanismos estéticos de la narración literaria tuvo lugar entre varios de los escritores de la revista *Sur*. Fundada en 1931 por Victoria Ocampo, *Sur* se convirtió muy rápidamente en la revista cultural más importante de la Argentina y una de las más importantes de habla hispana. Allí no sólo escribieron varios de los más destacados escritores nacionales (Mallea, Borges, Girondo, Bioy Casares, Martínez Estrada) sino también importantes intelectuales extranjeros como Waldo Frank o Roger Caillois. Las traducciones de autores extranjeros se destacaron por su indiscutida calidad. Por cierto, tampoco *Sur* quedó fuera de la discusión política de los años treinta, en especial de aquellas cuestiones vinculadas con la política internacional. Aunque inicialmente su postura fue un tanto ambigua, a medida que se cristalizó la oposición radical entre derecha e izquierda, *Sur* apostó claramente a favor de una posición moderada siempre contraria a todas las formas de totalitarismo. Por esa razón, en una época en la que esos totalitarismos parecían gozar de buena prensa y se los concebía como «populares», muy pronto fue estigmatizada por su tendencia «liberal y elitista».

La cultura de masas

Si existe algún aspecto en el que 1930 no señala ninguna clase de ruptura es en la evolución de la cultura de masas. Las novedades fueron menos importantes que en la década anterior, aunque se fundaron dos importantes editoriales: Sudamericana, por el español Antonio López Llausás, y Emecé, por Bonifacio del Carril. Esta proliferación de editoriales no era fruto de la casualidad: la guerra en España hizo de la Argentina el principal referente editorial en lengua castellana: de 3 millones de ejemplares en 1936 se pasó a 9 millones en 1939 y a 12 en 1940. La guerra mundial planteó algunos problemas serios para las empresas editoriales al alterar el mercado del papel.

El tango continuó siendo la melodía más escuchada; hubo algunos autores, como Enrique Santos Discépolo y

Enrique Cadícamo, que introdujeron los temas de la crisis en sus letras. Como puede observarse en el famoso «Cambalache» (Discépolo), estas letras revelan cierta nostalgia por un mundo en que las cosas parecían más ordenadas y ajustadas a los valores del ascenso social. La radio, que tanto favoreció la difusión del tango, siguió aumentando su público, en especial a partir de las radionovelas, esperadas con avidez por grandes y pequeños. Pocas novedades se produjeron en el ámbito del periodismo escrito; los diarios eran exactamente los mismos que en la década anterior.

Posiblemente el cambio más significativo se produjo en la cinematografía. El paso del cine mudo al sonoro, que en la Argentina se inauguró con la década, provocó un problema para las películas norteamericanas, dado que aún no se recurría al doblaje. Eso permitió el desarrollo explosivo de una verdadera industria cinematográfica que al final de la década no sólo producía buena parte de las películas que se veían en el país sino que avanzaba con éxito en el mercado hispanoamericano. Este avance puso en alerta a la propia industria estadounidense, que lo sintió como una amenaza. Uno de los recursos utilizados por las grandes productoras para hacer frente al avance del cine argentino fue contratar a sus grandes figuras, como sucedió con Carlos Gardel, quien poco antes de su muerte en 1935 fue contratado por la Paramount como artista exclusivo para filmar varias películas.

Tercera parte

**La inestabilidad como constante.
La Argentina de Perón a Videla
(1943-1976)**

Son tres los elementos que caracterizan este período:

1) La aparición, consolidación y sucesivas crisis del peronismo en el terreno político, con una amplia repercusión en el conjunto de la sociedad; una de sus consecuencias fue la intervención militar en la vida institucional de una manera habitual, lo que contribuyó al descrédito de la democracia;

2) La continuidad y profundización de la industrialización sustitutiva de importaciones liderada por el Estado en el campo económico, lo que generó cambios importantes en la estructura socioeconómica, aunque con resultados globales modestos en términos de crecimiento;

3) La irrupción de un clima sociocultural en el que se manifestaron tensiones inéditas –el enfrentamiento peronismo-antiperonismo, principal pero no único ejemplo– que culminaron en un estallido de violencia en la primera mitad de la década de 1970, asociado en alguna medida a circunstancias externas, pero directamente relacionado con la conflictiva situación del país en todos los órdenes.

Los años que nos ocupan fueron los de un acelerado crecimiento económico a nivel mundial –los «treinta gloriosos años»–, circunstancia que conduce a comparar lo ocurrido en Argentina respecto de los países cuyas estadísticas estamos transcribiendo.

ÍNDICE DEL PIB Y DEL PIB/HABITANTE EN 1946 Y 1975 (en dólares de 1990) (1946 = 100)		
	PIB (1975)	PIB/Hab. (1975)
Argentina	293	174
Alemania	661	543
Australia	368	199
Brasil	642	319
Canadá	379	206
Chile	207	114
España	504	383
EE.UU.	269	184
Italia	522	429
Japón	1.135	785
México	580	238
Reino Unido	204	175

FUENTE: Maddison (2003).

Este deficiente comportamiento global, que será dividido en períodos en los capítulos siguientes para permitirnos explicaciones más ajustadas, se manifiesta también al incluir en la comparación a otros países importantes de América Latina, como Colombia, Perú, Uruguay y Venezuela; de éstos, sólo Uruguay muestra peores indicadores, lo que tiende a fortalecer los argumentos de quienes afirman que el período entre la segunda posguerra y la crisis del petróleo fue, más allá de coyunturas que serán analizadas, un importante momento en el proceso de decadencia del país.

9. La irrupción de las masas
   (1943-1955)

No caben dudas respecto a que la aparición del peronismo, una de las consecuencias de la revolución del 4 de junio de 1943, condujo a una transformación del escenario político, ocupado desde la instauración de la Ley Sáenz Peña por la oposición entre radicales y conservadores. Sin embargo, en buena medida estos cambios fueron la manifestación de las nuevas realidades que, como hemos visto en el capítulo anterior, estaban afectando a la vida económica, con el consiguiente impacto en la estructura social.

Por lo tanto, en muchos aspectos la figura del general Perón y el movimiento que se forjó a su alrededor se presenta como una de las consecuencias derivadas de las realidades generadas por la crisis de los años treinta; en este sentido, el fenómeno peronista se asimila en varios aspectos a otros surgidos en el mismo ámbito latinoamericano; la expresión «populismo» se ha generalizado para designarlos. Sin embargo, la repercusión posterior del peronismo en la vida argentina obliga a analizarlo en profundidad, destacando sus particularidades y buceando en la sociedad para buscar explicaciones a esta vigencia tan particular.

La coyuntura económica

Si comparamos la evolución del PIB y del PIB por habitante de la República Argentina durante los años de los dos primeros gobiernos peronistas, nos encontramos con una realidad indiscutible: por primera vez desde 1870 asistimos a un período en el que el crecimiento económico de la República Argentina estuvo por debajo de todos los países con los que venimos realizando la comparación, con excepción de Chile. La explicación de esta realidad no es sencilla, pero intentaremos avanzar algunos elementos en las páginas siguientes.

ÍNDICE DEL PIB Y DEL PIB/HABITANTE EN 1946 Y 1955
(en dólares de 1990) (1946 = 100)

	PIB (1955)	PIB/HAB (1955)
Argentina	136	112
Alemania	284	278
Australia	151	127
Brasil	168	132
Canadá	150	127
España	138	127
Chile	126	106
EE.UU.	139	119
Italia	199	191
Japón	225	199
México	167	124
Reino Unido	121	116

FUENTE: Maddison (2003).

La política económica del peronismo

En el capítulo anterior hemos hecho referencia a las novedades introducidas por la guerra en el terreno económico: la generación de amplios saldos favorables de la balanza comercial por una fuerte caída de las importaciones y por un impulso exportador, que a los productos tradicionales agregó la presencia de las manufacturas, que abastecieron mercados vecinos desatendidos por el proveedor tradicional, EE. UU. Esta característica del comercio exterior fue acompañada de tensiones inflacionarias crecientes: luego de años con subidas de precios muy moderadas, en 1945 éstos ascendieron hasta el 19,7%; además, en ese año se produjo una caída del PIB de un 3%. La situación generaba intranquilidad, ya que si bien en el exterior la posición del país era sólida[1], el futuro de la economía internacional se presentaba difícil de prever.

La realidad surgida de la guerra mostró cambios de importancia para la economía argentina: el impulso exportador del sector manufacturero pronto se desinfló, disminuyendo en 1947 al 5,5% del total de las exportaciones. Las causas son internas y externas; a las primeras nos referiremos luego; centrémonos ahora en las exteriores.

En las últimas décadas, varios estudios nos muestran el nivel de enfrentamiento que hubo con los Estados Unidos, una de cuyas causas fue el intento por parte del gobierno norteamericano de hacer pagar al gobierno argentino su negativa a participar en la Segunda Guerra Mundial. El boicot que se implantó a partir de 1942 afectó negativamente a la economía nacional, y la continuidad en la aplicación de me-

---

1. Una parte de las divisas era de libre disponibilidad, como consecuencia de exportaciones realizadas a Estados Unidos y América Latina, pero también había divisas que estaban bloqueadas en Inglaterra, resultado del importante superávit comercial con este país durante la guerra. Al finalizar la contienda había un 65% de divisas de libre transferencia y un 35% bloqueadas.

didas restrictivas –como la prohibición de utilizar los préstamos del Plan Marshall para comprar productos argentinos– se prolongó hasta 1949, limitando así la presencia del país en el exterior.

Con independencia de estos condicionantes externos, las propias ideas de Perón respecto de la situación mundial fueron un factor importante en la orientación general de la política económica que se puso en marcha tras su triunfo electoral. Por una parte, supuso que la derrota del nazi-fascismo no iba a inaugurar un período de paz, sino que era previsible el estallido de una tercera guerra mundial entre Estados Unidos y la Unión Soviética, por lo que se necesitaba estar preparados para una contingencia de tamaña significación. Pero, por otra parte, si esos pronósticos no se cumplían, pensaba igualmente que la posguerra iba a ser muy problemática para la Argentina, pues la normalización de la circulación internacional de mercancías implicaba un serio riesgo para un país que había impulsado su crecimiento industrial sobre la base de la sustitución de importaciones, facilitada por la coyuntura bélica. Faltaría agregar un elemento más a la explicación del rumbo económico y social escogido por el peronismo: el temor de un sector significativo de la sociedad argentina –desde los militares hasta la Iglesia, pasando por nacionalistas de variado origen– a la aparición de una situación revolucionaria en la Argentina de la inmediata posguerra. Esa variante autóctona del «peligro rojo» impulsó el despliegue de la política social y de redistribución del ingreso por parte del peronismo, lo que para algunos era el precio a pagar por apartar a la clase obrera de la «bolchevización»; muchos conservadores, despiadados críticos de otros aspectos del peronismo, han destacado lo positivo de esta faceta, aunque teñida por la incurable demagogia del líder.

Una revisión de los nueve años de política económica del peronismo nos permite encontrar decisiones coyunturales contradictorias que obligan a cierta cautela a la hora de buscar las constantes de una gestión que atravesó por diferentes etapas. Sin embargo, sí aparecen claros algunos (pocos) principios: 1) la apuesta por una industrialización sustitutiva de importaciones que reservara el mercado interno para la producción local; 2) el papel activo otorgado al Estado, sin duda para apuntalar la orientación anterior pero también con objetivos más amplios, y 3) la búsqueda del pleno empleo.

No eran novedades revolucionarias para el momento; las condenas retrospectivas suenan rotundas, pero olvidan el espíritu de la época y las circunstancias específicas en las que debieron moverse los protagonistas; no es casual que a la salida de la guerra numerosos países impulsaran políticas destinadas a plasmar en la realidad los principios que hemos enumerado; el liberalismo neoclásico estaba en retirada en todas partes, manteniendo su vigencia exclusivamente en el ámbito académico. Además, los logros alcanzados por la Unión Soviética hacían pensar a muchos que la economía centralmente planificada era una alternativa atractiva. Lo dicho en manera alguna debe utilizarse como defensa a ultranza del camino elegido, pero debe tenerse en cuenta a la hora de explicar las decisiones adoptadas.

La época de oro (1946-1948)

Existe un consenso generalizado en que las líneas maestras del peronismo se manifestaron durante los tres primeros años de gobierno (1946-1948). El principal factor externo favorable fue el alto precio de los productos agrarios que el país exportaba, lo que contribuyó a potenciar la favorable posición en divisas que, como hemos visto, se originó como consecuencia de la coyuntura bélica. Pero, por otra parte, existía un atraso tecnológico, resultado, también, de las condiciones impuestas por el conflicto.

En esas circunstancias, las principales decisiones adoptadas fueron:

1) Un reforzamiento en la protección de la producción manufacturera, que ya había sido objeto de una legislación favorable durante 1944, acompañada de un régimen cambiario múltiple que favorecía la importación de materias primas y de bienes de equipo.

2) La nacionalización de los servicios públicos –teléfonos, gas, puertos, ferrocarriles, seguros...–, hasta el punto de conformarse un Estado empresario. Como consecuencia de esta orientación, el gasto público pasó entre 1946 y 1948 del 16 al 29% del PIB. En su nuevo rol interventor, el Estado actuó como inversor directo en determinadas ramas de la industria, creando compañías estatales o de capitales mixtos: fue el caso de la industria metalmecánica (Industrias Mecánicas del Estado), siderúrgica (Sociedad Mixta Siderurgia Argentina), química (Fabricaciones Nacionales de Productos Químicos), energética (Gas del Estado y Yacimientos Carboníferos Fiscales) y de transportes (Empresa de Líneas Marítimas Argentinas y Flota Aérea Mercante Argentina).

Dentro de la gestión intervencionista del Estado, la más importante (y controvertida) fue la nacionalización de los ferrocarriles. No sólo se trató de la operación de mayor magnitud –y que además simbolizaba los rasgos que había tenido la economía argentina durante la fase de orientación agroexportadora–, sino que presentaba varias dificultades coyunturales que le dieron una enorme significación y que, por tanto, justifican un apartado especial.

Como consecuencia de la Segunda Guerra Mundial, las transacciones comerciales entre Gran Bretaña y Argentina fueron claramente favorables a ésta. Sin embargo, los saldos provenientes del comercio exterior se acumularon en el Banco de Inglaterra bajo la forma de libras esterlinas inconvertibles, con garantía oro, pero no disponibles inmediatamente; en dos palabras, se trataba de «libras bloqueadas». Las operaciones para regularizar la situación se iniciaron poco después de acabada de la guerra y de la llegada de Perón a la presidencia, y culminaron con el tratado Miranda-Eady, por el que se desbloqueaban las libras y se permitía al gobierno argentino operar con ellas; la validez del tratado estaba sujeta al compromiso británico de restablecer la convertibilidad de su moneda. En una negociación posterior culminada en febrero de 1947 se firmó el contrato de compra-venta de los ferrocarriles por un total de 150 millones de libras, de los cuales 130 millones provenían de los saldos bloqueados en Londres. Esta operación se frustró cuando pocos meses más tarde Gran Bretaña adoptó la convertibilidad, pero tuvo que suspenderla cinco semanas más tarde debido a las corrientes especulativas. Se cerraba entonces para la Argentina la posibilidad de cambiar libras por dólares; hubo que efectuar una nueva negociación, que culminó en 1948 con la firma de un acuerdo por el que los ferrocarriles se pagaron en su mayor parte con un adelanto concedido por el gobierno inglés a cuenta de las exportaciones de carne. El saldo existente de libras bloqueadas siguió a disposición de la Argentina para futuros pagos.

Desde el inicio del proceso de adquisición, la nacionalización de los ferrocarriles fue objeto de arduas controversias. Hoy se tiende a valorar la operación como razonable en cuanto a los aspectos concretos de la negociación; lo que sigue estando en entredicho es el precio pagado por los activos, pero sobre todo la gestión posterior de los ferrocarriles, tema que sin duda ya escapa a las discusiones iniciales.

3) El control estatal del conjunto del sistema financiero, que le permitió desvincular la cantidad de dinero en circulación respecto de las reservas internacionales[1]; de esta ma-

---

1. El sistema consistía en que la cantidad de dinero dependía de las autorizaciones del Banco Central a las instituciones financieras, que se convirtieron en intermediarias, sin poder de decisión para dar crédito.

nera se dispuso de un instrumento adecuado para las intenciones gubernamentales de poder suministrar crédito amplio y barato al sector industrial.

4) La presencia del Instituto Argentino de Promoción del Intercambio (IAPI), que se constituyó en un elemento clave del intervencionismo estatal y que realizó una vasta tarea, destacando en la intermediación entre los productores rurales y el mercado externo, comprando las cosechas a precios más bajos para luego venderlas en el mercado internacional. La diferencia entre ambos precios le permitió disponer de recursos para financiar las tareas de la industria, concediendo créditos y/o subsidios. Se trataba de una clara transferencia de recursos desde el sector agrario al industrial, lo que además ayudó a controlar los precios internos de los alimentos, factor importante en la mejora de la situación de los asalariados.

5) Una política de ingresos que condujo a un sensible incremento de los salarios reales: el 46% entre 1942 y 1956; entre 1948 y 1955 la participación de los asalariados en el ingreso nacional alcanzó el 44%, el porcentaje más elevado de la historia. Por su parte, en el campo se verificó un aumento del número de propietarios, que pasó del 34 al 53% del total. En cualquier caso, no hace falta recurrir a las estadísticas: la mejora de las condiciones de vida de las clases subalternas era perceptible para cualquier observador mínimamente avisado; se reflejaba no sólo en un mayor consumo sino también en un acceso significativo a bienes culturales antes limitados a los sectores más acomodados.

6) Una actitud poco favorable al capital extranjero, que disminuyó notablemente su presencia en la economía argentina.

7) La pretensión estatal de organizar la vida económica y social por medio de los Planes Quinquenales. Si bien la referencia inmediata era la industrialización soviética de la

década de 1930, durante la segunda posguerra también en varios países capitalistas se elaboraron planes de desarrollo que, aunque de manera fundamentalmente orientadora, reflejaban la importancia que en ese momento se le otorgaba al Estado en los asuntos económicos. El Primer Plan Quinquenal (1947-1951) sancionaba oficialmente la prioridad que el gobierno otorgaba a la industria, y dentro de ella a la industria ligera: la alta protección arancelaria, el fácil acceso al crédito y el crecimiento del consumo condujeron a que el tejido industrial se fuera ampliando y diversificando gracias al «paraguas» que le proporcionaba el Estado; la preocupación por los costos y el desarrollo de economías de escala que permitieran aumentar la productividad no eran en manera alguna prioridades para empresarios que vendían sin mayores problemas todo lo que estaban en condiciones de fabricar.

Los resultados económicos de estos tres años fueron altamente positivos: el PIB creció a un promedio del 8,5% anual; el consumo creció un 13,6% anual y la tasa de inversión fue de un 15% del PIB. A su vez, las exportaciones pasaron de 1.004 millones de dólares en 1946 a 1.604 en 1948, lo que permitió mantener una balanza comercial favorable pese al gran incremento de las importaciones, que aumentaron de 504 a 1.568 millones de dólares en el mismo período. A pesar del aumento en el valor de las exportaciones, los volúmenes exportados no crecieron; era consecuencia simplemente de los elevados precios internacionales.

Los aspectos negativos eran una inflación que osciló entre el 13 y el 17% anual, y la disminución de las reservas, resultado de operaciones como la ya citada compra de los ferrocarriles o la repatriación de la deuda externa. No obstante, el balance final daba margen para el optimismo.

Los primeros problemas

Sin embargo, el período de bonanza finalizó en 1948; las dificultades que se presentaron en los años siguientes estuvieron nuevamente originadas en cuestiones externas e internas: las primeras se vinculan con la caída de precios que se verificó a nivel mundial en las materias primas, resultado en buena medida de la puesta en marcha del Plan Marshall, que incluía la compra masiva de alimentos por parte de Estados Unidos y su donación a los países europeos; al no participar la Argentina en el mismo, sus exportaciones cayeron de manera significativa; el valor de los productos vendidos en el exterior en 1948 no fue alcanzado nuevamente hasta 1969[1]. Los problemas internos se iniciaron a raíz de dos malas cosechas, la de 1949-1950 y la de 1951-1952; como consecuencia, uno de los pilares de la prosperidad, las exportaciones agrarias, disminuyeron de manera notable, generando un desequilibrio en la balanza comercial en tres de los cuatro años siguientes, lo que agravó el panorama externo, ya afectado por la salida de reservas en los años anteriores. La inflación, ya elevada en los años anteriores, superó el 30% en 1949, y no bajó del 25% hasta 1953.

Por otra parte, las dificultades de la industria en esta etapa eran una muestra de los límites de la sustitución de importaciones basada principalmente en bienes de consumo, y las dificultades existentes para el desplazamiento hacia la producción de bienes de capital. El desarrollo de estos sectores se veía obstaculizado por la complejidad tecnológica creciente de las ramas a sustituir y por la elevada demanda de capitales.

A fines de la década de 1940, las posibilidades de sustitución en los sectores de la industria ligera se habían agotado,

---

1. Incluso la mejora temporal que se produjo como consecuencia de la Guerra de Corea (1950-1953) no alcanzó para recuperar posiciones.

y en un contexto en que la producción industrial se destinaba mayoritariamente al mercado interno no se generaban divisas para cubrir los requerimientos de bienes importados, divisas que eran proporcionadas por las exportaciones agrarias.

Una de las consecuencias políticas de esos problemas económicos fue el cese a fines de 1948 del empresario Miguel Miranda, máxima autoridad económica hasta ese momento, como presidente del Banco Central y del Consejo Económico Nacional, y la designación en su lugar de Alfredo Gómez Morales, que a esos dos cargos sumó el de ministro de Hacienda.

Las respuestas del gobierno al estrangulamiento externo fueron varias, pero excluyeron un ajuste importante: 1) se llevó a cabo una limitada modificación en el tipo de cambio para incentivar las exportaciones; 2) la política del IAPI, orientada inicialmente a favor de la industria, se modificó para mejorar los precios pagados por los productos agrarios; 3) se facilitó el acceso al crédito a los productores agrarios para impulsar el equipamiento del sector; 4) aumentó la presión fiscal y se redujo el gasto público en la búsqueda del equilibrio presupuestario, y 5) se modificó la política respecto al capital extranjero, fuertemente restrictiva en los primeros años del gobierno peronista.

Los logros económicos fueron muy modestos entre 1949 y 1952: en este último año, el PIB estaba en los mismos valores de 1948, lo que iba acompañado de una disminución de aproximadamente el 10% en el PIB por habitante. Evidentemente, las medidas resultaban insuficientes, pero había factores extraeconómicos que impedían una política más rotunda, y entre ellos destaca sin duda la elección de 1951, que permitió una segunda presidencia de Perón. Una vez logrado el triunfo electoral, se estuvo en condiciones de encarar con fuerza los problemas.

La búsqueda de un nuevo rumbo

A principios de 1952, muy pocas semanas después de haberse impuesto ampliamente en los comicios que le concedieron un segundo mandato presidencial, Perón se decidió a poner en práctica un plan destinado a combatir los desequilibrios existentes en la economía, sobre todo la que parecía indomable inflación. Para hacerle frente se tomaron medidas que constituyeron modelos para ajustes posteriores: un incremento de la presión fiscal y una contención del gasto público conformaron los ingredientes de la receta ortodoxa; lo nuevo y diferente fue el congelamiento de precios, salarios y tarifas por dos años, destinado a cortar de raíz la dinámica inflacionaria; en adelante, los aumentos de salarios iban a estar vinculados a incrementos de la productividad. Como ocurre generalmente en estas operaciones, el efecto inicial fue positivo: la inflación cayó al 4% en 1953 y al 3,8% al año siguiente. Este éxito no fue el único: después de cuatro años de estancamiento se produjo un crecimiento del 5,3% en 1953 y del 4,1% al año siguiente. Además también se verificó un cambio de signo de la balanza comercial, que venía de un par de años de déficit. La política del IAPI, por su parte, continuó en la postura de manejar los precios de las exportaciones agrarias para favorecer a los productores del campo; en algún momento los precios pagados por el Estado fueron superiores a los internacionales, con lo que se compensaba, por lo menos parcialmente, el hecho de que el tipo de cambio estaba evidentemente sobrevaluado.

Estas referencias positivas no deben sin embargo apartarnos de una realidad indiscutible: la *performance* de Argentina en los años comprendidos entre 1949 y 1954 está claramente por detrás de lo ocurrido con el PIB de los países con los cuales estamos realizando la comparación, como podemos observar en el cuadro de la página siguiente.

Evolución del PBI (1949-1954)
(1949 = 100)

Argentina	109
Alemania	168
Australia	111
Brasil	127
Canadá	122
Chile	122
España	130
EE.UU.	128
Italia	141
Japón	157
México	136
Reino Unido	115

Fuente: Maddison (2003).

Creemos que una significación similar tiene el hecho de que, tomando como base de la comparación un período más amplio, se constata con claridad que la economía se cerró de manera notable: para citar sólo un dato estadístico, mientras que entre 1928 y 1950 el PIB creció el 77%, las cifras del comercio exterior apenas crecieron un 20%.

La reversión de la coyuntura se llevó a cabo sin realizar modificaciones estructurales, pero hubo algunos cambios significativos: el Segundo Plan Quinquenal (1952-1956) destacaba que luego de una etapa de apoyo a la industria ligera, era objetivo del gobierno «arraigar la industria pesada». Una de las condiciones para que esta orientación se concretara residía en la disponibilidad de capital, para lo cual, por una parte, se impulsó de diversas maneras el ahorro interno y por otra se modificó el comportamiento respecto del capital extranjero, que se plasmó en la ley promulgada en 1953, y sobre todo en las negociaciones celebradas por el gobierno con la California Argentina de Petróleo, que culminaron en abril de

1955 con la firma de un acuerdo que concedía a esta empresa una serie de beneficios de explotación en la Patagonia, que quedó sujeta, sin embargo, a la aprobación del Parlamento. El rechazo de la mayoría de los legisladores justicialistas a esta operación –cuando fue derrocado Perón no se había iniciado el tratamiento en el Congreso– mostró hasta qué punto el mensaje antiimperialista lanzado por Perón había calado entre sus partidarios.

El nuevo sesgo que se intentó imprimir a la vida económica desde el Estado no alcanzó, sin embargo, para alterar las coordenadas básicas dentro de las cuales se desenvolvía la misma. A principios de 1955 fue convocado con gran despliegue propagandístico un «Congreso Nacional de la Productividad y el Bienestar Social», pero sus conclusiones fueron extremadamente insustanciales: el foro no fue más allá de un enfrentamiento entre empresarios y sindicatos, en los que aparecieron visiones muy encontradas respecto de los caminos para aumentar la producción y ninguno de los sectores se manifestó dispuesto a ceder en cuestiones significativas.

Cuando se produjo la Revolución Libertadora, la situación económica no presentaba problemas nuevos: las exportaciones estaban estancadas en los niveles de 1946, y la relación del comercio exterior respecto del PIB había disminuido del 30 al 20%, pero éstos eran temas recurrentes del modelo económico peronista, y hay que decir que no fueron rectificados en los años siguientes.

Así como no genera una discusión importante entre los especialistas la afirmación de que no fue el comportamiento de la economía un factor significativo en la caída de Perón, en cambio es altamente controvertida la evaluación de la etapa justicialista en el recorrido realizado por el país a lo largo del siglo XX. En particular, los primeros años de la gestión peronista dejaron una marca indeleble, pues fue en esos años cuando se produjo el mayor giro hacia la industrialización sustitutiva con redistribución del ingreso.

En principio, pueden detectarse posturas que destacan los logros del peronismo en dos aspectos: la independencia económica, revirtiendo la situación de subordinación respecto del comercio exterior; y la justicia social, cancelando una deuda que la sociedad tenía con las clases trabajadoras. En cuanto a la importancia que adquiere la intervención del Estado, se sostiene que lo realizado por el peronismo estaba en línea con lo que ocurría simultáneamente en el mundo capitalista.

Frente a estas posiciones, existe una importante mayoría de estudiosos que desde diferentes corrientes analíticas y, por lo tanto, con argumentos en muchos casos divergentes, trazan un cuadro muy crítico de la política económica desplegada durante los dos gobiernos justicialistas.

Desde la perspectiva «desarrollista», la impugnación clásica se centra en destacar el erróneo énfasis que el gobierno puso en impulsar la industria ligera, prestando escasa atención a la industria pesada; esta orientación, sumada a la dependencia del país respecto de las exportaciones de un sector agrario no demasiado inclinado a buscar mejoras en la productividad, conformaban un panorama en el que la industrialización sustitutiva se veía limitada por la dependencia respecto de insumos básicos y tecnología importada. La rectificación realizada después de 1952 no habría sido lo suficientemente coherente como para producir un verdadero cambio de rumbo.

Un cuestionamiento más elaborado de la política económica justicialista afirma que la industrialización sustitutiva orientada hacia «adentro» tenía varias limitaciones serias en un país como la Argentina: un mercado interno limitado, un alto costo de la mano de obra –potenciado por la importancia política que adquirió el sindicalismo peronista– y un bajo nivel de ahorro.

Mucho más dura aún es la crítica formulada desde el campo liberal: en una apretada síntesis podemos decir que sus argumentos se centran en la idea de que la profundización en el proceso de cierre de la economía, iniciado en la década de 1930 como consecuencia de la crisis, transformado en una de las bases sobre las que se asentó el peronismo, fue el factor determinante de los problemas que experimentó el país después de la Segunda Guerra Mundial. En palabras de uno de los más caracterizados representantes de esa corriente, Roberto Cortés Conde: «mientras el mundo retomaba su cauce, la Argentina tomaba un camino excéntrico; se aislaba aún más». Además, la importancia adquirida por el sindicalismo en la estructura de poder, potenciada por la inexistencia de una importante reserva de mano de obra, determinó que se conformara un «capitalismo de invernadero» en el que la puja distributiva estuvo caracterizada por la posición de fuerza en la que se encontraban los representantes de la clase trabajadora, bloqueando cualquier tipo de ajuste en su perjuicio, dando lugar entonces a una situación de bajos niveles de crecimiento y fuerte inestabilidad política.

Las transformaciones sociales impulsadas por el peronismo

Sin duda, el peronismo en el poder dio lugar a una serie de transformaciones sociales de importancia, que si bien en buena medida no tuvieron su origen en 1945, alcanzaron en los años siguientes una dinámica que permite hablar en muchos terrenos de una ruptura con el pasado inmediato.

El otorgamiento de derechos sociales a los trabajadores fue sin duda uno de los aspectos más relevantes del gobierno peronista, y estuvo acompañado por medidas que tendieron a una mayor centralización y control por parte del Estado. Se trataba, en buena medida, de saldar la brecha que existía entre la legislación y las nuevas realidades sociales emergentes, sobre todo a partir de la década de 1930. Dentro de esta legislación, que respondía a los reclamos históricos del movimiento obrero, pueden enumerarse: la ley de despidos que estableció la indemnización por despido sin causa; el establecimiento del seguro social y las jubilaciones (que entre 1950 y 1955 llegó a su máximo histórico, entre el 80 y el 90% del salario del trabajador activo); la creación de Tribunales de Trabajo; la implantación del aguinaldo[1]. Además, se reconocieron las Asociaciones Profesionales, lo que condujo al fortalecimiento de los sindicatos como representantes de los intereses de los trabajadores.

También hubo cambios estructurales en otros terrenos: en el ámbito de la salud, por ejemplo, se crearon sucesivamente la Dirección Nacional de Salud Pública (1943), la Secretaría de Salud Pública (1946) y el Ministerio de Salud Pública (1949). La dirección de la estructura sanitaria estuvo en manos del Dr. Ramón Carrillo, quien transformó la salud de la población en una cuestión del Estado. La medicina social, definida como eminentemente preventiva, se transformó en uno de los pilares del peronismo. El Estado realizó una oferta sanitaria amplia para incidir permanentemente en el medio social, económico y cultural, a fin de combatir sus males y problemas.

La política oficial tendió a cubrir los derechos de los sectores sindicalizados, pero una gran proporción de trabajadores no estaban incorporados al sistema gremial. Un porcentaje importante de la población quedó fuera de las estructuras sindicales y de su sistema de provisión de asistencia y servicios sociales. De hecho, la mitad de los empleados del Estado no estaban afiliados a ningún sindicato. Las políticas sociales desplegadas por el peronismo, siguiendo la tradición de los gobiernos anteriores, mantuvieron su carácter sectorial, atendiendo las demandas de aquellos grupos sindicalizados

---

1. El aguinaldo es una paga extraordinaria equivalente al sueldo de un mes, que se abonaba a fin de año. En la década de 1960 se pasó a abonar en dos cuotas, una a finales de junio y la otra en la fecha tradicional.

con capacidad de presión sobre las autoridades, lo que evidentemente limitó el alcance de las políticas oficiales.

De todos modos, la inexistencia de cambios estructurales en la configuración socioeconómica del país implicó que esta política redistributiva alcanzara rápidamente sus límites cuando comenzaron a manifestarse los problemas del rumbo económico adoptado.

Eva y la Fundación Eva Perón

El peronismo no puede ser cabalmente comprendido si se deja de lado la figura de Eva Perón. «Evita», como la llamaban sus seguidores, fue el canal de comunicación entre el gobierno y los sectores populares no sindicalizados. A través de la Fundación Eva Perón, que vino a reemplazar a la aristocrática Sociedad de Beneficencia, se realizaron gran cantidad de obras dirigidas a los sectores más necesitados. En 1948 se creó la Fundación de Obra de Ayuda Social María Eva Duarte de Perón que luego, en 1950, dio origen a la Fundación Eva Perón, cuya finalidad era obtener una base de apoyo más amplia y la incorporación al sistema de sectores sociales, trabajadores o no, que estaban excluidos de éste. Así, esta institución, a través de la «ayuda social», funcionó como el nexo que permitía la inclusión de los elementos considerados más débiles de la sociedad: los pobres, las mujeres, los niños y jóvenes, los desocupados y subempleados, al tiempo que operaba también como elemento de atracción de dichos sectores.

El Estado y el movimiento obrero

La relación del peronismo con el movimiento obrero estuvo caracterizada por dos constantes: en primer término, la absorción de las organizaciones sindicales por parte del gobierno, que recortó su autonomía política; pero, y éste es el segundo rasgo, la permanencia de la actividad de las mismas en el terreno de las luchas por las reivindicaciones estrictamente económicas. La existencia de estas dos circunstancias en algún punto contradictorias se manifestaron desde la llegada de Perón a la presidencia; éste pudo, en los primeros años de su gobierno, ver en las distintas formas de movilización obrera que se produjeron un mecanismo a través del cual se equilibraba el hasta entonces escasamente cuestionado poder de la patronal; pero, en un momento posterior, su análisis lo llevó a deducir que una huelga, en alguna medida, representaba un desafío para el gobierno y su política.

La existencia de una organización sindical unificada, en condiciones de participar en las negociaciones con la patronal bajo la tutela del Estado, constituía uno de los fundamentos del ideario peronista, y la concreción de convenios colectivos fue la base de su estrategia de conciliación entre el capital y el trabajo. La CGT, luego de un intento de independencia a fines de 1946 neutralizado por Perón, quedó posicionada en una situación de subordinación política respecto del gobierno.

En los primeros años de gobierno, en plena expansión económica, el mecanismo de la negociación fue el vehículo a través del cual se produjo la mejora de la situación salarial de los trabajadores, aceptada, no sin quejas, por parte de los empresarios, aunque las mismas estaban atemperadas por la buena marcha de los negocios. Esta realidad tuvo como consecuencia un importante incremento de la afiliación sindical, que se duplicó con holgura entre 1946 y 1951, circunstancia que contribuyó a la emergencia de un proceso de burocratización en el que las aspiraciones de las bases tuvieron crecientes dificultades para hacerse oír en las altas esferas.

La situación se modificó con el fin de la bonanza económica, que llevó al gobierno a buscar, sobre todo a partir de 1952, nuevos caminos para afrontar las dificultades. Una de las decisiones adoptadas fue, como vimos, la de congelar los salarios y suspender las negociaciones colectivas por dos años, lo que trajo como consecuencia un desplazamiento de las posiciones de poder de los sindicalistas más involucrados en esta política de ajuste. José Espejo, secretario general de la CGT, fue desplazado de su cargo luego de ser abucheado y silbado durante los actos del 17 de octubre de 1952. Los nuevos dirigentes, aunque en algún caso se mostraron más reivindicativos en su gestión, nunca osaron desafiar la autoridad de Perón.

La mejora producida en la situación económica a partir de 1953 dio ocasión a que se iniciara un movimiento destinado a recuperar los niveles de salarios reales, afectados como consecuencia del paréntesis generado por decisión gubernamental. Entre fines de 1953 y mediados del año siguiente hubo un importante incremento de la conflictividad, asociada al hecho de que se ponían en marcha oficialmente las negociaciones para un aumento salarial, en las que se produjo la inédita circunstancia de que el Estado se distanció tanto de los obreros como de la patronal. El resultado –en el que tuvieron mucho que ver sindicatos no participados por la CGT– fue un incremento significativo en los salarios, lo que supuso en alguna medida superar las expectativas del mismo Perón.

El último período del gobierno estuvo caracterizado por su intento de comprometer a la CGT en la política de incremento de la productividad, considerado uno de los elementos fundamentales para consolidar la recuperación económica y conformar un nuevo acuerdo social. El fracaso del Congreso Nacional de la Productividad y Bienestar Social muestra hasta qué punto la central obrera podía en ciertas circunstancias llegar a controlar la presión ejercida por Perón sin cuestionar su liderazgo.

Cuando se produjo la Revolución Libertadora, la CGT fue exhortada por el general a no movilizarse en defensa del gobierno, pero era tal la subordinación al poder de la clase obrera organizada que no era capaz de montar una resistencia seria en esos momentos.

De cualquier manera, como se ha insistido, el período peronista fue el momento en el que el sindicalismo adquirió un papel fundamental en la vida política argentina, situación que no se modificó tras la caída de Perón.

El peronismo y el empresariado

No caben dudas respecto a que la política económica implantada por el peronismo favorecía en general los intereses de las clases industriales –distinta es sin duda la situación de los propietarios agrarios–; otro tema, en cambio, es determinar si esa realidad incontrastable se tradujo en un apoyo político significativo, teniendo en cuenta que desde su irrupción en el escenario político como consecuencia de la revolución de 1943, las actuaciones y las expresiones públicas de Perón manifestaban una significativa ambigüedad. Si en su conocido discurso del 25 de agosto de 1944 en la Bolsa de Comercio puso en primer plano su postura orientada hacia la conciliación de clases y destacó la importancia de la reforma social como freno para el comunismo, algunas de sus actitudes concretas generaron rechazo entre las organizaciones empresariales. Lejos de celebrar el dudoso beneficio que obtendrían a largo plazo por la derrota de un enemigo bastante fantasmal, los empresarios repudiaron las manifestaciones concretas de esa política –sobre todo el establecimiento del aguinaldo–, por lo que supuestamente implicaba para la salud de sus empresas; para muchos de ellos, la amenaza de desorden social no tenía su origen en las ideologías de izquierda sino en el propio gobierno. Alineados con la Unión Democrática, debieron afrontar la realidad de la derrota electoral.

Frente a esta situación, entre el empresariado se manifestaron situaciones diferentes, surgidas de dos cuestiones cruciales: 1) el mayor o menor beneficio obtenido de las decisiones del gobierno, que incluían la expansión del mercado interno pero también una vigorosa política de redistribución de ingresos; y 2) la adhesión que podía suscitar el nacionalismo económico gubernamental entre miembros de distintas clases sociales.

Los límites que encontraban las organizaciones empresariales quedaron definidos muy pronto, cuando se procedió a intervenir a la Unión Industrial Argentina a raíz de la elección de una comisión directiva opositora al gobierno.

Las expectativas de Perón de contar con una organización empresarial que se constituyera en interlocutora del gobierno en igualdad con la CGT se hicieron realidad con el surgimiento en agosto de 1952 de la Confederación General Económica (CGE), una institución en la que tenían participación fundamental los empresarios del interior, quienes encontraban numerosas razones para sentirse cercanos a ciertos aspectos del ideario peronista. Presidida por José Ber Gelbard, un catamarqueño hijo de judíos polacos, la CGE defendía con fuerza las ideas de conciliación entre el capital y el trabajo, y aunque coincidía con la política intervencionista del gobierno, nunca manifestó una adhesión incondicional al peronismo. De cualquier manera, cuando desde el gobierno se implantaron cambios en la política económica, su discurso incorporó el tema de la productividad.

Las clases medias y el antiperonismo

Una revisión del comportamiento de las clases medias frente al peronismo corre el serio riesgo de caer en simplificaciones y generalizaciones poco precisas, pero lo cierto es que se trata de abordar uno de los temas centrales del fenómeno de ruptura sociocultural que significó la aparición de las clases trabajadoras en ámbitos en los cuales con anterioridad no tenían acceso.

Para amplios sectores de las clases medias urbanas, muchos de los cuales incluso pudieron verse favorecidos por el proceso de redistribución de ingresos impulsado por Perón, la presencia de los obreros –en su mayoría hombres de piel oscura, que se movían con las dificultades propias del recién llegado a los grandes núcleos urbanos– desarrollando sus propias pautas de consumo y ocupando un lugar visible dentro de la sociedad, generó una reacción negativa que se trasladó a quien había facilitado estos cambios. El fenómeno de la prolongada y profunda tensión peronismo-antiperonismo no puede explicarse en manera alguna en términos de lucha de clases: si bien las clases tradicionales aborrecieron casi unánimemente a Perón (y sobre todo a Evita), el fenómeno fue mucho más allá, abarcando a quienes vieron en el ascenso social que implicó la política peronista una intolerable irrupción de «plebeyismo». La ostentación de las posibilidades de consumo que la nueva realidad económica brindaba y el traslado a la ciudad de sus diversiones y gustos se convertía en una ofensa para la «gente educada», que en numerosas ocasiones no disponía de ingresos muy superiores a los de quienes eran objeto de su desprecio. Se fue forjando así –potenciado por el discurso y el comportamiento propio del peronismo, que progresivamente comenzó a descalificar a cada opositor como un representante de la «antipatria»– un enfrentamiento que se manifestó en diferentes terrenos, incluido el simbólico. La definición de John William Cooke del peronismo como «el hecho maldito del país burgués» sirve, más allá de la intención con que fue elaborada, para mostrar la profunda división que se produjo en la sociedad argentina, y explica fenómenos como el desbordante entusiasmo con que en los barrios de clase media de la ciudad de Buenos Aires se festejó el triunfo de la Revolución

Libertadora en septiembre de 1955, aunque las operaciones de los «libertadores» incluyeron la amenaza de la Marina de bombardear la ciudad, una amenaza que ya se había concretado en junio, cuando un bombardeo aéreo produjo casi un millar de víctimas entre muertos y heridos.

La existencia de esa división en las entrañas de la sociedad contribuye a explicar la inestabilidad posterior, ya que existieron dos campos discursivos bien delimitados, peronismo/antiperonismo, con poca voluntad de vinculación; de ahí que la política tuvo enormes dificultades para desplegarse cuando el opositor pasaba a considerarse algo parecido a un enemigo.

La evolución política

El golpe de junio de 1943 fue inicialmente recibido con entusiasmo por parte de la oposición a Castillo, en especial por la UCR, que creía que se pondría fin a los años de fraude y se abriría el camino para su llegada al poder. La heterogeneidad política e ideológica del Ejército, que se hizo cargo del gobierno –demostrada en la frustrada candidatura del general Arturo Rawson para ocupar la primera magistratura que en horas fue reemplazada por la del ministro de Guerra, general Pedro Pablo Ramírez–, parecía confirmar esa posibilidad. Sin embargo, en pocas semanas quedó claro que existía un grupo de oficiales medios (mayoritariamente coroneles y tenientes coroneles), de sólidas ideas nacionalistas y simpatizantes de las potencias del Eje, que estaba dispuesto a imponer un rumbo muy diferente al gobierno militar. Estos oficiales estaban organizados en una logia secreta llamada Grupo de Oficiales Unidos (GOU), de la cual formaba parte el entonces coronel Juan Domingo Perón. Para ellos, no se trataba simplemente de terminar con una situación anómala vinculada con el fraude, sino de modificar drásticamente las condiciones del ejercicio de la política en la Argentina: como primer paso, los partidos políticos fueron intervenidos al igual que muchos sindicatos, y Acción Argentina –la asociación que encabezaba la opinión proaliada–, fue disuelta. La censura y una rígida moralina fueron impuestas drásticamente en todos los medios de comunicación.

Para los oficiales del GOU esta ofensiva estaba plenamente justificada, toda vez que consideraban que la Argentina incubaba una revolución social que llevaría directamente a la imposición del comunismo. Ante la inminencia de tan tremenda catástrofe, se veían a sí mismos como los salvadores de los principios nacionales y católicos a los que imaginaban parte de una lejana tradición argentina, aun cuando en rigor significaban una novedad que se desprendía de la reciente, aunque profunda, crisis del consenso liberal. En tal sentido, el nuevo ministro de Educación, fanático católico y antisemita, el escritor Gustavo Martínez Zuviría, impuso por decreto la educación religiosa obligatoria en todos los colegios, rompiendo con seis décadas de educación laica. Pero este suceso, uno de los más notorios del nuevo régimen, revelaba otro de sus rasgos más significativos: a pesar del mote de «nazifascista» que muy pronto la opinión opositora imputó al gobierno de facto, la alternativa que estos oficiales pretendían imponer en contra del modelo político liberal-democrático no se inspiraba tanto en los modelos europeos –aunque en algunos aspectos pudiera hacerlo– como en los postulados integristas de la Iglesia católica, exitosamente difundidos entre los rangos medios y bajos de la oficialidad.

El gobierno de Ramírez continuó la política neutralista de su antecesor, pero esta actitud se hacía cada vez más difícil de sostener. Por un lado, los Estados Unidos –que habían hecho de la guerra una cruzada de la civilización democrática contra el nazismo– presionaban para la intervención de todos los países americanos en la contienda; era además evidente que la balanza militar se inclinaba inexorablemente en favor de los aliados. Por otro, la cada vez más numerosa oposición interna veía su lucha como una parte más de aquella cruzada y festejaba cada avance de los aliados como una victoria propia; así sucedió con el masivo acto con el que la oposición celebró la liberación de París. En esta situación, Ramírez se vio obligado a romper relaciones con Alemania y Japón en enero de 1944. La reacción del GOU no se hizo esperar: en marzo, un golpe palaciego depuso a Ramírez y colocó en la presidencia a su ministro de Guerra y referente del GOU, el general Edelmiro Farrell, mientras el estratégico ministerio vacante fue ocupado por el coronel Perón, cuyo creciente poder comenzaba a provocar recelos. Pero no se trataba sólo de recelos personales: a diferencia de sus camaradas, Perón creía que la política puramente represiva del gobierno –que para entonces sólo había logrado un masivo rechazo que tendía a aislarlo y acorralarlo– debía ser reemplazada por otra actitud más orientada a atraer a sectores amplios de la población.

Perón ya había comenzado a ensayar tibiamente esta nueva política, desde el modesto puesto que inicialmente le había encomendado Ramírez a la cabeza del Departamento de Trabajo, en donde, con discreción, además de elevar el estatuto del Departamento y convertirlo en Secretaría de Estado, inició contactos cotidianos con los dirigentes sindicales. Aunque no era mucho lo que tenía para ofrecer cuando todavía primaba una política puramente represiva, el sólo hecho de que un funcionario los atendiera y escuchara suponía una novedad que los dirigentes sindicales no podían dejar de notar. A medida que Perón fue acumulando poder –a mediados de 1944 sumó el cargo de vicepresidente–, sus contactos con los dirigentes sindicales comenzaron a estar acompañados por medidas concretas en favor de los trabajadores organizados. Para Perón, esta estrategia tenía dos beneficios: a corto plazo, le permitía al gobierno escapar del asfixiante aislamiento político al que estaba sometido, pero, a más largo plazo, una política de concesiones que elevara el nivel de vida de los trabajadores permitiría conseguir el objetivo más importante: eliminar cualquier riesgo de avance comunista. En efecto, la política conciliadora de Perón no incluía a los sindicatos liderados por comunistas; es más, por lo general alentaba a grupos opositores a éstos para formar organizaciones sindicales paralelas que eran rápidamente reconocidas por su Secretaría, al tiempo que los antiguos dirigentes eran encarcelados y sus organizaciones disueltas. Gracias a esta política, los sindicatos obtenían beneficios novedosos, como nuevos y favorables convenios colectivos, vacaciones pagadas y descanso dominical. La aprobación del Estatuto del Peón Rural representó una novedad para un ámbito laboral que hasta ese momento escapaba a toda regulación pública.

Perón estimaba que su estrategia sería comprendida y bienvenida por los patrones, pero no fue así: la mayor parte de los empresarios no compartieron su política preventiva, en buena medida porque tampoco compartían los diagnósticos –algo tremendistas y desproporcionados, por cierto– que anunciaban el pronto arribo de la revolución comunista a la Argentina.

Mientras tanto, el régimen ahora claramente guiado por la mano firme de Perón se ponía a tono con las novedades internacionales: en marzo de 1945 declaró la guerra a las potencias del Eje y fueron purgados del gobierno muchos de los simpatizantes del nazismo. Pero esto no fue suficiente para satisfacer a la oposición que, envalentonada por la derrota alemana, incrementó el nivel de su crítica contra el gobierno. A esta oposición se sumaban ahora las asociaciones patronales que detestaban la política social impulsada por el gobierno. Frente a esta situación, Perón modificó drásticamente su discurso: en una clave cada vez más clasista, defendió sus reformas y atacó a los empresarios por su incapacidad para advertir que eran sólo la consagración de derechos indiscutibles. De esta manera, Perón buscó solidificar su alianza con los sindicatos descartando por el momento su intento por conformar un frente policlasista.

Para muchos oficiales ésta fue la gota que rebasó el vaso. El 9 de octubre Perón fue obligado a renunciar a todos sus cargos y poco después fue detenido: su breve pero intensa aventura política parecía terminada. Pero no fue así. Ante el temor de una marcha atrás en las medidas sociales, el 16 de octubre la Confederación General del Trabajo (CGT) proclamó una huelga general que, sin embargo, fue desbordada por una movilización de trabajadores que, desde el sur de la ciudad, comenzaron a marchar hacia el centro. Pese al mito que luego se construyó sobre ella, hoy sabemos que la manifestación obrera del 17 de octubre, si bien sorprendió a muchos líderes sindicales, no fue tan espontánea como se creía: no sólo porque participaron varios sindicalistas en su organización, sino también porque tuvo el apenas velado apoyo de la policía, que simpatizaba con Perón. Aunque en el gobierno se discutió la posibilidad de evitar por la fuerza la llegada de los manifestantes a la Plaza de Mayo (ubicada frente a la Casa Rosada en pleno centro de la ciudad de Buenos Aires), las discusiones se prolongaron hasta que ya era tarde para tomar cualquier decisión. Una multitud se agolpaba en la plaza y pedía a gritos la libertad de Perón y la restitución de sus cargos. El gobierno se vio obligado a ceder; Perón fue repuesto en sus cargos y apareció en los balcones de la casa de gobierno ante la algarabía de la muchedumbre: primera versión de un ritual plebiscitario que se repetiría incontables veces a lo largo de su vida política. En los días siguientes los enemigos de Perón fueron desplazados del gobierno. Su inesperada victoria no podía haber sido más contundente.

Las elecciones de 1946

Anunciadas para febrero de 1946, las elecciones decidirían el futuro de Perón, ahora claramente identificado como el candidato de la continuidad del régimen. Una vez restituido en sus cargos, Perón inició contactos con los sectores del radicalismo que habían sido críticos de los líderes nacionales del partido. Para el flamante candidato era fundamental sumar otros apoyos a los que le ofrecían los dirigentes sindicales al menos por dos razones: la primera, porque no estaba convencido de que los sindicatos fueran suficientes para encarar y ganar unas elecciones; la segunda, porque prefería contar con un ala política que le permitiera eludir una dependencia excesiva de los sindicatos. Tampoco se trataba de una actitud novedosa, toda vez que retomaba su idea original de una alianza socialmente heterogénea. El rechazo del poderoso líder radical cordobés Amadeo Sabattini –a quien ofreció el segundo término de la fórmula– no evitó que muchos dirigentes de la línea interna llamada UCR-Junta Renovadora aceptaran el ofrecimiento de Perón. Por su parte, los dirigentes sindicales organizaron su propio partido, al que, en honor al que acababa de ganar las elecciones en Gran Bretaña, denominaron Partido Laborista.

La oposición también se organizó, tratando de presentar una lista única, a lo que contribuía el que desde el estallido de la Segunda Guerra las posiciones de socialistas, radicales, demócratas progresistas y comunistas se estaban acercando a través de la común militancia antifascista y, luego de 1943, de la oposición al régimen militar. Así se formó la Unión Democrática, una alianza que coincidió en una fórmula presidencial de origen radical alvearista, aunque no lo hizo en las listas para cargos de legisladores nacionales y autoridades provinciales. Los conservadores solicitaron su incorporación, pero el veto radical fue contundente al considerarlos responsables del fraude que los había marginado del poder en los años recientes. De todos modos, una parte de los conservadores decidió apoyar la fórmula de la Unión, mientras que muchos otros –en especial en las provincias del interior– volcaron su lealtad hacia el naciente peronismo. Este flujo de dirigentes conservadores fue fundamental para asentar el poder electoral de Perón en zonas más tradicionales y pobres del interior, donde, a diferencia de las zonas más modernas del litoral, las políticas sociales de Perón habían influido poco o nada.

Pero la campaña registraba poco estos matices regionales. Perón advertía perfectamente hasta dónde las reformas sociales eran su principal capital político y se apoyó en ellas para conquistar al electorado: de esta manera se produjo por primera vez en Argentina una campaña electoral caracterizada por un fuerte tono clasista. Más aún, su gobierno hizo aprobar medidas –aumento general de salarios, aguinaldo obligatorio– que inevitablemente fueron bien recibidas por los trabajadores y rechazadas por los empresarios, quienes llegaron a organizar un *lock out* que fue un sonoro fracaso ante la acción combinada del gobierno y los sindicatos. Este tipo de actitudes reforzó la imagen de unas elecciones que debían decidir un conflicto entre trabajadores y empresarios por las reformas sociales del gobierno en detrimento de la dicotomía que pretendió imponer la Unión Democrática. En efecto, para la oposición el tema en discusión era «democracia o fascismo», este último encarnado por Perón. La activa participación en la campaña del pintoresco personaje nombrado por el gobierno de los EE.UU. como embajador en la Argentina ofreció un nuevo y poderoso argumento en favor de Perón. En efecto, luego de que Spruille Braden –así se llamaba el embajador– pidiera el voto para la Unión Democrática y calificara a Perón de nazi, el propio coronel inflamó las pasiones nacionalistas contrarias a la influencia norteamericana asegurando que la opción de la hora era «Braden o Perón». Un día más tarde las calles de las principales ciudades amanecieron llenas de carteles con esa leyenda y no son pocos los historiadores que aseguran que ése fue el actor que terminó de decidir el resultado electoral. Un último respaldo para la campaña peronista, esta vez intencional, llegó de la Iglesia católica, que llamó a votar a los candidatos que respaldaran la educación religiosa: dado que en el programa de la Unión Democrática se encontraba la derogación de la misma, no había duda sobre a quién debía votar el buen católico.

La elección se realizó el 24 de febrero y a pesar de que el margen de la victoria no fue abrumador (unos 1.486.000 votos peronistas contra 1.208.000 de la Unión Democrática), el sistema electoral le garantizó a la coalición peronista una mayoría cómoda en la Cámara de Diputados y abrumadora en el Senado, además del control de todas las gobernaciones con la excepción de la provincia de Corrientes.

La fiesta peronista

Los primeros años del gobierno de Perón centraron su eje en dos aspectos centrales: la consolidación del reformismo social insinuado durante el gobierno de facto, y la construcción de una base de poder más sólida que la inestable coalición que lo había llevado al gobierno. A pesar de su brevedad, los años que van de 1946 a, aproximadamente, 1949 o 1950, son particularmente importantes en la historia argentina, aunque lo son menos por lo que efectivamente sucedió que por su legado en la memoria política de muchos argentinos. En efecto: a partir de ellos se elaboró una imagen de lo que sería la «esencia del peronismo» que ha resistido con excepcional éxito la realidad demasiado evidente de los cambios que el peronismo ha experimentado.

Como cualquier fenómeno político, el peronismo no puede ser explicado sólo a partir de un personaje; sin embargo, en este caso quedan pocas dudas sobre la importancia de Perón dentro de un movimiento que fue bautizado con su propio nombre. Por eso es preciso detenerse brevemente en alguna de las ideas a partir de las cuales se embarcó en la tarea de construir su movimiento político. Este conjunto de concepciones bebieron de fuentes diversas, tales como la doctrina social de la Iglesia, su experiencia como agregado militar en la Italia fascista o su paso como profesor en los institutos de formación superior de los oficiales del Ejército. Como ya se ha dicho, una de sus obsesiones más elementales era su oposición al comunismo o, mejor aún, a cualquier concepción de la sociedad que se basara en el reconocimiento de la legitimidad de los conflictos sociales. Aun los más mínimos desórdenes eran mal conceptuados y una vez que culminó la campaña en la cual se vio obligado a azuzar las divisiones de clase, Perón volvió a insistir en las bondades de la armonía social. A su vez, esta concepción de la sociedad sólo era posible a partir de una forma de ejercer el poder político que se asentaba en la idea de que el desafío moderno e ineludible de la masificación de la política no podía ser asumida con los mecanismos tradicionales de la democracia liberal. En especial, porque dos de sus componentes habían demostrado su incapacidad para imponer un orden estable en esas condiciones: el primero, la idea de que la autoridad fluye de abajo hacia arriba, es decir, de los ciudadanos hacia el gobierno; el segundo, la concepción según la cual la deliberación de los ciudadanos es central para el desarrollo de un buen gobierno. Su lugar debía ser ocupado por otros dos componentes totalmente diferentes a aquellos: la unidad espiritual del pueblo encarnada en una única «doctrina nacional» y la aparición de un sólido liderazgo nacional o, en las propias palabras de Perón, de un «conductor», cuya existencia no se manifestaba por el solo hecho de que un individuo ocupara el cargo de presidente; al contrario, se trataba de una virtud personal y, sobre todo, intransferible. En consecuencia, esta concepción política no sólo hacía hincapié en la personalidad del líder sino que reducía notoriamente la importancia de los roles institucionales de la República.

La naturaleza del liderazgo no devenía exclusivamente de la capacidad de mando del conductor, sino también de su posibilidad para encarnar la «doctrina nacional», es decir, el conjunto de principios espirituales que unían al pueblo y a la nación. Si bien la proverbial astucia política de Perón lo previno siempre contra cualquier intento de definición precisa de los contenidos de esa doctrina –de la cual por cierto él era el único intérprete autorizado– en cambio nunca dejó de insistir en la importancia de su existencia. En contrapartida, la principal virtud del resto de los ciudadanos no era la deliberación sino la «lealtad» (lealtad al líder, lealtad a la doctrina), un término fundamental dentro del vocabulario peronista: así, el 17 de octubre, transformado bien pronto en el ritual conmemorativo más sentido del régimen, fue convertido en el «Día de la Lealtad Peronista».

Ahora bien, al asumir su gobierno, no sólo el país, sino también la propia coalición peronista estaba muy lejos de responder a esta imagen del poder. Los conflictos entre laboristas y radicales se hacían cada vez más duros a medida que se disputaban los cargos del flamante gobierno. Por eso, Perón comenzó rápidamente la construcción de un único partido en el que primara el liderazgo sobre cualquier otro valor, y que finalmente se denominó «peronista». Aunque no faltaron algunos intentos de resistencia, en especial entre los sindicalistas laboristas, la unificación fue un éxito. Paulatinamente, los viejos dirigentes que mostraron alguna clase de independencia fueron desplazados y reemplazados por nuevos cuadros formados en la mística de la lealtad y la obediencia, lo cual abrió las puertas a frecuentes competencias para dilucidar quién era el que demostraba mayor grado de obediencia al líder. La estructura del nuevo partido era extremadamente rígida y vertical; sus órganos superiores, el «comando estratégico» y el «comando táctico» dependían directamente de Perón. Desde 1949 se aceptó la organización del peronismo en ramas para evitar eventuales conflictos: así, se creó una rama masculina, una femenina y otra sindical. Fue justamente esta última rama encarnada por la CGT −única central obrera permitida− la que previamente tuvo que ser subordinada a la autoridad de Perón, proceso que se llevó a cabo en 1947.

Los avances de la autoridad de Perón no se limitaron a su propio movimiento, sino que muy rápidamente involucraron a las instituciones de la República. La Corte Suprema −que había sido uno de los símbolos de la lucha contra el régimen militar− fue completamente renovada. Corrientes, la única provincia donde gobernaba la oposición, fue intervenida; otras intervenciones federales, en cambio, tuvieron por objeto dilucidar conflictos dentro del propio peronismo. El caso más estridente fue el del Parlamento, ya que mientras el Senado estaba completamente ocupado por peronistas, en la Cámara de Diputados se formó un grupo opositor radical de 44 diputados que, si bien no representó una amenaza para la holgada mayoría oficialista, convirtió al recinto en una caja de resonancia del discurso de la oposición. En consecuencia, pronto se impuso la práctica de imponer la clausura de los debates usando el peso de esa mayoría para evitar pronunciamientos, a lo cual se agregaron más tarde los desafueros −es decir, la anulación de los privilegios inherentes al cargo de diputado− y, en algunos casos, la cárcel. De esta manera se impuso una rutina parlamentaria burocrática y anodina donde sólo se trataba de votar rápidamente las iniciativas legislativas del ejecutivo. Finalmente, en 1949 se abrió el proceso de reforma de la Constitución que culminó con la aprobación de una nueva Carta Magna, en la que se incorporaron ampliamente los nuevos derechos sociales y se eliminó la molesta cláusula que impedía la reelección presidencial. El control casi absoluto de todos los órganos de la República no alcanzó para satisfacer a un régimen que paulatinamente fue acallando los medios de opinión opositores e independientes, lo que culminó en 1951 cuando el diario *La Prensa* fue expropiado y entregado a la CGT.

El sostenido avance del gobierno se realizaba sobre la base de varios pilares que le permitían moverse con cierta libertad. Por un lado, Perón gozaba del apoyo de dos corporaciones fundamentales como el Ejército y la Iglesia. En el primer caso, «el conductor» privilegió el perfil profesional y apolítico de la institución para mantener este decisivo respaldo alejado de las coyunturas políticas; en el segundo, se mantenía la alianza que desde 1943 agrupaba a la Iglesia y los oficiales del GOU: no por casualidad el gobierno convirtió en ley el decreto del gobierno de facto que imponía la enseñanza religiosa obligatoria.

Pero el más importante capital político del régimen fue el enorme respaldo popular del que gozaba y que con gran habilidad transformó una legitimidad netamente plebiscitaria: en efecto, las consignas del orden social no implicaban apatía política; por el contrario, durante todo su gobierno el peronismo buscó ampliar la participación popular activa, una ampliación de la cual obtuvo enormes beneficios. Naturalmente, la primera expresión de ese apoyo eran los comicios: en 1948 las elecciones legislativas arrojaron un 57% de votos para el peronismo. Pero, paradójicamente, los comicios significaban un problema, toda vez que, si por un lado confirmaban la indiscutible mayoría peronista, por otro sacaban a la luz pública la existencia de un irreductible porcentaje de electores que no parecían compartir las bondades de la Argentina peronista.

Las respuestas del gobierno fueron de varios tipos. Por un lado, amplió drásticamente el cuerpo electoral al aprobar en 1947 el derecho de sufragio femenino –aunque sólo votaron por primera vez en 1951– y la provincialización de varios territorios nacionales, lo cual transformaba automáticamente a sus habitantes en electores de pleno derecho[1]. La inevitable asociación entre el ejercicio de los nuevos derechos y la voluntad del gobierno jugaron a favor de una mayor adhesión electoral hacia éste, tal como quedaría demostrado en 1951 cuando el padrón femenino arrojó porcentajes más favorables al peronismo que el masculino. Por otro lado, en 1951 se aprobó una nueva ley electoral que eliminó el régimen de mayoría y minoría por uno de circunscripción uninominal. Un oportuno y algo extravagante diseño de los distritos le permitió al gobierno limitar drásticamente la representación parlamentaria de la oposición radical que, a pesar de

---

1. En el momento de la organización constitucional del Estado argentino (1853-1862) las provincias eran 14: Buenos Aires, Catamarca, Córdoba, Corrientes, Entre Ríos, Jujuy, La Rioja, Mendoza, Salta, San Juan, San Luis, Santa Fe, Santiago del Estero y Tucumán. Sólo gozaban de derechos políticos plenos y podían alcanzar el estatuto de ciudadanía los varones nativos o naturalizados que vivían dentro de los límites de alguna de estas provincias. El resto del territorio bajo dominio del Estado argentino estaba organizado en «territorios nacionales» y no gozaban de derechos políticos: no sólo no podían elegir diputados y senadores nacionales ni electores de presidente y vicepresidente, sino que tampoco podían elegir a sus autoridades locales. En muy contados casos pudieron elegir legisladores municipales. A partir de la federalización de la ciudad de Buenos Aires en 1880, la ciudad gozó del derecho a elegir diputados, electores de presidente y dos senadores, como cualquier otra provincia. En cambio no podía elegir a su intendente (nombrado por el presidente) aunque sí a sus concejales municipales. Con el gobierno peronista se crearon nuevas provincias: en 1951 se provincializaron los territorios de Chaco y La Pampa; en diciembre de 1953 el de Misiones; en junio de 1955 los de Río Negro, Neuquén, Chubut y Patagonia; un año más tarde se dividió Patagonia en la provincia continental de Santa Cruz y el territorio nacional de Tierra del Fuego, Antártida e Islas del Atlántico Sur. Tierra del Fuego fue provincializada en 1990. Cada provincialización significó una expansión espacial de los derechos cívicos de los habitantes de la Argentina.

9. LA IRRUPCIÓN DE LAS MASAS (1943-1955)

haber alcanzado aproximadamente un tercio de los votos, sólo obtuvo 14 diputados.

De todos modos, la voz de la oposición fue escasamente oída durante la campaña electoral, dado que tenía expresamente prohibido el acceso a los medios de comunicación: una vida política vaciada de toda oportunidad de deliberación (ni parlamentaria, ni electoral) avanzaba hacia el ideal de la unanimidad peronista.

Un papel fundamental lo cumplían las grandes manifestaciones en la Plaza de Mayo o en las principales avenidas de la ciudad, que culminaban siempre con sendos discursos de Perón y de su segunda esposa, Eva Duarte (Evita). Cada uno de estos actos masivos encarnaba el momento en el cual se establecía el diálogo entre el conductor y su pueblo, un ritual al que el gobierno le otorgaba una potencialidad legitimadora ampliamente superior a la de cualquier elección, toda vez que en ellos el ideal de unanimidad se expresaba de un modo mucho más transparente que en los comicios. El despliegue de propaganda saturaba todos los medios: calles, avenidas, pueblos, ciudades y hasta provincias enteras eran bautizadas con el nombre de Perón y Evita.

En este mismo sentido, la propia Evita se convirtió en una de las principales columnas del régimen. Aunque los mitos peronistas han llegado a atribuir a Eva Perón un papel fundamental en el movimiento desde los orígenes, también míticos, en octubre de 1945, lo cierto es que sólo a partir de 1947 comenzó a cobrar una dimensión pública destacada. Inicialmente se hizo cargo de la Secretaría de Trabajo, luego elevada a la categoría de Ministerio, desde donde dirigió las dos caras de la política sindical del gobierno: beneficios y disciplinamiento.

A diferencia de su marido, quien por el momento prefería la moderación, los discursos de Evita solían ser bastante más inflamados, irreverentes e incluso más agresivos. De esta manera, Evita mantuvo con vida el perfil más plebeyo del peronismo. Hasta su propio aspecto físico –ya fuera vestida con la elaborada elegancia de la primera dama o con la ropa de trabajo en la Fundación– ayudó a coronar la imagen de una mujer que pronto se convirtió en un mito plebiscitario capaz de ensombrecer al propio Perón. A ella se atribuyó además la concesión del voto femenino y la organización de la rama femenina del peronismo.

Hacia 1950, el régimen estaba en su apogeo. Su popularidad era indiscutible y las consecuencias del fin del bienestar económico apenas si se dejaban sentir. La Argentina era una fiesta, y así se preparaba a conmemorar el centenario de la muerte del general José de San Martín, para entonces convertido en el prócer máximo del panteón nacional y principal antecedente del propio general Perón. En adelante las cosas se pondrían más complicadas.

La reelección

El fin del ciclo de prosperidad económica marcó el inicio de una serie de problemas que ya no tendrían solución de continuidad. En 1949 se produjeron huelgas importantes, desautorizadas por Perón, que mostraban la existencia de grietas entre los trabajadores, presentados por el régimen como sus más leales defensores. En 1950 se sumó el inicio de los problemas con la Iglesia luego de que Perón manifestara su adhesión a un acto espiritista que fue atacado por enfurecidos militantes católicos.

Al año siguiente, la candidatura para la vicepresidencia en los comicios presidenciales provocó nuevas tensiones. La CGT se apresuró a promover la candidatura de Eva Perón: el 22 de agosto en la avenida 9 de Julio la central obrera organizó una manifestación gigantesca a la que denominó «Cabildo Abierto del Justicialismo». Durante esta reedición de una práctica ya tradicional, el público exigió a gritos la nominación de Evita, quien desde el palco miraba desconcertada el espectáculo junto a su esposo. El problema era que Perón sabía perfectamente que esta candidatura alarmaba a uno de sus principales apoyos: los oficiales del Ejército, lo que era particularmente grave en un momento en el cual el gobierno estaba modificando su anterior política militar con el objetivo de «peronizar» más claramente esta institución, algo que estaba alterando los ritmos de los ascensos y amenazaba con terminar con la pasividad militar. Aunque Perón estaba decidido a no aceptar la candidatura de su esposa, la presión popular fue tan grande que, luego de varias idas y vueltas y de reiteradas peticiones de calma, no se atrevió a negarla durante el acto. Ya sin esta presión, el 31 del mismo mes se anunciaba el «renunciamiento» de Evita. La potencial gravedad de la situación quedó en claro unas semanas más tarde cuando el general Luciano Benjamín Menéndez se alzó contra el gobierno; que Perón había acertado en la decisión, se pudo apreciar al lograr el apoyo de la mayoría de los oficiales, que reprimieron fácilmente el levantamiento.

Mientras tanto, la oposición hegemonizada por el radicalismo, único partido con alguna representación parlamentaria, intentaba hacerse oír por el público. No era sencillo. Como hemos visto, Perón le había cerrado el acceso a todos los medios, en particular a la radio, utilizada por el régimen de forma monopólica. Tampoco los actos callejeros eran sencillos: cuando no eran prohibidos, sufrían los ataques de matones apoyados por la policía. Para entonces, en la UCR se consolidaba un importante proceso de renovación que terminó desplazando a la dirección alvearista o «unionista». La existencia de una oposición a esta dirección no era una novedad, pero la muerte de Alvear y la derrota de 1946 la había fortalecido hasta hacerse con la dirección del partido. Su foco principal era el grupo llamado Movimiento de Intransigencia y Renovación, que tenía su base en la provincia de Buenos Aires (liderada por Ricardo Balbín), y en menor medida en la Capital, bajo la conducción de Arturo Frondizi. En 1947, éste había logrado la mayoría en la convención que se reunió en el municipio de Avellaneda. De allí surgió un programa extremadamente ambicioso de reformas sociales que no sólo rompía con una tradición del partido, sino que competía con las instauradas por el propio gobierno. Para los intransigentes, el radicalismo debía competir con el peronismo en su propio terreno.

Pero los comicios presidenciales de 1951 mostraron las fracturas del partido: mientras los intransigentes defendieron la fórmula Balbín-Frondizi, los sabattinistas y unionistas proclamaron la abstención electoral, primer paso para el despliegue de actividades conspirativas contra el régimen. El 11 de noviembre se realizaron las elecciones, que arrojaron una amplia mayoría de casi dos tercios favorable al peronismo que, de esta manera, se preparaba para un nuevo mandato.

La segunda presidencia: peronización y derrumbe

El ambiente que rodeó el inicio de la segunda presidencia de Perón se parecía poco al clima optimista de 1946. La multiplicación de los problemas resultaba poco oportuna en momentos en los que el régimen multiplicaba una amplia ofensiva destinada a «peronizar» la sociedad, ofensiva de indudable tufillo totalitario que estaba llamada a terminar en un sonoro fracaso, pero no por eso dejaba de provocar reacciones de todo tipo. El ideal de una «comunidad organizada», otra de las imágenes que Perón gustaba invocar, se sostenía a la vez en ciertos elementos de prosapia corporativista a lo que se sumaba la intención de imponer definitivamente la «doctrina justicialista» que, no por casualidad, fue legalmente declarada «doctrina nacional». Así, por ejemplo, se lanzó una ofensiva en el sistema educativo que incluyó, entre otras medidas, la enseñanza de las «verdades del peronismo» y el uso del libro de Evita, *La razón de mi vida*, como texto de lectura obligatoria.

En este clima, la oposición dejó de ser la expresión de los «contreras» –tal como gustaban denominarlos los peronistas– para convertirse sencillamente en la «oligarquía» o el «antipueblo», al que se le negaba incluso un lugar en la comunidad nacional.

En julio de 1952 el fallecimiento de Evita hizo temblar las bases del régimen. Aunque el gobierno intentó ocultar que estaba enferma de cáncer, el deterioro físico hizo cada vez más difícil mantener el secreto. En el acto del 1 de mayo de 1952 Evita pronunció el que sería su último discurso, una especie de despedida e instigación a la guerra, en la que alentó a los cientos de miles reunidos en la Plaza de Mayo a «no dejar en pie ni un ladrillo que no sea peronista». El 26 de julio, la cadena nacional de radio anunció en todo el país que a las 20.25 había fallecido la «jefa espiritual de la Nación». Mientras la oposición celebraba la noticia a escondidas, las exequias de Evita se convirtieron en el más impresionante ritual del régimen: una multitud desfiló delante de su cuerpo embalsamado bajo una lluvia persistente, mientras las actividades se paralizaron en todo el país. Pero estos actos, que demostraban la enorme popularidad de Evita, anunciaban también la desaparición de la más valiosa figura plebiscitaria del peronismo: nadie podría reemplazarla, lo que anunciaba un nuevo problema para el régimen.

En efecto, el avance del peronismo sobre la sociedad, sumado al fracaso del acercamiento a la oposición y la muerte de Evita, enrarecieron el clima político, que se volvió más violento y polarizado. A medida que las cosas se complicaban, un clima de deliberación comenzó a extenderse entre las Fuerzas Armadas, mientras la Iglesia y, sobre todo, la militancia laica católica, acentuaban su oposición contra una ofensiva «peronizadora» que atacaba dos núcleos centrales de sus prácticas: al asociacionismo independiente católico y la propia confesión. En efecto, el ideal corporativista del peronismo no sólo competía con la Acción Católica y otras asociaciones sindicales y estudiantiles de matriz confesional, sino que además la pretensión de imponer una doctrina justicialista como doctrina nacional amenazaba las propias convicciones confesionales de los católicos militantes.

Durante 1953, la oposición incrementó el nivel de las críticas. Para contrarrestarlas, Perón organizó una nueva manifestación en la Plaza de Mayo para el 15 de julio, en la cual se produjo un atentado explosivo que dejó varios muertos. Alentados por Perón, que llamó a «repartir leña», la muchedumbre se dirigió contra las sedes de los partidos opositores y del aristocrático Jockey Club, que fueron saqueadas e incendiadas. Sin embargo, Perón comenzó a advertir que estas reacciones aparecían más como un signo de debilidad que de verdadera fortaleza. Por otra parte, las Fuerzas Armadas se alarmaban cada vez más ante la creciente escalada de violencia, y no parecía difícil llegar a la conclusión de que era el mismo Perón el que la estaba alentando. Se impuso entonces una estrategia de distensión, que incluyó el dictado de una amplia ley de amnistía a fines de 1953. Ese momento coincidió con los cambios que se verificaron respecto del capital extranjero.

Paradójicamente, éste fue el momento en el que comenzó el derrumbe definitivo del régimen: la creciente agudización del conflicto con la Iglesia le daba a la oposición la posibilidad de canalizar sus posturas a través de un sólido camino institucional y una caja de resonancia que los partidos no podían ofrecer. Por otra parte, nadie ignoraba que la Iglesia tenía una amplia influencia sobre los oficiales, incluyendo a muchos que respaldaban al gobierno. El gobierno, lejos de ceder, durante 1954 avanzó en su ofensiva anticlerical eliminando la enseñanza religiosa de los colegios, imponiendo una ley de divorcio, encarcelando a varios sacerdotes y sugiriendo que podría volver a reformar la Constitución para separar a la Iglesia del Estado. Pero la Iglesia respondió y llevó el conflicto a las calles, un terreno que hasta ese momento parecía exclusividad del peronismo. El 8 de diciembre de 1954, día de la Inmaculada Concepción, una multitudinaria procesión se convirtió en el primer acto masivo de oposición al régimen. El 8 de junio de 1955, día del Corpus Christi, otra multitud marchó en claro desafío al gobierno, que había prohibido la procesión.

Mientras tanto, el giro económico provocaba nuevos problemas. Por un lado, le daba a la oposición una bandera: en 1954 apareció un famoso libro de Arturo Frondizi, *Petróleo y política*, en el que atacaba los eventuales acuerdos del gobierno con las empresas petroleras extranjeras en nombre del nacionalismo y el antiimperialismo. En 1955 los propios diputados peronistas se negaron a aprobar unos acuerdos que alteraban el sistema de convicciones que el propio Perón había defendido hasta pocos meses antes.

Finalmente la violencia volvió a estallar. El 16 de junio de 1955, aviones de la Marina de Guerra bombardearon el centro de la ciudad de Buenos Aires con el objetivo de matar a Perón. Perón, advertido de la intentona, ya se había refugiado, pero las bombas dejaron un saldo de aproximadamente 300 muertos y el doble de heridos. En represalia, grupos peronistas recorrieron la ciudad saqueando e incendiando varias iglesias. El intento de golpe de Estado había fracasado sólo porque otros oficiales se habían negado a apoyarlo, demostrando así que el futuro de Perón estaba cada vez más en las manos de sus camaradas de armas.

Pocos días después, alarmado por el curso de los acontecimientos, Perón propuso una tregua que incluyó el diálogo con los partidos y la inédita apertura de la radio para líderes de la oposición, pero esto fue visto como un acto de debilidad. No parecía haber salidas y Perón volvió a elegir la confrontación: en un encendido discurso, declaró la guerra a la oposición asegurando que «cuando uno de los nuestros caiga, caerán cinco de ellos». El diagnóstico que los oficiales, incluso de muchos que apoyaban a Perón, hicieron de estas actitudes marcó el final definitivo: al igual que Perón, detestaban la violencia espontánea y el desorden, sólo que para ellos era cada vez más evidente que el gobierno, lejos de evitarlos, los alentaba hasta límites intolerables.

El 16 de septiembre, el general Eduardo Lonardi –que no era precisamente un general antiperonista– se alzó en Córdoba y se disponía a marchar sobre Buenos Aires. El movimiento no era particularmente importante, pero esta vez sus camaradas de armas no estaban dispuesto a reprimirlo. Para agravar las cosas, el almirante Isaac Rojas, jefe de una fuerza más claramente liberal y antiperonista, bloqueó el puerto de Buenos Aires y amenazó con bombardear la ciudad si Perón no renunciaba. En las calles, comandos civiles antiperonistas desataban su violencia contra todos los símbolos del régimen. Acorralado por la falta de apoyo del Ejército, al que consideraba su más sólida base de poder, Perón buscó refugio en una cañonera paraguaya que posteriormente lo trasladó como refugiado a aquel país. El 23 de septiembre una multitud recibió al jefe de la revolución en la plaza que había sido monopolio del peronismo, y declaró que la suya sería una revolución sin «vencedores ni vencidos». Aunque ingeniosa, la fórmula demostraría ser demasiado optimista para los tiempos venideros.

De esta manera concluía el primer acto de un movimiento alrededor del cual circularon los últimos sesenta años de la vida política argentina. Fenómeno político a la vez democratizador y autoritario, integrador y negador de todo pluralismo, igualitario y jerarquizante, si bien intentó avanzar sobre la sociedad civil a partir del uso extremo de los recursos del Estado, encontró en esa misma sociedad una resistencia que lo llevó a su colapso final. Sin embargo, también forjó una formidable y persistente identidad política, asociada, como hemos visto, al mito que el régimen supo crear durante sus primeros años de gobierno. Entre tantas paradojas, los últimos años de su gobierno marcarían el origen de la más sombría de todas ellas: un movimiento cuyo líder convirtió la armonía y la ausencia de conflictos en el bien social y político por excelencia dejaba, en cambio, como legado una sociedad profundamente dividida por la fractura política nacida de su propio seno; en adelante, peronismo y antiperonismo serían los dos polos de un enfrentamiento cada vez más hondo y violento.

La cultura en la Argentina justicialista

La irrupción del conflicto político en el ámbito de la cultura cristalizó definitivamente a partir de 1943. Con la instalación del régimen militar, los intelectuales nacionalistas católicos y la propia Iglesia iniciaron una rápida y eficaz ofensiva destinada a copar las principales instituciones culturales del Estado. No es que su presencia fuera novedosa, pero ahora ya no se trataba de una presencia ocasional, sino de un verdadero asalto que, revestido de espíritu de cruzada, se planteó como objetivo explícito acaparar todos los cargos y desplazar a quienes no comulgaran con sus principios. Pocas dudas podían quedar sobre esta intención luego del nombramiento del escritor nacionalista católico y furioso antisemita Gustavo Martínez Zuviría (conocido por su seudónimo «Hugo Wast») como ministro de Instrucción Pública y de notorios nacionalistas integristas y filonazis como interventores de las principales universidades, caso de Jordán Bruno Genta en la del litoral o Tomás Casares en la de Buenos Aires. Pero no se trataba sólo de copar los principales puestos de gestión; rápidamente comenzaron las destituciones y despidos de maestros y profesores considerados inconvenientes: así, en 1944, 150 profesores universitarios encabezados por Bernardo Houssay (premio Nobel de Medicina en 1947) fueron cesados por participar en una manifestación proaliada y a favor de la «democracia y la solidaridad americana». La implantación por decreto de la enseñanza religiosa fue otra señal que complementó los discursos integristas.

De esta manera, las líneas que se venían delineando desde mediados de los años treinta y que dividieron a los intelectuales católicos y pro-Eje de los liberales aliadófilos según criterios esencialmente internacionales, encontraron un referente nacional absolutamente transparente en la división entre oficialismo y oposición. Así las cosas, el enfrentamiento siguió los ritmos de las tensas coyunturas políticas de los años 1943-1946 y, como lo plantea Silvia Sigal, de estos conflictos nació el antiperonismo atávico que se difundió entre la abrumadora mayoría de los intelectuales con alguna clase de talento. Efectivamente, no parece difícil entender el porqué de esta actitud. Según un consenso retrospectivo, dos problemas influyeron en las actitudes que se tomaron frente al peronismo: el primero es la fuerte tendencia a la inclusión y democratización social; el segundo, el total desinterés por las instituciones de la República y el pluralismo, del que la ofensiva en el plano cultural fue apenas una faceta. En 1944, mientras la política social apenas daba sus primeros pasos desde una oficina marginal del Estado, la ofensiva cultural estaba en pleno apogeo y era objeto de debates cotidianos. Así las cosas, la intelectualidad liberal y de izquierda no podía sino identificar al gobierno con el fascismo, una asociación para la cual el gobierno ofrecía todos los argumentos posibles: el propio coronel Perón provenía del grupo de oficiales medios, «los coroneles», el más claramente comprometido con el respaldo al Eje.

Una vez instalado el peronismo en el poder por la vía electoral, al menos tres factores ayudaron a mantener intacto este antiperonismo original. El primero fue la continuidad de los militares en el gobierno, no sólo con Perón en la presidencia, sino también en la política cultural nacionalista y católica de los primeros años del gobierno. Tampoco se modificó la política de censuras, destituciones y despidos contra las voces opositoras o disonantes (a pocos meses de la llegada de Perón a la presidencia, el 70% de los profesores universitarios fueron desposeídos de sus cátedras). La llegada de Óscar Ivanissevich al Ministerio de Educación fue la ocasión de un discurso en el que el flamante ministro aseguró que su tarea sería imponer los valores de «Hogar, Familia, Patria y Dios» contra los llamados «librepensadores». Una asfixiante mediocridad se impuso en las aulas universitarias, ocupadas por profesores cuyos únicos lauros eran sus frecuentes arrebatos religiosos y patrioteros. Por si quedaba alguna duda, el propio Perón no dejaba de enfatizar la continuidad entre la revolución del 43 y la «revolución peronista».

El segundo factor fue la escasa predisposición de los intelectuales opositores para dejarse seducir por el carácter popular del régimen. Los antecedentes europeos, encarnados en los regímenes nazifascistas, habían demostrado que la popularidad no era un factor decisivo para calificar un régimen político. De hecho, cuentos como «Casa tomada» de Julio Cortázar o «La fiesta del Monstruo» de Jorge Luis Borges y Adolfo Bioy Casares convirtieron los respaldos masivos al régimen en uno de sus aspectos más temidos y criticados. Para la mayor parte de los miembros de *Sur*, el carácter popular del régimen no podía significar sino mediocridad intelectual.

Por último, aunque no fuera más que por la extracción social de la mayor parte de estos intelectuales, la política social del peronismo siguió manteniendo como algo marginal sus diagnósticos con respecto a los problemas específicos del campo.

En rigor, a pesar de sus discursos doctrinarios que estipulaban la necesidad de actitudes rectoras por parte del Estado en todos los aspectos de la sociedad, lo cierto es que el peronismo careció de una política cultural. El perfil antiintelectual del régimen –manifestado en consignas rituales como la famosa «alpargatas sí, libros no»– lo eximía de mayores preocupaciones al respecto. El abordaje del Estado por parte de intelectuales católicos formaba parte de una ofensiva alentada por la Iglesia, pero el peronismo nunca excluyó otros respaldos intelectuales. Así, la lista de personalidades que apoyaron al peronismo incluye nombres tan diversos como Leopoldo Marechal, Elías Castelnuovo, Ramón Doll, Ernesto Palacio, Arturo Jauretche, Raúl Scalabrini Ortiz, Homero Manzi, Armando Discépolo, Manuel Gálvez, Delfina Bunge, Juan José Hernández Arregui, Fermín Chávez, César Tiempo, Rodolfo Puiggrós o Jorge Abelardo Ramos. Como revelan estos nombres, el peronismo convocó simpatías que iban desde el integrismo católico y el nacionalismo hasta el marxismo, pasando por nacionalistas de rasgos populistas. Así, aquellos intelectuales que no se adhirieron al catolicismo integrista tuvieron menos visibilidad y ocuparon lugares mucho más marginales que los primeros.

Esta ausencia de política cultural hizo que el régimen se contentara con mantener a estos opositores en lugares poco prominentes y exigir de ellos tan sólo algunos gestos de adhesión que, sin embargo, causaban una enorme irritación. Por ejemplo, la Academia de Letras fue intervenida y todos sus miembros expulsados después de que se negaran a respaldar la candidatura al Premio Nobel de Literatura para *La razón de mi vida*, un engendro literario cuya autoría se atribuyó a la esposa del presidente, Eva Perón.

Otro rasgo de esa falta de una línea cultural coherente se manifestó en la negativa de Perón a incorporar el revisionismo histórico como visión de la historia específicamente peronista. Por el contrario, siempre se recuerda que los ferrocarriles nacionalizados fueron bautizados con los nombres del panteón liberal tradicional: Mitre, Roca, Sarmiento... Es evidente que una versión del pasado tan notoriamente facciosa y militante como la revisionista ofrecía escasos beneficios para un líder más bien preocupado por instalarse a sí mismo en una historia ya consagrada y encabezada por su prócer más celebrado, José de San Martín, que por inaugurar una nueva historia cuyos beneficios a corto plazo no parecían demasiado claros.

Al mismo tiempo, este desinterés por lo específicamente cultural más allá de su posible uso político permitió la subsistencia de importantes núcleos intelectuales no adictos, en particular aquellos que rodeaban a la revista *Sur*. Por su parte, la revista *Imago Mundi*, dirigida por el historiador José Luis Romero, permitió a los lectores argentinos acceder a los principales debates que se producían en otras partes del mundo.

La mayor parte de los intelectuales opositores, expulsados de sus cátedras o de cargos oficiales, pudieron sobrevivir gracias a sus contactos con las editoriales, pues buena parte de éstas se hallaban en manos de opositores. Así, no sólo pudieron seguir publicando sin mayores restricciones, sino que además consiguieron trabajos que reemplazaron a los que habían perdido en las instituciones educativas y culturales del Estado.

También surgieron nuevos núcleos intelectuales, en general encabezados por estudiantes universitarios opositores al régimen y preocupados por el paupérrimo nivel de la educación superior. Destacaron los reunidos en la revista *Centro* (David Viñas, F. Solero, Carlos Correa), que luego encabezarían la fundación de la revista *Contorno*, la cual marcaría un antes y un después en la cultura argentina a partir de los años cincuenta. A través de estos núcleos penetraron novedades como el existencialismo y en particular los textos de Jean Paul Sartre y Albert Camus.

La cultura de masas: nueva expansión y control

A diferencia del mundo de la cultura letrada, que sólo importaba al régimen cuando chocaba con alguna de sus políticas o cuando se hacía demasiado visible, el peronismo se mostró especialmente atento a las expresiones de la cultura de masas. La radio y los diarios fueron blanco directo del régimen, que se apoderó de la mayor parte de ellos, ya sea por la compra o la expropiación; de esta manera se fue imponiendo la voz monocorde del peronismo en todos los medios de comunicación. La Secretaría de Prensa y Difusión, dirigida por Raúl Apold, se hizo cargo de la programación de la totalidad de los medios en manos del Estado, es decir, de casi todos ellos. Para la oposición era algo así como la encarnación del forjador de la política propagandística nazi, Joseph Goebbels: como hemos visto, se le prohibió taxativamente a cualquier opositor transitar por radios y periódicos oficiales. La única novedad de relevancia de estos años es la fundación del diario *Clarín* por parte de Roberto J. Noble; actualmente, este diario es, de lejos, el más importante y popular de la Argentina.

El cine, apoyado por una oportuna ley de protección y por importantes créditos, vivió su momento de mayor esplendor. El elevado número de filmes nacionales que anualmente llegaban a las carteleras nunca más volvería a repetirse en la historia argentina. En cambio, menos alentadora era la calidad de la mayor parte de esas películas: son muy escasas las que pueden ser rescatadas, en particular las dirigidas por Hugo del Carril, con *Las aguas bajan turbias* a la cabeza.

Lo que sucedió con el cine puede reiterarse en casi todos los aspectos de la cultura de masas: si bien es cierto que no fue una época de oro en cuanto a la calidad de la producción, el peronismo permitió una expansión del acceso a los medios culturales aún mayor que la que venía produciéndose en años anteriores. El caso de la educación fue sintomático:

9. LA IRRUPCIÓN DE LAS MASAS (1943-1955)

se produjo una notable ampliación del alumnado, en especial en el nivel secundario –hasta entonces menos masivo que el primario–, a la vez que intentó, cada vez con menos disimulo, convertir las aulas en lugares de adoctrinamiento peronista.

Los años cincuenta fueron también los de una nueva expansión del tango, especialmente de las grandes orquestas típicas y, sobre todo, del «folklore», un conjunto diverso de estilos musicales que se originaban en el interior del país. La retórica tradicionalista y antiurbana que se impuso en la cultura oficial como rasgo de la verdadera nacionalidad, sumada a las migraciones internas, alentó la enorme difusión de estos estilos.

10. Las contradicciones de un país dividido (1955-1976)

Los años transcurridos entre los dos derrocamientos del peronismo, el de Juan Domingo Perón en septiembre de 1955 y el de su esposa María Estela Martínez de Perón en marzo de 1976, constituyen un período en el que se verificó una combinación de profunda inestabilidad económica y política, acompañada de una serie de transformaciones estructurales que contribuyeron a construir una Argentina muy diferente. Contra lo que pensaron quienes realizaron la «Revolución Libertadora», el peronismo era un movimiento social con raíces profundas; sus seguidores no eran masas ignorantes víctimas de la manipulaciones de un líder demagogo, por lo que los intentos de domesticarlo, disgregarlo o destruirlo terminaron en sonados fracasos. En el curso de esas intentonas, protagonizadas por las Fuerzas Armadas pero también por grupos civiles, la vida política se fue degradando, generando una situación en la que la vigencia de las instituciones democráticas no fue percibida como fundamental por vastos sectores de la sociedad. Se podría decir más: para muchos desengañados de la democracia, la posibilidad de revertir una realidad que se apreciaba como de decadencia en todos los terrenos, estaba asociada a la emergencia de regímenes autoritarios, que además aparecían como la única alternativa para los grupos económica y socialmente dominantes, incapaces de estructurar una alternativa política viable que les permitiera participar competitivamente en las contiendas electorales. El intento de la «Revolución Argentina» liderado en 1966 por el general Juan Carlos Onganía pareció concitar estas expectativas convergentes; las dimensiones sociales y políticas de su fracaso generaron una crisis de enormes proporciones, en la que se abrieron nuevas posibilidades a partir de la radicalización de grupos que pensaron que los problemas argentinos podían resolverse por el camino de la violencia.

Una economía inestable

Según los censos realizados en 1947 y en 1980 la población de la República Argentina pasó de 7.903.662 a 27.949.480 habitantes.

Para conocer el desempeño económico del país durante esos años continuaremos haciendo uso de los elementos estadísticos aportados por Maddison. De acuerdo con ellos, la República Argentina entre 1955 y 1975 experimentó un crecimiento promedio anual del PIB del 3,8% y del PIB/habitante del 2,3 %. Este crecimiento tuvo una fase casi nula que se extiende hasta 1963, y doce años en los cuales la tasa del PIB por habitante se eleva hasta más del 4% anual. Una primera conclusión que extraemos de estos datos es que una coyuntura de enorme inquietud política como la que abarca los años 1963 y 1975 fue acompañada de una expansión económica importante como para que, según estas estadísticas, constituya el período de mayor crecimiento desde la Primera Guerra Mundial.

Sin embargo, las cifras globales no dicen demasiado; nuevamente es preciso introducir la dimensión comparativa con otros períodos y otros países para poder así evaluar de manera más fundamentada lo ocurrido.

Crecimiento del PIB y del PIB/habitante
1955-1975 (en % anual)

País	PIB	PIB/Hab.
Argentina	3,8	2,3
Alemania	4,8	3,6
Australia	4,8	2,6
Brasil	7,1	4,1
Canadá	5,3	3,0
Chile	2,5	0,3
España	8,3	5,6
EE.UU.	3,6	2,1
Italia	5,4	4,2
Japón	10,0	7,5
México	6,5	3,2
Reino Unido	2,6	2,2

Fuente: Maddison (2003).

Si nos limitamos a tomar en consideración lo ocurrido entre 1963 y 1975, el panorama se modifica bastante: si nos referimos sólo al PIB por habitante (véase el cuadro), Argentina se ubica en una posición comparativamente favorable, por debajo de países que experimentaron tasas de crecimiento «milagrosas», como Japón y España, pero en la línea de lo que ocurría con los principales países occidentales desarrollados.

ÍNDICE DE CRECIMIENTO DEL PIB/HABITANTE
ENTRE 1963 Y 1975
(1963 = 100)

Argentina	148
Alemania	143
Australia	140
Brasil	170
Canadá	150
España	201
EE.UU.	133
Italia	148
Japón	221
México	154
Reino Unido	124

FUENTE: Maddison (2003).

Las conclusiones que emergen de esta comparación son dos; primera: a pesar de que las tasas de crecimiento de la Argentina fueron importantes en relación con la *performance* general del país en el siglo XX, las mismas durante el período 1955-1976 quedaron por detrás del promedio de los países que estamos considerando, superando únicamente, y por muy poco, a Estados Unidos y el Reino Unido, y dentro de América Latina a Chile, país que en la primera mitad de la década de 1970 se vio agitado por turbulencias políticas de gran calibre que tuvieron negativas consecuencias económicas, hasta el punto de que en 1975 su PIB por habitante alcanzaba sólo el 76% de los valores de 1971. Pero además, la revisión del subperíodo 1963-1975 muestra que en esos años –los del «impulso desarrollista»– el país parecía haber encontrado el rumbo hacia el crecimiento, o por lo menos, un posible camino. El tema crucial objeto de debate reside entonces en preguntarse si ese camino –favorecido por una coyuntura internacional favorable– era de corta duración, estaba orientado excesivamente hacia el mercado interno y conducía a una crisis externa y a un estallido inflacionario como consecuencia combinada del limitado impulso exportador y de serios desequilibrios fiscales, o si, por el contrario, la alternativa fue bloqueada por la puesta en práctica de políticas económicas liberalizadoras que tuvieron su primera manifestación en 1975 y que se desplegaron durante los primeros años de la dictadura militar instalada en marzo de 1976.

Las consideraciones precedentes no deben sin embargo soslayar el indiscutible hecho de que la estructura productiva del país se modificó. En primer término, el sector agrario experimentó a partir de la década de 1960 un proceso de modernización que permitió aumentar de manera significativa la producción agrícola. Las claves que explican estos cambios residen en los incentivos concedidos por el Estado, que facilitaron la mecanización, la introducción de nuevas semillas –reflejo de la «revolución verde» que se concretó en esos años en el mundo– y también de productos agroquímicos (fertilizantes e insecticidas). Los aumentos en la productividad fueron, entre los quinquenios 1954-1959 y 1964-1969, del orden del 6% para el trigo, del 21% para el maíz y del 17% para la avena. De cualquier manera, los avances realizados no fueron lo suficiente como para equiparar la productividad del agro argentino con la de los países más desarrollados.

El sector primario fue asimismo objeto de un politizado debate acerca de las vías para dinamizar su desarrollo: mientras desde la izquierda se sostuvo durante mucho tiempo la necesidad de impulsar una reforma agraria que dividiera los latifundios, a los que se responsabilizaba de la baja eficiencia de la actividad agraria, para los liberales, en cambio, eran los altos impuestos y la frecuente existencia de un tipo de cambio sobrevaluado los factores que impedían un crecimiento más acelerado.

La realidad muestra que el proceso que se concretó fue el denominado «desconcentración sin dispersión», caracterizado por la pérdida de significación de las grandes unidades productivas en beneficio de las de tamaño medio (desde 500 a 5.000 ha). La industria fue el sector productivo privilegiado por la política estatal, casi con independencia del gobierno de turno; había una convicción muy generalizada respecto de que la clave del desarrollo nacional residía en la modernización y expansión de esta actividad, profundizando un proceso que ya tenía una historia. Para impulsar el sector industrial se planteaban varias cuestiones de importancia, y la manera de resolverlas determinó el rumbo que tomó la actividad. Las principales eran: 1) industria ligera o industria pesada; 2) papel concedido al capital extranjero; 3) rol del Estado, y 4) actividad vinculada al mercado interno o sesgo exportador.

1) La industrialización sustitutiva de importaciones iniciada en la década de 1930 y continuada durante el período peronista fue duramente cuestionada por el hecho de seguir manteniendo la dependencia del país respecto de insumos –petróleo, acero– provenientes del extranjero; por lo tanto, se hacía imprescindible impulsar las industrias de base para completar el desarrollo nacional. Ésa era la idea principal del «desarrollismo», y constituyó, con algunas variantes, el eje alrededor del cual giraron las políticas económicas en la mayor parte del período que estamos revisando. Las corrientes liberales, impugnadoras de todo el proceso, tuvieron limitadas posibilidades de poner en práctica sus ideas; cuando sus representantes fueron llamados para ejercer la función pública –generalmente por gobiernos militares o fuertemente influenciados por éstos–, sus recetas nunca pudieron aplicarse de manera completa, condicionados por un entorno en el que incluso quienes los convocaban no estaban dispuestos a sostenerlos en su empeño de una apertura irrestricta de la economía. De ahí que su gestión no fuera en

general mucho más allá de poner en práctica ajustes ortodoxos, en su mayoría en beneficio de los sectores exportadores tradicionales.

2) Como la industria pesada requería una importante aportación de capitales, la controversia respecto a cómo se iba a financiar todo el proceso llevó a que, contra la opinión de importantes sectores que destacaban la posibilidad de utilizar el ahorro interno, la opción desarrollista –encarnada en la figura del presidente Arturo Frondizi y concretada parcialmente durante los accidentados años de su gestión (1958-1962)– se inclinó por el recurso al capital extranjero, lo que implicó que empresas transnacionales realizaran inversiones de importancia. La tasa de inversión en el período estuvo en general por encima del 20% del PIB, como resultado de esta presencia extranjera, sumada a las inversiones realizadas por el sector público.

3) En la línea del pensamiento económico de la época, el Estado tenía un papel activo en la promoción del desarrollo y en la participación en el proceso de construcción de la industria pesada, por lo que, como se ha puntualizado, a pesar de la existencia en algunos momentos de un discurso y de ocasionales decisiones económicas de carácter liberal, se verificó una significativa presencia estatal a través de las grandes empresas involucradas en las actividades extractivas, a partir de la provisión de elementos considerados fundamentales para la nueva estructura productiva y también de la aportación de servicios.

Como consecuencia de esta situación, sobre todo a partir del gobierno del general Juan Carlos Onganía, se comenzó a manifestar con fuerza la existencia de un grupo de grandes empresas, tanto de capital nacional como extranjero, cuyo poder se asentaba en las relaciones privilegiadas que estableció con el Estado, al que cubría su demanda de manufacturas, obras y servicios. Estas relaciones favorecieron la progresiva creación de variadas formas de colusión entre los dirigentes de empresas privadas y los funcionarios de la burocracia estatal, cuyas consecuencias fueron la obtención de enormes ganancias por parte de las empresas privadas.

4) Como una continuidad lógica de la política sustitutiva de importaciones y de vuelco hacia el mercado interno que caracterizó la década del peronismo, pero también impulsada por las ideas de la época respecto de la necesidad de terminar con la dependencia del comercio exterior, por lo general la industrialización no tuvo como objetivo fundamental la orientación exportadora, si bien, como se comentará, la actuación del Estado intentó modificar esta situación. La consecuencia de este proceso fue la creación de una estructura industrial en la cual la protección arancelaria liberaba en general a los productores de la preocupación por los costos de los bienes que fabricaban.

En resumen: en las dos décadas que estamos revisando, la República Argentina experimentó un salto importante en su desarrollo industrial, lo que puede verificarse a través de la relación del producto de la industria con el del sector agropecuario, que pasó del 1,7 en 1956 a 2,2 en 1975. Este crecimiento cuantitativo, sumado a su carácter estructural, fue acompañado de una importante creación de empleo y una modificación en la localización de los sectores productivos, convirtiendo, por ejemplo, a Córdoba en la principal ciudad industrial del interior del país al instalarse allí las empresas automovilísticas.

A pesar de los rasgos que caracterizaron el desarrollo industrial, se verificó un importante aumento de las exportaciones de productos manufacturados, que pasaron del 4% a principios de la década de 1960 a más del 23% a mediados de la década siguiente, lo que significa un hito importante. Sin embargo, este crecimiento debe ser objeto de algunos comentarios: en principio, se verificó en un proceso en el que el comercio exterior del país declinó en su participación en el comercio mundial, y además no creció en términos de porcentaje del PIB (al contrario, experimentó un descenso). Por otra parte, la expansión de las exportaciones industriales estuvo en muchos casos vinculada de manera estrecha con el papel desempeñado por el Estado a través de la concesión de subsidios y otras facilidades que permitían la favorable colocación de algunas manufacturas en los mercados exteriores.

Esta última cuestión nos conduce a un tema central en todo el período: el impacto sobre las cuentas públicas de un Estado intervencionista. A lo largo de las dos décadas que estamos analizando, el déficit público fue constante y creciente, a pesar de algunos intentos de controlarlo; es preciso sostener, sin embargo, que la opinión generalizada era la de no cuestionar seriamente su existencia. Las recomendaciones ortodoxas de bajar el gasto público y evitar (o disminuir) el déficit no contaban con un apoyo masivo, y la mayoría de los gobiernos no estuvo en disposición de llevar adelante una política coherente en este sentido, que necesariamente debía incluir un ajuste fuerte con negativas consecuencias en el corto plazo.

Habría que destacar, además, que la contrapartida de un gasto público en aumento fue un sistema fiscal fuertemente regresivo, caracterizado por el dominio de las imposiciones indirectas y por altísimos niveles de fraude. Los muy modestos intentos para modificar esta situación tropezaron con el rechazo generalizado de una sociedad que se resistía a pagar impuestos directos, reacción que se manifestaba aún con mayor fuerza entre los sectores económicamente mejor posicionados, que además desplegaron una práctica que no era desconocida pero que se transformó en habitual para muchas empresas y particulares: la fuga de capitales hacia el exterior aprovechando la inexistencia de controles.

Una de las consecuencias del déficit presupuestario fue la continuidad de un fenómeno inflacionario que, si bien variable en su magnitud, se incorporó a todos los cálculos de los actores económicos. La indexación (ajuste) de los precios para contemplar las modificaciones que se iban produciendo en éstos se transformó en una situación normal, produciendo desfases continuos en todos los aspectos, empezando por los salarios. A lo largo de la década de 1970 la inflación se escapó de todo control contribuyendo al deterioro general de esos años. El ajuste que realizó el gobierno de Isabel Perón a mediados de 1975 –el «Rodrigazo», por el nombre del ministro de Economía, Celestino Rodrigo– fue un intento (fallido) de sincerar las variables orientando la economía hacia un rumbo liberal, que sin embargo anunciaba lo que sobrevendría al poco tiempo con el gobierno militar.

El último tema sobre el que queremos llamar la atención respecto de este período es el de la persistencia de un comportamiento cíclico de la economía, que los expertos han denominado *stop and go* ('freno y arranque'), ligado a la sustitución de importaciones y a su impacto sobre el comercio exterior. Una estilizada descripción de los rasgos de este comportamiento es la siguiente: la sustitución de importaciones era dependiente de la entrada de equipos, insumos y otros productos provenientes del exterior, que representaban un alto porcentaje de las importaciones. Por lo tanto, las posibilidades de producción dependían de lo que el país pudiera exportar, pero en este ámbito, y por distintas razones, mostraba una escasa capacidad de crecimiento. En esas condiciones, cuando la actividad económica crecía, rápidamente la balanza comercial empezaba a ser deficitaria como resultado del incremento de las importaciones; entonces debía recurrirse a la devaluación, que cumplía la doble función de alentar las exportaciones y limitar las importaciones. Pero la cuestión residía en que al impulsar las exportaciones aumentaban los precios de los productos que se comerciaban en el exterior –fundamentalmente alimentos– y se producía una caída de los salarios reales. La devaluación era la decisión de política económica que decidía coyunturalmente la puja distributiva en favor de los sectores tradicionales asociados a las exportaciones de productos primarios

La disminución del consumo se manifestaba con más fuerza en los bienes de exportación, aunque también caía la demanda de los otros productos. Instalada entonces la recesión –el *stop*– disminuían las importaciones y se revertía el déficit de la balanza comercial; entonces, los salarios nominales comenzaban nuevamente a crecer, iniciando una reactivación –el *go*–, que sin embargo conducía con el tiempo a una repetición del proceso.

Los intentos por modificar este rumbo cíclico de la economía, a través de minidevaluaciones como la realizada por el gobierno de Arturo Illía, o con devaluaciones anticipadas como la realizada por Krieger Vasena, ministro de Economía del general Juan Carlos Onganía, no pudieron acabar con esta tendencia.

Un período crítico

Desde la caída de Perón hasta el golpe militar del 24 de marzo de 1976 se sucedieron una serie de problemas que se manifestaron tanto en el ámbito político como en el económico.

La Revolución Libertadora

El desenlace de los acontecimientos de septiembre, narrados en el capítulo anterior, dejó al menos dos interrogantes: ¿por qué Perón no resistió? y ¿cuál fue la razón por la que los multitudinarios apoyos del peronismo no salieran a la calle a defender al régimen que le había otorgado beneficios sociales significativos?

Las respuestas sin duda están vinculadas a las características propias del peronismo: por una parte, a Perón le resultaba extraño oponerse a la institución que había sido el más importante de los respaldos de su gobierno; por otra, los trabajadores estaban acostumbrados a que la movilización fuera la respuesta a las concesiones otorgadas desde el poder, no para defender a un líder que había actuado como si no los necesitara.

La corta experiencia nacionalista

La euforia generada en los ámbitos opositores por la caída de Perón no se prolongó durante mucho tiempo. La proclamación de Eduardo Lonardi como presidente y del contraalmirante Isaac Rojas como vicepresidente parecía ser el símbolo de las coincidencias existentes entre quienes derrocaron a Perón, pero éstas eran superficiales. Rápidamente se percibió que todo era un espejismo: las diferencias entre los protagonistas militares y sus apoyos civiles emergieron con fuerza. En principio, con Lonardi ocuparon algunos puestos de significación figuras del nacionalismo de cuestionable vocación democrática; además, el proyecto del presidente incluía el mantenimiento de las conquistas sociales otorgadas por el peronismo; su objetivo era entonces erradicar la corrupción y la demagogia. Su famosa expresión «ni vencedores ni vencidos» resumía su política respecto a los simpatizantes del presidente depuesto.

Este rumbo no era compartido por amplios sectores militares, sobre todo dentro de la Marina, pero tampoco por un amplio espectro de la sociedad civil; el clima de enfrentamiento que se había creado en los últimos años mostraba con absoluta transparencia que para la mayoría de los vencedores había vencidos. El contraalmirante Rojas era la cabeza visible de quienes querían acabar con el peronismo, y para contrarrestar los proyectos que se elaboraban en el entorno presidencial impulsó la creación de la Junta Consultiva, un organismo integrado por representantes de los partidos políticos opuestos al peronismo, creado para afirmar la orientación liberal y democrática de la revolución. La advertencia formulada por Lonardi en la sesión inaugural, sosteniendo que al no aceptar al peronismo se exponía al país a una situación de crisis e inestabilidad, mostró los niveles de enfrentamiento que se daban en la cúpula del nuevo poder.

Un acontecimiento menor –la decisión presidencial de desdoblar en dos el Ministerio de Educación y Justicia aumentando la presencia de los nacionalistas– desató un conflicto en el que la correlación de fuerzas obligó a Lonardi a renunciar; un cónclave militar nombró presidente al general Pedro Eugenio Aramburu, reteniendo Rojas el cargo de vicepresidente. El primer presidente de la Revolución Libertadora, seriamente enfermo, murió a los pocos meses.

Los «gorilas» al poder

Con el nuevo jefe de Estado quedó despejado el camino para un revanchismo que tuvo mucho de irracional. En las «Directivas Básicas del Gobierno Revolucionario» se establecía que el objetivo fundamental del gobierno era «suprimir todos los vestigios de totalitarismo para restablecer el imperio de la moral, de la justicia, del derecho, de la libertad y de la democracia». Se puso entonces en marcha un proceso de «desperonización» que incluyó la disolución del Partido Peronista, la prohibición del uso de los símbolos partidarios, la intervención de la CGT y el encarcelamiento de numerosos dirigentes. Se partía de la idea de que el peronismo era el resultado de las acciones de un líder demagógico sustentado por un amplio aparato de propaganda, por lo que su desaparición era el primer paso para que los simpatizantes del «tirano prófugo» –de retorno del engaño al que habían sido sometidos– se reintegraran gradualmente a la vida política y se incorporaran a los partidos democráticos.

Este análisis de la realidad argentina iba acompañado de una reivindicación del pasado liberal del país, la llamada «línea Mayo-Caseros», que asimilaba las prácticas dictatoriales del tirano de hoy con el gobierno del brigadier Juan Manuel de Rosas. Ese énfasis en la existencia de una Argentina liberal implicaba en la práctica el retorno de los grupos dirigentes que habían sido dejados de lado por el régimen peronista. Para muchos de éstos, además, la caída de Perón era la ocasión, en el terreno social, para una revancha que venían rumiando desde hacía tiempo: la política de redistribución del ingreso desarrollada por el régimen, con todas sus limitaciones, era demasiado para quienes añoraban un pasado de relaciones sociales jerárquicas estables que en muchos aspectos había desaparecido en la década de 1930.

Pero el frente antiperonista era muy heterogéneo, por lo que rápidamente surgieron diferencias que se fueron ampliando a medida que la revolución perdía impulso. Además de los «gorilas»[1], partidarios extremos de la erradicación del peronismo de la sociedad argentina y defensores del liberalismo económico, estaban los que, críticos con los excesos autoritarios del régimen liderado por Perón, en general compartían su política social y económica, y también los que planteaban que se debía impulsar la «integración» del peronismo detrás de un proyecto económico superador que apuntara decididamente hacia el fomento de la industria pesada como clave para el desarrollo.

Mientras los liberales carecieron de un partido fuerte que defendiera sus posiciones, a finales de 1956 surgieron del

---

1. La expresión proviene de una canción que estaba de moda cuando cayó Perón, cuyo estribillo era «Deben ser los gorilas, deben ser /que andarán por ahí».

tronco común de la Unión Cívica Radical dos partidos, la Unión Cívica Radical del Pueblo (UCRP), a cuyo frente estaba Ricardo Balbín, partidaria del reformismo social y de la vigorización de la democracia, pero con una posición ambigua –inclinada hacia posturas negativas sobre todo en sus bases– respecto del peronismo, y la Unión Cívica Radical Intransigente (UCRI), liderada por Arturo Frondizi, que levantaba las banderas del desarrollo económico y de la incorporación del peronismo a un proyecto nacional.

De cualquier manera, la vida política en esos años, y ésta fue una constante hasta 1973, estuvo marcada por el hecho de que la proscripción del peronismo determinó la inexistencia de un escenario en el que pudieran dirimirse los conflictos; de allí que se produjera una situación caracterizada por lo que algunos analistas han definido como un «empate»: el peronismo no estaba en condiciones de acceder al poder, pero estaba capacitado para bloquear «desde fuera» cualquier proyecto que se elaborara sin contar con ellos.

En la etapa de la Revolución Libertadora, los embates destinados a acabar con el peronismo tropezaron con una resistencia, en buena medida clandestina, que fue adquiriendo mayor fuerza a medida que el gobierno de Aramburu buscaba una salida política. En la militancia –la llamada «resistencia peronista»–, más allá de la muy relativa repercusión de los actos de sabotaje que realizaron, se forjó una nueva generación de dirigentes políticos y sobre todo sindicales, que reemplazaron a quienes fueron víctimas de la represión; el lema «Perón vuelve» se convirtió en un símbolo del vigor del peronismo. Los casi diez años de gobierno peronista habían conducido al surgimiento de una cultura específica de la clase obrera, que traducía su posición social y política dentro de la realidad argentina.

El nuevo sindicalismo, concentrado en las «62 Organizaciones», se hizo con el control de los principales sectores industriales, frustrando a fines de 1957 el intento de los militares de unificar la CGT bajo el control de dirigentes antiperonistas. La «clase obrera organizada» se fue así convirtiendo progresivamente en la «columna vertebral» del movimiento peronista. Su expectativa inicial era, a la vista de la represiva política gubernamental, el retorno de la justicia social, pero la dureza del enfrentamiento, que incluyó hasta acciones terroristas, contribuyó a la aparición de posturas radicalizadas, que comenzaron a plantear el futuro en términos más confrontativos.

Un acontecimiento de profunda repercusión se produjo en junio de 1956: un fracasado alzamiento cívico-militar peronista encabezado por el general Juan José Valle tuvo como consecuencia la implantación de la ley marcial, que dio lugar al fusilamiento de seis militares, entre ellos su cabecilla, y más de treinta civiles, algunos aparentemente no vinculados con la sublevación. La operación estaba también vinculada con la existencia de conflictos internos dentro del Ejército, en la medida en que quienes estaban al frente de la institución no contaban con apoyo unánime. En cualquier caso, la implantación de la pena de muerte por motivos políticos no fue precisamente una medida que favoreciera la pacificación de una sociedad fuertemente escindida.

La política económica desplegada por los militares no hizo efectivas las tendencias liberales que sustentaban muchos de los que derrocaron a Perón (aunque parece claro que no fueron las cuestiones económicas las que movieron a quienes lo hicieron). El nivel de la inestabilidad política determinó que la conducción económica, ejercida por cuatro ministros en tres años, no pudiera ir más allá del control de la coyuntura. El llamado «Informe Prebisch», encargado por el gobierno de Lonardi al prestigioso economista Raúl Prebisch, realizaba un diagnóstico pesimista de la realidad, culpando al gobierno de desatar la inflación con su política monetaria expansiva y de bloquear la expansión de las exportaciones agropecuarias con un tipo de cambio sobrevaluado. Se trataba de problemas reales, pero la administración peronista ya los había encarado en los tres años anteriores; sus recomendaciones, dadas a conocer en un documento posterior, no iban mucho más allá de las tradicionales recetas ortodoxas: control monetario, devaluación y apertura al capital extranjero.

Como era de esperar, el gobierno impulsó una fuerte devaluación del peso destinada a beneficiar a los exportadores, pero no se estableció un mercado único de cambios y la política salarial fue ratificada, por lo que no se verificó una drástica redistribución del ingreso en perjuicio de los trabajadores. Por distintas razones, siendo una de las importantes la existencia de un deterioro en los términos de intercambio, los años de la Revolución Libertadora fueron de déficit en la balanza comercial, y los problemas emergentes de esa situación se resolvieron con una caída de las reservas, pero también, y ésta fue una decisión importante de cara al futuro, con un incremento del endeudamiento externo. Luego de años de autarquía, la orientación liberal se percibió en la incorporación del país a organismos internacionales como el Fondo Monetario Internacional y el Banco Internacional de Reconstrucción y Fomento.

En resumen: si los problemas generados por el peronismo habían limitado su participación en el desarrollo económico occidental, no fue la gestión de los militares la que rectificó radicalmente esta tendencia.

Hacia una salida política restringida

Los objetivos políticos de los militares fueron disminuyendo en su ambición a medida que tropezaban con dificultades: su intento de reformar la Constitución Nacional –la de 1949 fue abolida– a través de la convocatoria a una Asamblea Constituyente terminó en un sonoro fracaso: en las elecciones se impuso el voto en blanco con el 25% de los votos, mostrando la vigencia del peronismo, y la Unión Cívica Radical Intransigente, opuesta a la convocatoria, obtuvo más del 21%, ocupando el tercer lugar detrás de la Unión Cívica Radical del Pueblo. Si bien el peronismo había perdido gran cantidad de votos –Perón esperaba repetir los porcentajes alcanzados en la elección presidencial de 1951–, seguía mostrando su vigor condicionando la vida política.

Además, una vez reunida la Asamblea, las diferencias entre los partidos intervinientes llevaron a una paralización de las sesiones debido a la falta de quórum, al retirarse sucesivamente los representantes de la UCRI, algunos grupos menores y el bloque conservador, sin haber hecho otra cosa que promulgar una ampliación del artículo 14, que enunciaba una serie de derechos de carácter social, desarrollando lo que en este ámbito establecía la Constitución de 1853.

Se aceleró entonces el ritmo de la actividad política: los militares, fuertemente divididos, convocaron elecciones con el peronismo proscripto, que, pese a insistir en su no participación en las elecciones, volcó su apoyo a la candidatura del líder de la UCRP, Ricardo Balbín. Por su parte, el otro candidato con posibilidades, Arturo Frondizi, jugó con convicción su papel de opositor, y gracias a las gestiones realizadas por su entorno logró el apoyo de Perón, que a partir de enero de 1958 estaba residiendo en Santo Domingo. El sorprendente pacto Perón-Frondizi, por el que el segundo se comprometía a acabar con la legislación represiva contra el peronismo y a abrir la vía electoral para el partido del «tirano prófugo», fue determinante para el triunfo electoral del candidato de la UCRI. En las elecciones del 23 de febrero de 1958, la orden de Perón de votar a Frondizi fue cumplida mayoritariamente y éste obtuvo 4 millones de votos, contra 2.500.000 de Balbín y 800.000 votos en blanco. Además, el gobierno de todas las provincias quedó en sus manos y dispuso de una amplia mayoría parlamentaria.

El triunfo del dirigente intransigente, sumado a las reticencias de amplios sectores de las Fuerzas Armadas respecto de una realidad que reintroducía al peronismo en la vida política del país, generaron un sentimiento de intranquilidad en relación con el futuro de la democracia.

La experiencia desarrollista

El triunfo de Frondizi fue recibido favorablemente por un amplio espectro social y político, que incluía a la clase obrera peronista, a algunos sectores del empresariado nacional, a la izquierda, a la clase media intelectual e incluso a sectores del nacionalismo católico, en virtud de su conversión a favor de la libertad de enseñanza, en contraposición a la hegemonía que detentaba el Estado en esta materia. Su propuesta de modernización ensamblaba muy bien con quienes consideraban que los problemas en la economía y la sociedad argentinas debían ser encarados por el Estado.

La propaganda, dirigida a «20 millones de argentinos», tuvo éxito, aunque también es válido afirmar que muchos de los votantes lo hicieron más en términos negativos que positivos: los «gorilas» votaron a Balbín, sectores de la izquierda lo hicieron contra los militares y la oligarquía y los peronistas contra quienes los habían marginado de la arena política.

Para los militares, la situación era dramática: el presidente electo era considerado un traidor por su acuerdo con Perón y hubo serios intentos del vicepresidente Rojas de desconocer el resultado de las urnas e instaurar una dictadura que despejara el camino para los «verdaderos demócratas». Sin embargo, finalmente se acordó hacer efectiva la entrega del poder, aunque manteniendo una actitud vigilante y reservándose un poder de veto sobre las decisiones adoptadas por Frondizi. Este comportamiento de los militares condicionó la vida política del país en los cuatro años siguientes.

En más de treinta ocasiones los hombres de armas plantearon al presidente sus diferencias, mostrando la voluntad de llevar hasta las últimas instancias el control sobre alguien a quien se le negaba legitimidad.

La propuesta de Frondizi

El proyecto del nuevo presidente, elaborado junto con Rogelio Frigerio, el principal ideólogo del desarrollismo, constaba de dos aspectos. En el terreno económico, partía de la definición de la Argentina como país «subdesarrollado», debido a que no estaba en condiciones de financiar su crecimiento con los resultados de su comercio exterior. Esta deficiencia se expresaba en una dependencia de los grupos vinculados con la exportación de productos agrarios respecto de Gran Bretaña, agravada además por el deterioro de los términos del intercambio, es decir, por la caída de los precios de los productos primarios en relación con los de los productos manufacturados. Para superar esa situación de atraso era imprescindible impulsar una acelerada industrialización que permitiera liberarse de esta dependencia y resolver los problemas sociales. Esa industrialización debía centrarse en actividades vinculadas con las llamadas industrias «de base», destinadas a la producción de petróleo, acero, papel y, sobre todo, a la fabricación de automóviles. El sector agropecuario pasaba así a ocupar un segundo plano, ligado al proceso de modernización industrial, que permitiría, por la vía de la producción de maquinaria, aumentar la eficiencia del sector.

En este diagnóstico no había diferencias sensibles respecto del que formulaban en esos años los integrantes de la Comisión Económica para América Latina (CEPAL), organismo dependiente de Naciones Unidas. La novedad provenía de los medios propuestos para superar el atraso: la libre empresa y los aportes en capital y tecnología provenientes del extranjero. En palabras del mismo Frigerio, «se trataba de cerrar la puerta al artículo foráneo, para abrir de par en par la puerta a la fábrica que lo producirá aquí». El particular nacionalismo que surgía de la propuesta representaba sin duda una novedad frente a las corrientes de pensamiento liberales y frente al proteccionismo a ultranza desarrollado por el peronismo, pero no se apartaba de la orientación centrada en el mercado interno que había caracterizado a éste.

Por su parte, en el campo político la clave residía en forjar una alianza de clases entre la burguesía industrial y la clase obrera, que conduciría a la reconciliación del país en el clima del desarrollo alcanzado con la nueva propuesta; «integración» era la expresión utilizada.

El proyecto de Frondizi y Frigerio en este terreno era extremadamente endeble: suponer que los obreros peronistas iban a aceptar el control de la burguesía nacional, representada por los dirigentes intransigentes, exigía un elevado grado de optimismo. Asimismo, era también ilusorio pensar que Perón cedería su posición de liderazgo en favor de un político que había estado durante todo su gobierno en la oposición. El Frente Nacional y Popular que tenía en mente el nuevo presidente era por tanto difícil de concretar, y ésta fue una de las razones de su fracaso.

La gestión económica del gobierno

Los primeros meses de la gestión económica de Frondizi estuvieron fuertemente condicionados por la concesión de un aumento salarial general del 60% y por la política expansiva del gobierno, que condujo a un incremento importante de la inflación. Pese a los controles establecidos sobre la importación, la balanza comercial fue deficitaria en 1958 y se produjo una importante caída en el nivel de reservas. Ante estas dificultades, se sentaron las bases para poner en marcha un ajuste de proporciones que se implantó en diciembre de 1958; consistía en una fuerte contracción monetaria, la unificación del tipo de cambio y el establecimiento de una cotización del dólar sujeta a las fluctuaciones de la oferta y la demanda, aunque existía una flotación «sucia», es decir, controlada por el Banco Central. Las importaciones fueron gravadas y se establecieron retenciones a las exportaciones.

Acompañando a este plan fue promulgada una generosa ley de promoción de las inversiones extranjeras; esta política de apertura al capital foráneo fue acompañada de la llamada «batalla del petróleo», destinada a alcanzar el autoabastecimiento del hidrocarburo. Para ello se nacionalizaron las reservas y se negoció con empresas extranjeras la extracción del petróleo, que luego entregarían a Yacimientos Petrolíferos Fiscales (YPF).

La firma de los contratos provocó una áspera polémica en la sociedad argentina, que se prolongó durante años. Los cuestionamientos que se hacían al gobierno eran de variado tipo: por una parte, estaban quienes tildaban la política implantada de «antinacional», afirmando que YPF por sí solo podía alcanzar el autoabastecimiento; además, se atacaba la firma de los contratos desde posiciones antiimperialistas, sosteniendo que los mismos contenían cláusulas lesivas para la soberanía nacional. Por otra parte, sectores de la oposición destacaban también que habían sido realizados por contratación directa en lugar de recurrir a licitación pública, lo que abriría la posibilidad de corrupción.

El resultado inicial del ajuste fue un notable cambio en los precios relativos y una caída de los salarios reales. La devaluación de la moneda fue del 65% hasta que finalmente la cotización se estabilizó, lo que trajo como consecuencia un estallido inflacionario y una importante modificación de los precios relativos. Además, la caída de la actividad económica redujo la recaudación impositiva y la inflación disminuía su valor real, por lo que el déficit fiscal se desbordó. El primer semestre de 1959 estuvo caracterizado por la proliferación de huelgas, el incremento de la represión estatal y los renovados rumores de golpe de estado. Para hacer frente a esta posibilidad, Frondizi designó en junio ministro de Economía al capitán ingeniero Álvaro Alsogaray, defensor a ultranza de las ideas ultraliberales y además hermano de un general. En adelante, y prácticamente hasta su derrocamiento, la política económica estuvo en manos de los liberales, generando una situación necesariamente conflictiva con el poder ejecutivo; se trataba del precio a pagar por las concesiones otorgadas al poder militar.

La gestión de Alsogaray estuvo caracterizada por el intento de reducir el déficit fiscal, lo que se encaró por medio de la búsqueda de nuevas formas de financiación y por el achicamiento del Estado; de esta forma, el ritmo inflacionario se frenó y lo mismo ocurrió con el tipo de cambio. Mientras tanto, la inversión exterior empezó a dar sus frutos, produciéndose una importante recuperación de la actividad económica; los años 1960 y 1961 fueron de alto nivel de crecimiento, acompañado de una inflación que disminuyó del 133% en 1959 al 16% al año siguiente, y al 8% en 1961.

En esa situación favorable se verificaron las posibilidades y los límites de la estrategia desarrollista. La «batalla del petróleo» tuvo como primera manifestación un incremento acelerado de la producción, que permitió liberar divisas como consecuencia del autoabastecimiento; pero no fue el único sector favorecido por la nueva realidad, marcada por un *shock* inversor inédito: siderurgia, petroquímica, cemento, fueron ramas en las que se manifestó con claridad la nueva tendencia. No obstante, ningún sector mostró un dinamismo comparable al de la industria automovilística; hacia allí marchó la mayor parte de la inversión extranjera, atraída tanto por las ventajas impositivas como por la convicción de que había una gran demanda insatisfecha. Diez nuevas fábricas se instalaron y la producción casi se cuadruplicó en tres años, pero los rasgos principales de la misma fueron los elevados costos y la limitada calidad. Como consecuencia de la alta protección, la eficiencia no fue un elemento tenido en cuenta y el resultado fue un producto que no estaba en condiciones de ser exportado.

Una vez desplegado el modelo desarrollista, se percibieron sus dificultades: la industria en plena expansión demandaba importaciones, pero no aumentaba de manera sensible las exportaciones; así, los resultados de la balanza comercial estaban sujetos a la capacidad del sector agrario, justamente un sector postergado dentro de la propuesta de Frondizi. Por lo tanto, los problemas de la balanza de pagos iban a emerger apenas se produjera un freno en la entrada de capitales del exterior. La crisis estaba en el horizonte.

Frondizi y el peronismo

La necesidad de afirmar su autoridad en un escenario inestable determinó que los primeros meses del gobierno de Frondizi estuvieran caracterizados por una notable actividad. En principio, se trataba de cumplir con lo pactado con Perón, y así, en los primeros meses de su gestión, además de los aumentos salariales a los que nos hemos referido, se aprobó una ley de amnistía, se derogaron las inhabilitaciones que sufrían los sindicalistas y se anuló el decreto que prohibía el uso de los símbolos peronistas. Además, la Ley de Asociaciones Profesionales restableció el sindicato único por rama y por industria, como pedían los justicialistas.

El conjunto de las medidas adoptadas generaba enormes recelos entre los militares y los numerosos antiperonistas.

Frondizi comenzó a ser caracterizado como «Maquiavelo» por la oposición, y a la imagen de político inescrupuloso y dado a los acuerdos a espaldas de la sociedad contribuyó el impulso que dio a una ley para legitimar el funcionamiento de las universidades privadas, con lo que pretendía ganarse el apoyo de la Iglesia católica, pero rompía una tradición laica que venía desde la Ley Avellaneda de 1885 y la Reforma Universitaria de 1918; se produjo una masiva reacción estudiantil y de amplios sectores de la cultura.

En la medida en que la política de apertura al capital extranjero –coincidente en parte con la adoptada por Perón en los últimos años de su gobierno– iba a contramano con sus conocidas posturas nacionalistas, los sindicatos también se alinearon con la oposición, contribuyendo a deteriorar las relaciones entre el peronismo y el gobierno; comenzaron a hacerse frecuentes las movilizaciones y huelgas. Estas reacciones estuvieron vinculadas también con la implantación de medidas de reducción del sector público; así por ejemplo, se privatizó el frigorífico Lisandro de la Torre, decisión que puso a los sindicatos en pie de guerra; 1959 fue un año récord en la cantidad de horas perdidas en la industria, quintuplicando las del año anterior y multiplicando casi por tres las de 1960.

Frente a la actividad sindical, las reacciones del gobierno ganaron en dureza, culminando con el establecimiento del estado de sitio y la implantación a principios de 1960 del llamado «Plan Conintes» (Conmoción Interna del Estado), que autorizaba la utilización del Ejército en aspectos vinculados con la seguridad interior, una medida excepcional que estaba en vigencia desde la época peronista. En junio de 1959, con las relaciones ya totalmente deterioradas –el Partido Justicialista fue excluido de la lucha electoral incluso en las provincias en las que había logrado la aceptación de los jueces electorales–, Perón denunció que Frondizi había traicionado el pacto electoral.

El saldo de los enfrentamientos entre el gobierno y la clase obrera peronista fue favorable al primero, y tuvo profundas repercusiones sobre la evolución del poder sindical. Mientras la mayor parte de los activistas de la «resistencia» fueron ganados por el desánimo –se trataba de una lucha en la que el gobierno estaba respaldado por unas Fuerzas Armadas particularmente hostiles–, al frente de los sindicatos se consolidó una nueva generación de dirigentes mucho más proclives a la negociación y sensibles a las prácticas corruptas. Su combatividad no iba en general más allá de un discurso cuyo objetivo era crear las condiciones más adecuadas para luego buscar fórmulas de acuerdo favorables. A su vez, el gobierno ofreció oportunidades significativas a los dirigentes: no sólo se impulsaron las negociaciones salariales colectivas sino que se adoptaron medidas tendentes a concretar la devolución de la CGT, intervenida desde los tiempos de la Revolución Libertadora. A su actividad propia como defensores de los intereses de los obreros, los sindicatos se convirtieron, ante la proscripción del Partido Justicialista, en la principal expresión política del peronismo. Sus dirigentes, de los cuales el metalúrgico Augusto Timoteo Vandor fue el representante arquetípico, comenzaron a operar en la arena política como medio para ejercer influencia sobre el poder; a nivel general puede afirmarse que «contribuyeron a crear circunstancias que indujeron a los militares a deponer a las administraciones civiles, o frustraron los objetivos induciéndolos de ese modo a abandonar el poder». La importancia que fue adquiriendo el movimiento sindical dio lugar a que surgieran tendencias que tomaban distancia respecto del líder exiliado, de la misma manera que partidos «neoperonistas» intentaban capitalizar en su favor el voto peronista.

La nueva realidad económica y la desfavorable correlación de fuerzas llevó al presidente a acercarse a las posiciones liberales, distanciándose de su programa original, al tiempo que trataba de resolver los problemas que provenían de las Fuerzas Armadas, especialmente de la Marina, que controlaban de manera estrecha su gestión.

La actitud de los militares estaba sin duda vinculada, como venimos analizando, con la profunda desconfianza que generaba la figura del presidente, pero se veía además potenciada por las reacciones que en el ámbito castrense y entre los sectores más conservadores de la sociedad produjo el triunfo de la Revolución cubana en 1959. En el escenario internacional de la Guerra Fría, el éxito de Fidel Castro dio lugar a la exacerbación del sentimiento anticomunista. La denuncia de un plan de la Unión Soviética para dominar América del Sur llevó a poner en primer plano la idea de un «peligro comunista» y a empezar a actuar en función de ese riesgo «inminente». Entre los militares argentinos de concepciones liberales, el anticomunismo era la continuación «normal» del antiperonismo, y un político como Arturo Frondizi, que había pactado con el «tirano prófugo» y contaba en su haber con una historia de militancia con matices izquierdistas, era alguien por demás sospechoso.

Dentro del estamento militar no había sin embargo unanimidad respecto a la actitud a adoptar frente al gobierno constitucional: por una parte, los «legalistas» consideraban que las presiones –legítimas– no debían llegar al límite de atentar contra el orden constitucional; por otra, estaban quienes, desde su antiperonismo, estaban convencidos de que cualquier recurso era válido para sacar a Frondizi de su cargo.

Pero no eran sólo los militares los que conspiraban: dirigentes de la Unión Cívica Radical del Pueblo, que sentían que el triunfo electoral de febrero de 1958 les había sido escamoteado por un político inmoral, capaz de pactar con cualquiera con tal de alcanzar el poder, estaban en contacto con sectores militares a la espera de su oportunidad.

Las renovadas dificultades políticas

La relativa bonanza económica no resolvió en manera alguna los problemas políticos del presidente: si bien obtuvo un cierto éxito electoral en las elecciones legislativas parciales celebradas en marzo de 1960, el justicialismo proscrito seguía conservando una fuerza electoral considerable; curiosamente, teniendo en cuenta los acontecimientos, el partido del gobierno se estaba convirtiendo en el principal receptor de los votos antiperonistas; el intento de Frondizi de conformar una alternativa superadora de los desencuentros del pasado inmediato no tuvo éxito.

Esta situación no modificaba la actitud de los militares respecto del gobierno; sus reclamaciones se hicieron oír de manera casi cotidiana, y dos decisiones, una de política interna y otra relacionada con la política exterior, contribuyeron a aumentar la tensión. El alejamiento de Alsogaray del Ministerio de Economía era un gesto de cierta significación, pero el hecho de que fuera reemplazado por otro liberal, Roberto Alemann, le restaba importancia. Mucho más conflictivo, en cambio, fue el hecho de que, si bien apoyó con entusiasmo la Alianza para el Progreso lanzada por el presidente norteamericano John Fitzgerald Kennedy, Frondizi adoptó algunos gestos de independencia que resultaban imperdonables para los «gorilas» y los anticomunistas: por una parte, su reunión con el «Che» Guevara, ministro de Industria de la Revolución cubana; por otra, la abstención argentina en la Conferencia de Cancilleres de Punta del Este, que expulsó a Cuba del sistema interamericano. Ambas fueron acciones particularmente irritativas, y no fue ningún paliativo el que el canciller argentino –el veterano dirigente Miguel Ángel Cachano– fuera un notorio conservador. La presión militar fue tan intensa que un mes después de la reunión de Punta del Este, el gobierno rompió relaciones con Cuba.

Al celebrarse las elecciones a gobernadores en marzo de 1962, Frondizi se sintió lo suficientemente fuerte como para hacer frente al desafío que suponía el peronismo en unas elecciones libres. Se trataba de una apuesta de proporciones, que contaba con la posibilidad de que Perón ordenara en el último momento la abstención, sabiendo que estaba arriesgando su prestigio en una sola elección. Pero en ese momento el movimiento sindical jugó con vigor sus cartas, buscando tomar distancia respecto del liderazgo de Perón: la estrategia de Augusto Vandor, que estaba construyendo aceleradamente su poder, apuntaba a provocar una situación en la que una victoria electoral mostrara el poderío de los sindicatos. Era sin duda una operación de riesgo, pero incluso si intervenían los militares –una alternativa que muchos valoraban positivamente–, éstos deberían contar en adelante con los dirigentes sindicales para cualquier salida política. El candidato a gobernador del mayor distrito del país, la provincia de Buenos Aires, era justamente un sindicalista, Andrés Framini, de la Asociación Obrera Textil.

La campaña electoral estuvo caracterizada por la agresividad de los peronistas y por la política desplegada por el ministro del Interior, Alfredo Vítolo, que mostraba al gobierno como garante del orden y de la paz social frente a las fuerzas de la subversión social y de la dictadura.

Las fórmulas justicialistas triunfaron en las provincias de Buenos Aires, Chaco, Jujuy, Misiones, Neuquén, Río Negro, Salta, San Juan y Tucumán. La Unión Cívica Radical del Pueblo ganó en Córdoba, el Partido Demócrata en Mendoza y el gobierno lo hizo en la Capital Federal, Corrientes, Entre Ríos, La Pampa y Santa Cruz. En la suma total de votos, el peronismo se impuso con el 32%.

Ante este éxito del justicialismo, Frondizi procedió a anular las elecciones; sugirió que lo hacía respondiendo a las amenazas de los militares, pero lo cierto es que era una decisión lo suficientemente torpe como para desacreditarlo. Los días siguientes fueron de crisis y los intentos del presidente por superarla recurriendo a los políticos tropezaron con el hecho de que había perdido toda autoridad. Los comandantes en jefe exigieron su renuncia y ante su negativa procedieron a detenerlo, recluyéndolo en la isla Martín García. En el comunicado en el que justificaban su actitud, se destacaba que las Fuerzas Armadas «vigilaron la marcha del proceso institucional con la mirada puesta en un solo objetivo: la plena realización de los ideales de la Revolución Libertadora».

Finalmente, los militares habían acabado con el político al que despreciaban, pero no se trataba sólo del encarnizamiento con una figura en particular: era una intervención que mostraba la existencia de un poder situado por encima de las instituciones democráticas, y en condiciones de atribuirse una tarea de «vigilancia» sobre el presidente. En la realización de esta tarea contaban con el apoyo de sectores políticos que veían en la continuidad de la presencia del peronismo en la escena política argentina un elemento profundamente perturbador y antidemocrático.

Por otra parte, en esos años ya empezaba a despuntar dentro de las Fuerzas Armadas la idea de que al estar la Argentina amenazada por el comunismo, le correspondía a ellos ocupar un lugar de combate en la «defensa de Occidente».

Crisis militar y nueva salida constitucional

El derrocamiento de Frondizi fue el punto de partida para un período de caos en el que los militares dirimieron sus conflictos, centrados fundamentalmente en la actitud a adoptar frente al peronismo. Las divisiones existentes en las Fuerzas Armadas, que no tenían claro el futuro más allá del derrocamiento de Frondizi, facilitaron la actividad de sectores civiles que, aprovechando las contradicciones existentes en el sector castrense, lograron que José María Guido, presidente del Senado, jurara como nuevo presidente (el compañero de fórmula de Frondizi, Alejandro Gómez, había sido obligado a renunciar como vicepresidente a causa de su disconformidad con el rumbo seguido por el presidente). El Parlamento seguía en funciones, pero sus tareas estaban sujetas a las decisiones de los militares. Mientras tanto, la sociedad vio el cambio de gobierno y las negociaciones posteriores con indiferencia; no eran mayoría los que pensaban que un golpe de estado producía un profundo daño a las instituciones.

Los liberales al mando de la economía

Con el derrocamiento de Frondizi la gestión económica se apartó de la línea desarrollista que trabajosamente se había mantenido durante la gestión del acosado presidente. Los cinco ministros que se sucedieron durante el gobierno de Guido –Jorge Wehbe, Federico Pinedo, Alsogaray, Eustaquio Méndez Delfino y José Alfredo Martínez de Hoz– eran de clara extracción liberal y reintrodujeron las herramientas ortodoxas para afrontar una situación que se presentaba bastante difícil.

En un escenario político tan complicado como el que se ha descrito, los problemas estaban centrados una vez más en el frente exterior: a la reaparición del déficit comercial y la disminución del ingreso de capitales se sumó la especulación sobre el peso vinculada con las cuestiones internas, lo que obligó al Banco Central a gastar divisas para sostener el tipo de cambio. La corta gestión de Federico Pinedo –19 días– fue suficiente para tomar una decisión de trascendencia: la liberación del tipo de cambio, lo que produjo una rápida depreciación de más del 50%, con el consiguiente impacto inflacionario.

A esa medida siguió una estrategia que no se modificó con los cambios de ministros: contención del déficit público y restricción en la emisión monetaria. En un sentido, los resultados fueron los esperados (una fuerte disminución de la actividad económica), pero persistió la inflación y las dificultades para lograr el equilibrio fiscal, circunstancia que obligó a tomar medidas excepcionales, como la congelación de los sueldos de los empleados públicos, la demora en los pagos a los proveedores del Estado y la emisión de bonos para el pago de las obligaciones estatales.

Las consecuencias de esta política pueden resumirse observando la evolución de algunas de las variables: la producción industrial cayó el 5,5% en 1962 y el 4% el año siguiente; las cifras del PIB para estos años indican una disminución del 1,6% y del 2,4%, respectivamente; por su parte, la desocupación creció casi hasta el 9%. Si hay algún punto favorable en el comportamiento económico durante el gobierno de Guido fue la reaparición del superávit comercial, como resultado de la reducción de la actividad económica interior.

«Azules» y «colorados»

Guido logró formar un nuevo gobierno, pero su debilidad era notoria; el desarrollo de su política estuvo muy condicionado por las tensiones que se vivían entre los militares; pronto quedó claro que el futuro lo decidirían las Fuerzas Armadas, no las fuerzas políticas.

A los pocos días de producirse la caída de Frondizi emergieron las diferencias dentro del mundo castrense: los grupos antiperonistas más duros controlaban el gobierno, y su proyecto, ante la amenaza peronista, contemplaba la imposición de una democracia «restringida» –con el partido del «tirano prófugo» fuera–, o incluso la posibilidad de una dictadura militar. Para ello contaban con el apoyo de sectores de la sociedad que después del triunfo de los peronistas habían experimentado una suerte de terror colectivo, incrementando de manera notable su «gorilismo». La Marina en pleno apoyaba estas posiciones.

A estos militares «colorados», que forzaron la anulación de las elecciones de marzo e intervinieron las provincias, se les oponía una fracción «legalista» –los llamados «azules»– asociada al arma de Caballería, cuyo objetivo era la restauración de la democracia a partir del reconocimiento de que el peronismo, más allá de la figura de su demagógico líder, era una fuerza nacional que había impedido que la clase obrera fuera comunista. Por otra parte, la situación internacional vigorizaba la posición de los «azules»: el gobierno de Kennedy en los Estados Unidos no era precisamente favorable al establecimiento de dictaduras pretorianas. Entre julio y septiembre de 1962 se produjeron enfrentamientos entre ambas facciones, provocando una situación de tensión que ha llevado a algunos analistas a sostener que el país estuvo «a las puertas de una guerra civil», y a otros a que se produjo una «situación prefascista».

Lo cierto es que al no haber una autoridad reconocida –o haber varias, que era más o menos lo mismo– se produjeron manifestaciones que mostraban una realidad de descontrol en la que había espacio para manifestaciones antisemitas por parte de grupos nacionalistas[1], y también para el ejercicio de la violencia ilegal por parte de agentes del Estado contra sindicalistas combativos[2].

---

1. Se trató de acciones realizadas en represalia por el secuestro y luego condena a muerte en Tel Aviv del criminal nazi Adolf Eichmann por parte de un comando israelí.
2. El joven dirigente metalúrgico Felipe Vallese, detenido en agosto de 1962 y luego desaparecido, fue la primera manifestación de las tendencias que estaban apareciendo en las formas de represión estatal.

En esta situación de caos, en la que los jefes militares ejercían un poder casi feudal, los «colorados» lograron inicialmente mantener el control del gobierno, pero las exigencias del general Juan Carlos Onganía reclamando disciplina y subordinación al poder civil llevaron a los «azules» a la rebeldía. El Comunicado n.º 150, redactado por el joven abogado nacionalista Mariano Grondona y por el coronel Julio Aguirre, fue la plataforma de quienes reclamaban «la realización de elecciones mediante un régimen que asegure a todos los sectores la participación en la vida nacional».

Los enfrentamientos se produjeron en la segunda mitad de septiembre; el apoyo de la Fuerza Aérea a los «azules» y la decisión de la Marina de no participar contribuyeron en buena medida a decidir la contienda. El triunfo de los «azules» tras dos días de escaramuzas supuso importantes modificaciones en la cúpula militar, pero sobre todo replanteó el horizonte político, pues el gobierno se comprometió a realizar elecciones libres en los primeros meses de 1963; el problema residía nuevamente en la estrategia a desplegar con el peronismo.

El Frente Nacional y Popular y su fracaso

A pesar de estar preso, la política integracionista de Frondizi se mantuvo en primer plano como medio para resolver los desencuentros de la sociedad argentina. Sus sucesores lo plantearon en términos más amplios: se trataba de forjar un frente en el que además de obreros y empresarios industriales apareciera un Ejército resueltamente dispuesto a jugar la carta de la modernización.

La constitución del Frente Nacional y Popular fue la tarea a la que se dedicaron civiles y militares; no se trataba de una tarea fácil, ya que implicaba la conciliación de los intereses de éstos con sindicalistas y políticos, además de incluir la presencia de figuras tan significativas como la de Perón, no sólo alrededor de un programa mínimo sino también de un candidato. A esta situación había que añadir que el antiperonismo cerril estaba vivo en la sociedad y en las Fuerzas Armadas (incluyendo a sectores «azules» cuya voluntad de integración estaba condicionada por un antiperonismo siempre presente).

Luego del reconocimiento oficial de un partido neoperonista, la Unión Popular, parecía que se marchaba en la dirección indicada, pero los desacuerdos existentes entre los integrantes del Ejército, incluyendo la falta de definición que mostró Onganía, dio alas a la Marina para que primero manifestara su oposición a la legalización de un partido peronista y luego terminara rebelándose a principios de abril de 1963, en una más de las perturbaciones producidas por las Fuerzas Armadas. Los combates que se entablaron dejaron como saldo una quincena de muertos y la rendición de los marinos «colorados», pero también un retorno de las políticas antiperonistas (y anticomunistas).

Los intentos de avanzar en la conformación del Frente terminaron fracasando porque ya no sólo los militares estaban dispuestos a impedir la presencia peronista, sino también porque no hubo forma de acordar una fórmula satisfactoria; incluso sectores de izquierda de la Unión Cívica Radical Intransigente crearon su propia candidatura, la del ex gobernador de la provincia de Buenos Aires Oscar Alende. La fórmula que finalmente se constituyó, integrada por el dirigente conservador Vicente Solano Lima y el desarrollista Carlos Silvestre Begnis, no contó con un apoyo generalizado y los militares, con el fin de consolidar la cohesión del Ejército, terminaron vetando al candidato frentista y proscribiendo a numerosos candidatos en las provincias. Ante esta situación, Perón desde Madrid dio la orden de votar en blanco. Las elecciones, finalmente anunciadas para el 7 de julio, se celebraron en condiciones que no aseguraban la estabilidad política.

Un presidente asediado

Las elecciones celebradas en julio de 1963 fueron las primeras en las que se aplicó la representación proporcional para los comicios presidenciales. Las condiciones no fueron precisamente las ideales –el peronismo llamó a votar en blanco– y los resultados mostraron una importante fragmentación del electorado. Con una participación superior al 85%, el triunfo correspondió al médico cordobés Arturo Illía, candidato de la Unión Cívica Radical del Pueblo, con el 25,8% del total, seguido de los votos en blanco, que alcanzaron el 19,2%, y de la Unión Cívica Radical Intransigente, que con el Dr. Alende como candidato obtuvo el 16,8% de los votos, dejando en el cuarto lugar al general Aramburu, quien con su recién constituida Unión del Pueblo Argentino (UDELPA) intentó captar los votos antiperonistas, con un 13%. Aunque Illía alcanzó luego la mayoría en el Colegio Electoral con el apoyo de partidos pequeños, su situación era sin duda débil y vulnerable.

Una economía en recuperación

Durante el gobierno de Arturo Illía se abandonaron los grandes objetivos de la política económica desarrollista, abordando la gestión desde una perspectiva gradualista atenta mucho más a recuperar la actividad económica en el corto plazo que a impulsar el crecimiento de sectores considerados prioritarios (aunque se pensaba pasar a una segunda etapa, para la cual se elaboró un Plan Nacional de Desarrollo). A los efectos de lograr el primer objetivo, el ministro de Economía Eugenio Blanco acudió a medidas de corte keynesiano, como la expansión del gasto público y el estímulo crediticio por vía de la emisión monetaria. Se impulsó también un aumento de la demanda a través del establecimiento del salario mínimo vital y móvil, de la implantación de controles sobre precios de la cesta familiar y del congelamiento de las tarifas públicas.

Uno de los problemas serios que planteaba la recuperación de la actividad económica era la posibilidad de que retornara el déficit externo, vía aumento de las importaciones y descenso de las exportaciones por el incremento del consumo interno. Para evitar este problema, el gobierno volvió a establecer un régimen de control de cambios con paridad fija, pero procedió a realizar pequeñas devaluaciones periódicas que acompañaban el ritmo de aumento de los precios, evitando bruscas transferencias intersectoriales de ingresos.

Los resultados globales de la economía durante los años radicales fueron altamente positivos: el PIB creció un promedio de casi el 10% en 1964 y 1965, y la balanza comercial invirtió su signo sobre todo a partir de un aumento importante de las exportaciones. En el año de su derrocamiento, los niveles de crecimiento de la actividad económica interior experimentaron un descenso, pero no fueron en manera alguna los problemas económicos la causa del golpe militar que derrocó al presidente.

El radicalismo en el gobierno

El nuevo presidente era una persona honesta y de principios; de hecho su partido estaba en alguna medida abandonando su antiperonismo, y si bien su legitimidad de origen era dudosa, no existían en un principio fuerzas políticas dispuestas a socavar de manera abierta su gestión, tal vez con la excepción de los sindicalistas peronistas.

Sin embargo, sí había circunstancias que llamaban a la preocupación: por una parte, siguiendo su tradición, el radicalismo formó un gabinete «de partido» en una coyuntura que tal vez reclamaba acuerdos políticos más amplios; por otra, la relación con el peronismo se tornó rápidamente conflictiva como resultado de la acción gubernamental, orientada hacia la búsqueda de alternativas al monopolio que los justicialistas ejercían en el control de los sindicatos. Finalmente, y sin duda esto no era lo menos importante, los radicales habían apoyado a los derrotados «colorados» en los recientes conflictos militares, lo que exigía maniobras cuidadosas en el ámbito castrense.

Es preciso en este momento destacar un elemento de importancia: el escaso entusiasmo por las instituciones democráticas que, por diferentes razones, mostraba en esos años buena parte de la ciudadanía y de los representantes de los poderes fácticos, desde la Iglesia y las Fuerzas Armadas hasta los sindicatos, las organizaciones empresariales y los medios de comunicación. El reclamo por la eficacia ponía en segundo plano la vigencia del régimen constitucional como condición necesaria para el abordaje de los problemas que experimentaba la sociedad argentina.

La primera decisión de importancia adoptada por el gobierno fue la anulación de los contratos petroleros firmados durante la gestión de Arturo Frondizi, la más significativa promesa realizada en la campaña electoral. La importancia de la misma llevó a que se produjeran presiones por parte del gobierno de los Estados Unidos y, por supuesto, de los ámbitos frondizistas, pero las firmes convicciones nacionalistas del presidente en este tema hicieron que las mismas no tuvieran éxito, aunque generaron un clima desfavorable en el exterior.

Las relaciones con los militares fueron deteriorándose de manera progresiva, en la medida en que dentro del gobierno radical había corrientes orientadas a tratar de tomar distancia respecto de la tutela que ejercían los «azules», pero para ello había que actuar en circunstancias en que la mayor parte de los uniformados, defensores de la eficacia ejecutiva, encontraban pocos motivos para entusiasmarse con quienes se tomaban su tiempo para adoptar decisiones; su mentalidad estaba imbuida de un «mesianismo tecnocrático» que no tenía nada que ver con el comportamiento de quienes estaban al frente del Poder Ejecutivo.

Por otra parte, en el ámbito castrense iba adquiriendo fuerza una concepción que si bien insistía en el respeto al orden constitucional y la consiguiente subordinación a la autoridad legítima, también ponía énfasis en la preservación de los valores de la civilización occidental y cristiana. La expresión más transparente de ese nuevo rumbo adoptado por las Fuerzas Armadas fue el discurso pronunciado por Juan Carlos Onganía, comandante en jefe del Ejército y autoridad indiscutida en ese momento, con motivo, en agosto de 1964, de la V Conferencia de los Ejércitos Americanos en la academia norteamericana de West Point. En él, Onganía insistía en el carácter apolítico de las Fuerzas Armadas, subordinadas a la autoridad legítima, pero al mismo tiempo, y contradictoriamente, afirmaba que la obediencia cesaba si se producía un desborde de la autoridad constituida por parte de grupos que actuasen «al amparo de ideologías exóticas». Al pronunciar el discurso en los Estados Unidos, el Ejército argentino quedó de hecho integrado en la estructura militar montada por el Departamento de Estado.

Esta visión de la situación se enfrentaba frontalmente con la actitud del gobierno, que se negó a enviar tropas a Santo Domingo para secundar la intervención norteamericana en ese país, lo que dio lugar a que los militares comenzaran a pensar que se estaba subestimando la amenaza comunista.

El peso de la figura de Onganía, potenciado por los medios de comunicación, contribuyó a agudizar la tensión; a fines de 1965 un conflicto interno dentro del ámbito castrense le dio la oportunidad al gobierno para generar una situación que condujo a la renuncia del líder «azul», pero no fortaleció en manera alguna la posición del presidente; al contrario: dio a los militares una bandera y un candidato para encabezar un golpe de estado.

Junto a la de los militares, la cuestión peronista era la de mayor trascendencia para el gobierno de Illía. El liderazgo de Perón no se encontraba en su mejor momento y los radicales pensaban aprovechar esta situación para desarrollar una política de alianzas que les permitiera vencer al peronismo en elecciones abiertas y sin limitaciones. Pero no contaban con el poder del sindicalismo; la política del gobierno de romper el monopolio peronista en la CGT, junto al descontento existente entre los trabajadores como consecuencia de dos duros años de recesión, llevó a poner en marcha un amplio «Plan de Lucha» que incluía la ocupación de fábricas y lugares de trabajo.

Su éxito, aprovechando la renuencia de las autoridades a declarar el estado de sitio, marcó el punto más alto en la carrera política de Augusto Vandor. La preeminencia de los sindicalistas en el seno del movimiento peronista estaba haciendo bascular a éste hacia posiciones cada vez más conciliadoras, cercanas a las del empresariado «eficientista» y los grupos desarrollistas. Además, la gestión del dirigente metalúrgico se insertaba en una estrategia más ambiciosa: la de presionar simultáneamente al gobierno y a Perón impulsando el regreso del ex presidente. A los radicales en el poder la situación les colocaba en una posición de imposible solución favorable, ya que si actuaban se enfrentaban con los peronistas, contradiciendo sus intenciones legalistas, y si no lo hacían perdían el favor de los antiperonistas y desafiaban a los militares. Por otra parte, la persistencia del mito del retorno de Perón forzaba al líder a definirse, abriendo el camino a un «peronismo sin Perón».

Lo cierto es que Perón se decidió; tomó un avión de línea el 2 de diciembre de 1964, pero en la escala realizada en Río de Janeiro el gobierno brasileño lo declaró persona no grata y debió retornar a Madrid. Los enfrentamientos dentro del peronismo continuaron, pero el liderazgo de Perón se mantuvo incólume, aunque en dura puja con quienes, desde el sindicalismo, operaban para imponer sus posiciones aprovechando la distancia.

En las elecciones legislativas parciales de marzo de 1965, la orden de Perón de votar por la Unión Popular –contra la opinión de Vandor, que tuvo que acatarla– dio lugar a un triunfo parcial del peronismo, que le impidió al gobierno seguir disponiendo de la mayoría parlamentaria. Pero la cuestión no estaba resuelta: el mismo Perón debió enviar a su esposa para resolver los problemas internos del partido; su actividad produjo duros enfrentamientos tanto en el ámbito sindical como en el político. Ante la continuidad del ascendiente de Perón sobre los trabajadores, los sindicalistas optaron por jugar la carta del golpe de estado, apoyándose en los militares «azules», que planeaban de manera cada vez más seria el derrocamiento de Illía.

Un factor fundamental en el proceso que condujo a la caída del presidente fue la campaña que desde diferentes ámbitos políticos y sindicales, y a través de algunos medios periodísticos, se lanzó contra la supuesta ineficiencia del gobierno. Publicaciones como *Primera Plana* y *Confirmado*, atractivas y modernas revistas de información, se ocuparon de manera amplia de destacar los defectos de los partidos políticos, y en particular del partido gobernante. El enfrentamiento entre lo antiguo –encarnado por la democracia– y lo moderno –la eficiencia de los militares– se transformó en un discurso repetido hasta el cansancio, de forma que el acceso a la modernidad económica sólo podía alcanzarse a través de un autoritarismo cuya legitimidad residía en su (supuesta) capacidad para producir un cambio de estructuras que sacara al país del atraso; el general Onganía era la figura que encarnaba todas las expectativas de quienes aspiraban a concretar el cambio de rumbo.

Es de destacar el variado origen político de los que jugaron la carta del golpe de estado; mientras los sindicalistas peronistas negociaban con los «azules», sectores «gorilas» sentían que una oportuna intervención de los militares podía frustrar un posible triunfo electoral peronista.

A partir de marzo de 1966 se aceleró la pendiente hacia la quiebra del orden constitucional; causas había muchas, y ninguna. Cuando se empezó a afirmar que la función del Ejército era «la defensa de los intereses permanentes y fundamentales de la Nación», la suerte del gobierno estaba echada. No fueron suficientes las concesiones gubernamentales para frenar a los golpistas: el 28 de junio los comandantes en jefe formaron una Junta Revolucionaria, y un destacamento de policía echó al presidente Illía –que se había negado a renunciar– de la Casa de Gobierno. Al día siguiente, esa Junta entregó el poder al general Onganía, luego de proceder a la destitución del presidente y de su vicepresidente, de los integrantes de la Suprema Corte de Justicia y de los gobernadores e intendentes electos.

Un intento autoritario: la Revolución Argentina

El gobierno de la autodenominada «Revolución Argentina» no fue una experiencia militar más: inauguró una nueva etapa en la que, a diferencia de los intentos anteriores, los hombres de armas se propusieron una tarea de mayores dimensiones. Ya no se trataba sólo de bloquear el ascenso del peronismo –y en lo posible impulsar su erradicación–, al tiempo que se ponían en práctica políticas económicas por lo general favorables a los tradicionales sectores económicos privilegiados. La propuesta que emergía ahora aparecía mucho más elaborada, insistiéndose en que la salida de la República Argentina de su (supuesta) decadencia no pasaba por la democracia liberal y los partidos políticos, sino por la administración autoritaria de una tecnocracia eficiente, alejada de las pujas «estériles» que caracterizaba la política tradicional.

Lo más curioso, y dramático, de ese momento histórico es que, por razones diferentes, tanto la derecha como buena parte de la izquierda, así como también sectores amplios del peronismo, convergieron en la necesidad de acabar con la experiencia democrática –restringida, eso sí– de la Unión Cívica Radical del Pueblo. La democracia «formal» no contaba con seguidores numerosos, y los partidarios de una autoridad fuerte encontraron un militar que parecía estar en condiciones de devolver al país a su ruta de grandeza, ahora impulsando una modernización impostergable.

Un general para el futuro argentino

El general Juan Carlos Onganía era un hombre acostumbrado a mandar, duro y autoritario. Las repercusiones favorables de su figura en el ámbito de la sociedad no son fáciles de explicar: para algunos era el caudillo que la nación necesitaba en ese momento; para otros su imagen de eficacia era lo que muchos argentinos desilusionados querían ver en la persona que ejerciera el poder ejecutivo; finalmente, estaban quienes pensaban que un militar bienintencionado y progresista era la figura ideal para producir una «revolución nacional», en la línea de las expectativas que muchos «espadones» latinoamericanos generaban en esos años en sectores de la izquierda.

Las concepciones ideológicas del nuevo presidente combinaban rasgos tradicionales y modernos: era un católico conservador, cuyas raíces ideológicas se encontraban en pensadores de principios del siglo XIX –Bonald, De Maistre–; en esa línea, era también, como hemos visto, anticomunista, en la versión al uso en la década de 1960. En su visión, el Ejército no debía participar en las tareas de gobierno; los comandantes en jefe que le habían entregado el poder debían obedecerle.

Pero, por otra parte, su nacionalismo estaba a distancia considerable del nacionalismo católico, tan difundido entre las Fuerzas Armadas; en su versión moderna no recelaba del capital extranjero y la competencia externa para impulsar la «eficiencia». El franquismo tardío, caracterizado por la hegemonía del Opus Dei, parecía ser el régimen más cercano a sus convicciones: una sociedad ordenada, jerárquica y disciplinada, gobernada por una autoridad de pulso firme, en la que las cuestiones económicas se manejaran de acuerdo con los principios de la economía de mercado.

Este personaje enigmático y distante, que no tuteaba ni a sus compañeros de promoción, debió afrontar entonces la tarea de satisfacer a una sociedad cuyas expectativas eran amplias y variadas.

Un gobierno autoritario

Los primeros días del nuevo gobierno estuvieron caracterizados por la indefinición, aunque pronto quedó claro que podía hablarse de una alianza entre «la cruz y la espada», a la que había que agregar la no insignificante presencia de los hombres de negocios (de formación católica). El anticomunismo era el principal factor unificador y la inexistencia de representantes de los partidos políticos disueltos también era un dato de importancia; no obstante, había algunas divergencias, que asomaron en los meses finales de 1966, entre nacionalistas en sus diversas variantes y liberales que veían con cierta aprensión las referencias corporativistas que surgían de algunos discursos oficiales.

El primer hecho importante concretado por el gobierno fue la intervención de la Universidad de Buenos Aires a fines de julio, acompañada de una dura represión en la Facultad de Ciencias Exactas que hizo historia: la llamada «noche de los bastones largos» significó el fin de la corta luna de miel de algunos ilusos con la «Revolución Argentina», y el comienzo de un largo período de decadencia de la enseñanza superior; el éxodo de científicos se convirtió en la respuesta del ámbito académico a la política del gobierno.

El control autoritario sobre la sociedad comenzó a manifestarse en diferentes ámbitos. A las exigencias gubernamentales de una prensa «responsable» siguió el cierre de una serie de publicaciones; en Buenos Aires la acción de los nuevos «guardianes» de la moral se centró en cuestiones tan «importantes» como la prohibición de las minifaldas en las oficinas públicas, de los hoteles de «alta rotatividad» y otros lugares nocturnos.

El afán por el orden también se manifestó en los servicios públicos: las limitaciones a los «privilegios» de los trabajadores portuarios y los proyectos de reestructuración de los ferrocarriles generaron una situación de tensión en la que los dirigentes sindicales que habían apoyado al gobierno rápidamente percibieron que Onganía no estaba dispuesto a admitir menoscabo alguno de su autoridad; el Plan de Lucha lanzado el 1 de diciembre de 1966 fue respondido con la declaración de «disturbio ilegal del orden público».

Pero el proyecto principal de los hombres de la «Revolución Argentina» todavía no se había puesto en ejecución. El diagnóstico que se realizó en los ámbitos oficiales de la situación del país insistía en la necesidad de producir un «cambio de estructuras», lo que implicaba una modernización del aparato productivo que revirtiera el estancamiento del pasado inmediato. Pero también formaba parte de ese diagnóstico la idea de que la legislación social establecida durante los años del populismo era incompatible con un país no desarrollado. Por lo tanto, el despliegue de la estrategia industrializadora exigía un férreo control social y político, una dictadura. Una vez que se hubiera consumado la gran transformación económica, una vez que se agotara el «tiempo económico» se inauguraría el «tiempo social», y luego el «tiempo político», al cabo del cual los problemas que perturbaban a la Argentina habrían desaparecido superados por la modernización económica y social.

De esta manera se delineaba una propuesta de largo plazo, pero a la vez sin plazos precisos, destinada a reestructurar la economía, la sociedad y la política; la transformación desde arriba se ponía en marcha, partiendo de la ingenuidad (o de la ilusión) de poder erradicar la política durante un tiempo indeterminado, reemplazada por una tecnocracia «infalible».

La política económica de Krieger Vasena

Durante los primeros meses de la presidencia de Onganía, la cartera de Economía estuvo en manos de Jorge Néstor Salimei, un empresario formado en el pensamiento socialcristiano, que no tuvo ocasión de desarrollar su propuesta por las contradicciones que había con grupos vinculados al liberalismo que actuaban en las cercanías del gobierno.

Con la designación de Krieger Vasena quedó definida la estrategia económica: se puso en marcha un plan cuyo objetivo era la estabilidad de precios y que además establecía una política de ingresos. Los aspectos principales del mismo eran: 1) una devaluación del 40%; para limitar su impacto inflacionario se establecieron impuestos a la exportación y al mismo tiempo se bajaron los aranceles a la importación; 2) con el fin de reforzar la política antiinflacionaria se congelaron las salarios tras un último aumento, y se acordó con las grandes empresas no incrementar los precios; 3) se introdujeron incentivos fiscales a las exportaciones industriales, y 4) se aumentaron las tarifas de servicios públicos.

Los beneficiarios del plan eran el Estado y los capitales extranjeros, cuyo poder de compra se incrementaba de manera sensible en virtud de la devaluación. A diferencia de otros planes de ajuste aplicados, la política monetaria fue expansiva; al atacar simultáneamente todas las causas de aumento de los precios se debilitaron las expectativas inflacionarias, y una política restrictiva en ese momento habría hecho aumentar el valor del peso, anulando los efectos de la devaluación. Para reforzar la aplicación del plan se firmó un acuerdo *stand by* con el Fondo Monetario Internacional por 125 millones de dólares, destinados a reforzar la política antiinflacionaria, creando condiciones favorables para el ingreso de capitales extranjeros, considerados vitales para la modernización del aparato productivo.

Los resultados de esta política económica fueron positivos en dos aspectos significativos: por una parte, luego del acomodamiento de las variables generado por el plan de ajuste, la inflación se redujo a menos de dos dígitos en 1968 y 1969, y el crecimiento del PIB tuvo una recuperación persistente desde 1967. Parecía que tras varios intentos fracasados se había encontrado la fórmula para crecer sin que se produjera un descontrol en los niveles de precios. Las grandes empresas privadas y estatales eran las beneficiarias de un proceso que, aunque impulsado por liberales, otorgaba al Estado un papel fundamental en el impulso a las actividades de los sectores más eficientes. Comenzaba así a perfilarse un proceso en el cual se fueron tejiendo redes de intereses entre las grandes empresas privadas y los organismos estatales, que de allí en adelante no harán sino consolidarse; la expresión «patria contratista» resume esta nueva realidad, que se afirmará con la dictadura instalada en 1976.

A pesar de los éxitos alcanzados en algunos terrenos, había una amplia y variada disconformidad respecto a varios aspectos de la situación económica. La penetración del capital extranjero en varias ramas de la actividad productiva hacía sentir a los nacionalistas que el país estaba ingresando en una etapa de dependencia de negativas consecuencias para el futuro. Además, el modelo no incluía a vastos sectores de la sociedad, desde los empresarios nacionales de nivel medio, perjudicados por una política que no estaba diseñada para ellos, hasta la mayor parte de los asalariados.

Por otro lado, la política represiva del gobierno estaba produciendo reacciones en la clase trabajadora, escapándose del control de los sindicalistas dispuestos a llegar a acuerdos con quienes detentaban el poder. El nacimiento en 1968 de la llamada CGT de los Argentinos, liderada por el dirigente gráfico Raimundo Ongaro, mostró las dimensiones de la protesta obrera. Finalmente, también las clases medias mostraban un rechazo creciente hacia una dictadura mesiánica que le hacía «marcar el paso»; dentro de ellas, los sectores juveniles estaban experimentando una radicalización acelerada, al compás de acontecimientos como la Conferencia de Medellín o el Mayo francés.

Todas estas razones explican que la protesta social fuera adquiriendo significativas proporciones, hasta llegar al «Cordobazo» de mayo de 1969, una revuelta que terminó con el proyecto de la «Revolución Argentina», aunque los militares se mantuvieron en el poder cuatro años más.

El «Cordobazo» o el fin del sueño autoritario

El punto de partida de los acontecimientos que se produjeron en la ciudad de Córdoba fue una protesta generalizada de los estudiantes universitarios en diversas ciudades del interior, cuyas consecuencias fueron una dura represión que provocó la muerte de un estudiante en Corrientes, a la que siguieron otras dos víctimas en la ciudad de Rosario. A su vez, en Córdoba –que se había convertido en los años anteriores en el principal centro industrial del interior del país, caracterizándose su clase trabajadora por un alto nivel de salarios– se generalizó una protesta sindical a raíz de la decisión del gobierno provincial de suprimir el denominado «sábado inglés», en el que sólo se trabaja medio día.

El 29 de mayo se produjo la convergencia de la protesta obrera y estudiantil; la dura represión que se produjo llevó a un alzamiento masivo que controló durante varias horas el centro de la ciudad. Los combates callejeros dejaron un saldo de más de veinte muertos, y la situación sólo se normalizó luego de dos días de enfrentamientos, cuando se produjo la intervención –para muchos tardía– del Ejército.

El gobierno sostuvo que se trataba de un complot subversivo, pero lo cierto es que tras las planificadas acciones iniciales –el abandono de las tareas, la movilización hacia el centro de la ciudad, el acto masivo frente al edificio de la CGT–, los dirigentes fueron desbordados por una multitud –en cuyo seno se encontraban sectores significativos de la clase media– que expresó de manera violenta su descontento.

Los acontecimientos de Córdoba fueron una divisoria de aguas para el gobierno de Onganía[1]; a partir de ese momento su autoritarismo quedó herido de muerte y se inauguró un nuevo proceso en el país: las movilizaciones se convirtieron en un hecho cotidiano, y en ellas sectores cuantitativamente importantes de la sociedad expresaron una voluntad de cambio –no siempre coincidente en sus objetivos– que se asentaba en buena medida en el violento y generalizado rechazo de la autoridad. Parecía que los largos años de crisis permanente habían acabado con la paciencia de muchos, y los caminos para superar la situación no se agotaban con la vuelta de los militares a los cuarteles y el retorno de la democracia.

1. Un mes más tarde el sindicalista Augusto Vandor fue asesinado en sus oficinas de la Unión Obrera Metalúrgica.

La violencia se consideró entonces una opción válida en la tarea de producir cambios radicales; luego de algunos intentos aislados absolutamente minoritarios protagonizados por grupos guerrilleros, que tuvieron su primera manifestación a fines de 1959, se produjo una situación en la que la lucha armada fue asumida como parte de la acción política protagonizada por las organizaciones de masas. La «violencia de abajo» fue justificada por la «violencia de arriba», argumento utilizado tanto por sectores marxistas –el impacto producido por la revolución cubana fue de enorme significación– como por católicos, fuertemente influidos por las tendencias que surgieron tras el Concilio Vaticano II. Además, en el torbellino de la crisis, el peronismo apareció también como una alternativa, en la medida en que para muchos tomó forma real la idea de que su existencia constituía el «hecho maldito» del país burgués, al que ellos también rechazaban.

Así, por una parte, sectores de la izquierda se orientaron hacia la violencia, siendo el Ejército Revolucionario del Pueblo (ERP), vinculado a una de las vertientes del trotskista Partido Revolucionario de los Trabajadores, la organización más importante. Su desconfianza del carácter revolucionario del peronismo determinó que su acción se desarrollara de forma independiente, potenciando las operaciones de tipo militar. En estos años quedó claramente definida una división entre las agrupaciones de izquierda: por un lado estaba el Partido Comunista, con su indeclinable fidelidad a la Unión Soviética, enrolado en las posturas orientadas hacia un acceso pacífico al comunismo; y por otro, quienes desde diferentes posiciones apoyaban la alternativa de la revolución siguiendo los ejemplos chino y cubano.

Además, irrumpieron también en esos años las organizaciones peronistas: FAP (Fuerzas Armadas Peronistas), FAR (Fuerzas Armadas Revolucionarias) y Montoneros fueron una manifestación clara de la significación que algunos otorgaron al peronismo como opción revolucionaria.

La Revolución Argentina en terapia intensiva

La primera consecuencia de los acontecimientos de Córdoba fue la decisión de Onganía de cambiar el gabinete, reemplazando a Krieger Vasena por José María Dagnino Pastore en la cartera de Economía, y al nacionalista Guillermo Borda, ministro del Interior, por el general Francisco Imaz, quien compartía en mayor medida sus ideas. En su primer discurso, Onganía realizó algunas promesas en el terreno social, pero ya su prestigio estaba dañado de manera irreparable y las críticas llegaban incluso desde el ámbito militar; a ello habría que sumar la desaparición de muchos de los apoyos que los sectores económicos dominantes habían dado al gobierno una vez que se produjo la salida de Krieger Vasena del mismo. La búsqueda de una salida política se hizo necesaria, y figuras como la del general Aramburu aparecieron como posibles alternativas de transición hacia una normalización democrática. A su vez, dentro del Ejército el malestar se acentuó.

El aislamiento del presidente fue creciente, y a mediados de 1970 la cúpula militar impulsó su destitución; a esta decisión contribuyó el secuestro y posterior asesinato de Aramburu, con el cual hizo su irrupción pública la organización Montoneros, que responsabilizó al militar de los fusilamientos de junio de 1956. Las sospechas iniciales respecto de una vinculación entre el gobierno y esta agrupación desconocida se diluyeron a medida que Montoneros comenzó a desplegar una actividad creciente reivindicando su filiación peronista. Iniciaba así su recorrido una agrupación que tendría una presencia determinante en la vida argentina durante los años venideros.

El 8 de junio, la Junta de Comandantes, en la que tenía un peso específico el general Alejandro Agustín Lanusse, separó a Onganía de su cargo sin que nadie saliera en su defensa, y tras una semana de debates designó presidente a un militar prácticamente desconocido, el general Roberto Marcelo Levingston. Evitando repetir lo ocurrido en 1966, el nuevo gobernante estaba obligado a consultar a la Junta en las cuestiones legislativas de importancia; además, los ministros ya habían sido designados. Carlos Moyano Llerena se encargó de la economía e intentó continuar las directrices generales del programa de Krieger Vasena en un escenario dominado por la desconfianza de los agentes económicos. La inestabilidad se acentuó; la inflación retomó su ritmo ascendente y el gobierno se vio obligado a conceder aumentos generales de salarios.

A los problemas que generaba la economía se agregó el hecho de que Levingston tenía sus propias ideas respecto al rumbo a seguir; si bien no descartaba el retorno a la democracia, su propuesta se centraba en una profundización de la revolución de junio de 1966, respecto a la cual tenía, sin embargo, una visión diferente de la que había sido dominante hasta ese momento: en el terreno político, se trataba de lograr un cierto apoyo de la sociedad para retomar el control de la situación; en el campo económico, por su parte, pensaba que era preciso revertir el proceso de penetración del capital extranjero, vigorizando la posición de las empresas nacionales, tanto privadas como públicas. La designación al frente de la cartera de Economía de Aldo Ferrer, un profesional de corte progresista que había participado en el gobierno de Oscar Alende en la provincia de Buenos Aires, era un signo de que algo había cambiado; las disposiciones que privilegiaban la compra de artículos del país por parte del Estado («Compre Argentino») iban en ese sentido, marcando una ruptura con la política económica aplicada hasta ese momento por los militares.

Sin embargo, el nuevo presidente no podía ir muy lejos; si bien no había una posición unívoca en la cúpula castrense, su política se movía en el vacío, y cuando intentó formar un partido adicto, pocos fueron los que respondieron a su llamado. Por el contrario, en noviembre de 1970 radicales y peronistas crearon La Hora del Pueblo, lo que suponía no sólo un distanciamiento respecto de los militares sino también la posibilidad de superar las diferencias históricas entre los dos principales partidos del país. El manifiesto fundacional se limitaba a reclamar un gobierno electo democráticamente, sin proscripciones y con respeto a las minorías, pero era un gesto político importante en ese momento.

Mientras tanto, la guerrilla comenzó a actuar con fuerza. Pocas semanas después del secuestro de Aramburu, las Fuerzas Armadas Peronistas (FAP) se dieron a conocer por medio de la ocupación temporal de la localidad bonaerense de Garín; a partir de allí las operaciones de los grupos armados alcanzaron dimensiones crecientes. La actividad militar de la guerrilla fue similar en las organizaciones peronistas y en las de izquierda: 1) operaciones de «expropiación» de armas y dinero por medio de asaltos a bancos, cuarteles, comisarías; 2) operaciones de «justicia popular» (asesinato de personas comprometidas con la represión), y 3) acciones «políticas» destinadas a ganarse la simpatía de la población, desde el reparto de alimentos en barrios pobres hasta el apoyo a conflictos sociales y laborales.

En el marco de una sociedad en plena crisis, en la que el cuestionamiento a las diferentes formas de autoridad se manifestó de diferentes maneras, el desarrollo de la guerrilla constituyó un desafío para el gobierno, amenazado desde diferentes ángulos.

Finalmente, un nuevo alzamiento masivo en Córdoba, el denominado «Viborazo», aceleró la caída de Levingston en marzo de 1971. El comandante en jefe del Ejército, general Alejandro Agustín Lanusse, se hizo cargo de la presidencia; se inauguraba de esta manera la etapa final de la «Revolución Argentina».

«Se van... se van». La retirada de los militares

Lanusse, un militar de apellido patricio de la aristocrática arma de Caballería –la misma de Onganía–, era consciente de que no había más tiempo para experimentos y que había que iniciar una transición política a partir de un «Gran Acuerdo Nacional» (así se denominó) con las diversas fuerzas políticas y sociales. Se trataba de buscar la mejor salida para las Fuerzas Armadas en un momento en que la inestable situación económica y la violencia creciente de los grupos guerrilleros peronistas y marxistas anunciaba la proximidad de un desenlace en el que los enfrentamientos sociales se iban a resolver mediante el uso de la fuerza.

Las expectativas de Lanusse pasaban por la implantación de una transición ordenada en la que la guerrilla fuera aislada y exterminada, los partidos reanudaran su actividad política, Perón renunciara a ser candidato presidencial y los militares fueran los protagonistas de esa transición, en lo posible con él como candidato. Para ello nombró ministro del Interior a un radical, Arturo Mor Roig, e inició conversaciones con Perón a través de un enviado.

Progresivamente, el Gran Acuerdo Nacional fue transformándose en una puja casi personal entre Lanusse y Perón. El líder exiliado desarrolló una política que iba desde la moderación, buscando fórmulas de consenso con otros partidos, hasta el aliento a las agrupaciones guerrilleras peronistas (las «formaciones especiales»). Mientras tanto, el gobierno perdía credibilidad con rapidez; la ejecución en agosto de 1972 de 16 presos políticos en Trelew como represalia por la fuga del penal de Rawson que ellos y otros compañeros habían protagonizado unos días antes, generó incluso el rechazo de los sectores más moderados de la sociedad.

La actividad del ERP adquirió relevancia: en marzo de 1972 secuestró y luego asesinó al director general de Fiat Concord, Oberdan Sallustro. A pesar de la repercusión de esta y otras acciones, los años 1972 y 1973 estuvieron caracterizados por el incremento de la militancia de los sectores juveniles más radicales –la denominada «montonerización»–, lo que se tradujo también en una afiliación masiva al Partido Justicialista. Se constituyó un frente de masas que recibió el nombre de Tendencia Revolucionaria, formada por la Juventud Peronista y por agrupaciones como la Juventud Universitaria Peronista (JUP), la Juventud Sindical Peronista (JSP), el Movimiento de Villeros Peronistas (MVP) y otras. También se verificó la unificación de las diferentes organizaciones armadas bajo el nombre de Montoneros. Las masivas movilizaciones de la Tendencia estaban obviamente dirigidas contra la dictadura militar, pero también contra la «burocracia sindical», acusada de traicionar al movimiento obrero.

En una situación difícil, Lanusse convocó elecciones para el 11 de marzo de 1973, y a pesar de lo endeble de su posición logró imponer una cláusula que prohibía la candidatura de Perón, pero al costo de autoexcluirse; incluso tuvo que soportar, en noviembre de 1972, el retorno del propio Perón, al que había desafiado sosteniendo que «no venía porque no le daba el cuero».

Las negociaciones establecidas con las otras fuerzas políticas dieron lugar a que muchos –civiles pero también militares– pensaran que la figura de Perón era decisiva para sacar al país de la conmoción social en la que estaba inmerso. Además, al convocar una Asamblea de Unión Nacional, el líder exiliado le arrebató la iniciativa a Lanusse en el tema del futuro político; las elecciones aparecieron como una demanda de la sociedad y no como una concesión de los militares. Por otra parte, aceptando de manera implícita la cláusula establecida por Lanusse, de vuelta a Madrid Perón nombró candidato a presidente a su delegado personal Héctor J. Cámpora, distanciándose así de los sindicalistas y del ala política del peronismo. La probada lealtad del veterano dirigente se combinaba con un acercamiento a las posiciones de la juventud.

Con el dirigente conservador Vicente Solano Lima como candidato a vicepresidente, la fórmula del Frente Justicialista de Liberación (FREJULI) tuvo varios adversarios: la Unión Cívica Radical presentó la fórmula Ricardo Balbín-Eduardo Gamond; la Alianza Popular Revolucionaria –de izquierda moderada– postuló las candidaturas de Oscar Alende y Horacio Sueldo, y los grupos federalistas presentaron a Francisco Manrique, ministro de Bienestar Social del gobierno militar; había otras candidaturas, pero con menores posibilidades.

La campaña electoral estuvo caracterizada por una notable participación de la Juventud Peronista, que la planteó en términos de enfrentamiento total con los militares; además, atribuyó al justicialismo una orientación revolucionaria que Perón en su orientación táctica no había desautorizado.

Las nuevas leyes electorales –representación proporcional y segunda vuelta– parecían favorecer a las coaliciones antiperonistas, pero los resultados del FREJULI superaron todas las expectativas: logró el 49,5% de los votos contra sólo el 21% de la Unión Cívica Radical. Tan elevado número de sufragios mostraba que la fórmula Cámpora-Solano Lima fue votada por muchos no peronistas que reaccionaron contra la política de los militares.

Luego de dieciocho años de proscripciones, el peronismo volvía a gobernar, pero lo hacía en unas circunstancias muy particulares: la movilización de la juventud y la actuación de las organizaciones armadas conformaban elementos que generaban inquietud respecto al futuro, a lo que habría que agregar el interrogante sobre la actitud a adoptar por Perón.

Mientras tanto, era la hora de los festejos...

De la revolución al caos

El período comprendido entre mayo de 1973 y marzo de 1976 fue con toda seguridad el más agitado de la historia argentina contemporánea; en él se concentraron las tensiones provenientes de casi dos décadas de confrontaciones y desencuentros. Creemos que la expresión «guerra civil larvada» es adecuada para dar cuenta de los enfrentamientos que se produjeron en esos años; como todo proceso con características tan dramáticas, terminó con el triunfo de unos y la derrota aplastante de otros. Desde la esperanzada expresión de quienes el 25 de mayo de 1973 exclamaban «Se van, se van, y nunca volverán», hasta la toma del poder sin oposición visible por parte de la Junta Militar el 24 de marzo de 1976, se vivieron una serie de acontecimientos que marcaron de manera indeleble a la sociedad argentina.

La economía en tiempos tormentosos

A principios de 1973 la economía argentina estaba afectada por un serio desborde inflacionario, fruto de la primacía otorgada por el gobierno de Lanusse a las cuestiones políticas, que limitaron la gestión de sus ministros a medidas puramente coyunturales. Pero esta situación adversa estaba acompañada de un razonable nivel de actividad interior y una favorable coyuntura internacional para los precios de los productos que el país exportaba.

La llegada del peronismo significó el retorno de algunos de los rasgos tradicionales de su política económica, desde el nacionalismo hasta las preocupaciones por la redistribución de los ingresos. La designación de José Ber Gelbard como ministro de Economía era un símbolo de esa continuidad, pero la situación no era la misma de 1946, por lo que por lo menos en dos temas –inflación y política exportadora– se vio obligado a buscar soluciones nuevas.

Por una parte, el Pacto Social estableció una configuración de precios y salarios inamovibles a la que se le intentó dar permanencia, suspendiendo los convenios colectivos. A su vez, el esquema se completaba con un tipo de cambio fijo. El impacto inicial fue altamente positivo, llegando a hablarse de «inflación cero» a fines de 1973; era sobre todo el resultado de las expectativas favorables de la sociedad, ya que la emisión de moneda para saldar un déficit presupuestario en alza siguió siendo importante, trasladando sin duda el problema para un futuro cercano.

Además, el gobierno firmó acuerdos con varios países del área socialista y de Oriente Medio, que permitieron aprovechar la coyuntura favorable diversificando los mercados para los productos argentinos

No obstante, la situación era inestable, pues tanto para los sindicalistas como para los empresarios, el Pacto Social era una salida circunstancial que los dejaba insatisfechos, y los problemas estructurales persistían Así, las tensiones sobre los precios se hicieron sentir progresivamente, apareciendo el mercado «negro» en algunos productos. Mientras Perón estuvo con vida, la situación pudo controlarse dificultosamente, pero después del 1 de julio de 1974 se hizo notar también en el campo económico la ausencia de un moderador entre poderes enfrentados que además no creían que el Pacto Social pudiera tener continuidad.

A partir de la segunda mitad de 1974 la situación se descontroló: si bien el nivel de actividad se mantuvo alto hasta fines de año, la inflación retornó con fuerza y la salida de Gelbard de la cartera de Economía hizo que el proyecto de Perón fuera cosa del pasado, retornando con toda su fuerza los enfrentamientos entre los diferentes sectores en torno a la distribución del ingreso. Desde ese momento hasta el fin del gobierno de Isabel se sucedieron cinco ministros al frente de

Economía: Alfredo Gómez Morales, Celestino Rodrigo, Pedro Bonanni, Antonio Cafiero y Emilio Mondelli, pero ninguno –exceptuando el fracasado macroajuste de Rodrigo del que hablaremos enseguida– dispuso de espacio político para intentar algo más que retoques parciales, en un escenario en el que todas las variables –crecimiento, inflación, déficit público, balanza de pagos– se fueron deteriorando, atizadas por una apuesta clara de los sectores económicos más fuertes en contra del gobierno.

Un párrafo especial merece el intento realizado por Rodrigo: una devaluación del 100% acompañada de un aumento similar de las tarifas y una amplia liberalización de precios, que dejaba mal colocados a los sindicalistas, que acababan de negociar un aumento de salarios del 38%. El gobierno se vio obligado a dar marcha atrás, pero es importante insistir en que el «Rodrigazo» fue la primera reacción de corte liberal que se produjo en un gobierno peronista, anunciando el principio del fin de la orientación económica que privilegiaba la sustitución de importaciones y otorgaba un amplio papel al Estado.

En marzo de 1976, por primera vez en la historia del país, la inflación mensual superó la marca del 50%; las variables económicas coincidían con los avatares políticos para sellar la experiencia peronista iniciada con tanto optimismo algo menos de tres años antes. La situación sin duda era extremadamente grave, pero para muchos era difícil imaginar hasta qué punto se estaba dando fin a una etapa de la vida argentina, también en el ámbito económico.

La corta primavera de la Juventud Peronista

El 25 de mayo de 1973 fue una jornada de fiesta para muchos, pero también de temor y aprensión para otros, que no eran pocos. Una multitud entusiasmada se reunió en

Plaza de Mayo para saludar a los nuevos gobernantes y despedir con estribillos burlones a los militares; en su discurso inaugural, Cámpora afirmó que «la violencia decaerá. La paz prevalecerá», pero también dijo que «la sangre que fue derramada, los agravios que se hicieron a la carne y al espíritu, el escarnio de que fueron objeto los justos, no serán negociados». Esa misma noche, el nuevo presidente firmó un indulto masivo para los militantes detenidos, que abrió el camino a una amplia ley de amnistía, la primera votada por el nuevo Congreso. En la cárcel de Villa Devoto, al grito de «el Tío presidente, libertad a los combatientes», se produjo una salida de presos políticos, ante la pasividad de los guardias.

En los primeros días de la democracia recuperada, los acontecimientos se sucedieron de manera vertiginosa. El 20 de junio se concretó el retorno definitivo de Perón a su país; mientras una multitud esperaba su llegada en las inmediaciones del aeropuerto de Ezeiza, se produjo un enfrentamiento entre sectores de la izquierda y la derecha peronista –en realidad se trató de un operativo desplegado por grupos sindicales y policiales destinado a atacar a los simpatizantes de la Tendencia– que dejó un número nunca determinado de víctimas (por lo menos 13, y más de 350 heridos). Pocos días más tarde, el 13 de julio, Cámpora y Solano Lima renunciaron a sus cargos; en septiembre se realizaron nuevas elecciones y la fórmula Perón-Isabel Martínez de Perón se impuso con el 62% de los votos.

Lo ocurrido en esas pocas semanas fue el comienzo de un proceso de deterioro de la situación política que condujo finalmente al golpe de estado del 24 de marzo de 1976, por lo que nos detendremos en su análisis.

Como se ha dicho, el proceso que condujo a la candidatura de Cámpora se llevó a cabo marginando a los sectores sindicales del movimiento justicialista; la Juventud Peronista, apuntalada de una manera creciente por la organización

Montoneros, fue la protagonista del período previo a las elecciones y tuvo incidencia en la formación del gabinete del presidente electo el 11 de marzo de 1973, en el que se dio cabida a las diferentes corrientes existentes dentro del peronismo: ahí estaban dos representantes de la juventud –Esteban Righi (ministerio del Interior) y Juan Carlos Puig (Relaciones Exteriores)–; tres peronistas históricos –Gelbard (Economía), Jorge Taiana (Educación) y Adolfo Benítez (Justicia)–; un sindicalista –Ricardo Otero (Trabajo)– y José López Rega, secretario privado de Perón, al frente de la cartera de Bienestar Social. Rodolfo Puiggrós, un ex comunista, fue designado rector de la Universidad de Buenos Aires.

Las contradicciones entre quienes detentaban el poder pronto se manifestaron. Por una parte, si bien la organización Montoneros declaró una tregua, sus numerosos seguidores, especialmente jóvenes, continuaron con actividades como la ocupación de fábricas, universidades o colegios, creando una sensación de vacío de autoridad y de «ilusión» revolucionaria. La actividad de propaganda y difusión de la línea política de la Tendencia Revolucionaria fue muy importante en esos días: su diario, *Noticias*, alcanzó una venta regular cercana a los 150.000 ejemplares, y los semanarios *El Descamisado* y *La Causa Peronista* llegaron a tener una tirada superior a los 100.000 ejemplares.

No obstante, la «ilusión» revolucionaria pronto se deterioró: cuando el delegado de la Juventud Rodolfo Galimberti pidió en un acto la formación de «milicias populares», el general Perón lo convocó a Madrid y lo destituyó.

Por otra parte, alejado totalmente de las posiciones radicales, Perón planteó como objetivo de la gestión del gobierno el establecimiento de un acuerdo de precios y salarios entre trabajadores y empresarios destinado a frenar el deterioro de la situación económica; el ministro Gelbard, que también era el principal dirigente de la Confederación General Económica (CGE) –institución creada durante el anterior gobierno de Perón, que agrupaba a los empresarios nacionales de nivel medio– fue uno de los impulsores del Pacto Social al que hemos hecho referencia en el apartado anterior. Para hacer posible este acuerdo, los sindicalistas debieron ceder su poder de negociación, cosa que no ocurrió con los empresarios, que conservaron buena parte del control que normalmente ejercían sobre la economía.

La firma del Pacto Social a los pocos días de llegar al gobierno puso a los sectores revolucionarios ante hechos consumados: el justicialismo repetía su estrategia de conciliación entre el capital y el trabajo, y no dejaba espacio para alternativas radicales, por lo que, ante la posibilidad de quedar marginados del movimiento, desde la izquierda peronista se planteó que la política económica constituía una primera etapa destinada a desarrollar el capitalismo de origen nacional.

Mientras tanto, Perón empezó a mostrar cuál iba a ser su estrategia política: en la medida en que se atribuyó la tarea de reconstrucción del país, a la implantación del Pacto Social agregó la búsqueda de un acuerdo con la Unión Cívica Radical, lo que representaba una novedad dentro de las prácticas del peronismo. Asimismo, intentó aprovechar la derrota de los militares para crear las condiciones que aseguraran la subordinación de las Fuerzas Armadas al poder político.

Pero esta estrategia no tuvo posibilidades de éxito; los sucesos de Ezeiza mostraron hasta qué punto estaba fracturado el peronismo (y en buena medida la misma sociedad argentina).

El retorno de Perón fue visto por los sectores moderados de la sociedad como la posibilidad de restaurar la autoridad estatal; de ahí que la renuncia de Cámpora fuera considerada como un signo auspicioso, aunque en realidad fue una operación de la derecha peronista que, con el absoluto apoyo del líder, estaba embarcada en una política de desplazamiento de la Tendencia Revolucionaria. Ante los hechos consumados, éstos justificaron la candidatura del general como un intento de frenar una maniobra de los sectores antiperonistas apoyada por Estados Unidos.

La tercera presidencia de Perón

Una vez producida la renuncia de Cámpora, se desencadenó la ofensiva de los sectores tradicionales del peronismo: los sindicalistas de la CGT recuperaron su posición –el dirigente metalúrgico José Rucci desempeñó una función clave–, y la designación de Isabel Martínez de Perón como candidata a la vicepresidencia fue considerada un triunfo de quienes reclamaban la «purificación ideológica» del movimiento frente al intento de la Juventud Peronista de colocar al mismo Cámpora en ese cargo.

El aplastante triunfo de Perón en las elecciones de septiembre, logrando un porcentaje récord de votos, se vio ensombrecido por el asesinato de Rucci dos días después de los comicios; era evidente que los sectores revolucionarios del peronismo estaban dispuestos a presionar al líder, que ahora los descalificaba exigiendo obediencia a su política conciliadora.

El «viejo» volvió al gobierno después de 18 años con el objetivo claro de poner fin a los problemas del partido, volcando su confianza en los peronistas tradicionales. Del gabinete de Cámpora sólo quedaron Gelbard, Taiana y López Rega; se relevó a Puiggrós de su cargo en la Universidad de Buenos Aires, con lo que se ampliaron las distancias respecto a los Montoneros y la Juventud Peronista. A partir del ataque del ERP al cuartel de la ciudad de Azul, realizado en enero de 1974, la actitud con el conjunto de la guerrilla se hizo mucho más dura, a la vez que se invitaba a abandonar el justicialismo a todos aquellos que no estuvieran dispuestos a obedecerle. Los gobernadores de Buenos Aires, Córdoba y Mendoza, cercanos a los grupos radicales del peronismo, fueron desalojados de sus cargos por medio de operaciones políticas de dudosa legalidad que mostraban la voluntad de Perón de combatir con todos los instrumentos a su alcance a la «juventud maravillosa» de ayer.

Una de las novedades de ese momento fue la aparición de grupos parapoliciales organizados por el ministro López Rega que, bajo el nombre de la Triple A (Alianza Anticomunista Argentina), se dedicaron al asesinato de políticos, intelectuales, periodistas y sindicalistas; tras la muerte de Perón, ya no habría freno alguno para su actividad, aunque es preciso destacar que el general nunca condenó los crímenes de estos grupos.

Progresivamente, todos aquellos que habían mostrado una disposición favorable hacia la izquierda peronista fueron destituidos de sus cargos y llegó la hora de los hasta hacía muy poco denostados sindicalistas. La «columna vertebral del movimiento» se transformó en el principal apoyo del gobierno, actitud que les permitió verse beneficiados por la promulgación de una Ley de Asociaciones Profesionales que les otorgaba el monopolio de la representación de los trabajadores.

Pero el curso de la economía no facilitaba la gestión del viejo caudillo: el Pacto Social no había dejado de ser un recurso coyuntural, pese a las intenciones de convertirlo en fundamento de la política gubernamental. La inflación rápidamente superó las previsiones y aumentó la movilización obrera; ante la falta de acuerdo entre sindicalistas y empresarios, el gobierno se vio obligado a decidir los aumentos salariales por decreto. Parecía evidente que las expectativas del presidente de estabilizar una «democracia integrada» tropezaba con serios problemas; la Argentina era un país demasiado complejo como para que el eslogan «Para un argentino no hay nada mejor que otro argentino» pudiera ser algo más que una expresión de deseos.

Por su parte, la tensión entre Perón y los sectores radicalizados llegó a su clímax en el acto del 1° de mayo de 1974, cuando éstos ocuparon una parte importante de la Plaza de Mayo con el objeto de mostrarle a Perón su capacidad de movilización, suponiendo que la misma conduciría a que el presidente se liberara de los «gorilas» que, supuestamente, lo rodeaban y le impedían tomar contacto con la realidad. El encuentro tuvo un desarrollo dramático: el general, fuera de control, los acusó de «imberbes» y «mercenarios al servicio del extranjero», y las columnas juveniles optaron por retirarse cantando «Aserrín, aserrán, es el pueblo el que se va», dejando un importante hueco en la plaza. A los pocos días, la rama juvenil fue excluida del Consejo Superior del Justicialismo, mostrando así el carácter irreversible que tenía la ruptura.

Pero no había tiempo para mucho más: la salud de Perón estaba seriamente resentida, y el 1 de julio falleció, víctima de un ataque cardíaco. Si bien la situación ya se estaba deteriorando, la muerte del líder dejó al país en una situación extremadamente complicada, ya que las fuerzas enfrentadas ahora no tenían posibilidad alguna de ser controladas.

En su último discurso, Perón designó al «pueblo» como único heredero, pero estaba claro que nadie de su entorno tenía la capacidad –ni, por supuesto, la voluntad– de continuar el rumbo trazado por el líder. Los Montoneros, por su parte, se encontraron con que la muerte del general les permitía proclamarse sus herederos –ellos eran parte del «pueblo»– sin rectificar su proyecto; en esa línea, profundizaron su militarización, al tiempo que abrían una brecha con las bases a las que decían representar.

Isabel y el derrumbe

María Estela Martínez de Perón llegó a la presidencia sin antecedentes de ningún tipo para el cargo, pese a que su marido en varias ocasiones sostuvo que la estaba preparando para la política. Rápidamente su figura, que no generó simpatía alguna, fue eclipsada por la actividad de José López Rega, el ex secretario de Perón, un personaje oscuro y siniestro que ejercía una fuerte influencia sobre la presidenta. La situación era extremadamente difícil, y la gestión del tándem Isabel-López Rega contribuyó a agravarla, en la medida en que su propuesta no sólo apuntaba a terminar con la izquierda sino también a lograr la subordinación del sindicalismo, lo que constituía un ataque a las bases mismas de la doctrina peronista.

En medio de esos duros conflictos internos, a pocos meses de la muerte de Perón se produjo la renuncia de José Gelbard, el ministro que por su presencia en el empresariado nacional constituía la garantía del Pacto Social. La presión ejercida por el sindicalismo para desplazarlo mostró su soledad, y se hundieron entonces las posibilidades que Perón había forjado de conformar una «democracia integrada». La llegada de Alfredo Gómez Morales, un peronista histórico, al frente de la cartera de Economía, no aportó soluciones nuevas.

El retorno a la clandestinidad decidido por la cúpula de Montoneros a los dos meses de la muerte de Perón, que implicó asesinatos, secuestros y operaciones militares, y la actividad del ERP instalando un foco guerrillero en la provincia de Tucumán –la Compañía de Monte–, fueron la contrapartida de un incremento de la represión ilegal que llevó al país a una situación de violencia y descontrol. Acciones espectaculares, como el asesinato del jefe de la Policía Federal Alberto Villar (ligado a la Triple A), no lograban ocultar el hecho de que la violencia de la derecha cobraba más víctimas y mostraba mayor eficacia en su macabra labor, al tiempo que buena parte de la sociedad mostraba su rechazo por este ejercicio de la violencia.

A pesar de sus diferencias, tanto Montoneros como el ERP coincidieron en una estrategia que subordinaba la acción política a la lógica militar: en un escenario caracterizado por la disminución de las posibilidades de actuación legal, su actividad, dirigida de forma creciente contra las Fuerzas Armadas, llevó a éstas a recuperar protagonismo presentándose como defensores de la Patria frente a los embates del «marxismo internacional».

Para Montoneros, un golpe de estado perpetrado por los militares que derrocara al gobierno de Isabel Perón «formaba parte de la lucha interna del movimiento peronista», por lo que apostaron de manera decidida por esta opción como escenario para potenciar el impulso revolucionario.

El ERP, por su parte, intentó una operación de envergadura en diciembre de 1975 atacando el Regimiento 601 en la localidad bonaerense de Monte Chingolo; el rotundo fracaso de la misma –alrededor de 50 muertos y una mayor cantidad aún de detenidos–, sin embargo, no los llevó a modificar su estrategia: también ellos imaginaban que la toma del poder por parte de los militares abriría posibilidades para que se verificara un alzamiento popular victorioso.

Pero en el ámbito castrense se pensaba de otra manera: el llamado «Operativo Independencia» desplegado en 1975 en la provincia de Tucumán contra el ERP marcó el rumbo de la intervención militar, avalada por un decreto presidencial que ordenaba «neutralizar y/o aniquilar» a los grupos guerrilleros. Fue allí donde se crearon los primeros centros clandestinos de detención, adiestrando a militares de las tres fuerzas para la «guerra antisubversiva» que se estaba poniendo en marcha.

Mientras tanto, el gobierno libraba su combate particular con el sindicalismo: la falta de acuerdo en las discusiones paritarias que se celebraron en los primeros meses de 1975 fue la circunstancia que aceleró la renuncia de Gómez Morales y permitió al gobierno concretar su propuesta de desplazamiento de la CGT de la estructura de poder, acompañada de la búsqueda de apoyo del gran capital nacional y extranjero, y un acercamiento a los militares.

El punto de partida de esta estrategia fue la designación como ministro de Economía de Celestino Rodrigo, uno de los hombres del entorno presidencial. A mediados de 1975, como ya vimos, puso en marcha un ajuste recesivo que suponía un desafío en regla para los sindicalistas. La respuesta de éstos fue intentar la negociación, pero la reacción espontánea de los trabajadores los obligó a convocar un paro general de 48 horas que inmovilizó al país y forzó la renuncia de Rodrigo, así como la de López Rega. A partir de ese momento, la situación de Isabel quedó sellada; las discusiones en el seno del partido gobernante se centraron en la necesidad de su destitución, pero los defensores del «verticalismo» bloquearon cualquier alternativa.

A medida que la economía se derrumbaba, los grupos patronales operaron abiertamente contra el gobierno por medio de *lock-outs* o de la interrupción del envío de ganado a los mercados; mientras los militares esperaban que el desastre hiciera que parte de la ciudadanía considerara inevitable una nueva intervención, el peronismo fue incapaz de superar mínimamente sus querellas y elaborar una salida. Pese a que se anunciaron elecciones adelantadas para octubre de 1976, hubo una lamentable combinación de incapacidad y desaliento en la casi totalidad de los dirigentes, que profundizó el vacío de poder que ellos mismos habían contribuido a crear. Tampoco el resto de los partidos políticos, testigos de enfrentamientos a los que eran ciertamente ajenos, estuvo a la altura de la situación. A su vez, los partidarios de la violencia abrazaron la idea de que «la agudización de las contradicciones» iba a conducir a que su estrategia contara con apoyos masivos, lo que mostraba su profundo desconocimiento de la realidad.

El intento fracasado del brigadier Orlando Capellini en diciembre de 1975 fue el anuncio de que los militares, a diferencia de otras ocasiones, estaban esperando el momento en el que pudieran «legitimar» su actuación golpista como la decisión «salvadora» adoptada por una institución situada al margen (y por arriba) de una sociedad consumida por la enfermedad, que, supuestamente, estaba clamando por remedios de efecto profundo.

Entonces llegó el 24 de marzo de 1976...

Las transformaciones sociales

Los cambios experimentados por la economía argentina en el período que estamos revisando tuvieron repercusiones en el terreno social. El paso de un desarrollo capitalista «en extensión» a otro «en profundidad» –esto es, la ampliación del proceso de sustitución de importaciones por los bienes de consumo durables– trajo aparejadas, entre otras modificaciones, el aumento del tamaño de las fábricas –se utiliza la expresión «oligopolización»– e importantes avances en la productividad. Se produjo entonces una reducción significativa de la importancia de las pequeñas y medianas empresas, lo que dejó como saldo un crecimiento casi nulo del empleo industrial, compensado por el desarrollo de la construcción, que abarcó una proporción importante de los puestos de trabajo que se crearon, con las conocidas características de relativa estabilidad que tiene esta actividad.

Otro de los rasgos del desarrollo industrial de la época fue la aparición de polos de crecimiento de la actividad manufacturera; el caso típico, aunque no el único, es el ya citado de la provincia de Córdoba, asiento de algunas de las fábricas de automóviles instaladas como consecuencia del proceso iniciado durante el gobierno de Frondizi.

La más importante fuente de creación de empleo durante el período fue el sector terciario –el comercio y los servicios–, lo que contribuyó al importante incremento de la clase media asalariada, que creció más rápidamente que la clase obrera.

Por su parte, la evolución del mercado de trabajo mostró el fin del pleno empleo –aunque las tasas de desocupación se mantuvieron en niveles no superiores al 5-6 %– y los signos inequívocos del comienzo de la precarización de las relaciones laborales.

Numerosos estudiosos han destacado que estas dos décadas constituyen el momento en el que el gasto social del Estado comienza a caer, siendo la disminución de las pensiones por jubilación uno de los indicadores más visibles. El continuo proceso inflacionario fue produciendo un retraso en el incremento de las mismas, situación que se agravará en los años siguientes, hasta transformarse en una de las cuestiones más sangrantes de la situación social del país; el saqueo que se realizó de fondos públicos destinados a las jubilaciones en los primeros tiempos de implantación del sistema, cuando los cotizantes eran muchos y pocos los que estaban en condiciones de acogerse a los beneficios de la jubilación, potenció aún más esta situación.

Al mismo tiempo, también empieza a manifestarse con claridad el deterioro de los servicios públicos esenciales, lo que irá a más a partir de este período. El Estado de bienestar no se extingue, pero aparece claro el estancamiento en terrenos como la educación y la vivienda.

Finalmente, cabe puntualizar que en materia de distribución del ingreso se produce una importante regresión respecto de la época peronista: a pesar del aumento de la productividad del trabajo, la participación de los asalariados en el ingreso nacional disminuyó del 44 al 40%, siendo los obreros los principales afectados. Este rasgo no se vincula en manera alguna con la lógica del funcionamiento del mercado sino con decisiones de política económica, en general impulsadas por gobiernos militares, que además acotaron la actividad de las organizaciones sindicales.

Como conclusión, puede sostenerse que en estos años comienza a despuntar el proceso de concentración del ingreso y de deterioro de las clases menos favorecidas, que se va a acentuar durante la dictadura del autodenominado «Proceso de Reorganización Nacional».

La cultura entre la modernización, la rebeldía y la violencia

Los años que siguieron a la caída del peronismo, y en especial la década de 1960, presenciaron cambios fundamentales en la cultura. No fue un proceso exclusivo ni original de la Argentina; las influencias de movimientos como el rock, el hippismo o la nueva izquierda provenían de otras latitudes donde también se estaban experimentando intensos cambios y conflictos culturales; sin embargo, las condiciones locales determinaron el particular estilo que caracterizó al campo cultural argentino durante estos años.

En muchos sentidos, los años sesenta se convirtieron en el segundo período que, luego de los años veinte, marcarían un antes y un después en la cultura. Aunque, como veremos, las diferencias entre uno y otro período son importantes, también lo son las similitudes: la importancia de las vanguardias, la exaltación de la novedad o el valor del «juvenilismo». Este concepto, acuñado por primera vez a comienzos del siglo XX, cobró en los años sesenta toda su potencialidad; como sucedió en buena parte del mundo occidental, una poderosa cultura juvenil se desarrolló sólidamente hasta adquirir dos perfiles en un principio contradictorios, pero pronto complementarios: uno rebelde y opuesto al sistema, el otro fuertemente integrado a los mecanismos comerciales del mercado. La producción y venta de imágenes del Che Guevara, convertida en un excelente negocio para varios talleres gráficos, ejemplifica esta imbricación entre rebeldía y mercado.

De todos modos, la más notable novedad de este período, que se acentúa de modo vertiginoso a partir del golpe militar de 1966 y su política de persecución y censura, es la irrupción de visiones y opciones políticas en el mundo de la cultura. A partir de ese año, cualquier manifestación cultural, fuera o no la intención de su autor –aunque cada vez más ésa era su intención– se leía en una clave política crecientemente radical y polarizada.

Los años de la Revolución Libertadora y la breve ilusión frondizista

Una vez derrocado Perón, el peso del nuevo gobierno en las instituciones culturales oficiales se manifestó en la presencia de aquellos intelectuales que habían sido desplazados durante el régimen y que se identificaban claramente como antiperonistas. La más notoria de estas instituciones fue la Universidad, que se convirtió en el resorte central para una modernización respaldada activamente por el movimiento estudiantil. El historiador José Luis Romero fue nombrado rector de la Universidad de Buenos Aires con la precisa misión de organizar esa renovación, que comenzó con el previsible reemplazo de los profesores católicos y nacionalistas que habían ocupado la institución durante los años peronistas. No fue difícil hacerlo: en primer lugar, porque la medida contaba con un fuerte respaldo político, tanto dentro como fuera de los claustros; en segundo lugar, porque una buena parte de los intelectuales marginados durante el peronismo se habían estado organizando a la espera de ese momento; finalmente, porque la pobreza intelectual de los profesores desplazados era demasiado reconocida como para que se lamentara su desplazamiento.

Pero no se trataba exclusivamente de una simple sustitución de profesores: con ella se debían abrir las puertas a una renovación de los contenidos que acercara la universidad argentina a los avances de los conocimientos que se estaban registrando en el resto del mundo. La palabra clave era «modernización», un concepto que no se refería exclusivamente a un mayor número de conocimientos, sino que intentaba poner esos conocimientos al servicio de lo que por entonces se denominaba «desarrollo»; se pretendía en definitiva construir una sociedad que abandonara su letargo provinciano para convertirse en una sociedad moderna. La creación de nuevas carreras, como psicología y sociología –para entonces hegemonizada por la «sociología de la modernización», difundida por Gino Germani– formaba parte de esta idea: el individuo moderno, miembro de una sociedad igualmente moderna, tenía así sus propias disciplinas universitarias.

También se crearon organismos dedicados a financiar investigaciones, como el Consejo de Investigaciones Científicas y Técnicas (Conicet) en 1958, puesto bajo la dirección del premio Nobel Bernardo Houssay. La editorial universitaria EUDEBA divulgó buena parte de las investigaciones en marcha; más tarde, luego de que el golpe de 1966 clausurara la marcha ascendente de la Universidad, otras editoriales, como el Centro Editor de América Latina (CEAL), adquirieron un gran prestigio, llevando a autores universitarios al público general.

Por su parte, durante estos años adquirió toda su envergadura la empresa de crítica y relectura de la tradición literaria iniciada durante los últimos años del peronismo por los intelectuales de la revista *Contorno*. A la luz del existencialismo sartreano, esta reformulación tuvo como principal ariete la entronización de la figura de Roberto Arlt, hasta entonces un autor pobremente calificado por el olimpo literario que aún seguía escribiendo en *Sur,* revista que, en cualquier caso, no eludió los debates del momento y abrió sus páginas a los nuevos autores.

Este primer impulso renovador reveló muy rápidamente sus límites. El principal problema surgió al asociarse estas esperanzas modernizadoras con la candidatura presidencial de Arturo Frondizi, para entonces defensor de una modernización a la que denominaba «desarrollismo» y que incluía un notorio perfil antiimperialista. A ello añadía un pasado intelectual que no podía dejar de seducir a la juventud renovadora. Sin embargo, el viraje político de Frondizi significó una enorme desilusión, que tuvo además una manifestación específica en el mundo intelectual a raíz del debate entre la educación «laica o libre». Como ya se ha indicado, durante 1958, en nombre de la libertad de enseñanza, Frondizi aprobó la posibilidad de establecer universidades privadas (una iniciativa fuertemente respaldada por la Iglesia católica, para entonces la principal beneficiaria de esa norma). El movimiento estudiantil se opuso mediante grandes manifestaciones a favor de la educación laica y estatal que, de todos modos, no fueron suficientes para torcer la voluntad de Frondizi. Paradójicamente, su hermano, Risieri Frondizi, para entonces rector de la UBA, fue uno de los que encabezó estos actos de oposición.

Este movimiento revelaba una dificultad más profunda dentro del campo intelectual: la unanimidad inicial, sostenida sobre el común antiperonismo, comenzó a resquebrajarse a medida que afloraban las notorias diferencias que por unos meses habían quedado ocultas bajo ese sentimiento común. En efecto, junto con el liberalismo y el socialismo tradicionales convivían el nacionalismo popular antiimperialista y diversas ramas de la izquierda que, bajo el influjo de la revolución cubana, redescubrían el camino de la «revolución», que había sido abandonado por los partidos de izquierda europeos y la propia URSS. Pero eso no era lo más grave, ya que no eran pocos los que estaban revisando incluso su postura en relación con el propio peronismo, una actitud que rompía el consenso inicial al destruir su factor común más profundo.

Mientras tanto, durante la última mitad de los años cincuenta la vida cotidiana se vio menos sacudida por los cambios que el mundo intelectual. Ciertamente, se trataba de los últimos rastros de la inercia antes de una tormenta que por el momento pocos anticipaban. La radio, el jazz, el tango, el folklore y el cine de simple entretenimiento seguían reinando en el mundo de las diversiones, tal como lo habían hecho durante los años peronistas.

Los años sesenta y la radicalización de la cultura

La crisis de la breve ilusión frondizista profundizó algunas de las tendencias que ya venían desarrollándose con sorda firmeza en el mundo intelectual. Como afirma Oscar Terán en una frase muy ilustrativa, a partir de comienzos de los sesenta afloraron con fuerza las cuatro «almas» del período: «el alma Beckett del sinsentido; el alma Kennedy de la Alianza para el Progreso; el alma Lennon del *flower power*, y el alma Che Guevara de la rebeldía revolucionaria».

Ciertamente, la crisis del frondizismo incrementó en muchos intelectuales la idea del desencanto y sinsentido en clave existencialista, pero no por eso se extinguió el entusiasmo modernizador. Por el contrario, la Alianza para el Progreso del presidente J. F. Kennedy y la prédica de la CEPAL reactivaron la confianza en un modelo de modernización cuyo objetivo era poner a la Argentina a la altura de las potencias «desarrolladas». La influyente revista *Primera Plana*, dirigida por Jacobo Timmerman, se convirtió en el paradigma de esta corriente de opinión. Orientada a una clase media profesional e ilustrada ávida de ajustar su estilo de vida a los cánones del mundo moderno, la revista combinaba artículos sobre política local e internacional con crítica de arte y literatura. Desde sus páginas se ayudó a difundir el *boom* de la literatura latino-americana, en especial a autores como Julio Cortázar, Mario Vargas Llosa o Gabriel García Márquez. Tuvo, además, una gran influencia en la caída de Arturo Illía –al que concebía como un obstáculo para la modernización– y en el ascenso del general Onganía al poder, al cual inicialmente lo identificó como un modernizador por vía autoritaria, la única vía que, luego del fracaso de Frondizi, le parecía posible para la Argentina.

En las páginas de *Primera Plana* también solía aparecer profusa información sobre los nuevos rumbos de la cultura juvenil. Ciertamente, como en tantos otros casos en el mundo occidental, esta cultura juvenil no tenía un sentido único. En términos generales, presuponía una fuerte crítica de la cultura tradicional de «los padres» que se podía expresar tanto a través del pelo largo, el sexo libre (alentado por el descubrimiento de la píldora anticonceptiva), la pasión por el rock y el pop, como a través de la militancia en alguna organización armada. El factor común de todas estas manifestaciones era la rebeldía, aunque muy rápidamente esa misma rebeldía podía convertirse en objeto de negocios en los medios. Así, en el caso de la música, en estos años aparecieron jóvenes compositores y músicos que exploraron los nuevos sonidos en salas pequeñas que luego se convirtieron en mitos. En «La Cueva» –imitación de «The Cavern» del Liverpool de Los Beatles– se reunían entre otros Tanguito y Litto Nebbia, quienes compusieron «La balsa», verdadero himno del llamado rock nacional. Por otro lado, la televisión se hizo cargo de los nuevos ritmos con los cantantes del llamado «Club del Clan», de muy heterogénea calidad, pero sin duda menos bohemios que los anteriores; una dosis pequeña de rebeldía se vendía como parte del programa de una televisión que paulatinamente iba irrumpiendo en la vida cotidiana. De todos modos, la existencia de una cultura juvenil no debe ser confundida con la de todos los jóvenes. Muchos, seguramente muchos más que aquellos que proclamaron las bondades de los nuevos aires, siguieron conviviendo con una cultura tradicional, incluso conservadora, aunque parece claro que la presencia de los jóvenes rebeldes era social y políticamente incomparable.

Un importante epicentro de la efervescencia intelectual se agrupó alrededor del Instituto Di Tella, en la calle Florida, cerca de la Plaza San Martín, en pleno centro de Buenos Aires. Su cercanía con la sede de la Facultad de Filosofía y Letras y un cúmulo de bares y cafés convirtió a la zona en el centro de una activa renovación cultural. El Instituto acogió a una gran cantidad de artistas de variados campos (plástica, literatura, teatro, música, danza, etc.), todos ellos vinculados con el arte experimental y de vanguardia. A diferencia de las vanguardias de los años veinte, la cultura del pop alentó una fuerte ligazón entre el arte culto de experimentación con las expresiones culturales de corte popular, como la televisión, la publicidad, el cómic o el rock. Esta conjunción entre la cultura erudita y lo popular ya venía siendo explorada en la literatura por Manuel Puig.

También el cine inició una activa etapa de exploración de estilos cultos y populares, atendiendo al cine de vanguardia europeo y, por lo tanto, acotando el estilo narrativo más bien simplón que, al estilo de Hollywood, había imperado casi sin excepción durante los años cuarenta y cincuenta. Destacaron entre otros Leonardo Favio, Fernando Birri, Lautaro Murúa y, particularmente, Leopoldo Torre Nilsson. Pino Solanas, con la premiada *La hora de los hornos,* señaló la irrupción de la política radical en los relatos cinematográficos.

A medida que la politización avanzó en el mundo de la

cultura, el arte que se imponía en el Instituto Di Tella quedó relegado, entrampado entre la crítica de la derecha –que, incapaz de comprenderlo, lo atacaba por su «mal gusto»–, y la de la izquierda, que lo veía como una diversión absurda, evasiva y sin mayor sentido. En 1968 varios artistas de izquierda acusaron al Instituto por su arte «elitista», mientras la censura y la policía hostigaban a los concurrentes y directivos. En mayo de 1970 el Instituto se vio obligado a cerrar sus centros de arte.

Este suceso fue apenas una de las manifestaciones de un proceso de politización y de radicalización política que, al decir de Claudia Gilman, fue desviando el acento del compromiso de la obra al compromiso del propio autor. De hecho, no faltaron quienes, al estilo del escritor y periodista Rodolfo Walsh –quien ingresó en la agrupación armada Montoneros–, no sólo se dispusieron a poner su pluma al servicio de la causa de la revolución, sino que estaban dispuestos a cambiar la pluma por el fusil. Las fuentes de este fenómeno fueron muy diversas. La temprana crisis del frondizismo y la revolución cubana aportaron las primeras causas, luego acentuadas por las luchas por la liberación del Tercer Mundo. Una nueva versión del nacionalismo de fuerte impronta antiimperialista se difundió bajo estos parámetros: contra la idea de un modelo único de progreso, contenidos en las nociones de «modernización» y «desarrollo», se impuso la concepción de un camino «nacional» cuyo fin ya no era necesariamente el progreso sino la «liberación» y, eventualmente, el «socialismo». Esta opción por lo nacional también se trasladó a la cultura: junto con el rock, muchos jóvenes descubrieron y alentaron el desarrollo de una nueva línea del folklore de fuerte contenido político radicalizado, encarnado por autores como Atahualpa Yupanqui o Jorge Cafrune.

El revisionismo histórico, al unir una historia antiliberal en clave nacionalista ya tradicional con el peronismo, el marxismo y los movimientos de masas, ofreció un pasado prestigioso para estas convicciones. Así, se fue imponiendo la visión tan simplona y maniquea como eficaz –y que más tarde harían suya los Montoneros– según la cual la historia argentina podía ser explicada como la lucha de dos tendencias: una liberal y oligárquica (defendida por los que, con escasa atención crítica, gustaban llamar «historia oficial»), la otra nacional y popular, llamada a revelar las verdades que la otra historia habría estado ocultando arteramente al pueblo argentino. Por cierto, la parte principal de esta visión del pasado era la relectura radical del peronismo, indudablemente identificado con el bando nacional y popular.

A su vez, este redescubrimiento de la naturaleza nacional de la evolución de la política y la cultura se cruzó con la llamada nueva izquierda y la renovación del catolicismo: de esta conjunción –con el tono de rebeldía que caracterizó la década– evolucionó la etapa más conflictiva y radical de la historia política y cultural argentina.

La nueva izquierda, que para entonces se desarrollaba en muchas capitales del mundo, partía de una crítica contra el conservadurismo del comunismo soviético y el rescate de opciones como el trotskismo, el maoísmo, el castrismo o el guevarismo. Mucho más notable fue el surgimiento de una corriente comprometida con las luchas sociales dentro del mundo católico. Consecuencia del Concilio Vaticano II y de la Conferencia de Medellín, surgió en la Argentina una corriente católica dispuesta a congeniar con el marxismo y la revolución. La revista *Cristianismo y Revolución*, dirigida por Juan García Elorrio, fue uno de los ejemplos de esta nueva realidad, así como la labor del padre Carlos Mujica. Pero la más espectacular manifestación de este proceso fue el que muchos dirigentes de Montoneros pasaran de la militancia en la nacionalista y derechista Acción Católica a la guerrilla urbana.

Paradójicamente, el golpe de 1966 vino a consolidar de

manera definitiva la tendencia a la politización y la radicalización. Desde el principio, el régimen de Onganía reveló las contradicciones que afectaron muy especialmente tanto a la cultura propiamente dicha como a los estilos de vida renovados. En efecto, junto con su discurso modernizador, avaló la recuperación de las áreas de cultura oficiales por parte de los grupos tradicionales católicos integristas y nacionalistas más recalcitrantes. Una parte importante de las jerarquías católicas, alarmada no sólo por el relajamiento de las costumbres sino por la heterodoxia dentro de la propia Iglesia, decidieron apoyar activamente esta ofensiva tradicionalista contra un enemigo tan vago como peligroso: la renovación y la rebeldía.

La atávica mediocridad intelectual de estos grupos no reparó en matices: fueron incapaces de distinguir entre un *happening* del Di Tella, el pelo largo, la nueva izquierda, el sexo libre, el rock o un grupo guerrillero. Para su concepción, todos ellos representaban un peligro similar al que comenzaron a denominar con otro vocablo tan vago como significativo: «subversivo». Así, el ataque del régimen respaldado por la Iglesia se orientó contra la Universidad, que tuvo que sufrir una intervención y una descarada represión en la llamada «noche de los bastones largos» (29-7-1966). El hecho de que buena parte de los profesores e investigadores que se exiliaron prosiguieran su trabajo en universidades estadounidenses, mexicanas y europeas no pareció cambiar la convicción oficial de que se trataba de elementos marxistas infiltrados al servicio de la URSS. Pero a medida que el régimen se resquebrajaba, y en especial luego del «Cordobazo», se hizo evidente que la única consecuencia concreta de esta acción represiva era un aumento en la difusión de la cultura politizada y radical.

La cultura y la lógica de la guerra: los primeros años setenta

En el comienzo de los años setenta se desató la violencia. Como hemos señalado, ya no se exigía al artista simplemente declaraciones, sino un compromiso directo, hasta un punto en que este imperativo podía cobrar un notorio sentido antiintelectual. Las universidades escaparon muy pronto al control oficial: los estudiantes ya politizados comenzaron a orientar su acción hacia las formaciones especiales, un proceso que alcanzó su apogeo en 1973 durante el gobierno de Cámpora. Aunque este gobierno duró apenas unas semanas, marcó sin embargo el punto más elevado de la relación entre la cultura, la militancia y el compromiso político a favor del socialismo y la revolución. Florecieron todo tipo de manifestaciones y expresiones artísticas e intelectuales; fue, en muchos sentidos, una corta primavera que antecedió a la catástrofe. Como en tantos otros espacios de la vida pública, la lógica de la guerra estaba a punto de irrumpir también en la cultura.

Con la llegada de Perón al gobierno todo cambió. A las pocas semanas de su llegada quedó en claro que los coqueteos con la «juventud maravillosa» no habían sido sino una táctica para desestabilizar a los gobiernos militares y aparecer como la única solución posible. Sus viejos temores anticomunistas y sus contactos con el mundo de la cultura católica y nacionalista seguían tan vivos como en 1943, y se hicieron visibles muy pronto. A partir de 1974, cuando quedó claro que no había transacción posible, hablaron las armas: comenzó a articularse desde el gobierno una reacción que fue desde la censura –Miguel Paulino Tato, implacable e indiscriminado censor cinematográfico de la subsiguiente dictadura militar, asumió su cargo en 1974– hasta la organización de la represión ilegal y salvaje. El organizador de la Triple A fue el ministro de Bienestar Social, José López Rega, mano derecha y hombre de absoluta confianza de Perón. Desde su origen, la Triple A orientó una parte importante de su actividad contra los exponentes del arte y la cultura «subversivos». Se sucedieron los ataques contra eventos de todo tipo, la voladura de diarios y las amenazas contra artistas e intelectuales. Aquellos que tuvieron más suerte y lucidez para advertir los tiempos por venir pudieron huir al exilio para salvar su vida, otros no fueron tan afortunados y fueron asesinados (entre otros Rodolfo Ortega Peña, Silvio Frondizi, Carlos Mujica).

Tampoco la Universidad se salvó de esta nueva ola represiva. El ministro de Educación designado en 1974, Oscar Ivanissevich, cesó a unos cuatro mil docentes, mientras que más de mil quinientos estudiantes fueron detenidos y encarcelados. El nombramiento como rector de la UBA del reconocido militante del integrismo católico y del fascismo Alberto Ottalagano completó la política oficial en el área educativa; su misión: limpiar la Universidad de «subversivos».

Así, el gobierno encabezado por el líder que desde los años sesenta había ocupado el centro de las esperanzas de tantos jóvenes rebeldes comenzaba a articular una modalidad de represión ilegal organizada y financiada por el propio Estado. Luego de 1976, esta modalidad sería perfeccionada y llevada a sus consecuencias más sangrientas por el régimen militar.

Cuarta parte

Dictadura, democracia, derrumbe y...
(1976-...)

El último cuarto de siglo de la historia argentina muestra, en una primera visión, dos caras bien definidas: una situación económica caracterizada por la continuidad de un comportamiento mediocre; sólo parcialmente durante la década de 1990 se alcanzaron niveles de crecimiento importantes, aunque acompañados por una fuerte concentración del ingreso, altas tasas de desempleo –sobre todo después de 1995– y una elevada vulnerabilidad frente a los movimientos internacionales de capital.

Por otro lado, la vida política transitó por muy diferentes avatares, que incluyen una dictadura feroz; una guerra perdida desencadenada irresponsablemente que abrió el camino al retorno de la democracia; la irrupción de ésta en medio de una gran euforia popular; la decepción generada por sus insuficiencias; la novedad de un populismo neoliberal encarnado en la figura de un líder que rompió con casi todas las tradiciones del peronismo, y para finalizar, la crisis más profunda que vivió el país en su historia. De todo ello nos ocuparemos a continuación.

Sin embargo, en esta breve introducción queremos destacar dos cuestiones que, en principio, tienen dimensiones más profundas: en primer lugar durante este período en la Argentina se verificó la tendencia general a la disminución del papel de la política frente a la economía, lo que ha llevado a estrechar los espacios de soberanía de los Estados nacionales como consecuencia del poder del gran capitalismo transnacional, cuyas decisiones de inversión afecta al rumbo económico de muchos países. Pero, además, la particularidad del declive argentino reside en que simultáneamente se ha producido, además del derrumbe económico, un proceso de destrucción del Estado, de degradación de la política y de crisis terminal de la sociedad.

Un país en caída libre

La evolución económica de la República Argentina en este período muestra las dimensiones de su atraso, y es que el país ocupa el último lugar de la lista que hemos seleccionado.

Crecimiento del PIB y del PIB/habitante (1976-2001)
(en % anual)

País	PIB	PIB/Hab.
Argentina	1,4	0,00001
Alemania	1,7	1,4
Australia	3,2	2,0
Brasil	2,8	0,8
Canadá	2,9	1,4
Chile	6,4	3,3
España	2,9	2,3
EE.UU.	3,1	2,0
Italia	2,0	2,1
Japón	2,9	2,3
México	3,2	1,2
Reino Unido	2,2	2,2

Fuente: Elaboración propia a partir de Maddison (2003).

El atraso se muestra aún de manera más visible si comparamos la variación del Producto Interior Bruto por habitante de los países latinoamericanos que estamos considerando: Brasil, Chile y México.

CRECIMIENTO DEL PIB/HABITANTE
(en dólares de 1990)

	1976	2001	%
Argentina	7.965	8.137	2
Brasil	4.472	5.570	24
Chile	4.398	10.001	128
México	5.228	7.089	36

FUENTE: Elaboración propia a partir de Maddison (2003).

La revisión de estas estadísticas debe sin duda ser completada por un análisis que permita detectar algunos de los elementos que expliquen las razones por las que se produjo un resultado tan mediocre.

En primer término, la política económica de la dictadura militar –fundamentalmente los cinco años de gestión de Martínez de Hoz al frente del Ministerio– produjo una ruptura con el modelo de desarrollo que se había implantado en las últimas décadas, basado en la industrialización sustitutiva de importaciones y en el papel central del Estado como conductor del proceso económico.

Al ponerse en marcha una apertura económica y financiera indiscriminada –y que estuvo acompañada de una progresiva sobrevaluación del peso–, el resultado fue una profunda crisis de la industria nacional que afectó tanto a empresas cuya existencia sólo era posible debido a la reserva del mercado interno, como a otras que sí se encontraban en unas condiciones favorables para competir en el exterior, pero que se vieron afectadas por la combinación de una moneda cara en términos internacionales y de unas tasas de interés prohibitivas. El resultado fue que el producto bruto del sector industrial cayó alrededor de un 20% entre 1976 y 1983, mientras que el peso relativo de la actividad manufacturera cayó del 28 al 22%.

Otra de las consecuencias de esa gestión fue el crecimiento inusitado que se produjo en el endeudamiento externo, y que fue el resultado de una coyuntura en la que las posibilidades de obtener grandes ganancias en operaciones financieras llevó a muchas empresas a tomar dinero en el exterior. Se ha afirmado, siguiendo esta línea, que la gestión de Martínez de Hoz marcó el tránsito de una sociedad industrial a otra basada en la valorización financiera del capital, o dicho con otras palabras, en el aprovechamiento de una realidad en la que los beneficios provenientes de las colocaciones financieras eran muy superiores a los que generaban las restantes actividades económicas.

La significación de la política económica puesta en ejecución por Martínez de Hoz se aprecia en un tema más: la consolidación durante su gestión de un limitado conjunto de empresas, de implantación simultánea en diferentes sectores de la actividad –finanzas, comercio, industria, actividades agropecuarias–, que se encontraron en condiciones de ejercer presión para condicionar el rumbo de la política económica interior. Estos grupos económicos ampliaron su poder durante la presidencia de Raúl Alfonsín, a pesar del cambio producido en el terreno político. Las vías a través de las cuales se produjo ese incremento de su presencia en la vida económica fueron varias: el aprovechamiento de los regímenes de promoción industrial, los subsidios a las exportaciones fabriles, los sobreprecios pagados por el Estado y sus empresas a sus proveedores y la participación en las escasas operaciones dinámicas que se llevaron a cabo durante esos años.

El peso alcanzado por estos actores económicos puede resumirse haciendo referencia a su capacidad para intervenir en el mercado financiero y cambiario desplegando acciones cuya finalidad era forzar determinados cambios en la política que debía llevar a cabo el gobierno; la expresión «golpe de mercado» para definir estos comportamientos se hizo popular entre la gente.

La década de gobierno dominada por la figura de Carlos Saúl Menem significó una redefinición de la política económica, la cual se orientó decididamente y sin ningún tipo de limitaciones hacia una amplia apertura en todos los terrenos; estuvo además acompañada de una masiva política de privatizaciones, siguiendo las recomendaciones formuladas desde los organismos financieros internacionales y profundizando el proceso que Martínez de Hoz no pudo concretar.

La abundancia de capitales en busca de operaciones rentables facilitó la posición del gobierno; así, los primeros años de gestión –apuntalados por el éxito en la lucha antiinflacionaria que produjo la Ley de Convertibilidad–, trajeron como resultado un crecimiento económico importante, en el que la participación de los grupos económicos a los que hemos estado haciendo referencia fue fundamental: sus principales representantes aparecieron para apuntalar la gestión del presidente y poder participar de una manera privilegiada en el proceso privatizador que acabó con la disminución de una manera drástica del papel del Estado.

Ahora bien, el principal punto débil de esta estrategia residía en que el elemento fundamental que sostenía todo el andamiaje era la entrada de capitales externos, los cuales son vólatiles por definición, y dispuestos a retirarse en cuanto vislumbraran la más mínima dificultad dentro del país. Primero la crisis mexicana (1994-1995) y más tarde la crisis del real en Brasil (1998-1999) mostraron la fragilidad de una realidad en la que el Estado había perdido la posibilidad de poder marcar el rumbo y las directrices de la vida económica.

11. La experiencia extrema del poder militar (1976-1983)

No caben dudas respecto a que el golpe militar de marzo de 1976 marca el fin de una época de la historia argentina. Esta afirmación es válida tanto para los asuntos económicos como para los políticos, y su incidencia se manifiesta también dramáticamente en el ámbito cultural. Si bien es cierto que algunas de las características del intervencionismo militar se habían manifestado durante la gestión del general Onganía, el autodenominado «Proceso de Reorganización Nacional» constituyó un salto cualitativo en varios aspectos, desde la utilización inédita de la violencia ilegal hasta la implantación durante cinco años de una política económica que marcó una ruptura con el rumbo adoptado desde la década de 1930.

La política económica

Los militares que tomaron el poder el 24 de marzo de 1976 se propusieron como objetivo una «refundación» de la República, a partir de un diagnóstico del pasado reciente que afirmaba que desde 1930 (o más aún, desde 1946) el país había tomado un rumbo equivocado, basado en una industrialización «artificial» que condujo al surgimiento de una numerosa clase obrera y del fenómeno peronista, con todas las dramáticas consecuencias que se estaban manifestando en la década de 1970.

Esta descalificación absoluta del pasado inmediato en todos los terrenos estaba acompañada de la implícita reivindicación de las Fuerzas Armadas como la institución idónea –por sus profundas raíces, asociadas al surgimiento de la patria misma– para reconducir a la nación hacia su verdadero destino. Se trataba del discurso económico liberal llevado al extremo, que en esta coyuntura iba a tener posibilidades de desplegarse de manera concreta, apuntalado además por quienes históricamente no habían estado siempre asociados a esas posturas.

La gestión de Martínez de Hoz

La figura de José Alfredo Martínez de Hoz –ministro de Economía durante los cinco años de la gestión de Videla al frente del Poder Ejecutivo– está íntimamente vinculada a la actividad económica de la dictadura. El período siguiente a su gestión –de marzo de 1981 a diciembre de 1983–, afectado por las dimensiones de la crisis y los avatares de la vida política, se caracterizó por la falta de coherencia y continuidad con el plan pergeñado por el ministro, dando muestras de improvisación y tardías respuestas frente a una coyuntura cada vez más desfavorable. El saldo estadístico del período dictatorial es fuertemente negativo: el PIB subió un promedio anual por debajo del 0,4%, mientras que el PIB por habitante cayó un 0,7 % anual.

Al producirse los acontecimientos del 24 de marzo, las variables económicas estaban fuera de control; a ello sin duda contribuyó la errática política del gobierno, pero también el posicionamiento de los grupos económicos más poderosos en contra de la gestión de María Estela Martínez de Perón.

Con la toma del poder por los militares, la definición del rumbo económico llegó inmediatamente con la designación de Martínez de Hoz, un economista proveniente de los grupos liberales de la democracia cristiana, presidente del influyente Consejo Empresario Argentino (CEA), con actuación pública durante la Revolución Libertadora y el gobierno de José María Guido. Se trataba de una opción diferente respecto de la escogida en su momento por el gobierno de Juan Carlos Onganía. Se ha dicho con fundamento que sus vinculaciones internacionales fueron importantes para que los militares se decidieran por su persona, ya que era imprescindible afrontar los problemas inmediatos del sector externo (no quedaban más de 23 millones de dólares como reservas de libre disponibilidad).

Pero, además, el diagnóstico global realizado por Martínez de Hoz se complementaba con el de las Fuerzas Armadas: había que retomar el rumbo extraviado, lo que significaba volver a los principios liberales que habían contribuido a la prosperidad del país desde fines del siglo xix hasta la década de 1930.

Para que este objetivo se cumpliera era preciso, justamente, disponer de un Estado fuerte, despótico, que impulsara una contracción de la intervención estatal en la economía y en la vida social. Como ha argumentado Cavarozzi, durante el período del Proceso de Reorganización Nacional, el Estado fue el instrumento estratégico utilizado para acabar con el orden anterior, del cual el propio Estado había sido el eje y el organizador.

Las definiciones económicas llegaron pronto; en su discurso del 2 de abril, el ministro planteó tres objetivos: la estabilidad de precios, el crecimiento económico y una distribución del ingreso «razonable». La frase que más quedó de ese discurso fue su insistencia en sostener que había que pasar de una «economía de especulación a una economía de producción».

Durante el primer año de gestión, el gobierno llevó a cabo varias medidas graduales, que incluían la liberalización de precios, el congelamiento inicial de los salarios y el ajuste del tipo de cambio a la inflación. Los resultados fueron positivos para la economía en un sentido global: se redujo el déficit fiscal (por la caída de los salarios reales); se alcanzó un superávit de la balanza comercial (por la declinación del consumo de bienes exportables y la caída de las importaciones), y la inflación disminuyó, aunque en manera alguna se alcanzaron niveles razonables (el nivel más bajo se registró en junio de 1976 con el 2,7% mensual de aumento de los precios). No se trataba de grandes logros, pero contribuyeron a sentar las bases para desplegar la estrategia destinada a alcanzar los verdaderos objetivos del plan, en el contexto de un fuerte deterioro del nivel de vida de los asalariados, y en un momento en el que el aparato de la represión dictatorial vedaba cualquier tipo de protesta significativa.

A mediados de 1977 se puso en marcha la reforma financiera, una medida que respondía al perfil ideológico del equipo ministerial. Sus aspectos fundamentales eran la liberalización de las tasas de interés y la descentralización de los depósitos, de manera que la capacidad de préstamo de los bancos estuviera directamente vinculada con su habilidad para captar depósitos. De esta manera se crearon las condiciones para una ampliación del sector financiero y una subida de las tasas de interés, que comenzaron a ser positivas en términos reales (superior a los índices inflacionarios). Además, el hecho de establecerse una garantía estatal por la totalidad de los depósitos a plazo generó la posibilidad de que algunos bancos e instituciones financieras pugnaran irresponsablemente por la captación de esos depósitos aumentando las tasas de interés ofrecidas hasta niveles distorsionantes. Era una decisión que entraba en contradicción clara con las ideas de Martínez de Hoz; éste argumentó más tarde que fue una condición impuesta por la Junta Militar.

Por otra parte, comenzaron a reducirse los aranceles de importación como recurso antiinflacionario para moderar el aumento de los precios internos, al tiempo que se acabó con todas las retenciones a la exportación, medida altamente favorable para los productores agropecuarios.

La política de apertura económica debía complementarse con una política activa en el terreno de las privatizaciones. El eslogan «Hay que achicar el Estado para agrandar la Nación» era utilizado por partidarios y simpatizantes del gobierno. Sin embargo, por razones políticas, estas intenciones privatizadoras se vieron parcialmente frustradas; y es que los militares, embarcados en una política represiva, no estaban dispuestos a abrir un nuevo frente con las protestas de los funcionarios estatales que se verían seguramente afectados por el desmantelamiento de las empresas públicas. Por lo tanto, sólo se encararon privatizaciones de carácter periférico.

Uno de los objetivos principales de Martínez de Hoz, el control de la inflación, no parecía cumplirse a pesar de los variados esfuerzos realizados desde el Ministerio. Pero la mediocre realidad no parecía afectar demasiado a los gestores de la política; si bien existía el problema de acabar con la inflación, su objetivo final era la incorporación plena de la Argentina al mercado mundial, terminando con las protecciones «artificiales» a una industria ineficiente.

La combinación de estas dos cuestiones llevó a Martínez de Hoz a implantar a fines de 1978 la denominada «tablita cambiaria», un recurso antiinflacionario que se convirtió en la tumba de buena parte de las actividades fabriles en el país.

El 20 de diciembre de ese año se anunció un programa de devaluación futura del peso, que descendía de manera progresiva, y al mismo tiempo se avanzó en una fuerte reducción de las barreras arancelarias, destinadas a facilitar el ingreso de mercancías en el país. Estas dos medidas debían tener efecto sobre los niveles de inflación. La idea era que si, por ejemplo, la «tablita» preveía un incremento del 60% en la cotización del dólar, el aumento de los precios de los bienes nacionales que se comercializaban en el mercado internacional no debería superar ese porcentaje porque dejarían de ser competitivos. Se esperaba entonces que la tasa de inflación estaría determinada por el ritmo de la devaluación; si éste era decreciente, así disminuiría la inflación. En el momento en el que la tasa de devaluación llegara a cero se habría logrado contener el proceso inflacionario.

La realidad fue muy diferente; el efecto de la «tablita» sobre la inflación fue casi nulo durante varios meses, produciéndose un creciente atraso cambiario que abarató las importaciones, afectó a amplios sectores de la actividad productiva, e hizo menos rentables las exportaciones. Las razones que se han esgrimido para explicar la persistencia de la inflación son varias; resulta especialmente convincente la que otorga gran importancia al hecho de que una gran cantidad de precios –por ejemplo, todos los servicios– no fueran «transables» internacionalmente, es decir, no se vieran afectados por el ritmo de la devaluación. La expectativa del gobierno en que estos precios irían a converger con el resto como consecuencia de la disminución de la demanda no se cumplió en el corto plazo, manteniéndose alto el ritmo general de aumento de los precios. La inflación fue impulsada también por la emisión monetaria generada por el mantenimiento de un nivel importante de déficit del sector público.

Al mismo tiempo se pusieron en marcha operaciones especulativas destinadas a aprovechar el atraso cambiario: si las tasas de interés internas debían ser superiores al ritmo de la devaluación –única forma de atraer capitales del exterior–, cuanto más elevadas fueran esas tasas mayores iban a ser los ingresos de capital. Pongamos un ejemplo: si las tasas de interés locales eran del 8% mensual y la devaluación pautada por la «tablita» era del 4%, quien trajera dinero al país por un mes podía cambiarlo por pesos, hacer un depósito de plazo fijo al 8%, y una vez transcurrido el tiempo de colocación cambiar la nueva cantidad por dólares ganando el 4% (menos las comisiones de compra y venta de moneda). Es preciso tener en cuenta que a fines de la década de 1970 las tasas internacionales –con tendencia bajista como consecuencia de la abundancia de los llamados «petrodólares»[1]– estaban en el 7-8% anual, lo que da una idea del nivel de beneficios obtenidos con estas operaciones. No extrañó entonces que hubiera una notable presencia de las grandes empresas nacionales y extranjeras, que hicieron operaciones de envergadura endeudándose en el exterior.

Otra de las consecuencias de la nueva realidad fue la significación alcanzada por la actividad financiera, que se transformó en uno de los ejes principales alrededor de los cuales se desarrolló la vida económica del país. Los grandes bancos y financieras, ligados en muchos casos a grupos económicos nacionales y extranjeros, se consolidaron como un «nuevo poder» en condiciones de operar ejerciendo presión sobre las autoridades económicas.

A medida que se incrementaban los problemas –aumento de la brecha cambiaria, déficit de la balanza comercial, altísimas tasas de interés destinadas a asegurar el ingreso y permanencia de capitales externos, continuidad del déficit público–, la percepción general de que se iba hacia una seria crisis fue alimentada por las crecientes dudas que se produjeron sobre la continuidad del equipo económico a partir del cambio de gobierno que llevaría a la presidencia al general Roberto Viola en marzo de 1981.

---

1. Se denominaban así a los dólares reciclados por los medios financieros occidentales provenientes de la venta de petróleo.

La culminación del desastre

Con el cambio en la cúpula del gobierno militar se produjo también el reemplazo del ministro de Economía, cargo que ocupó Lorenzo Sigaut, de quien eran conocidas sus críticas a la «tablita cambiaria». Además, los últimos meses de la gestión de Martínez de Hoz habían sido muy difíciles. En marzo de 1980 se produjo la liquidación de uno de los principales bancos privados, de acelerado crecimiento desde la apertura financiera, y ése fue el punto de partida para el surgimiento de una desconfianza cada vez mayor sobre el futuro económico. Los capitales que entraron para beneficiarse de la situación empezaron a salir –en muchos casos sin registrar la salida, con lo que el Banco Central seguía manteniendo la deuda como vigente–; para frenar esta situación, el Estado, a través de sus empresas, comenzó a incrementar su endeudamiento para obtener divisas con las cuales mostrar solvencia y recuperar confianza; esta operación fue uno de los orígenes del engrosamiento de la deuda externa pública. La salida de Martínez de Hoz fue el punto de partida para el derrumbe de su plan económico. La herencia que dejó –enorme atraso cambiario, fuga de capitales, deuda externa, alta inflación, recesión productiva– era casi imposible de afrontar, en un escenario caracterizado por el creciente desprestigio político de los militares.

A lo largo del trienio 1981-1983, que se saldó con una caída del 10% del PIB, se sucedieron cuatro ministros: Sigaut (marzo a diciembre de 1981); Roberto Alemann (diciembre de 1981 a junio de 1982); José María Dagnino Pastore (julio-agosto de 1982) y Jorge Wehbe (agosto de 1982 a diciembre de 1983).

El resumen de lo ocurrido en esos años es la crónica de un fracaso anunciado: con Sigaut se abandonó la «tablita», el dólar se disparó a pesar de la famosa frase del ministro –«el que apuesta al dólar pierde»–, y el país comenzó a tomar conciencia de las dimensiones de su deuda externa, agravada por el aumento de las tasas de interés internacionales, que incrementaron su monto total. La gestión del sucesor de Martínez de Hoz finalizó al mismo tiempo que acababa la de quien lo había nombrado: Roberto Viola. Con Galtieri en la presidencia se hizo cargo del ministerio de Economía Roberto Alemann, el más prestigioso de los economistas liberales. Su intento de volver a impulsar desde el poder una dura política antiinflacionaria, acompañada de reformas basadas en el achicamiento del Estado y la apertura económica, se vio frustrado por el estallido de la guerra de las Malvinas, pero ya la sociedad se había vuelto en contra de cualquier intento de seguir realizando cambios cuyas consecuencias se apreciaban día a día.

Tras la derrota militar frente al Reino Unido, el régimen entró en un proceso de declive irreversible, y la gestión económica no pudo librarse de esa realidad: altísima inflación, incremento de la deuda externa como consecuencia de la financiación del déficit por la vía del crédito, y recesión productiva fueron las constantes. Se ha utilizado con acierto la expresión «ajuste caótico» para designar ese período.

Sin embargo, hubo tiempo para la realización de una maniobra de profundas y duraderas consecuencias: la estatización de la deuda externa privada. Fue una operación combinada del entonces ministro Dagnino Pastore y del presidente del Banco Central, Domingo Felipe Cavallo.

Las empresas y bancos que contrajeron deudas en dólares con el exterior se vieron muy afectados por la acelerada devaluación que experimentó el peso después de la salida de Martínez de Hoz del Ministerio de Economía. Para compensarlos, el gobierno dispuso que las deudas crecieran a una tasa regulada muy inferior a la inflación, lo que implicó que su monto fuera disminuyendo en valor real. Además, se ordenó que el gobierno canjeara la deuda privada por títulos públicos a ese precio mucho menor, con lo que el Estado se transformó en el responsable de la deuda frente a los acreedores internacionales[1].

En conclusión, puede afirmarse que si bien en 1983 los problemas políticos estaban en primera línea al producirse la transición a la democracia, las dimensiones de las dificultades económicas generadas por la actividad de los sucesivos gobiernos de la dictadura eran de tal magnitud que incidieron de manera determinante en el futuro del país. Además, como se ha indicado, en esos años ganó enorme poder e influencia un sector económico asociado a los manejos financieros, que llegaron a disponer casi de un poder de veto sobre las decisiones del poder político, fuente de enormes dificultades para la restablecida democracia.

El terrorismo de Estado

En un contexto de descontrol y fuerte vacío de poder, el 24 de marzo de 1976 se hizo cargo del gobierno una Junta de Comandantes en Jefe presidida por el general Jorge Rafael Videla e integrada además por el almirante Emilio Eduardo Massera y el brigadier Orlando Ramón Agosti. La Casa de Gobierno, el Congreso de la Nación, radios y emisoras de te-

---

1. Este proceso de estatización de la deuda externa privada funcionó como indica este ejemplo hipotético: un empresario debe 100.000 dólares a una institución financiera externa; al producirse una devaluación anual de (supongamos) un 100%, su deuda en pesos se ha duplicado. Entonces, el Estado, como compensación, le asegura una tasa de crecimiento de su deuda mucho menor –vinculada a la devaluación originalmente prevista– y le entrega a cambio del pago de esa suma devaluada títulos de la deuda pública por el total en dólares, para que sean entregados a los acreedores exteriores. Los afectados por esta operación fueron todos los ciudadanos argentinos, ya que su costo incrementó la inflación, además de involucrarlos en el tema del endeudamiento externo.

levisión, los principales sindicatos y plantas industriales, fueron tomados por los militares, que anunciaron a la población a través de comunicados emitidos por los medios de comunicación que asumían el poder político en nombre del autodenominado «Proceso de Reorganización Nacional».

Los objetivos básicos que se plantearon en las primeras declaraciones públicas eran generalidades acerca de la restitución del orden, la reorganización de las instituciones y la creación de las condiciones para una «auténtica democracia»; se asentaban en principios tales como la tradición nacional, la dignidad de ser argentino, la seguridad nacional, la erradicación de la subversión y la inserción internacional del país en el «mundo occidental y cristiano».

Por otra parte —y estos objetivos no se enunciaban públicamente— se propusieron despolitizar la sociedad, lo que les permitiría garantizar un dócil acatamiento y convertirlo a largo plazo en un rasgo permanente del nuevo orden social. No se trataba de repetir las experiencias anteriores de intervención de los militares en la vida política, por lo que era preciso terminar con los vestigios del pasado reciente y construir un nuevo régimen; el problema se presentaba a la hora de definir las características del mismo, que fue una fuente permanente de conflictos en el seno de las Fuerzas Armadas.

El golpe planeado y ejecutado por los militares, reiteradamente anunciado por sectores políticos y por la prensa, contó con un importante consenso social y un respaldo que iba mucho más allá del ámbito militar. El nuevo gobierno contó con el apoyo explícito de las organizaciones rurales e industriales, bancarias y de comercio, de algunos políticos y de los grandes medios de prensa, de la Iglesia católica a través de la Conferencia Episcopal Argentina y también de importantes personalidades del mundo científico y cultural. Como ejemplo de la magnitud y continuidad de estos apoyos, siete años más tarde, cuando la dictadura estaba en plena retirada agobiada por sus múltiples fracasos, en los periódicos apareció un comunicado firmado por instituciones como la Asociación de Bancos Argentinos, la Cámara Argentina de Comercio, la Sociedad Rural Argentina, el Consejo Empresario Argentino y otras de similar importancia, en el que se reivindicaba la gestión de los militares.

En algunos casos, como el de los grupos nacionalistas católicos, con fuertes raíces en sectores de las Fuerzas Armadas, se impulsaba la idea de una «revolución nacional», expresión moderna destinada a encubrir una dictadura de base corporativa, por lo que los apoyos que se brindaron a los militares por su gestión en la lucha antisubversiva iban acompañados de fuertes críticas al liberalismo de la política económica.

No todos los sectores tuvieron la misma disposición para colaborar con el nuevo gobierno; los unía el sometimiento a la voluntad militar y el temor a una generalización de la violencia, la desaparición del orden público, el disgusto frente a la política democrática, los partidos políticos y las organizaciones sociales, mucho más que una entusiasta adhesión a la supuesta «misión salvadora» o instauración de un prolongado régimen militar.

En los meses previos al golpe, como se ha puntualizado en el capítulo anterior, el terrorismo de derecha, apoyado y financiado por importantes sectores del gobierno peronista, cargó con la «tarea más dura» no sólo en lo que respecta al ejercicio de la violencia, sino también en el terreno político y propagandístico. La Triple A y otros grupos de igual inspiración filofascista colaboraron activamente en la escalada de violencia así como en la desarticulación y desmovilización de las expresiones políticas y sindicales de la izquierda. Ante la total pasividad de las autoridades, producto de la impunidad de la que gozaron estas organizaciones, se publicaban periódicamente las listas de las personas que serían asesinadas si no abandonaban el país.

Militares retirados y en activo, oficiales de la policía, matones de sindicatos y de la extrema derecha peronista y nacionalista integraban estos grupos encargados de la represión, que tenían el apoyo logístico, entre otros, de estructuras nacionales y provinciales de la policía, del Ministerio de Bienestar Social, del Servicio de Informaciones del Estado (SIDE) y de gobernadores de provincias. Con el golpe de 1976 sus miembros fueron incorporados al aparato clandestino del gobierno de facto, al considerar que habían contribuido lo suficiente al cumplimiento del plan de la Junta Militar. Tanto habían contribuido que es absolutamente indiscutible que al consumarse la caída del gobierno de Isabel Perón las organizaciones guerrilleras estaban desmanteladas, pudiendo solamente realizar operaciones aisladas, aunque algunas de gran espectacularidad.

Puede afirmarse entonces que, tanto en lo estratégico como en lo ideológico, existió una continuidad entre la Triple A y el plan de la Junta Militar. Ambos involucraron a todo el sistema de defensa y seguridad estatal en la formación de un ejército secreto que se encargaba de perfeccionar lo que las «bandas paramilitares» habían hecho en el período anterior. Este plan estaba inspirado en la Doctrina de la Seguridad Nacional, que se había convertido en el núcleo del pensamiento castrense, y por la que se debía combatir a sangre y fuego a cualquiera al que se le considerara enemigo. Pero no sólo el «peligro de la amenaza comunista» o el haber sido blanco de los ataques guerrilleros explican la consistencia que estas ideas adquirieron como justificatorias del terrorismo de Estado. Respondía sobre todo a una profunda convicción, que se fue conformando desde muchos años antes, que identificó a un enemigo con muchas caras, que actuaba en variados terrenos y con formas diferentes de organización: la «subversión».

Para los militares, el enemigo operaba dentro de las fronteras del país y podía tener o no vinculaciones ideológicas, políticas o financieras con los centros revolucionarios (Rusia, Cuba, China, entre otros). Actuaba no solamente en política sino también en la educación, la cultura, el trabajo, la religión... La condición de «subversivo» no tenía que ver sólo con una práctica de lucha armada ni con una estrategia revolucionaria de toma del poder; se extendía más allá, y sobre todo se relacionaba con la ideología marxista divulgada por comunistas, izquierdistas, revolucionarios en general, pero también por quienes propagaban ideas contrarias al «orden», como ateos, católicos tercermundistas, freudianos... Era suficiente que se actuara a favor del cambio social o en contra del orden establecido para formar parte de los «grupos peligrosos que propagaban el virus subversivo» en la sociedad, y ser considerados enemigos de la Patria, tal como la entendían los militares. En un reportaje periodístico, el mismo Videla sintetizó la desmesura de esta concepción: «subversión es también la pelea entre hijos y padres, entre padres y abuelos. No es solamente matar militares. Es también todo tipo de enfrentamiento social»[1].

Los métodos represivos de la dictadura

Secuestros, detenciones clandestinas y «desapariciones» fueron utilizados sistemática y masivamente por la dictadura argentina, lo que la distinguió no sólo de anteriores regímenes autoritarios sino también de otras experiencias de países vecinos. Uruguay, Brasil y Chile también desarrollaron estas prácticas aberrantes, pero no las aplicaron con la intensidad que se hizo en la Argentina.

La metodología centrada en las desapariciones tuvo como objetivo extender las sospechas hacia un amplio sector de la sociedad, obligándolo al aislamiento y a la inacción por el te-

---

1. Revista *Gente*, n.º 560, abril de 1976.

rror, al tiempo que generaban confusión en las organizaciones de derechos humanos dificultando las denuncias y las acciones de defensa. Otra consecuencia fue el desánimo que se apoderó de familiares y amigos de las víctimas ante la imposibilidad del reclamo, ya que se ocultaba a los responsables de los operativos y era imposible cualquier comunicación con los detenidos. El temor a las represalias crecía y se convirtió en un arma eficaz de disuasión ante posibles protestas, sobre todo porque la dimensión de la matanza que habían decidido llevar adelante se mantenía fuera del conocimiento de la sociedad y de los alcances de la legalidad. De este modo, además de evitar al gobierno el posible juicio condenatorio y de poner a los autores materiales de estos crímenes lejos de la acción judicial, se favorecía la colaboración de otros sectores, pues no se podía justificar lo que no se conocía.

Pero el inmovilismo y el retraimiento producidos no fueron tan aniquiladores como se suponía desde el poder. Por el contrario, al no encontrar a la persona secuestrada y desaparecida, en muchos de sus familiares –que se abocaron a una intensa búsqueda– se dio una desesperada reacción sin tener en cuenta el riesgo en el que se encontraban. Así fue como muchos de ellos terminaron viviendo situaciones similares.

Los «grupos de tareas» conformados por miembros de las Fuerzas Armadas y de seguridad multiplicaron su acción ilegal durante los primeros años de la dictadura. Los detenidos eran trasladados a centros clandestinos de detención (algunos se conocen hoy: Pozo de Banfield, El Olimpo, La Perla, Escuela de Mecánica de la Armada –ESMA–, entre otros) donde eran torturados y algunos ejecutados. Un componente habitual de los secuestros era el robo de las pertenencias de las víctimas, para lo cual se montó toda una infraestructura que lo sustentaba, tal como la falsificación de títulos de propiedad y venta de estos bienes; esto permitía a los integrantes de los «grupos de tareas» financiar algunas de sus actividades.

El exponente máximo de esta dinámica represiva fue el siniestro procedimiento de apropiación de niños nacidos en cautiverio, hijos de secuestrados. Formaron parte del «botín de guerra», y si bien algunos sufrieron la misma suerte de sus padres, otros fueron apropiados por los secuestradores y entregados en adopción, en la mayoría de los casos a familias de militares o de los mismos «grupos de tareas».

El conocimiento y difusión de todos estos hechos en el exterior, impulsado por las organizaciones internacionales defensoras de los derechos humanos y por los militantes exiliados, hizo que desde el poder se desplegaran varios argumentos para intentar contrarrestarlos, que iban desde la referencia a una «campaña antiargentina» hasta el que sostenía que en una «guerra» como la que se estaba librando en la Argentina era posible que se produjeran excesos, lamentables pero inevitables.

El balance del terrorismo de Estado fue un número indeterminado de «desaparecidos»: los cálculos fluctúan entre los aproximadamente 9.000 identificados en 1984 por la Comisión Nacional sobre la Desaparición de las Personas (CONADEP), y los 30.000 dados a conocer por las organizaciones de derechos humanos. Compartimos la posición sostenida, entre otros, por Hugo Vezzetti, de que no se trató de un «genocidio» –expresión utilizada de manera muy amplia por la militancia y también por trabajos académicos de indudable valía– sino de una «masacre o exterminio planificado», con lo que se quiere destacar la significación política de la tragedia que implicaron los «desaparecidos».

La actividad de las organizaciones armadas

En el momento en que se produjo el golpe de estado, tanto el ERP como Montoneros estaban seriamente afectados en su capacidad operativa, en particular los primeros, que habían sufrido una aplastante derrota en el ya citado intento de asalto del Batallón de Arsenales de Monte Chingolo y estaban siendo diezmados en Tucumán. A mediados de 1976 su principal dirigente, Roberto Mario Santucho, fue muerto por las fuerzas de seguridad, y para fines de ese año puede afirmarse que el Ejército Revolucionario del Pueblo había desaparecido. Poco antes de morir, Santucho realizó una fuerte autocrítica reclamando «desmilitarizar la política», pero ya era demasiado tarde; no más de cincuenta militantes pudieron marchar al exilio eludiendo la acción represiva.

La situación de Montoneros era diferente, entre otras razones porque su penetración en la sociedad era considerablemente mayor, pero culminó de manera parecida. Enfrentados con Perón, su paso a la clandestinidad a los pocos meses de la muerte del general vino acompañado de un abandono del espacio político, desarrollándose una visión exclusivamente militar de la situación que dejó indefensas ante la represión a las diferentes organizaciones –sindicales, estudiantiles, sociales– vinculadas con la Tendencia, pero que no participaban de la lucha armada. Sus posibilidades de acción entre las masas se tornaron casi nulas. En marzo de 1976 la organización había sido muy golpeada por la represión legal e ilegal, pero los argumentos desplegados por los dirigentes apuntaban a que la intervención militar crearía las condiciones para un estallido popular que condujera al triunfo final de los oprimidos. Continuaron por lo tanto la lucha armada, lanzando de manera insensata a la muerte y a la desaparición a miles de militantes de base que carecían de defensa frente al terrorismo de Estado; los encargados de la conducción, mientras tanto, marcharon al exilio. Se calcula que en el primer año del gobierno militar Montoneros sufrió alrededor de 2.000 bajas. La actividad de la organización dio lugar a operaciones de alguna repercusión, pero su aislamiento social se amplió, a lo que contribuyó la incapacidad que mostraron para entender la situación del país. La contraofensiva ordenada desde el exterior en 1979 fue la postrera manifestación de esa incapacidad: 600 militantes fueron abatidos en una operación que no contó con ningún apoyo popular y que acabó con Montoneros como fuerza organizada.

Como conclusión, puede sostenerse que por ceguera –o infiltración, argumento que ha sido utilizado en varias ocasiones– las cúpulas guerrilleras operaron de tal manera que crearon el escenario perfecto que los militares necesitaban para realizar su tarea de exterminio, permitiéndoles incluso obtener un cierto apoyo inicial en sectores significativos de la sociedad.

La dinámica política

El ejercicio del poder por parte de los militares estuvo lejos de ser una gestión monolítica. Si bien el golpe había sido planeado cuidadosamente, y los militares coincidieron en proponer objetivos de larga duración –la fundación de una «auténtica democracia republicana, representativa y federal»–, rápidamente emergieron diferencias que se fueron profundizando con el tiempo. Como se ha visto, la lucha contra la subversión fue el único terreno en el que hubo más acuerdos que disidencias; en otros temas –el disciplinamiento social, la reorganización del Estado–, las coincidencias fueron acompañadas de diversas, y en algunos casos contradictorias, líneas de acción.

Se ha señalado que uno de los problemas más serios con el que se encontraron los militares en el ejercicio del poder fue el que, a pesar de una fuerte concentración del poder –se creó la figura del «cuarto hombre» para garantizar la separación entre el Poder Ejecutivo y la Junta–, la división de los cargos entre representantes de las tres fuerzas dio lugar a que los funcionarios, comenzando por los mismos ministros, rindieran cuentas de su labor a sus comandantes antes que a Videla.

A esta situación, fuente permanente de conflictos, se agregó el que pronto se manifestaron tensiones en varios campos –especialmente en el de la política económica– entre Videla y Massera. Y es que dentro del Ejército tampoco existían coincidencias totales sobre ese tema: la oposición al liberalismo de Martínez de Hoz era uno de los argumentos de los llamados «duros», contrarios también a un eventual retorno a la democracia, en nombre de posiciones asentadas en el nacionalismo católico. Algunos de estos militares –como el coronel Ramón Camps y el general Ibérico Saint Jean– fueron protagonistas principales en el desarrollo alcanzado por el terrorismo de Estado.

En cualquier caso, estas divergencias no eran percibidas por la ciudadanía en los primeros años; el férreo control ejercido sobre la prensa y la aparente unanimidad que se manifestaba en la lucha contra la subversión daban la imagen de un poder monolítico, sin fisuras. Por otra parte, desde distintos ámbitos de la sociedad emergía una sensación de conformismo que contribuyó a hacer creer a los militares que podían avanzar en sus proyectos de «refundación de la República». Esta percepción triunfalista de los militares se potenció con un acontecimiento clave: la organización y realización del Campeonato Mundial de Fútbol en junio de 1978.

25 millones de argentinos...

En su afán por perpetuarse, las Fuerzas Armadas descubrieron la significación social del fútbol y se centraron en la organización del Campeonato Mundial a realizarse en 1978. Para ello se invirtieron más de 500 millones de dólares en infraestructura: construcción de estadios, carreteras, aeropuertos, modernización de las comunicaciones... Si la operación resultaba exitosa (y en ella se incluía el control social, tal vez poco visible pero muy presente para los involucrados), los militares consideraban que su gestión se prestigiaría lo suficiente como para hacer frente a las críticas provenientes del exterior; y si además se alcanzaba el triunfo deportivo...

Durante el mes de junio, y a medida que se desarrollaba el torneo favorablemente para la selección argentina –no sin algunas dificultades que llevaron a sospechas de soborno sobre el triunfo del equipo dirigido por César Luis Menotti–, se vivió una euforia creciente y el régimen atravesó su momento de gloria. Pero, al mismo tiempo, en Europa –principalmente en Holanda y Francia– se denunciaban las violaciones a los derechos humanos y hasta se llegó a proponer un «boicot a la Copa del Mundo que se estaba celebrando entre campos de concentración».

Todo se confundía: la muerte y la euforia se mezclaron haciendo del Mundial' 78 la entendible fiesta de muchos, pero jamás de todos, como pretendieron los militares. Los testimonios de prisioneros festejando el triunfo frente a Holanda abrazándose con los captores que los habían sometido a torturas; las rondas de los jueves de las Madres de Plaza de Mayo en medio de la indiferencia de muchos, la agresión de algunos y la solidaridad de unos pocos; los gestos de Videla saludando la victoria de Kempes y el resto del equipo frente a la fervorosa multitud en el estadio de River Plate, son simplemente algunas de las muchas contradicciones que aparecieron en esos días. Se ha podido determinar con posterioridad que en el mes de junio de 1978 fueron secuestradas 63 personas, la mayor parte de las cuales pasaron a formar parte del nutrido grupo de desaparecidos. Muy pocos, casi nadie, se enteró (o no quisieron enterarse) de esa realidad; el Mundial le sirvió a la dictadura para que sectores amplios de la sociedad vitorearan a los militares, que vivieron su momento de mayor gloria.

El conflicto con Chile

En mayo de 1977 se comunicó oficialmente el resultado del laudo británico sobre el conflicto que Argentina y Chile mantenían por tres islas del canal de Beagle: Picton, Lennox y Nueva. Se trataba de un contencioso iniciado a fines del siglo XIX que ante su falta de resolución por parte de ambos países terminó siendo sometido al arbitraje de la reina de Inglaterra a principios de la década de 1970 por decisión de los presidentes Lanusse y Allende.

El laudo estableció que las islas pertenecían a Chile; Argentina se tomó un tiempo hasta que en enero de 1978 declaró nula la decisión. Si bien los presidentes de ambos regímenes autoritarios, Videla y Pinochet, se comprometieron a buscar vías de negociación, nunca llegaron a un acuerdo y en ambos países comenzaron movimientos de tropas. En el caso de Argentina, el gobierno se vio acompañado en su decisión por sectores nacionalistas y del peronismo, y se llegó a un punto, a fines de 1978, en que el enfrentamiento armado parecía inminente; los medios de comunicación comenzaron a preparar a la población para la guerra.

Sin embargo, a la Iglesia le quedaba una carta fuerte para jugar: detener la guerra a partir de la intervención del papa. Juan Pablo II aceptó la tarea, y en diciembre de 1978 llegó al país el cardenal Antonio Samoré, que con su sola presencia hizo detener el movimiento de tropas. En diciembre de 1980 se presentó la propuesta papal, que no satisfizo al gobierno militar. En ella se planteaba resolver la cuestión sobre la base de que Argentina tenía completa jurisdicción sobre las costas que daban al océano Atlántico y Chile completa jurisdicción sobre el océano Pacífico, incluyendo las tres islas en disputa. Esta solución no fue rechazada ni aceptada por el gobierno de Videla; quedó pendiente una respuesta, ya que otros conflictos relegaron a los problemas con Chile a un segundo plano. La solución del tema tuvo que esperar la llegada de la democracia.

Primeros síntomas de debilidad

El período de excepcionalidad, como lo habían denominado los mismos militares, terminó el 31 de julio de 1978. En esa fecha, Videla fue nombrado presidente y dejó el cargo de comandante en jefe en manos del general Roberto Viola. Al año siguiente comenzaron a aparecer algunos signos del agotamiento del régimen, sobre todo a partir de las dificultades económicas ya reseñadas. Los conflictos internos entre las diferentes armas empezaron a dominar la escena: Massera tenía un proyecto político propio, de corte populista, y con él se enfrentó a la dupla Videla-Martínez de Hoz; para ello tejió alianzas con diferentes sectores políticos, incluso con militantes encarcelados. En el seno del Ejército, Viola sufrió sublevaciones que revelaban tensiones internas entre los sectores más duros –que querían perpetuar un régimen dictatorial– y los moderados, partidarios de algún tipo de salida política democrática.

Por su parte, las presiones externas generadas por el tema de las violaciones de los derechos humanos se hacían cada vez más fuertes. La visita de la Comisión Interamericana de Derechos Humanos en septiembre de 1979 y su posterior Informe, en el que el gobierno salía muy mal parado, constituyeron un hito significativo, pues a partir de esos acontecimientos nadie pudo seguir sosteniendo la falta de conocimiento de lo que había ocurrido en la Argentina en relación con la «guerra sucia». Las referencias a una campaña antiargentina en el exterior comenzaron a dejar de tener efecto en la sociedad civil; la prensa comenzó a tratar el tema con frecuencia y las dimensiones alcanzadas por el «terrorismo de Estado» comenzaron a salir a la luz. Cuando Adolfo Pérez Esquivel ganó el Premio Nobel de la Paz en 1980, las organizaciones de derechos humanos que actuaban en el país aprovecharon la coyuntura para hacer sentir sus voces aún con más fuerza.

En este contexto, y en medio de situaciones no resueltas entre los diferentes sectores del poder militar, el general Viola asumió la presidencia en marzo de 1981. Sin consenso entre sus pares, Viola intentó una tibia apertura, pero se encontró con la oposición de la Marina y también del comandante en jefe del Ejército Leopoldo Fortunato Galtieri. Prácticamente sin apoyos, en diciembre de ese mismo año, Viola abandonó el cargo y la Junta designó en su lugar al general Galtieri, quien tomó el esquema de la primera parte del gobierno de Videla y concentró en su persona los cargos de presidente y comandante en jefe del Ejército. Además logró el apoyo de la Marina, lo que le permitió disponer de una cuota importante de poder.

La reaparición de los partidos políticos

La vida política tradicional estuvo congelada durante los primeros años de la dictadura, pero a medida que empezaron a hacerse visibles los problemas en el gobierno militar emergieron los pronunciamientos de los partidos, que se centraron en temas como el restablecimiento del estado de derecho y de la libertad política, y la vigencia de los derechos humanos. En esos momentos la debilidad de sus posiciones los llevaba a ser cautos respecto a su oposición al gobierno; imaginaban un largo período de dominio de los militares y no se sentían con fuerza ni representatividad como para desafiarlos.

Fue durante el corto gobierno de Viola cuando la posibilidad de una apertura política comenzó a vislumbrarse, acompañada de un sensible aflojamiento en el control sobre los medios de comunicación; comenzaron a aparecer críticas inconcebibles muy poco tiempo antes. La sociedad civil parecía emerger después de varios años de postración.

El acontecimiento más importante en el ámbito estrictamente político fue la creación de la llamada Multipartidaria, reunión de justicialistas, radicales, desarrollistas, intransigentes y demócratas cristianos. Su primer documento conjunto, dado a conocer a fines de julio de 1981, reclamaba, entre otros temas, la normalización inmediata de la vida política y la formulación de un plan político que estableciera una cronología para la futura institucionalización del país, «en el cual el sufragio es instrumento insustituible».

Galtieri y el intento de revitalización del Proceso de Reorganización Nacional

El proyecto de Galtieri apuntaba a revertir la imagen de debilidad que había dejado Viola, recuperando la iniciativa para el gobierno militar. El retorno al liberalismo en el terreno económico iba acompañado de un freno a la apertura política, buscando ampliar los apoyos civiles del Proceso de Reorganización Nacional. Aspiraba, así, a conformar una fuerza política –la llamada «cría del Proceso»– que continuara con las bases establecidas durante los años anteriores; sin embargo, a pesar de sus denodados esfuerzos, su audiencia era minoritaria, limitada a agrupaciones provinciales que no parecían estar capacitadas para poner en peligro el dominio de los partidos tradicionales.

Por otra parte, la política económica del ministro Alemann profundizó inicialmente la recesión, haciéndose sentir con más fuerza la protesta de sindicatos, empresarios e incluso de sectores del mismo gobierno.

Frente al régimen, la Multipartidaria dio a conocer el 20 de enero de 1982 un documento en el que criticaba al gobierno: «El pueblo exige respeto y sólo recibe agresiones. El pueblo pretende justicia y recoge indiferencia, reclama libertad y sólo soporta amenazas. [...] El Gobierno debe rectificarse o la República acentuará su decadencia».

Por su parte, una de las ramas en las que estaba dividida la Confederación General del Trabajo, la llamada CGT-Brasil, convocó una marcha a la Plaza de Mayo para el 30 de marzo como rechazo al gobierno militar. También en varias ciudades del interior hubo significativas movilizaciones de repudio contra la dictadura. El gobierno prohibió la marcha, lo que llevó a enfrentamientos entre militantes y fuerzas de seguridad. Más de mil detenidos y numerosos heridos fue el saldo de la represión; Saúl Ubaldini y otros conocidos líderes sindicales fueron encarcelados.

La Guerra de Malvinas

En este contexto, los militares concibieron y pusieron en práctica el plan de ocupar las islas Malvinas como una estrategia destinada a recuperar posiciones en el terreno político. Los reclamos de soberanía sobre las islas contaban con apoyo masivo en la sociedad; constituían el núcleo de lo que se ha denominado con acierto el «nacionalismo de los argentinos». Para los militares, la operación constituía una forma de unificar a las Fuerzas Armadas en el logro de un objetivo común y adquirir así legitimidad frente a una ciudadanía cada vez más crítica.

Se trataba de una maniobra que se enmarcaba en una tendencia belicista que no se había materializado con ocasión del conflicto con Chile por el canal de Beagle; la sociedad argentina no mostraba mayor entusiasmo en enfrentarse con las armas con el país trasandino, pero estaba dispuesta a apoyar la empresa de Malvinas.

Una reivindicación histórica

El gobierno de la provincia de Buenos Aires ya había reclamado a Inglaterra las islas Malvinas en 1833, año en que fueron ocupadas por los británicos[1]; esta reclamación se repitió periódicamente, adquiriendo mayor importancia después de la Segunda Guerra Mundial, al extenderse con fuerza el proceso de descolonización.

Si bien en 1965 las Naciones Unidas habían dispuesto que los dos países debían negociar, y la situación internacional de descolonización hacía propicia tal recomendación, los británicos apenas consideraban la reclamación argentina.

El conflicto tuvo su origen en marzo de 1982, cuando un contingente de obreros argentinos de una empresa chatarrera desembarcó en la isla de San Pedro (Georgia) para desmantelar unas viejas instalaciones balleneras. El gobierno británico instó al desalojo de los obreros y amenazó con enviar naves de guerra. El incidente le brindó al gobierno militar la justificación para su acción. El 2 de abril de 1982 tropas argentinas comandadas por el general Mario Benjamín Menéndez desembarcaron en Puerto Stanley, rebautizado Puerto Argentino, y ocuparon las islas. Menéndez fue designado gobernador, y el gobernador inglés Rex Hunt fue enviado a Montevideo. Para la ciudadanía argentina la acción bélica fue una sorpresa, aunque diferentes sectores de los

---

1. Las islas habían sido objeto de largo conflicto entre Francia, Inglaterra y España. En la época de la independencia estaba ocupada por los españoles, quienes las abandonaron en 1811. El gobierno de Buenos Aires inició su ocupación efectiva en la década de 1820.

militares la habían proyectado desde hacía bastante tiempo. El comunicado de la Junta Militar a la ciudadanía, dado a conocer el mismo 2 de abril, era bastante elocuente:

> La Junta Militar como Órgano Supremo del Estado comunica al pueblo de la Nación Argentina que hoy, la República, por intermedio de sus FF. AA., mediante la concreción exitosa de una Operación Conjunta, ha recuperado las Islas Malvinas y Sandwich del Sur para el patrimonio nacional.

La concreción de la gran reivindicación histórica argentina agolpó una multitud en la Plaza de Mayo; desde uno de los balcones de la Casa Rosada, Galtieri apeló al pueblo argentino para sumarse a la causa nacional.

El mes de abril estuvo marcado por las gestiones diplomáticas encabezadas por el canciller Nicanor Costa Méndez. El arreglo pacífico con Gran Bretaña dominaba el alegato oficial, pero las Naciones Unidas catalogaron a Argentina como país agresor y una disposición de su Consejo de Seguridad exhortaba al cese de las hostilidades y la retirada de las tropas de las islas. Estados Unidos, como era previsible para todos menos para los gobernantes argentinos, se volcó hacia el lado británico y Margaret Thatcher decidió que era un buen momento para afianzar su figura en el ámbito político británico. El gobierno argentino, que preveía contar con el apoyo de Estados Unidos y la indiferencia de Gran Bretaña, vio cómo el escenario se tornaba rápidamente desfavorable. Los países de América Latina brindaron su respaldo a la Argentina de manera solidaria en lo formal, pero sin ningún apoyo militar.

El gobierno argentino fue víctima de un duro aislamiento internacional, fundado en gran medida en la condena internacional a la violación a los derechos humanos que había llevado a cabo la dictadura. En última instancia, muchos países consideraron que si esta aventura bélica resultaba triunfante significaría convalidar las políticas llevadas a cabo por los militares.

La guerra

El 2 de mayo el submarino británico *Conqueror* hundió al crucero argentino *General Belgrano*. La guerra había comenzado. Los comunicados de la Junta tuvieron por objetivo mostrar a la ciudadanía las «victorias argentinas», pero las acciones arriesgadas de la Fuerza Aérea, saldadas con éxitos parciales, no podían disimular la mala coordinación existente entre las tres armas ni la deficiente defensa del general Menéndez en las islas. Así, las dificultades de logística de las fuerzas argentinas en Malvinas y las malas condiciones de los combatientes fueron haciéndose públicas, y las voces críticas ganaron terreno rápidamente.

El 10 de junio Galtieri se dirigió por última vez al pueblo en la Plaza de Mayo. Dos días después llegó el papa Juan Pablo II, en un clima anticipatorio de la derrota bélica, para preparar los ánimos ante la inminente debacle. Antes de concluir la visita comenzó el ataque final de las tropas británicas a Puerto Argentino. La rendición se produjo el 14 de junio. El conflicto duró 74 días y dejó más de 700 muertos o desaparecidos y casi 3.000 heridos.

El final del «Proceso»

La derrota en Malvinas precipitó el derrumbe del régimen militar: la maniobra que había pretendido convertir en eterna la presencia de los uniformados en el gobierno había demostrado su total incapacidad para asumir el rol que les daba legitimidad, ya no en el gobierno, sino en la misma estructura del Estado y en la sociedad.

Luego de una crisis que se manifestó en las tres ramas de las Fuerzas Armadas, el 1 de julio fue designado presidente Reinaldo Benito Bignone en reemplazo de Galtieri. La difícil tarea del nuevo presidente, presionado por sectores de la oficialidad que cuestionaban todo intento de apertura, fue acelerar la salida electoral para calmar los reclamos de las diferentes fuerzas políticas. Para ello intentó un acuerdo con los partidos políticos para garantizar que no se investigarían actos de corrupción y de enriquecimiento ilícito, ni las responsabilidades de los militares en las violaciones de los derechos humanos.

Las aspiraciones de los hombres de armas se incluyeron en una propuesta presentada en noviembre de 1982; la llamada Ley de Autoamnistía clausuraba el debate sobre los desaparecidos, con la afirmación de que no había sobrevivientes y de que todos los muertos habían caído combatiendo. Este torpe intento de los militares influyó decisivamente en el rumbo opuesto que asumió la transición. En efecto: al colocar la cuestión en el centro de una opinión pública que repentinamente se encontraba en libertad para expresarse, permitió que esa misma opinión fuera atravesada por las innumerables denuncias de las atrocidades a las que había sido sometida la sociedad argentina durante los años de plomo de la dictadura. El rechazo de la opinión pública, de los partidos políticos y de las organizaciones de derechos humanos a la propuesta de impunidad avanzada por el gobierno militar se concretó en una marcha civil en defensa de la democracia, que se realizó en mayo de 1983. La asistencia fue masiva, y casi de inmediato, el gobierno fijó la fecha de las elecciones para el 30 de octubre de 1983.

Así, las Fuerzas Armadas en general comenzaban a recoger los frutos de lo que habían sembrado: fueron los autores de la masacre más importante e impactante de la historia argentina; los responsables de una crisis económica cuyas causas se encontraban en las políticas liberales aplicadas por Martínez de Hoz, y los protagonistas de una guerra «clásica» en la que demostraron su incompetencia para asumir su papel como brazo armado de la nación.

La segunda mitad de 1982 y todo el año 1983 estuvieron caracterizados por el acelerado renacimiento de la vida política. En julio de 1982 se levantó la veda política y al mes siguiente se aprobó el Estatuto de los Partidos Políticos, que incluía entre sus disposiciones la actualización de los padrones de afiliados a los diferentes partidos.

Se inició entonces una carrera de reafiliación masiva, que llegó a involucrar a más del 30% de los empadronados; el Partido Justicialista sumó 3.500.000 afiliados y la Unión Cívica Radical 1.400.000.

En ese escenario fuertemente convulsionado adquirió resonancia fundamental la figura de Raúl Alfonsín, que no sólo se transformó en el líder de su partido, la Unión Cívica Radical, sino que elaboró un discurso en el que la reivindicación de la democracia frente al autoritarismo se transformó en el tema fundamental. Con expresiones del tipo «con la democracia se come, se educa...» y el recurso de recitar el Preámbulo de la Constitución Nacional en los actos públicos concretó una estrategia que sintonizó con vastos sectores de la población.

Frente a esta sorprendente realidad, los justicialistas, a pesar de la dimensión cuantitativa de sus apoyos, perdieron la iniciativa. Sin terminar de entender la nueva situación, la mayoría de sus dirigentes operaron como si el peso de su caudal electoral fuera suficiente para imponerse en las elecciones. Los integrantes de la rama política que reclamaban una renovación, habida cuenta de la ausencia física del líder y del excesivo peso alcanzado por los sindicalistas, no tuvieron fuerza como para hacerse oír. Pocos dentro del partido percibieron que amplios sectores de la sociedad rechazaban las prácticas de los dirigentes sindicales, y que además su fuerza real estaba disminuida como consecuencia del impacto de la crisis económica sobre la clase obrera. La «columna vertebral» del justicialismo presentaba flancos débiles que Alfonsín supo explotar al introducir en su discurso la acusación de que existía un «pacto militar-sindical» que condicionaba el desenvolvimiento de la futura democracia.

El reclamo, cierto, de que muchos de los «desaparecidos» provenían de las filas del peronismo no alcanzaba para cubrir el hecho de que en las listas peronistas aparecían caras demasiado comprometidas con ese pasado de violencia y no siempre en el bando de las víctimas. A su vez, el mantenimiento de Isabel Perón como jefa del partido no contribuía a mejorar la imagen del peronismo entre las clases medias. Su aparente intento de apoyar la candidatura del almirante Massera, que incluía el compromiso de los justicialistas de no revisar la actividad represiva de las Fuerzas Armadas, terminó de marginar a quien, instalada en Madrid, no tenía intenciones serias de involucrarse en la política argentina.

Hacia mediados de 1983 quedaron finalmente definidas las candidaturas: el amplio triunfo de Alfonsín en la contienda interna de la Unión Cívica Radical, desplazando a los dirigentes más conservadores, le dio pie para lanzar una campaña centrada en la cuestión de los derechos humanos, tema que le permitió captar amplios apoyos entre la juventud. Desde esta posición podía atacar al justicialismo agitando cuestiones tan delicadas como las de la Triple A o la actividad de Montoneros.

El justicialismo, por su parte, proclamó candidato a Ítalo Luder, un político extremadamente moderado, que mostró una notable falta de sintonía con la realidad, al sostener, por ejemplo, que la Ley de Amnistía dictada por el presidente Bignone era legítima y jurídicamente irreprochable. En su actitud primaba la convicción de que su triunfo electoral era inevitable.

La campaña electoral mostró a un aspirante, Alfonsín, que interpretó el sentir de la mayor parte del electorado, planteando con inteligencia la restauración de la democracia y la vigencia de los derechos humanos como un cambio de rumbo dentro de la vida política argentina; el otro candidato, Luder, esgrimió un discurso sólo válido para los convencidos, acompañado de un grupo de dirigentes «en el palco» que generaban un enorme recelo entre los no peronistas.

De cara a las elecciones, el radicalismo contaba con una ventaja que no se apreció debidamente en ese momento: disponía de una estructura partidaria que ciertamente había sufrido los embates de los años de plomo y en la cual no faltaban las disidencias, pero que de todos modos se mantenía sólida y disciplinada. El justicialismo, manejado por sindicalistas que estaban enfrentados entre sí, no podía mostrar nada parecido.

Es importante destacar que los actos políticos fueron multitudinarios, mostrando el entusiasmo de los ciudadanos por salir de la «noche» de la dictadura y participar en el proceso que se iniciaba.

Finalmente, el 30 de octubre el pueblo volvió a votar –millones lo hacían por primera vez–; el resultado fue el triunfo de Raúl Alfonsín. Comenzaba una nueva época en la vida política argentina.

Dictadura y sociedad

El análisis del comportamiento de la sociedad argentina durante los años de la dictadura es un tema delicado. No caben dudas respecto a que la mayor parte de los ciudadanos, haciendo uso de diferentes mecanismos de justificación, avaló la política desplegada por la dictadura. Para algunos, a los guerrilleros había que aniquilarlos de cualquier manera y para sostener esta postura se generalizó el uso de una frase tremenda: «por algo será». Es cierto que había un desconocimiento de las características y dimensiones de la represión, pero estaban, a priori, dispuestos a aceptar los argumentos de los militares. Para otros, probablemente, la ignorancia era lo más seguro, y muchos optaron por no querer enterarse.

Pero el miedo no tuvo los mismos efectos en todos: algunos lograron enfrentarse al régimen y denunciaron unas atrocidades que no estaban dispuestos a tolerar. Lo pudieron hacer porque tenían suficiente información sobre lo que estaba ocurriendo y no utilizaron mecanismos de negación o evasión. Dado el contexto en el que debían moverse, hubo acciones claras de enfrentamiento que los militares no toleraban, y por eso muchos sufrieron el exilio, la cárcel o la muerte.

Hubo quienes, en cambio, optaron por no desafiar directamente al gobierno, sino que aceptaron los estrechos marcos dentro de los que debían moverse y vivieron lo que se conoce como el «exilio interior»; de esta manera intentaron mantener la identidad cultural y la memoria. En Buenos Aires se editaron revistas literarias de grupos intelectuales que mantuvieron una producción crítica, y si bien muchas no fueron de aparición regular, constituyeron uno de los circuitos de disidencia respecto de la gestión militar.

Otro espacio de divergencia y resistencia fue el que se generó alrededor del rock nacional. Ante la imposibilidad de militancia política, muchos jóvenes se refugiaron en la música como uno de los ámbitos de sostén de su identidad y de enfrentamiento al sistema. Si bien en un primer momento tuvieron una posición marginal, con el tiempo se los identificó también como «subversivos» y perdieron buena parte del espacio público que habían ganado.

Desde el exterior llegaban durísimas críticas a las acciones del gobierno argentino, al que se acusaba de violar los derechos humanos, pero el régimen las rechazó afirmando que había una campaña antiargentina preparada para desprestigiar al país. Es en este contexto cuando en abril de 1977 un grupo de madres cuyos hijos habían desaparecido se animaron a hacer pública su angustia y marcharon con pañuelos blancos en sus cabezas alrededor de la Pirámide en la Plaza de Mayo de Buenos Aires. Así fue como nacieron las

Madres de Plaza de Mayo, centro de los reclamos por los desaparecidos en Argentina.

Ya para esta época también funcionaban otros organismos como la Liga Argentina por los Derechos del Hombre, la Asamblea Permanente por los Derechos Humanos, entre otros, que hicieron pública la denuncia sobre lo que estaba sucediendo en el país. Un poco más tarde, las Abuelas de Plaza de Mayo comenzaron a luchar por localizar y restituir a sus legítimas familias a los niños secuestrados y desaparecidos por la represión política.

El impacto de la política económica sobre la sociedad

Al plantearse la política económica de la dictadura un retorno a una estructura productiva en la que primaban las exportaciones agropecuarias, la pérdida de importancia de la industria como objetivo central del desarrollo económico determinó que hubiera modificaciones significativas en la estructura social del país.

En primer término, habría que destacar que se produjo una importante contracción del mercado de trabajo: se creó muy escaso empleo en la industria y hubo un modesto crecimiento de la ocupación en el sector terciario, especialmente en el comercio y en sectores que experimentaron una importante expansión como el financiero.

En segundo término, se verificó un proceso de pérdida de importancia de la clase obrera, lo que se manifiesta tanto en la disminución de su significación relativa dentro de la estructura ocupacional como en el devaluado papel de los sindicatos como actores sociales y políticos.

Finalmente, es preciso destacar la notable expansión del trabajo autónomo –el llamado «cuentapropismo»– tanto entre los obreros como en la clase media. La heterogeneidad de las actividades desempeñadas por este sector obligan a hacer una evaluación matizada de su impacto sobre la estructura social: si por una parte algunos –profesionales, trabajadores altamente especializados– pasaron a formar parte del amplio espectro de las clases medias, un número muy importante, que abarca desde trabajadores precarios hasta vendedores ambulantes, vio deteriorado su nivel de ingresos, y en manera alguna puede ser incluido dentro de los sectores medios.

Un dato importante que necesita ser explicado es el bajo nivel de desocupación –no más del 3%– que existió hasta 1980. Los argumentos utilizados son varios y completan una interpretación razonable: envejecimiento ocupacional, exilio, disminución de la inmigración proveniente de países limítrofes, y también directivas de los militares destinadas a impedir que el desempleo masivo se transformara en un potencial elemento de inestabilidad social.

El nivel de bienestar general experimentó un deterioro sensible, ocasionado por dos cambios de importancia: la retracción del Estado en la provisión de servicios sociales, y el retroceso de la participación de los trabajadores en la distribución del ingreso, ocasionado esto último, entre otros factores, por la caída de los salarios reales.

El conjunto de factores a los que hemos hecho referencia permite sintetizar el período del Proceso de Reorganización Nacional diciendo que se concretó un doble proceso de homogeneización en la parte alta de la estructura social y de heterogeneización de la base, que si bien no dio comienzo en esos años, se desplegó con fuerza marcando el desarrollo futuro. La homogeneización fue el resultado de la concentración económica y de la diversificación de las inversiones por parte de quienes conformaban ese estrato; la heterogeneización, por su parte, se manifiesta en la creciente precariedad de los mercados laborales y en el incremento de la pobreza y la exclusión social, que además tomó nuevas y variadas formas.

La cultura en tiempos de la dictadura

Los años de la dictadura no fueron sencillos para la vida cultural: la fuerte asociación entre cultura y política que había caracterizado al período anterior la convirtió en un objetivo privilegiado de la represión del régimen. No era exactamente una novedad pues, como hemos visto, durante los años 1974 y 1975 varios intelectuales y artistas habían sido atacados, obligados a emprender el exilio y hasta asesinados por la represión paraestatal ejecutada por la Triple A.

Según las instrucciones destinadas a hacer frente a los movimientos guerrilleros, aprendidas por los militares argentinos a través de «expertos» franceses y norteamericanos, las hipótesis de conflicto pasaban ahora por las llamadas «fronteras internas». A diferencia de las tradicionales, estas fronteras no eran físicas sino esencialmente políticas y culturales: el entonces almirante Massera solía decir que Occidente no era una realidad geográfica sino un «estado del alma». Así, la cultura se convirtió en un objetivo militar. El fuerte respaldo de varios sectores de la Iglesia católica garantizaba la relevancia de esta concepción de la cultura, ya que la conquista de las almas siempre había sido un objetivo primordial de la institución religiosa. Por otra parte, laicos con profundos contactos en ámbitos religiosos conformaban la cantera de la cual surgían los intelectuales que motorizaron estas iniciativas.

La presión sobre el mundo de la cultura tuvo dos dimensiones. Una exclusivamente destructiva o represiva cuyo objetivo era eliminar de los espacios públicos (y de ser necesario, de los ámbitos privados) todo rastro de aquellas ideas a las que identificaban vagamente, y sin mayor distinción, como «marxistas», «freudianas», «modernas» u otros epítetos similares, ya que todas ellas eran consideradas subversivas del mundo «occidental y cristiano». La otra tuvo una dimensión activa, destinada a inculcar aquellos valores propugnados por las jerarquías del régimen y por la Iglesia. Sin dudas, la primera fue mucho más importante y contundente que la segunda, en buena medida porque evidentemente resulta más sencillo censurar o provocar la autocensura que convencer. Por otra parte, es importante señalar que más allá del impacto que tuvo y aún hoy tienen los años de plomo en la memoria política de los argentinos, el régimen sólo fue verdaderamente fuerte durante el gobierno de Videla (marzo de 1976-marzo de 1981); desde entonces comenzó una paulatina crisis que intentó ser detenida infructuosamente con la aventura de Malvinas. En cuanto se relajó el cerrojo militar, lo cual ya era notorio a partir de 1980, la sociedad volvió a hacer su aparición con toda su heterogeneidad, su diversidad y aun sus críticas. Como en tantos otros casos, los sueños totalitarios fueron una pesadilla, pero una pesadilla pasajera e ineficaz en función de sus propios objetivos.

La represión fue bien notoria y en cierto sentido eficaz. Las universidades y muchos colegios de enseñanza secundaria fueron sometidos a una feroz intervención, que apartó a los profesores y alumnos considerados indeseables y que todavía no habían sido abordados por la Triple A. Muchos de ellos fueron secuestrados, algunos desaparecidos y otros torturados y finalmente liberados.

Los canales de televisión fueron repartidos entre las diferentes ramas de las Fuerzas Armadas y sus noticieros fuertemente controlados. La prensa escrita se dividió inicialmente entre aquellos que apoyaron entusiasta y activamente al régimen (como sucedió, por ejemplo, con las revistas de la editorial Atlántida) y quienes simplemente se adaptaron a las nuevas condiciones y se mantuvieron a la expectativa. Tal vez la única excepción fue la del diario, publicado en lengua inglesa, *Buenos Aires Herald,* dirigido por Robert Cox, en el que muy pronto aparecieron editoriales denunciando las atrocidades del régimen. Paradójicamente, Cox era acusado tanto por las agrupaciones guerrilleras (porque, decían, se trataba de un agente de la CIA) como por el régimen de los generales, quienes lo consideraban un comunista. En 1977 fue detenido y finalmente tuvo que abandonar el país por las amenazas recibidas contra él y su familia.

El gremio de los periodistas fue particularmente atacado por el régimen; según el informe «Nunca más», fueron 84 los periodistas desaparecidos, entre ellos Rodolfo Walsh y Haroldo Conti. El director del diario *La Opinión*, Jacobo Timmerman, que en un principio había apoyado el golpe militar, fue secuestrado y torturado; finalmente su situación se resolvió por una intervención de la embajada de los Estados Unidos, cuando el asunto había alcanzado repercusión internacional.

Como símbolo de la importancia que el cómic había cobrado a partir de los años sesenta como vía de expresión política, también fue secuestrado y permanece desaparecido el genial creador de historietas Héctor Oesterheld, quien solía publicar sus trabajos en diversos medios gráficos.

Junto con la represión física directa, también pulularon las listas negras de artistas e intelectuales cuyas obras y cuya palabra estaba prohibida. Asimismo, las editoriales fueron blanco de los ataques militares: Siglo XXI fue cerrada, y el mítico Centro Editor de América Latina sufrió un ataque del cual nunca se repuso totalmente; los libros que poblaban sus depósitos, aproximadamente un millón y medio, fueron quemados por funcionarios del régimen. La quema de libros no fue una excepción sino un método: ya en 1976 el diario *La Razón* informó de una quema de libros en Córdoba; el pirómano teniente coronel Jorge Gorleri afirmó que era necesario «incinerar esta documentación perniciosa que afecta al intelecto, a nuestra manera de ser cristiana... y en fin a nuestro más tradicional acervo espiritual sintetizado en Dios, Patria y Hogar».

El cine también sufrió un duro embate. El encargado de la censura cinematográfica, Miguel Paulino Tato, «Néstor», ya ocupaba su cargo desde el anterior gobierno peronista. Dueño de una personalidad perversa y perturbada, Tato se dedicó a recortar cada una de las películas que serían exhibidas en las salas argentinas; ésas fueron las más afortunadas, ya que cerca de 700 fueron prohibidas. En esos años, en los cuales la sobrevaluación del peso permitía viajar al exterior sin grandes costos, era habitual ver las películas en Montevideo o Punta del Este y luego establecer la diferencia entre las versiones uruguayas y argentinas. En cambio, aparecieron varias películas de producción local sobre temas castrenses, varias de ellas dirigidas por Ramón «Palito» Ortega, a través de las cuales se mostraba una imagen campechana y simpática de los miembros de las mismas Fuerzas Armadas que estaban depredando a la sociedad argentina. Con ocasión del Mundial de Fútbol de 1978, una vergonzosa producción cinematográfica de abierta propaganda política dirigida por Sergio Renán, *La fiesta de todos*, aglutinó a un amplio espectro de actores y hasta a algunos intelectuales.

Como en otros ámbitos de la vida social, la represión y la censura del régimen no fueron sólo eficaces contra aquellos a los que afectó en forma directa: la autocensura, resultado de la imposición directa del terror estatal, estuvo también a la orden del día.

Más ordenada fue la ofensiva sobre el ámbito específicamente educativo, en particular en los niveles primario y secundario. Convencidos de que era necesario iniciar la educación occidental y cristiana en las mentes menos estructuradas de los niños y adolescentes, y apoyada por la presencia de un cuerpo de funcionarios activo y experimentado, que a su vez tenían el control de una trama institucional de rango ministerial, la educación fue blanco de una actividad intensa por parte del régimen. De hecho, utilizando el lenguaje y los métodos de la guerra, los responsables del Ministerio llamaron a esta ofensiva «Operación Claridad».

En 1977, los directivos de los colegios recibieron un folleto para ser difundido entre los maestros y profesores, elaborado por el Ministerio de Educación y Justicia. Titulado «Subversión en el ámbito educativo, conozcamos a nuestro enemigo», entre sus objetivos aseguraba que «si este folleto contribuye para que los docentes conozcan mejor a los enemigos de la Nación y para que las generaciones venideras puedan decir de los educadores de hoy que cumplieron con su deber, se habría logrado con creces su propósito», y luego afirmaba:

el accionar subversivo se desarrolla a través de maestros ideológicamente captados que inciden sobre las mentes de los pequeños alumnos, fomentando el desarrollo de ideas o conductas rebeldes, aptas para la acción que se desarrollará en niveles superiores. [...] La comunicación se realiza en forma directa, a través de charlas informales y mediante la lectura y comentario de cuentos tendenciosos editados para tal fin. En este sentido se ha advertido en los últimos tiempos una notoria ofensiva marxista en el área de la literatura infantil.

La propia literatura infantil también fue objetivo de la «Operación Claridad». Se reunió información sobre una multitud de títulos para luego proceder a la prohibición de aquellos en los que los censores reconocían fines subversivos. Como ejemplo de la enorme variedad de cuentos infantiles que, al parecer, atentaban contra las bases de Occidente, puede mencionarse el caso de *Un elefante ocupa mucho espacio*, de Elsa Bornemann, que fue prohibida por incluir en su narración una huelga de animalitos. Más pintoresca aún fue la incorporación al Índex de la obra *La cuba electrolítica*, detrás de la cual un perspicaz censor castrense intuyó la presencia temible del mismísimo Fidel Castro...

A pesar de su ausencia de los espacios públicos, la cultura siguió sus pasos. En parte, en el exilio, fuera del alcance de las garras de la dictadura, especialmente en México, España,

Francia y los Estados Unidos. En la Argentina continuó su camino en institutos privados o simplemente en algunos hogares. Centros como CEDES (Centro para el Estudio del Estado y la Sociedad) albergaron a economistas, sociólogos, politólogos, historiadores y críticos literarios que siguieron estudiando e investigando alejados de las universidades en donde se les prohibía trabajar. Algunos lo hicieron alrededor de revistas, como *Punto de Vista*, dirigida por Beatriz Sarlo. Estos grupos –tanto los exiliados como los que permanecieron en el país– serían quienes harían frente a la reconstrucción de las entidades educativas universitarias luego de 1983.

Hubo universidades privadas que alojaron a destacados investigadores, aunque otras no dudaron en celebrar el régimen y conceder los mayores honores a los dictadores, como sucedió con la Universidad del Salvador, que nombró doctor *honoris causa* al almirante Massera.

A partir de 1979 y de forma más evidente en 1980, la censura militar se relajó a medida que el propio régimen iba perdiendo su impulso. Así, comenzaron a aparecer las críticas, primero veladas y, a medida que pasaron los meses, cada vez más abiertas. En la propia televisión, el genial humorista político Tato Bores lanzó sus dardos cada vez más duros y certeros. La aparición de la revista *Humor* en 1978 fue otra destacada novedad: primero mediante la burla y luego en forma directa sus ataques contra el régimen la convirtieron en una de las más leídas. En 1981 la revista *El Porteño* siguió ese camino, aunque en un tono más serio; también la radio comenzó a recorrer el camino de la crítica, como sucedió por ejemplo con el programa de la periodista Magdalena Ruiz Guiñazú. Otras formas de crítica más o menos veladas se sucedieron en otras ramas artísticas: en 1980 apareció *Respiración artificial*, de Ricardo Piglia, una de las novelas argentinas más celebradas de los últimos tiempos, en la cual se despliega una sutil crítica contra el régimen militar. Para la juventud, los recitales también se convirtieron en un espacio para la protesta, y la Guerra de Malvinas, con la efímera aparición de un nacionalismo enfervorizado, dio pie para que las emergentes figuras del rock autóctono salieran del espacio reducido de los grupos de iniciados a las radios y la televisión y su obra –cantada en castellano y musicalizada por creadores argentinos– fuera difundida por los medios.

12. La democracia restablecida: el gobierno de Alfonsín

El retorno de la democracia fue vivido en la Argentina con inusual entusiasmo; muchos ciudadanos parecieron percatarse finalmente de la importancia de la vigencia del Estado de Derecho y decidieron aportar su participación para asegurar una transición exitosa.

El fracaso en todos los terrenos del gobierno militar contribuyó en no poca medida a ese entusiasmo: la suma de los descubrimientos relativos al terrorismo de Estado, la derrota de Malvinas y el desbarajuste económico condujo a un descrédito tal a quienes habían ejercido el poder en los siete años anteriores que fortaleció una oleada de fervor democrático.

No obstante, rápidamente las dificultades económicas comenzaron a acotar los márgenes de un gobierno que sólo muy tardíamente tomó conciencia de las dimensiones de la crisis; ni siquiera en su momento de mayor éxito, tras el lanzamiento del Plan Austral, mostró voluntad para poner en práctica reformas de envergadura.

La economía antes y después del Plan Austral

La herencia recibida por el gobierno de Raúl Alfonsín era muy pesada: el PIB del año 1983 fue apenas el 4,5% más alto que el de 1975, y el PIB por habitante había caído aproximadamente el 9%. Además, el año se cerró con una inflación cercana al 350% anual, mientras que la deuda externa superaba con comodidad los 43.000 millones de dólares. Esta última cuestión, que afectaba a importante número de países, tenía en la Argentina una dimensión particular, en la medida en que la sociedad no percibía de ninguna manera la contrapartida de tan elevado endeudamiento.

Sin embargo, la recuperación de la democracia generó en un primer momento un clima de optimismo; la esperanzada campaña de Alfonsín tuvo un efecto positivo sobre la ciudadanía. Pero transcurridas las primeras semanas, la realidad se impuso sobre las expectativas; las políticas aplicadas por el nuevo ministro de Economía, Bernardo Grinspun, siguieron repitiendo fórmulas del pasado: primero intentó sin éxito desarrollar una política gradualista basada en pautas de reducción en el crecimiento de las principales variables de la economía, y luego optó por una política expansionista que impulsó el consumo pero al costo de una inflación en dramático ascenso. Por otra parte, los múltiples intentos realizados por el presidente para buscar respaldo en el ámbito internacional y alcanzar soluciones políticas en el tema de la deuda externa, lo que incluía abordar el problema del conjunto de deudores y acreedores, terminaron en un fracaso.

A principios de 1985, la situación estaba fuera de control: los precios en el primer año de democracia superaron el 600%, y el crecimiento económico apenas llegó a un mediocre 2%. Ante esta situación casi incontrolable, Alfonsín decidió en febrero reemplazar a Grinspun por Juan Vital Sourrouille, un técnico de prestigio académico; al poco tiempo anunció el establecimiento de una «economía de guerra», prólogo de un cambio de rumbo de dimensiones inusuales.

Cuando la hiperinflación ya se estaba convirtiendo en una posibilidad cierta, en junio de 1985 el gobierno anunció el Plan Austral, un intento de estabilizar la situación creando una nueva moneda –el austral–, fijando el tipo de cambio, congelando precios, salarios y tarifas públicas, e impulsando una política que trataba de actuar sobre las expectativas de aumentos de precios operando sobre aquellos que se incrementaban de forma automática siguiendo el ritmo de la inflación. Además, el gobierno se comprometía a no emitir papel moneda para financiar los desequilibrios presupuestarios.

El Plan Austral tuvo un impacto rápido y positivo –lo primero era sin duda condición para lo segundo– ya que frenó la inflación de manera drástica –en los meses siguientes los precios redujeron su ritmo de aumento al 2-3% mensual–, y sus efectos fueron favorables para la población en tanto se produjo un aumento de los salarios reales y la reaparición del crédito para el consumo, a partir de un horizonte razonablemente previsible. Las repercusiones se hicieron sentir en el terreno político, contribuyendo al triunfo electoral del gobierno en las elecciones legislativas celebradas a fines de 1985.

A pesar de los prometedores comienzos, los beneficios emergentes del Plan no pudieron sostenerse en el tiempo: subsistió una inflación «residual», a partir de la cual los desequilibrios de la economía fueron reapareciendo paulatinamente, al tiempo que se debilitaba la situación política del partido gobernante. A su vez, el déficit fiscal, si bien disminuyó, nunca llegó a estar por debajo del 4,5% del PIB, un porcentaje alto.

Otro problema serio que afectó la evolución económica fue la caída de los precios internacionales de los productos primarios, acompañada de una disminución de los volúmenes exportados, ocasionado esto último sobre todo por las inundaciones que se produjeron en esos años, que redujeron sensiblemente el área cultivada.

Habría que agregar que los sindicatos desarrollaron una clara estrategia de cuestionamiento a la política económica del gobierno, concretando periódicas huelgas generales que contribuyeron a su desgaste.

A partir de 1986 la inflación reapareció con vigor creciente y las especulaciones con el dólar también. El gobierno, cada vez con menos posibilidades de actuar en la arena política –sufrió una derrota en los comicios parciales celebrados en 1987–, no pudo avanzar en la implantación de reformas de importancia, como la reestructuración del sector público o la apertura comercial, porque a la intransigencia de la oposición política y sindical se agregó la falta de convicción por parte de la mayoría de los dirigentes de la Unión Cívica Radical sobre la necesidad de las mismas.

El postrer intento de las autoridades de estabilizar la situación se produjo a mediados de 1988: se denominó Plan Primavera y pretendía frenar el aumento de precios por medio de un acuerdo con las empresas líderes, y la promesa de programar los aumentos del dólar. Cuando los operadores financieros percibieron que la inflación no se frenaba y se incrementaba la sobrevaluación del austral respecto del dólar, se iniciaron a fines de 1988 operaciones especulativas contra el austral, despejándose de ese modo el camino hacia la hiperinflación. El gobierno se vio obligado a violar su compromiso de mantener el tipo de cambio, y lo pagó caro: el dólar y los precios se dispararon sin techo aparente.

El dólar aumentó su valor el 193% en abril de 1989 y el 111% en mayo; a las expectativas inflacionarias se sumaba la desconfianza que generaba el candidato a presidente del justicialismo, Carlos Saúl Menem, triunfante en las elecciones del 14 de mayo. Sus declaraciones de campaña hablaban de «salariazo» e incluso de declarar una moratoria unilateral en el pago de la deuda externa.

La hiperinflación condujo al retiro anticipado de Alfonsín de la Casa Rosada; en el mes de julio, cuando se produjo el cambio de gobierno, el índice de aumento de precios había llegado al nivel récord del 200%. A su vez, la evolución del PIB y del PIB por habitante son elocuentes: en 1989, el primero estaba un 4% por debajo de los valores de 1983, mientras que el PIB por habitante era el 12% menor.

El difícil camino de la democracia

El 30 de octubre de 1983 sucedió lo que sólo unos pocos se habían atrevido a pronosticar y que, sin embargo, visto desde una mirada retrospectiva, sorprende mucho menos: la UCR ganó la elección presidencial con un porcentaje tan amplio de votos que repetía las grandes elecciones plebiscitarias de la historia argentina (casi el 52% de los votos). El justicialismo perdía así por primera vez en su historia una elección nacional libre; aunque la derrota estaba lejos de ser una debacle –obtuvo poco más del 40% de los votos, retenía una gran cantidad de gobernaciones y la mayoría en el Senado–, el solo hecho de haber sido derrotado fue interpretado como una catástrofe.

El 10 de diciembre, Raúl Alfonsín asumió la primera magistratura rodeado de un enorme entusiasmo popular; en la manifestación que acompañó su asunción podían verse carteles identificatorios de casi todos los partidos políticos argentinos, incluyendo el peronismo. Una nueva era parecía estar llegando a la Argentina.

La primavera democrática

En muchos sentidos, ese pálpito era cierto. Por primera vez se aceptaba en el país que la democracia era un régimen cuya base no era la asociación unívoca y exclusiva entre un colectivo político y el «pueblo», sino que admitía como condición central el pluralismo y la alternancia. Sin embargo, la difusión de una versión profundamente regeneracionista sobre las características de esa democracia impediría asumir que el régimen que se estaba imponiendo tendría que enfrentarse a dificultades y tensiones crecientes. La ausencia de una mirada más realista acerca de los límites, los conflictos y los compromisos que deberían asumir los sucesivos gobiernos se convertiría en reiteradas ocasiones en la base de una desilusión tan profunda como las ilusiones que había despertado. A medida que la crisis económica fue mostrando sus aristas más agudas para traducirse en conflictos sociales y políticos de envergadura, una actitud ambivalente caracterizaría la relación de la sociedad argentina con el régimen democrático.

De todos modos, al comenzar su gobierno, la concepción regeneracionista de la democracia no era simplemente una visión más o menos errada acerca de las potencialidades del nuevo régimen; por el contrario, era posiblemente uno de los capitales políticos más importantes que podía esgrimir Alfonsín. Como veremos, era un capital político de apariencia tan formidable como endeble eran sus cimientos.

Tampoco es completamente lícito limitar este regeneracionismo a una simple mirada, dado que implicó importantes actitudes sociales. En efecto, la llegada de Alfonsín al gobierno fue la expresión del triunfo de una cultura y un estilo políticos del todo novedosos respecto del pasado inmediato. No sólo se valoraba la democracia a la vez como un régimen político institucional, una forma de expresión pacífica de las diferencias y un modo de gestionar los conflictos de la sociedad en nombre del bien común, sino que esta valoración se extendía también a los agentes otrora tan criticados de ese régimen: los partidos políticos. La ya citada afiliación masiva a los partidos políticos (el peronismo llegó a proclamar que se había convertido en el partido con más número de afiliados fuera del mundo comunista; también se beneficiaron de este entusiasmo el radicalismo, que lo seguía de cerca, el centroizquierdista Partido Intransigente y la derechista Unión de Centro Democrático), señalaba una tendencia favorable al compromiso activo con el destino del nuevo régimen político. A esto se sumaba la cultura de la movilización, que llevaba a la reunión de multitudes en calles, plazas y estadios con ocasión de los más importantes acontecimientos políticos. Los medios de comunicación también participaron de este estallido de la política: los programas radiofónicos y televisivos dedicados a los temas de actualidad política tenían un altísimo nivel de audiencia y eran discutidos cotidianamente en diferentes ámbitos.

La política reencontraba una clave en el debate y en el valor de la palabra: el propio Alfonsín parecía ser el líder más adecuado para esos tiempos: gran orador, era un amante de la deliberación pública, del debate racional y de la búsqueda de fórmulas de acuerdo como resultado del mismo. La mejor y más reveladora muestra de esta nueva situación se produjo poco después del ascenso de Alfonsín a la presidencia, con ocasión del plebiscito por el contencioso con Chile a causa de las islas del canal de Beagle.

Como sabemos, el problema limítrofe se arrastraba desde varios años atrás: la guerra fue evitada por la intervención del Vaticano a fines de 1978, pero el laudo papal nuevamente fue favorable a las posiciones de Chile. El gobierno de Alfonsín estaba dispuesto a aceptarlo para terminar con el problema, pero no parecía fácil imponer esa solución por dos razones: en primer lugar, aún estaba presente en la sociedad un exacerbado y un tanto primitivo nacionalismo derivado del conflicto por las islas Malvinas; en segundo lugar, por la oposición de la mayoría peronista del Senado que no estaba dispuesta a votar a favor del laudo. Ante esta situación, Alfonsín decidió llevar la disputa a la opinión y convocó un plebiscito no vinculante. Además de una profusa propaganda y de varios actos masivos, se produjo un debate televisivo entre el canciller Dante Caputo y uno de los líderes peronistas en el Senado: Vicente Leónidas Saadi, un hombre fuerte de la provincia de Catamarca, jefe de un clan familiar que gobernaba su provincia desde varias décadas atrás (con las obvias interrupciones generadas por los golpes militares). Su estilo era el de los viejos caudillos políticos provinciales, acostumbrados más a ejercer el poder sin límites que a la discusión de posiciones políticas, mientras que la personalidad del canciller Caputo era prácticamente la inversa. El resultado no fue sólo un tremendo papelón para Saadi, quien demostró ser absolutamente incapaz de articular un mínimo argumento y de expresarse en un castellano más o menos comprensible ante millones de espectadores, sino una victoria electoral aplastante del gobierno, que incluso logró atraer a varios dirigentes peronistas en desacuerdo con la cúpula del partido.

Ésta fue a la vez la demostración más espectacular y la última del poder de la palabra y de la opinión; la idea de hacer frente a las corporaciones –sindicatos, empresarios, Fuerzas Armadas e Iglesia católica– con el apoyo de la ciudadanía movilizada y de la opinión mostró muy rápidamente sus límites, hasta llegar a la catástrofe de 1987.

El primer choque se produjo con motivo del envío de un proyecto de ley sindical cuyo objetivo era democratizar su administración. Entre otras novedades, introducía garantías electorales fiscalizadas por el Estado, la posibilidad de incorporar a las minorías en la gestión sindical y la prohibición de las reelecciones indefinidas. Aunque varios partidos de izquierda y algunos pocos sindicalistas apoyaron el proyecto, para la enorme mayoría del sindicalismo peronista esto era lo más parecido a una declaración de guerra y la reacción se ajustó a este diagnóstico. Las dos corrientes que dividían al sindicalismo peronista –una liderada por el metalúrgico

Lorenzo Miguel, la otra por el dirigente de los trabajadores de la industria del plástico Jorge Triaca– decidieron postergar sus disputas para unirse en una única CGT, a la cabeza de la cual pusieron a Saúl Ubaldini, un sindicalista cervecero cuyo mayor mérito era su notoria debilidad y, en menor medida, su protagonismo durante las luchas sindicales en la última etapa del régimen militar. La presión sindical fue tan intensa que, si bien el proyecto fue aprobado en la Cámara de Diputados por la mayoría radical, en el Senado fue rechazado por un voto. El gobierno destituyó al ministro de Trabajo autor de la ley, olvidó para siempre la iniciativa y tomó nota de su derrota. En adelante su relación con el sindicalismo no sería precisamente tranquila: además de la elevada cantidad de huelgas parciales que tuvo que afrontar Alfonsín durante su mandato (muchas de las cuales estaban ampliamente justificadas por el descenso de los ingresos provocado por la incesante y creciente inflación), la CGT organizó trece paros generales; varios de ellos estuvieron acompañados por movilizaciones en las cuales se acusaba al gobierno de obedecer a los dictados de los organismos internacionales de crédito y de ser una mera continuidad de la política económica de la dictadura. En esta línea, no faltaron las peticiones para que Alfonsín abandonara el gobierno.

De todos modos, es importante mencionar que los primeros paros generales fueron contestados con una movilización equivalente por parte de muchos ciudadanos que desconfiaban de los líderes sindicales y apoyaban al gobierno. Esta movilización ciudadana demostraría ser cada vez más ineficaz para hacer frente al sindicalismo –como veremos, lo mismo sucedía con otros conflictos–, por lo cual se fue extinguiendo, a la vez que mermando, el prestigio y la popularidad del gobierno radical.

Junto con la cuestión sindical, los otros dos ámbitos en los que se evidenciarían los límites de la política de la movilización y el debate ciudadano fueron el militar y el económico; en este último, además de los sindicatos, también intervinieron los empresarios, encabezados por los que por entonces se denominaban «capitanes de la industria». Por su parte, también la Iglesia católica se enfrentó al gobierno, tanto en lo que respecta a los temas militar y económico, como en lo referente a cuestiones consideradas de incumbencia propia, caso de la educación o el divorcio. La cada vez más notoria incapacidad del gobierno para hacer frente a estas corporaciones y satisfacer las ilusiones y reclamos que conformaban su mayor capital político no sólo fueron minando su popularidad, sino que además permitieron el ascenso del peronismo, que contó a su favor con un movimiento interno de renovación que fue capaz de hacerse con el control del partido y despertar nuevas expectativas ciudadanas.

La cuestión militar entre el make-up *y los derechos humanos*

La cuestión militar fue uno de los problemas más complejos e intensos a los que tuvo que hacer frente el gobierno de Alfonsín y que, de algún modo, se solucionó –y no totalmente– durante el gobierno de Carlos Menem, su sucesor. La complejidad y la intensidad de este problema se vincula con el hecho de que, como ningún otro tema, involucró los presupuestos más básicos del nuevo régimen en general y del gobierno en particular. Por eso también puso en juego todas las ilusiones de la nueva democracia, a la vez que desenmascaró de manera dramática sus debilidades y contradicciones.

El tema militar constituyó el nudo de la concepción regeneradora de la democracia instalada en 1983: la imagen categóricamente negativa de la dictadura permitió, por contraste, señalar las infinitas bondades del régimen que se estaba inaugurando. Si con la democracia no sólo se disfrutaba de paz y libertad, sino que además se comía, educaba y curaba era porque evidentemente con la dictadura tales cosas no sucedían.

De esta manera, la demonización absoluta del gobierno militar como autor de casi todos los males de la Argentina, una visión que no resistía el contraste con la realidad, se convirtió sin embargo en condición de la nueva democracia al menos por dos razones. En primer lugar, porque le ofrecía una legitimidad cuya fortaleza estaba en relación directa con el carácter siniestro de la dictadura. Pero, fundamentalmente, porque permitió depositar en los militares y un puñado de civiles las responsabilidades de las desgracias de los años setenta, una condición fundamental para el funcionamiento de una clase política en la que varios de sus miembros tenían indudables responsabilidades en el baño de sangre que se había desatado. Las dificultades para imponer en la opinión la idea de que la violencia habría derivado del enfrentamiento entre dos bandos –la llamada «tesis de los dos demonios»– adolecía de un problema insalvable, toda vez que los grupos guerrilleros no podían aparecer como responsables equivalentes a los militares en una visión del pasado que permitiera la construcción de una nueva legitimidad democrática. Esto fue así aun cuando, en parte, esta tesis fue la promovida por el propio Alfonsín, al impulsar el procesamiento tanto de los comandantes de las Juntas como de los principales cabecillas guerrilleros, y al negarse a cualquier intento de revisar judicialmente el pasado más allá de 1976. El hecho de que, tal como lo ha expresado la justicia argentina, las responsabilidades no fueron de ninguna manera equivalentes, es menos relevante para explicar por qué la tesis de «los dos demonios» sólo tuvo recepción entre algunos grupos de derecha que, en rigor, se sirvieron de esta idea para legitimar la represión militar.

El problema de la nueva democracia no eran precisamente los sobrevivientes de los grupos guerrilleros sino, por un lado, la corporación militar y su lugar en el nuevo régimen y, por otro, aquellos funcionarios comprometidos con el inicio de la represión ilegal estatal que había nacido del propio corazón del gobierno encabezado por Perón y que ahora aspiraban a integrarse con pleno derecho en el nuevo régimen. Algunas voces propusieron incluir a la señora de Perón entre los acusados, pero lejos de acceder a semejante propuesta, el gobierno la convirtió en interlocutora, en parte –como veremos– ante la falta de otro interlocutor válido que pudiera hablar en nombre del peronismo.

Así, la maldad exclusiva y absoluta del régimen nacido en 1976 era una condición imprescindible para el buen funcionamiento del régimen nacido en 1983. Como, a diferencia de otras transiciones en Latinoamérica, la transición argentina no fue pactada y se precipitó a partir de una debacle militar que puso a las Fuerzas Armadas en retirada y a la defensiva, no fue difícil imponer esta imagen, la cual, previsiblemente, para los organismos de derechos humanos y para una gran parte de la opinión se convirtió en absolutamente verdadera.

Pero en este mismo punto anidaba uno de los problemas para el futuro inmediato. Al establecer la concepción regeneradora de la democracia en un nivel tan alto (tramada con la idea de la dictadura como maldad total) se convirtió muy rápidamente en un duro parámetro a partir del cual serían juzgados no sólo el gobierno de Alfonsín, sino el propio régimen democrático. La política seguida por el gobierno en relación con la cuestión militar fue el ámbito en el cual una versión de la nueva democracia y el pasado saltó en pedazos.

La primera resolución del gobierno de Alfonsín siguió la línea desplegada durante la campaña electoral: la rápida anulación de la «Ley de autoamnistía» fue seguida por la reforma del Código de Justicia Militar y la formación de la Comisión Nacional sobre la Desaparición de Personas (CONADEP). La reforma del Código de Justicia Militar implicó una fuerte apuesta presidencial: se trataba de mantener como organismo juzgador al Consejo Supremo de las Fuerzas Armadas, con la esperanza de que los propios militares juzgaran a los cabecillas de las Juntas y a los oficiales de más alto rango implicados en el diseño y ejecución de la represión. De esta manera, pensaba Alfonsín, las Fuerzas Armadas recuperarían una parte de su alicaído prestigio y encontrarían un lugar en el nuevo régimen. Al mismo tiempo, el hecho de que estos jefes fueran juzgados por sus mismos compañeros evitaría la judicialización de aquellos oficiales de menor graduación, suboficiales y civiles que también participaron como ejecutores de esas órdenes. En efecto, para el presidente era conveniente enjuiciar a las cabezas de la represión, pero consideraba imposible hacerlo con los participantes con rangos menores. A diferencia de lo que establecía el código anterior, a partir de la reforma las decisiones del Consejo debían ser apeladas ante la justicia federal. Como puede advertirse, ni siquiera el propio presidente confiaba demasiado en la capacidad de autocrítica de los militares.

No le faltaban razones para semejante desconfianza: cotidianamente se oían voces de los más altos oficiales pidiendo no sólo la paralización, sino lisa y llanamente la reivindicación oficial de lo actuado, un reclamo acompañado por importantes jerarquías de la Iglesia católica, encabezadas por el arzobispo de Buenos Aires y cardenal primado, monseñor Antonio Quarracino. Pero estas voces contrastaban con una opinión sacudida por las revelaciones que realizó la CONADEP. Encabezada por el escritor Ernesto Sábato y compuesta por importantes personalidades del periodismo y la cultura, su misión era reunir información sobre lo sucedido durante los años de plomo. En septiembre de 1984 la Comisión entregó un voluminoso informe al presidente que, en parte, fue resumido en el libro *Nunca más*. El tomo es revelador de las entrañas más perversas e inhumanas de la represión: torturas, asesinatos, robo de bebés, robo de bienes... todo ello regado con cuotas inauditas de sadismo y crueldad sin límites.

Frente a esta situación, las Fuerzas Armadas lanzaron su desafío contra la sociedad: el Consejo Supremo dio a conocer un fallo en el que consideraba las órdenes impartidas en la «guerra contra la subversión» como legítimas e irreprochables; sí podía admitir que se hubieran cometido algunos «excesos», por otra parte comprensibles en una situación de guerra. El sueño de Alfonsín comenzaba a hacer agua; no obstante, la Cámara Federal admitió el recurso para celebrar el juicio el año siguiente. Se generó un clima de creciente intranquilidad: las amenazas de bombas en colegios y otros lugares públicos se multiplicaban, al tiempo que se conocían resonantes secuestros de poderosos empresarios. La «mano de obra desocupada» –grupos de tareas vinculados con la represión ilegal– buscaba a la vez desestabilizar al gobierno y recaudar fondos para financiar sus operaciones políticas. En abril, cuando debía comenzar el juicio, arreciaron los rumores sobre un eventual golpe militar, finalmente denunciado por el propio presidente, quien convocó a la ciudadanía a la Plaza de Mayo en previsión de posibles movimientos castrenses. Así, a pesar de todas estas amenazas, el juicio comenzó a desarrollarse mientras los voceros militares no dejaron de criticarlo y reivindicar la represión. En diciembre de 1985 el fallo de la Cámara Federal fue contundente: describió la represión como un plan criminal que nada tenía que ver con una guerra y dictó penas de prisión perpetua y degradación para los principales responsables, encabezados por Jorge Rafael Videla y Emilio Nicolás Massera. El hecho de que también se enjuiciara a algunos de los cabecillas de las organizaciones guerrilleras no aplacó la ira militar; por el contrario, el fallo abría una puerta inesperada, aun para el propio gobierno: dado que ahora era una verdad oficial el hecho de que la represión no había sido un acto de guerra sino un plan criminal, caía por tierra el argumento que había mantenido a salvo a los oficiales de menor graduación y suboficiales, es decir, la «obediencia debida».

En consecuencia, durante 1986 se abrieron nuevos juicios que siguieron las líneas de mando hacia los grados inferiores. La inquietud castrense iba en aumento, alentada por el respaldo de la Iglesia, que para entonces tenía su propio conflicto con el gobierno a raíz de la aprobación de una ley de divorcio. Durante una visita a la guarnición militar de Córdoba, un confuso episodio fue tomado por el gobierno como un frustrado atentado contra Alfonsín.

Las instrucciones dadas a los fiscales por parte del presidente para que evitaran abrir juicios contra quienes habían obedecido órdenes no dieron mayores resultados, por lo cual a finales de 1986 el gobierno hizo aprobar la llamada Ley de Punto Final. La crítica social en contra del gobierno, encabezada por los organismos de derechos humanos, fue muy dura, e incluyó además a diputados peronistas, que no votaron la ley. La nueva norma establecía un plazo de sesenta días antes de considerar extinguida cualquier acción penal vinculada con los sucesos de la represión. Lejos de solucionar la situación, la proximidad de la extinción provocó una avalancha de juicios que tensó la situación hasta el extremo: las bombas y los atentados de todo tipo se multiplicaron hasta que todo estalló a comienzos de 1987.

El jueves de la Semana Santa, el teniente coronel Aldo Rico sublevó a un par de centenares de oficiales medios en Campo de Mayo, quienes pronto fueron denominados «carapintadas» por el maquillaje de camuflaje que utilizaban para presentar una imagen más temible. Pese a que los sublevados aseguraban no estar en contra del régimen constitucional y que sólo querían poner fin a los juicios, la consecuencia fue una inmediata movilización cívica en defensa de la democracia. Mientras las plazas del país se llenaban de manifestantes, la clase política –incluyendo a la oposición–

apoyó de manera inequívoca al presidente y a las instituciones. Alfonsín ordenó la represión de los sublevados; sin embargo, la columna que debía hacerse cargo de la orden avanzaba con exasperante lentitud, negándose en los hechos a reprimir a sus camaradas. Así las cosas, el domingo de Pascua, Alfonsín en persona fue a dialogar con los sublevados. Luego regresó a la casa de gobierno y ante la multitud presente en la plaza aseguró que los militares habían depuesto su actitud y luego agregó: «la casa está en orden». La frase no fue bien recibida por una multitud que sospechaba la existencia de un pacto que a los pocos días se hizo evidente: en junio de 1987 el oficialismo aprobó la Ley de Obediencia Debida que eximía de responsabilidad a aquellos militares que sólo habían obedecido órdenes. Se anularon entonces numerosos juicios que ya estaban en marcha y muchos represores paradigmáticos quedaron en libertad. Para la ciudadanía el mensaje fue claro: ni siquiera la movilización de las multitudes en las plazas podía evitar que las presiones militares sobre el gobierno tuvieran éxito. La visión regeneracionista de una democracia todopoderosa se volvió contra el gobierno, que fue acusado de claudicación, sin que muchas de estas acusaciones midieran exactamente la fuerza relativa de cada uno de los contrincantes. Para los militares la conclusión fue exactamente la misma: en 1988 se produjeron otros dos levantamientos, uno liderado por el propio Rico –que había escapado de su cautiverio–, y el otro por el coronel nacionalista Mohamed Alí Seineldín, calificado como el verdadero líder de los «carapintadas». Detrás de estos nuevos movimientos se vislumbraba ya no exclusivamente un reclamo corporativo contra el gobierno, sino una lucha interna dentro de las Fuerzas Armadas entre los cuadros medios nacionalistas, más claramente extremistas, y la cúpula militar que, dada su posición de jerarquía debía dialogar y negociar con Alfonsín.

La renovación del peronismo

Tras la derrota electoral de 1983, el peronismo se encontró desorientado. En primer lugar, carecía de un líder reconocible, lo cual no era un elemento menor para un partido acostumbrado a un liderazgo fuerte y a una estructura de mandos muy jerarquizada y vertical. Casi todos los grupos internos buscaron convencer a la viuda de Perón, María Estela Martínez, pero ella no parecía dispuesta a dejar su exilio español para asumir un rol para el cual, además, carecía de toda aptitud. El propio gobierno alentó infructuosamente su liderazgo, necesitado de un interlocutor que ordenara a la principal fuerza de oposición.

En segundo lugar, el peronismo se hallaba fuertemente dividido y varios personajes se disputaban el control del partido. El propio sindicalismo estaba ferozmente enfrentado, y sólo había accedido a unificarse en una única central para frenar la embestida de Alfonsín. Así las cosas, luego de la nueva victoria electoral del gobierno en 1985, no faltaron quienes –apresuradamente, por cierto– auguraron la desaparición del peronismo. Sin embargo, las cosas fueron muy diferentes.

Un grupo importante de dirigentes, conocidos como «los renovadores», se enfrentó a las jerarquías del partido y a los sindicatos. En 1985, formaron su propio bloque en el Congreso y finalmente se presentaron a las elecciones al margen del partido. Los renovadores buscaban adecuar el partido a las condiciones de la nueva democracia y a un ejercicio de la política menos vinculado con la presión corporativa y más afín a la deliberación pública. En 1986, sus principales referentes –Antonio Cafiero, Carlos Grosso, José Manuel de la Sota y, en cierta medida, Carlos Saúl Menem– ya dominaban el partido. Para entonces la estrella del peronismo renovado iba en franco ascenso, a medida que el gobierno afrontaba crecientes dificultades; su actitud durante los sucesos de Semana Santa de 1987 terminaron por consolidar al grupo.

En las elecciones de gobernadores y legisladores de 1987, los candidatos peronistas ganaron en casi todos los distritos, incluyendo la estratégica gobernación de Buenos Aires, que quedó en manos de Cafiero, quien además asumió la presidencia del partido. El radicalismo sólo retuvo las provincias de Río Negro, Córdoba y la Capital Federal. En la euforia por la victoria recobrada, pocos prestaron atención a los carteles con la fotografía de Carlos Saúl Menem, victorioso gobernador de La Rioja (una pequeña provincia del noroeste), en los que éste proclamaba su candidatura a presidente. Para la opinión general era evidente que el candidato sería Cafiero: la disputa estaba planteada y no era una cuestión menor, toda vez que el descalabro del gobierno radical anunciaba una pronta presidencia peronista.

La victoria de los renovadores y el creciente poder de los gobernadores e intendentes peronistas reflejaban varios cambios que se estaban produciendo en el partido. A medida que alcanzaban cargos en la estructura del Estado, comenzaron a utilizar los recursos oficiales para desplazar a los sindicalistas y a la vieja guardia de los órganos de poder del partido. Este proceso, que algunos denominaron «territorialización» del poder dentro del peronismo –y que llegó a su cenit durante la presidencia de Carlos Menem–, fue modificando las formas de ejercicio de la política dentro del partido: ahora eran los dueños de cargos ejecutivos en las estructuras del Estado los que tenían las mejores oportunidades para imponer su autoridad. Por eso se hicieron cada vez más frecuentes conflictos institucionales –en especial en las poderosas intendencias del Gran Buenos Aires, donde concejales peronistas se enfrentaban a los intendentes– que en realidad traducían disputas internas; por eso, además, Cafiero, que era la cabeza de la provincia más grande y rica del país, parecía encaminarse a la presidencia.

Sin embargo, las cosas no fueron así. Menem se dedicó a recorrer todo el país uniendo detrás de su figura a todos los descontentos con el liderazgo de Cafiero, incluyendo a aquellos que habían sido desplazados por los renovadores. Incluso en la propia provincia de Buenos Aires, Menem consiguió convencer a varios intendentes, en especial a quien sería su candidato a vicepresidente, el intendente de Lomas de Zamora, Eduardo Duhalde. Así, el riojano reunió detrás de sí a un conjunto tan amplio como heterogéneo de dirigentes, dado que no pedía apenas condiciones para aceptar los apoyos. A este avance su sumó un problema personal: mientras Menem demostraría ser un hábil político a la hora de ganar adhesiones y acumular poder, Cafiero carecía de toda habilidad política, un rasgo que ya había sido advertido por el propio Perón, quien tal vez por eso lo había incorporado en el círculo de sus allegados. En 1988 Carlos Menem se impuso en la elección interna y fue proclamado candidato peronista.

El fracaso del impulso reformista y el desbarranque del gobierno radical

Con la victoria electoral de 1985, el gobierno de Alfonsín alcanzó su máxima popularidad. Su actuación contra los militares y la reciente puesta en marcha del Plan Austral le garantizaron un importante apoyo. Un grupo interno especialmente entusiasta, la Junta Coordinadora Nacional –o simplemente «la Coordinadora»–, creyó posible el lanzamiento de lo que denominaron un «tercer movimiento histórico» que seguiría a los ya históricos yrigoyenismo y peronismo. Aunque tuvo que hacer frente a otros sectores del propio radicalismo, su avance parecía irrefrenable.

El entusiasmo duró muy poco. En 1986 las dificultades se multiplicaron: sindicalistas, militares, empresarios y la Iglesia atacaban al gobierno, que además no podía controlar la inflación que renacía. En 1987, Alfonsín lanzó una nueva propuesta reformista que incluyó una eventual reforma de la Constitución para ir hacia un sistema parlamentario, un plan de privatizaciones y el traslado de la capital federal a la ciudad de Viedma, en el sur del país.

Pero ese mismo año una suma de catástrofes políticas fagocitó este proyecto. Alfonsín negoció una tregua con un sector del sindicalismo y les concedió el Ministerio de Trabajo, una medida a la que se opusieron una parte del partido y el equipo económico, pero fue apoyada y desarrollada por la Coordinadora. Resultó otro fracaso: el acuerdo no terminó con los paros generales y parciales que siguieron debilitando al gobierno; finalmente el ministro renunció.

El año 1988 fue aún peor. La debacle económica no pudo ser detenida por el Plan Primavera, y un nuevo paro general culminó con actos de violencia y saqueos. Mientras tanto, la oposición peronista bloqueó un nuevo avance reformador destinado a incorporar capitales privados a las empresas estatales. Esta vez la voz cantante de la oposición la llevó el senador Eduardo Menem (hermano del futuro presidente), quien aseguró que el justicialismo jamás le pondría bandera de remate a las empresas del Estado. Hacia fin del año la campaña electoral ya estaba en pleno desarrollo y el candidato radical y gobernador de Córdoba, Eduardo Angeloz, aseguraba estar dispuesto a usar un «lápiz rojo» para llevar adelante los ajustes económicos necesarios. Se hacía eco así de una opinión cada vez más generalizada –y difundida en programas políticos televisivos y radiales de gran popularidad– a favor de los principios del neoliberalismo que para entonces soplaban con fuerza en todo el mundo.

Por su parte, Carlos Menem desarrolló una campaña muy agresiva: para ello adoptó la pose de un caudillo populista hasta en su aspecto físico, criticó al gobierno por todos sus flancos débiles y aseguró conocer la solución para todos los problemas. Aunque nunca se le oyó decir cuáles serían esas soluciones, no era algo necesario: su más importante capital era el desgaste del gobierno y la actitud dura y hasta antipática de Angeloz.

Y por si hiciera falta, el verano de 1989 deparó al gobierno los golpes de gracia: a la crisis del sector energético, que puso al país en una emergencia que obligó a realizar cortes rotativos de electricidad, se sumó la aventura de un grupo guerrillero en el cuartel de La Tablada.

El 23 de enero, un grupo de izquierda exaltado y lunático denominado Movimiento Todos por la Patria (MTP), liderado por Enrique Gorriarán Merlo, un ex dirigente del Ejército Revolucionario del Pueblo, de amplia trayectoria durante los años setenta, tomó por asalto los cuarteles del Ejército en La Tablada, muy cerca de la Capital Federal. La operación fue extremadamente violenta y provocó la muerte de algunos soldados: la respuesta estuvo a la altura de la operación. Luego de unas horas durante las cuales la policía atacó al grupo atrincherado en los cuarteles, el propio Ejército se hizo cargo de una cruenta y espectacular represión que incluyó tanques y artillería y que fue televisada segundo a segundo para todo el país. La opinión pública fue contundente: se trataba de un grupo de asesinos que no habían dudado en matar a soldados que estaban haciendo el servicio militar obligatorio para imponer ideas absurdas y trasnochadas. De algún modo, el MTP permitió que el fantasma de la teoría de «los dos demonios» comenzara a circular por la sociedad con una mayor verosimilitud. Las conexiones del grupo con varios comités radicales terminaron de licuar por completo el poder del presidente, mientras las Fuerzas Armadas alzaban de nuevo su voz a favor para reivindicar lo hecho a partir de 1976. Los vientos se hacían cada vez más favorables a la derecha, un giro que finalmente terminaría por imponer al peronismo en el poder.

El día 14 de mayo las elecciones arrojaron una contundente victoria del candidato peronista, Carlos Menem

(47,3% contra el 32,4% de Angeloz). Al presidente Alfonsín ya no le quedaban más armas: mientras la debacle económica continuaba su escalada hacia la hiperinflación, la crisis se convirtió en un conflicto político y social desatado. El estallido llegó en forma de saqueos y movilizaciones violentas que se sucedieron por todo el país. El presidente se mostró completamente impotente para revertir la situación y, finalmente, se vio obligado a renunciar para adelantar el traspaso de la presidencia a Menem. El gobierno que había asumido con la promesa de una democracia redentora, dejaba su lugar a otro en una huida precipitada, rodeado por el caos y el vituperio social.

13. El menemismo (1989-1999)

La década de gobierno de Carlos Saúl Menem se caracterizó por la profundidad de las transformaciones económicas y sociales implantadas, hasta el punto de establecer, sin duda alguna, un antes y un después en la historia argentina. Esta afirmación no genera mayores controversias –cosa que, por supuesto, no ocurre con la valoración que se hace del período–, como tampoco el afirmar que los cambios impulsados por el presidente justicialista se encuadran en una realidad nacional e internacional que contribuye a explicarlos.

Por una parte, la aplicación de políticas liberales acompañadas de una drástica disminución del papel del Estado se había intentado implantar, como vimos, desde 1975. Tanto en la corta gestión del ministro Celestino Rodrigo como en los cinco años en los cuales la economía estuvo en manos de Martínez de Hoz se había marcado un rumbo, pero circunstancias de orden político impidieron que éste se consolidara. La profunda crisis verificada en los últimos meses de la gestión del presidente Alfonsín conformó el escenario en el cual el discurso liberal pudo penetrar en la sociedad y ser transformado en una posibilidad real.

Pero además, diversos factores externos contribuyeron a facilitar la emergencia de la nueva realidad: la crisis del petróleo y de las economías industriales en la década de 1970 y la cuestión de la deuda externa en la siguiente condujeron a que el papel del Estado en la economía fuera objeto de un renovado y creciente cuestionamiento. Una de sus consecuencias fue el auge de las posiciones neoliberales, cuya manifestación de mayor influencia para América Latina fue el llamado «Consenso de Washington», un conjunto de recomendaciones que apuntaban justamente a la reforma del Estado. A partir de ese guión, en los años noventa varios países latinoamericanos se embarcaron en programas cuyo rasgo principal fue la reducción del aparato estatal a través de políticas de desregulación, descentralización y privatización en gran escala,

La gestión del presidente Menem concretó la aplicación más completa de la política de desmantelamiento del Estado, mucho más significativa aún por tratarse de un político proveniente del partido que había impulsado una decisiva presencia estatal en la economía durante los años en que estuvieron en el gobierno.

A lo largo de la década de 1990, el Estado renunció a seguir desempeñando el papel de prestador directo de bienes y servicios. Con excepción de la enseñanza superior, se desprendió de todos los demás servicios educativos, que transfirió a las provincias junto con los de salud; entregó a la empresa privada la concesión de casi todos los servicios públicos; eliminó un gran número de organismos y unidades estatales encargados de funciones reguladoras de la actividad económica, y devolvió al mercado laboral a más de 100.000 empleados públicos, incentivados por generosos retiros voluntarios y jubilaciones anticipadas.

La apertura de los mercados y la retirada del Estado llevaron, por un lado, a la pérdida de su capacidad ejecutiva como instrumento de estabilización y crecimiento de la economía, y por el otro a su debilitamiento frente a los sectores más concentrados e internacionalizados del capital. En relación a su población y al PIB, estas reformas transformaron al Estado nacional argentino en uno de los aparatos más pequeños del mundo.

La gestión económica del menemismo

Carlos Menem inició su período presidencial –como vimos, antes del día fijado– en el dramático clima generado por el estallido de la hiperinflación. Esa coyuntura tenía enormes riesgos, pero también brindaba algunas oportunidades. Por una parte, estaba muy claro que había que actuar, y actuar correctamente; ningún gobierno puede resistir la repetición de episodios hiperinflacionarios con sus terribles secuelas. Pero, además, la misma excepcionalidad de la situación justificaba la concentración de poder y el uso de mecanismos extraordinarios para la toma de decisiones.

El gobierno peronista hizo uso (y abuso) de este instrumento político, pero uno de los interrogantes que genera esta realidad es por qué la sociedad en general (y la militancia peronista en particular) estuvo dispuesta a aceptar unas reformas cuyas consecuencias (por lo menos en el corto plazo) les afectaban negativamente, y que no estaban en manera alguna en la propuesta del triunfador en las elecciones de mayo de 1989. La respuesta ha apuntado en varias direcciones, pero un elemento fundamental a considerar es que la hiperinflación fue la gota que rebalsó el vaso de la tolerancia de la población. Luego de décadas de crisis y del desencanto provocado por la incapacidad de la democracia recuperada para dar respuesta a las expectativas económicas, la sociedad estaba dispuesta a aceptar cambios drásticos impulsados de manera autoritaria si éstos, por alguna razón, eran vistos como una alternativa viable frente a la dramática situación del presente.

En consecuencia, la combinación entre una sociedad apática y escéptica y la tradicional subestimación del peronismo de los mecanismos formales de la democracia facilitaron la rápida implantación del programa de reformas.

Las decisiones iniciales del presidente ya mostraron que estaba dispuesto a buscar alianzas con los sectores tradicionales del poder económico local y sus defensores «académicos». En el primer gabinete ocupó el Ministerio de Economía un ejecutivo de una de las principales empresas del país (Bunge y Born), y Álvaro Alsogaray y su hija María Julia, figuras emblemáticas del liberalismo argentino, tuvieron una presencia relevante; los dirigentes del peronismo tradicional ocuparon en cambio cargos políticos.

En términos generales, Menem hizo suyo el diagnóstico de los políticos y de los exitosos comunicadores sociales de entonces, que pregonaban las bondades del neoliberalismo. Según este diagnóstico, la crisis del Estado era consecuencia del amplio abanico de actividades que había pretendido ejercer en épocas anteriores. Por lo tanto, la condición para recrear el poder estatal era reconstruirlo a partir de nuevos parámetros que implicaban un fenomenal recorte de sus actividades, en especial de las vinculadas con la administración de empresas de servicios.

De alguna manera, el neoliberalismo vino a ofrecer un diagnóstico y una eventual solución para un proceso cuyas raíces eran mucho más complejas de lo que estas ideas, que circularon en la Argentina en una versión simplona y caricaturesca, podían ofrecer. Pero, desde el punto de vista político, la adopción del credo neoliberal por parte del presidente tenía un problema: su adopción, como el sistema de alianzas que implicaba, suponía una profunda revisión de lo que, hasta ese momento, se consideraban las tradiciones más profundas del peronismo. Esto era cierto aun en el caso de los peronistas renovadores, que si bien habían aceptado revisar la vinculación de la tradición peronista con la republicana, en cambio no habían dado ningún paso a favor de algo tan extraño a su identidad como el liberalismo económico. La incorporación por parte de Menem de reconocidos antiperonistas, sumado a los gestos de reconciliación con el almirante Isaac Rojas, líder del golpe que derrocó a Perón en 1955, no podían sino generar rechazos dentro del propio partido del presidente. Tras la proclamación de los indultos a los ex comandantes, un grupo conocido como «Grupo de los Ocho», liderado por Germán Abdala y Carlos «Chacho» Álvarez, rompió con el partido. Pero la mayoría, tanto políticos como sindicalistas, prefirió observar desde lejos y con cautela los pasos de un presidente que no parecía encontrar un rumbo definido.

Durante el primer año y medio de gestión económica, después de que no sólo uno sino dos empresarios de Bunge y Born ocuparan sucesivamente la cartera de Economía, y fueran sucedidos por un incondicional de Menem –Antonio Erman González–, los logros en materia inflacionaria fueron escasos –hubo un nuevo episodio hiperinflacionario a fines de 1989 y principios de 1990–, pero se empezó a enderezar el rumbo con la aprobación de la Ley de Reforma del Estado, que creaba el marco adecuado para la privatización de las empresas públicas. Se operó asimismo sobre el endeudamiento del Estado, expropiando los depósitos a plazo fijo de los particulares, canjeándolos por títulos públicos a 10 años (Plan Bonex). Además, se sentaron las bases para impulsar la apertura comercial, suspendiéndose todos los regímenes de promoción industrial, que habían constituido uno de los elementos impulsores de la sustitución de importaciones.

Aun con los representantes de las grandes empresas fuera del gobierno, estaba claro hacia dónde se marchaba; el tema era que los precios seguían subiendo. La expresión «estamos mal, pero vamos bien», forjada por el mismo presidente, daba cuenta de esa situación.

La convertibilidad

En los primeros meses de 1991, la inestabilidad ya casi crónica llevó a que Menem colocara en el Ministerio de Economía a Domingo Felipe Cavallo, hasta ese momento a cargo de la cartera de Relaciones Exteriores. Con el nuevo ministro, una figura de alto perfil, se llevó a cabo una arriesgada apuesta de estabilización para acabar con la inflación. La llamada Ley de Convertibilidad, sancionada en abril de 1991, no sólo establecía un tipo de cambio fijo (1 peso por 1 dólar) sino que obligaba al Banco Central a emitir moneda sólo a partir de las reservas disponibles. De esta manera, el Estado perdía toda capacidad para desarrollar una política monetaria autónoma, pues no podía efectuar emisiones para cubrir el déficit presupuestario.

Los resultados de la aplicación de la convertibilidad fueron exitosos en su cometido específico, esto es, acabar con la inflación. Hacia 1993 los precios al consumidor habían crecido sólo un 7% y los índices siguieron cayendo más tarde. La reactivación económica fue también significativa, impulsada por la reaparición del crédito a tasas accesibles y por el aumento inicial de los salarios reales como consecuencia de la desaparición de la inflación, que mes a mes deterioraba los ingresos de quienes vivían de un sueldo. Una reforma tributaria permitió aumentar los recursos del Estado y éstos, sumados a los procedentes de las privatizaciones y a los importantes ingresos de capitales del exterior –un factor de la máxima importancia– permitieron reducir en gran medida el déficit público. La apertura económica afectó a algunos sectores de la producción, pero las voces de los quejosos eran tapadas por quienes resultaban favorecidos por la coyuntura. Aunque hubo un incremento en las exportaciones, éste siguió sosteniéndose en la explotación de recursos naturales, agregándose a los tradicionales productos agropecuarios las actividades extractivas (sobre todo el petróleo);

a ello hay que añadir las posibilidades que brindó la creación del Mercosur a ciertos sectores de la actividad industrial[1].

Este ambiente de euforia, que el gobierno se preocupaba naturalmente por destacar, tenía sin embargo sus sombras: el déficit de la balanza comercial, provocado por el aumento de las importaciones y las limitaciones de muchos sectores para exportar ante la sobrevaluación del peso, sumada a los intereses de la deuda externa, provocaba una continua e importante salida de divisas. Mientras hubiera disponibilidad de capitales a intereses razonables en el mercado internacional la situación estaba controlada, pero esta posibilidad no

---

1. Tras los serios problemas de competencia continental durante varias décadas entre Brasil y Argentina, en los años 80 se produjo un acercamiento que tuvo su primera manifestación en 1985 al firmar los presidentes Alfonsín y Sarney un acuerdo por el que se creaba una comisión para estudiar las posibilidades de cooperación e integración entre ambos países. Las diferentes fases del proceso condujeron a la incorporación posterior de Uruguay y Paraguay, quedando conformado un espacio económico común, lo que implicaba la armonización de las políticas macroeconómicas y el progresivo desmantelamiento de las barreras arancelarias en los cuatro países. La idea central que orientó la creación del Mercosur fue la necesidad de formar un frente unido regional ante los desafíos impuestos por los procesos de globalización. La fecha de creación del Mercosur fue el 1 de enero de 1995, pero ya en los diez años anteriores el comercio entre los países que lo conformaban se incrementó seis veces. Durante los primeros años de vigencia, la balanza comercial de Argentina con sus socios fue positiva, a favor de la exportación de combustibles, cereales y automotores, lo que determinó que los principales beneficiarios fueran grandes empresas de origen nacional y filiales de grupos transnacionales, aunque hubo espacio también para pequeñas y medianas empresas. La crisis experimentada por el real brasileño dio lugar a cuestionamientos importantes por parte de diferentes sectores productivos argentinos, llegando a ponerse en tela de juicio la existencia misma del Mercosur; pero, a la vista de la evolución del comercio mundial, no caben dudas respecto a que las diferentes formas de integración regional constituyen los caminos más adecuados para la inserción de los países que no se encuentran en la vanguardia del desarrollo económico.

estaba garantizada en manera alguna, y dependía de circunstancias que no eran controlables por el gobierno.

Por otra parte, si bien, como se ha indicado, el impacto inicial de la desaparición de la alta inflación favoreció a los sectores asalariados, el despliegue del proceso de apertura económica y desregulación fue acompañado de una concentración del ingreso: según los datos suministrados por el Banco Mundial, desde 1990 a 1995 la participación en el ingreso nacional del 30% más pobre disminuyó del 9,6 al 8,3%, mientras que la del 10% más rico aumentó del 35,3 al 37,3%.

Las privatizaciones

En la década de 1980 existían entre 900 y 1.000 firmas en las que el Estado detentaba una propiedad parcial o total. De ellas, catorce –entre las cuales se encontraban YPF, SEGBA, Gas del Estado y Aerolíneas Argentinas– representaban alrededor del 70% de la actividad económica de las empresas públicas. Siendo entonces de enorme importancia su actividad, su comportamiento generaba muchas críticas: la calidad de sus servicios era pobre, el rendimiento de sus inversiones era bajo y además su endeudamiento crecía de manera continua. Por otro lado, una parte significativa del déficit público estaba ligado a las características de su funcionamiento, ya que trabajaba con precios bajos fijados por el gobierno, lo cual conducía a continuas pérdidas, que debían cubrirse con fondos provistos por el tesoro nacional.

Desde la década de 1970, la opinión pública estaba siendo progresivamente ganada por la idea de que algo había que hacer con las empresas públicas, lo que en buena medida era también el reflejo de los cuestionamientos a que estaba siendo sometida la gestión del Estado a nivel mundial por parte de las corrientes conservadoras del liberalismo.

13. EL MENEMISMO (1989-1999)

Luego del fracasado intento del gobierno de Alfonsín, que contó con una cerrada oposición del justicialismo, el gobierno de Menem impulsó un proceso masivo de privatizaciones que cumplió la doble función de reafirmar el rumbo liberal de la gestión y de obtener recursos para achicar el peso de la deuda externa, encajando dentro de las recomendaciones realizadas por los organismos financieros internacionales.

Se puede resumir el tema de las privatizaciones sosteniendo que hubo mucha preocupación por brindar una imagen de eficiencia cumpliendo con los plazos establecidos y muy poco cuidado con los procedimientos, por lo que desde el primer momento existieron múltiples denuncias sobre hechos de corrupción que involucraron a funcionarios de alto nivel.

En síntesis: durante el gobierno de Menem pasaron a manos privadas los servicios de telefonía, gas y electricidad; ferrocarriles, subterráneos y la empresa nacional de aeronavegación (Aerolíneas Argentinas); hoteles, fábricas militares, elevadores de granos, etc. La culminación del proceso privatizador fue la de la principal empresa pública del país: Yacimientos Petrolíferos Fiscales (YPF). Los beneficiarios fueron un número reducido de empresas nacionales y extranjeras, cuyas vinculaciones con el poder aparecieron sospechosamente cercanas; estas sospechas sobre irregularidades en la tramitación de los procesos licitatorios afectaron a casi todas las negociaciones.

Además, la inexistencia de previsiones en materia de regulación y control determinó que los monopolios privados que se constituyeron en muchos sectores terminaran brindando un servicio caro, y en ocasiones ni siquiera de mejor calidad, para los usuarios.

Merece un párrafo especial la privatización del sistema de pensiones, en crisis como consecuencia del saqueo de los recursos ahorrados por los trabajadores para su futura jubilación por parte de los sucesivos gobiernos. A partir de 1994 se implantó un sistema «mixto», en el que además de un pequeño ingreso garantizado por el Estado, los trabajadores podían, por elección personal, abrir una cuenta personal a la que irían aportando a lo largo del tiempo los fondos que antes eran retenidos por el Estado. Quienes administraran esos recursos, las llamadas Administradoras de Fondos de Jubilaciones y Pensiones, se encargarían de invertir los ahorros de los futuros jubilados de forma que se acrecentaran a lo largo del tiempo.

El sueño se acaba

Al finalizar 1994 las dificultades experimentadas por la economía mexicana condujeron a una crisis financiera, el llamado «efecto tequila», cuyo impacto se hizo sentir en todas las economías emergentes; los capitales que se habían dirigido hacia países de América Latina, Europa del este y Asia reaccionaron ante esta situación retirándose apresuradamente; mostraban así uno de los rasgos de la globalización en el terreno financiero: los capitales se mueven de manera casi instantánea abandonando los lugares donde aparecen problemas o, más grave aún, se supone que pueden llegar a aparecer.

Las dificultades de una economía abierta como la que se estaba conformando en la Argentina se manifestaron por primera vez en esta ocasión: la necesidad de disponer de capitales para sostener la convertibilidad hizo que la huida de éstos –entre diciembre de 1994 y marzo de 1995 el Banco Central perdió la cuarta parte de sus divisas– pusiera en serio riesgo el 1 a 1. El gobierno de Menem tomó medidas de austeridad y firmó un acuerdo con el Fondo Monetario Internacional, pero la actividad económica se derrumbó, el PIB cayó el 4,5% y el paro trepó hasta casi el 19%, un triste récord histórico. Ante las elecciones de mayo de 1995, Menem, que tras la reforma de la Constitución –a la que nos referiremos más adelante–, se presentaba para un segundo mandato, logró presentarse ante la opinión pública como el garante de la convertibilidad en una sociedad donde el endeudamiento en dólares se había difundido hasta en operaciones de escasa significación; esa maniobra contribuyó a asegurar su triunfo.

En los años siguientes, ya con Cavallo fuera del Ministerio de Economía, reemplazado por Roque Fernández –un funcionario de la gestión–, la economía superó el trance y experimentó una recuperación importante, aunque subsistieron, y en algún caso agravados, tres problemas serios: 1) la desocupación laboral se mantuvo a niveles altos; 2) la dependencia de la entrada de capitales extranjeros hizo reaparecer, ampliados, los problemas de endeudamiento externo, lo que mostraba cada vez con más fuerza las dificultades para sostener la convertibilidad, y 3) el desbordamiento del gasto público –sobre todo en las provincias–, destinado a crear las condiciones favorables para impulsar los intentos de reelección de Carlos Menem.

El golpe decisivo a la política económica desarrollada durante los años noventa provino del exterior: la crisis experimentada por el real, la moneda brasileña, a fines de 1998 y principios de 1999, forzó a su devaluación y generó una nueva crisis financiera mundial, en la cual la Argentina se vio fuertemente involucrada por tratarse del principal socio del Mercosur.

Se inició así un proceso de estancamiento que mostró en todas sus dimensiones las limitaciones de un modelo económico basado en la liberalización a ultranza, al que las instituciones financieras internacionales apoyaron como ejemplo del rumbo que debían seguir los países para salir del atraso en la nueva economía globalizada.

La sociedad argentina en la década de 1990

La perduración del modelo instaurado en 1976 y su acentuación desde 1991 condujo a un creciente proceso de exclusión social y padecimiento humano. En el contexto de la economía global se produjeron el avance de la informalidad, el debilitamiento de la clase media, la concentración de la riqueza y el crecimiento de las distancias entre los que tienen y los que no tienen. Fragmentación y exclusión caracterizaron la nueva cuestión social de la Argentina menemista.

La novedad del menemismo

El ejercicio del poder político por parte de Carlos Saúl Menem aportó un cambio de significación: la concreción de una alianza tácita entre los beneficiarios de la nueva realidad económica y los sectores bajos de la sociedad. Su decisión de desplegar una estrategia en línea con los intereses de quienes detentaban el control económico y financiero, capaces de actuar sobre la realidad política a «golpes de mercado», le aseguró el apoyo de éstos, factor fundamental en la consolidación de su posición, lo cual generaba fuertes sospechas en diferentes ámbitos de la sociedad. Fue así como Menem pasó de ser el «coco» que hablaba de «salariazo» y «revolución productiva» al clarividente estadista que crearía las reformas necesarias –todas ellas de corte ultraliberal– para sacar al país de la postración. La incurable megalomanía del presidente lo llevó a participar de manera entusiasta en festejos y reuniones en las que su figura aparecía asociada no sólo a personajes del mundo de los negocios y de la farándula, sino también a figuras con perfiles éticos más que cuestionables. A su sombra, un grupo de incondicionales medró alegremente aprovechando el «todo vale» que parecía ser la consigna del momento; los modelos de comportamiento que se transmitieron a la sociedad, en muchos casos con el ferviente apoyo de los medios de comunicación, fueron los de la glorificación sin medida del éxito. La expresión «pizza con champán» resume la mezcla que significó para los beneficiarios del menemismo el acceso a salones nunca antes concurridos, en los que su presencia y excentricidades eran aceptadas (y en muchos casos festejadas) porque eran los depositarios del poder, aquellos con quienes había que tratar para hacer negocios.

La pregunta que cabe hacer ante esta situación es: ¿cómo reaccionó el electorado peronista, el amplio espectro de trabajadores adherentes al justicialismo, ante comportamientos y alianzas que estaban en las antípodas de lo que podría denominarse, en un sentido amplio, el corpus de ideas forjado por el general Perón? La respuesta no es simple: por una parte, no es desdeñable el hecho de que la estabilidad generada por la convertibilidad mejoró la situación de los asalariados. Pero hay bastante más: la figura de Menem alternando con los sectores de la alta sociedad pareció encarnar los deseos secretos de muchos integrantes de las clases subalternas; también es cierto que dentro de los valores defendidos por el justicialismo, la expresión «para un peronista no hay nada mejor que otro peronista» tiene absoluta vigencia, aunque la política concreta no marche en el sentido esperado, y, finalmente, la idea de la verticalidad está tan incorporada entre los peronistas que quien desempeña el rol de líder se beneficia del apoyo mayoritario de la militancia.

Hacia la vulnerabilidad social

Las políticas económicas, sobre todo a partir de 1994, devinieron en un aumento del desempleo y en una creciente desintegración social. Al decaer el empleo, diferentes grupos sociales no tuvieron la posibilidad de ingresar en el sistema productivo y quedaron marginados de las redes de protección social. Los individuos que perdieron el empleo formal se desvincularon de los marcos institucionales que los contenían, y a la exclusión del mercado laboral se añadió el desaliento y el alejamiento de la vida activa, de la participación social y política.

En 1998 más de 4 millones de personas tenían problemas laborales. El trabajo se había transformado en un bien escaso y en consecuencia aparecieron nuevas modalidades de empleo: temporal, discontinuo, a tiempo parcial, irregular y/o clandestino. La precariedad reemplazó a la estabilidad como régimen de organización del trabajo y en consecuencia decrecieron las reivindicaciones obreras y la cohesión entre los asalariados, al tiempo que se acrecentó la sumisión frente a la patronal.

Dos procesos paralelos caracterizaron esta nueva situación social: la concentración de la riqueza en pocas manos y el aumento de los desposeídos. La pobreza adquirió nuevas dimensiones. Se amplió la pobreza estructural –es decir, la de aquellos sectores que no lograban cubrir sus necesidades básicas– y al mismo tiempo aparecieron los nuevos pobres (NUPO), es decir, los sectores medios que aunque cubrían sus necesidades básicas, sus ingresos pasaron a ser inferiores a la línea de pobreza. A diferencia de los pobres estructurales, estos sectores pauperizados tenían acceso a una vivienda digna, a los servicios públicos y gozaban de un nivel educativo, pero vieron restringidos sus ingresos y con ello experimentaron una redefinición de sus pautas culturales.

La estructura social se modificó y la movilidad social descendente se profundizó. Se verificaron cambios culturales que se tradujeron no sólo en la modificación de las pautas de vida material y el consumo: coincidente con la ideología neoconservadora, la exaltación del individualismo, el retorno a la familia y la cultura del «sálvese quien pueda» dominaron los marcos culturales. El conjunto de los sectores populares y los nuevos pobres vieron erosionada su condición de ciudadanía. Los derechos que el Estado les había garantizado en el pasado reciente se diluyeron.

Las resistencias sociales al modelo

A principios de la década de 1990 los cuestionamientos sobre las consecuencias del modelo económico, político y cultural instaurado provinieron de grupos y organizaciones que se vieron afectados negativamente y de manera directa por las reformas, y que se movilizaron para defender sus intereses. Surgieron así formas de protesta social de trabajadores y sindicatos, afectados por los procesos de reconversión industrial (por ejemplo, la huelga de los obreros de la empresa siderúrgica Acindar); de productores agropecuarios, perjudicados por el aumento en los costos financieros de los créditos; de las clases medias urbanas, que salieron en defensa de la educación pública; de las «pueblladas» en ciudades del interior, en crisis por el ajuste que se produjo en las cuentas públicas provinciales; de los jubilados, que se movilizaron por el aumento de sus haberes.

Si bien estos primeros reclamos tuvieron un carácter puntual y no estaban conectados entre ellos, sí tuvieron un impacto a nivel nacional por el lugar privilegiado que les brindaron los medios de comunicación. No obstante, para el Estado era el costo propio de las reformas y minimizó su importancia por tratarse de expresiones puntuales, considerando que se irían atenuando con la profundización de las reformas. No cabe duda, sin embargo, de que la resistencia social fue por lo general escasa, sobre todo en los primeros años de la implantación del modelo, en tanto resultó masiva la adhesión sindical a la privatización de las empresas estatales.

A mediados de los noventa, la protesta social adquirió otro carácter. Nuevas formas de expresión hicieron su aparición en la sociedad argentina. La proliferación de críticas generaba nuevos movimientos sociales, que en muchos casos se articulaban entre sí y con movimientos ya existentes, como las organizaciones de derechos humanos. El común denominador era la réplica a las promesas incumplidas del gobierno. En otras palabras, la población comenzó a percibir que el desempleo y la creciente brecha entre ricos y pobres eran componentes propios del rumbo adoptado.

Estos nuevos movimientos sociales eran de variada índole: algunos surgían de la búsqueda de alternativas de subsistencia, como el trueque, o las empresas recuperadas por los trabajadores, que proponían renovadas modalidades de economía social; otros se desplegaron en reclamo de fuentes de trabajo, como el movimiento «piquetero»; y los hubo que se crearon para impulsar el esclarecimiento de crímenes provocados por la acción del aparato represivo policial en vinculación con políticos y funcionarios públicos, como el caso de María Soledad Morales en Catamarca o el del periodista José Luis Cabezas en la provincia de Buenos Aires.

Particularmente castigado por las políticas menemistas fue el gremio docente, que montó la llamada «Carpa Blanca» frente al Congreso nacional, en la que miles de docentes ayunaron; durante su permanencia allí obtuvieron numerosas adhesiones a su lucha, desgastando así la imagen del presidente.

Otros tipos de rechazo fueron los apagones o las protestas ruidosas, que luego se extenderían a los cacerolazos, y que en general se convirtieron en la modalidad preferida por las clases medias urbanas.

Una nueva organización sindical representante de los trabajadores estatales, la Central de Trabajadores de la Argentina (CTA), con alcance nacional, se unió con fuerza a los múltiples reclamos que en última instancia exigían al Estado el ejercicio de una ciudadanía plena.

El resultado final de estas variadas formas de protesta fue un desprestigio creciente del presidente y su régimen, abriendo el camino a una nueva posibilidad, encarnada en la Alianza para la Justicia, el Trabajo y la Educación.

La práctica política del menemismo

La vida política argentina, al igual que la economía, se vio profundamente alterada por la llegada a la presidencia de Carlos Saúl Menem. Los diez años de su gestión dejaron una impronta indeleble, hasta el punto de utilizarse, como lo hemos hecho, la expresión «menemismo» para designar el período en el que ejerció la presidencia.

El primer menemismo

La asunción de Carlos Menem a la primera magistratura el 9 de julio de 1989 contrastó notoriamente con la de su antecesor. El flamante presidente ocupó su cargo en medio de una catástrofe generalizada que estaba dejando al Estado argentino sin capacidad de acción sobre la sociedad, amenazado a la vez por los grupos corporativos –que presionaban con éxito sobre su estructura– y por una crisis política, económica y social que parecía incontrolable. La hiperinflación revelaba así su significado más profundo: la licuación cotidiana del valor de la moneda no era sino una expresión más, tal vez la más dramática, de una licuación similar del poder del Estado que debía avalarla. Reconstruir la capacidad de ese Estado para imponer algún tipo de orden se convirtió en la primera y más acuciante tarea que debía emprender el gobierno de Menem.

Sus primeras medidas fueron tan espectaculares como arriesgadas. Entregar, como vimos, el Ministerio de Economía a representantes de la poderosa empresa multinacional Bunge y Born era una forma curiosa de intentar reconstruir el poder del Estado, ya que entregaba una parte esencial de la gestión gubernamental a un miembro de una de las corporaciones que más había atentado contra él. La maniobra resultó un rotundo fracaso y una opinión generalizada estimó que el ministro Néstor Rapanelli se había dedicado los meses que estuvo en el cargo a mejorar las posiciones de la empresa para la cual trabajaba[1].

Como se ha analizado en este mismo capítulo, todavía a comienzos de 1991 el tema de la inflación no estaba resuelto, y este problema erosionaba la imagen y el poder del presidente. En efecto: mientras que la alicaída y confundida oposición radical solía acompañar las iniciativas presidenciales en el Congreso –era parte del acuerdo para adelantar la entrega del mando–, los propios diputados peronistas no parecían demasiado dispuestos a acompañar con sus votos unas medidas de corte neoliberal que no sólo chocaban con su tradición y eran fuertemente criticadas, sino que además no parecían solucionar los problemas.

Una actitud similar siguió Menem con respecto al problema militar, aunque en este caso su política fue más inteligente y a mediano plazo dio mejores resultados. Si bien no ofreció el ministerio a un militar, la elección de Ítalo Luder para la cartera era una señal inequívoca: se trataba del mismo personaje que en 1983, siendo candidato presidencial, había considerado legítima la ley de autoamnistía dictada por el general Bignone. Luder dirigió palabras de reconciliación hacia los militares, al tiempo que, apenas accedió a la presidencia, Menem indultó a 277 militares y civiles comprometidos con la represión, junto con algunos «carapintadas» y militantes montoneros. Además, prometió hacer lo mismo

---

[1]. El primero de los ministros designados por Menem, Miguel Roig, murió a los pocos días de asumir el cargo.

con los comandantes condenados, aunque prefirió postergar esa decisión, tal vez para mantenerla como eventual pieza de negociación. Mientras tanto, azuzó con astucia las divisiones internas que se habían revelado durante los levantamientos «carapintadas»: en términos generales, el Ejército estaba dividido entre un sector nacionalista que englobaba a oficiales medios y bajos y a muchos suboficiales, y otro sector que incluía a los altos mandos. Ambos grupos habían sido convenientemente alentados por el propio Menem durante la campaña electoral, pero una vez en la presidencia se inclinó ostensiblemente a favor de las máximas jerarquías.

Los resultados de esta política se apreciaron con claridad a fines de 1990, cuando se produjo un nuevo levantamiento «carapintada» liderado desde la prisión por Mohamed Alí Seineldín. A diferencia de lo que había sucedido durante el gobierno de Alfonsín, esta vez la represión ordenada por los comandantes fue feroz y eficaz: trece muertos y cientos de heridos fue el saldo de la última operación de este tipo. A los pocos días, Menem indultó a los comandantes de la dictadura, encabezados por Videla y Massera, y al jefe montonero Firmenich, a pesar de las masivas marchas de protesta contra la medida.

Solucionado el problema político con las Fuerzas Armadas, Menem nombró al general Martín Balza como jefe del Ejército; se trataba de un general que no sólo no había estado comprometido con la represión, sino que era un conocido crítico de ésta. Bajo su mando, las Fuerzas Armadas perdieron mucho de su poder político: como señal de los nuevos tiempos, se eliminó el servicio militar obligatorio, se redujo drásticamente el presupuesto militar y se participó en misiones en el exterior bajo el mando de la ONU. Un ciclo de la historia argentina, caracterizado por la presencia constante de los militares en el escenario político, parece haberse cerrado. En efecto: cuando años más tarde se abrieron nuevos juicios contra los comandantes y otros represores que culminaron con la prisión para muchos de ellos, las Fuerzas Armadas ya no estaban en condiciones de presionar a los gobiernos civiles. Sólo la infinita torpeza política del sucesor de Menem, el radical Fernando de la Rúa, pareció reconstruir en parte el poder militar, pero fue tan breve y efímera esta endeble reconstrucción como el propio gobierno que la impulsó.

Más allá de la cuestión militar, que Menem resolvió con eficacia, la crisis no estaba resuelta por el simple cambio de gobierno y, más de un año después de su llegada al poder presidencial, amenazaba con disolverlo. Sin embargo, Menem contó con tres factores que, a la larga, llevaron al éxito de su empresa y lo convirtieron en un presidente popular –ganó todas las elecciones hasta 1997– y en el principal líder de su partido. El primero de ellos fue la duración de la convertibilidad, cuyas características económicas ya hemos analizado, y a cuya importancia política nos referiremos más adelante.

En segundo lugar, Menem tenía en la crisis económica a la vez su más complejo desafío y su mejor aliado: si pudo emprender con éxito la empresa de reforma neoliberal del Estado y la economía fue porque el vacío, la anomia, la desesperación y la incertidumbre provocadas por la propia crisis se convirtieron en su mejor base de legitimidad. Una frase tan tremenda y contundente como la que Menem lanzó en su primer mensaje al Congreso al advertir que se haría «cirugía mayor sin anestesia» sólo era posible de ser digerida en un marco en el cual, para seguir con la metáfora, el dolor de la sociedad era ya tan agudo que poco importaba si la cirugía se hacía o no con anestesia; lo importante era que se realizara. Este inesperado consenso social –que en el caso de la derecha política se convirtió en desmedido entusiasmo– desconcertó a los peronistas críticos y les quitó capacidad de reacción.

Con todo, el principal mecanismo para disciplinar a su partido (y a una parte importante de la clase política, incluyendo a reputados miembros de la oposición) circuló por un tercer carril. Menem advirtió con lucidez que el peso de una tradición a la que atacaba sin piedad –por ejemplo acusando a sus críticos con el típico fervor de los conversos por «quedarse en el 45», nada menos que el año que simboliza el más preciado mito peronista– iba a tener a la larga mucho menos peso que las necesidades concretas para mantener el poder. Gobernadores, intendentes y concejales, además de ministros y secretarios, todos sabían que los instrumentos del Estado eran fundamentales para mantener sus cargos, y Menem era la cabeza de ese Estado. Así, el flujo de fondos públicos destinados a disciplinar a su tropa adquirió dos dimensiones, ambas estrechamente vinculadas entre sí: fueron puestas al servicio de la construcción de clientelas políticas y, fundamentalmente, al servicio del ascenso económico de los propios funcionarios. En efecto, las redes de corrupción se extendieron desde la cabeza del Estado hasta la más insignificante oficina, dando a quienes controlaban el acceso a la porción correspondiente de dineros públicos una enorme cuota de poder sobre sus subordinados.

Ciertamente, el clientelismo no era una novedad en la Argentina, pero la creciente pobreza y desocupación, que eran consecuencia a la vez de la crisis y de las soluciones planteadas para ella, se convirtieron en una preciada cantera cada vez más funcional para la reproducción del poder político. Se generó así una lógica perversa y novedosa: los mismos que mediante la aplicación de las políticas públicas y una corrupción generalizada multiplicaban la pobreza, se beneficiaban políticamente de ella. Si bien la existencia de clientelas no alcanzaba para ganar una elección (aunque en algunas provincias era un factor determinante), quien dispusiera de ellas contaba con una importante base para las disputas dentro del partido, para el control de las calles y para demostrar eventuales apoyos.

Dos ejemplos ilustran sobre la importancia de este clientelismo. En 1991, el flamante gobernador bonaerense Eduardo Duhalde dispuso de un millón de dólares diarios para su uso arbitrario, provenientes del llamado Fondo de Reparación Histórica; estos recursos le sirvieron tanto para presionar a los poderosos intendentes del Gran Buenos Aires como para formar una red de asistencia social que redundó en adhesiones electorales masivas. En el otro extremo tenemos el caso del líder sindical Luis Barrionuevo –que era el encargado de imponer las políticas del gobierno en esa área–, cuya mala imagen pública le impedía obtener adhesiones electorales; sin embargo, mantuvo un importante nicho de poder basado en negocios turbios con la obra social de los jubilados (PAMI) y la disponibilidad de una numerosa clientela de matones dispuesta a hacerle entender a quien fuera y como fuera las «razones» de su líder. Fue él quien, defendiéndose de una acusación por corrupción, respondió con notable cinismo que «en la Argentina nadie hace la plata trabajando».

Así, aunque la corrupción tampoco era una novedad en el Estado argentino, Menem la convirtió en un verdadero método de dominación política. Muy pronto se descubrió que ya no se trataba exclusivamente de utilizar fondos para uso político (es decir, la forma más tradicional de la corrupción política) sino de la posibilidad de amasar importantes fortunas privadas. La deslealtad hacia el jefe político de turno implicaba el riesgo de perder el acceso a esta fuente rápida y segura de riqueza. El sistema se inició en los círculos más cercanos al presidente –muchos de ellos desconocidos en la política hasta ese momento–, y luego se extendió tanto en el seno del peronismo como en la oposición, caso del gobernador radical de Córdoba, Eduardo Angeloz, que repentinamente comenzó a estar involucrado en resonantes sucesos de corrupción.

La fortuna del liderazgo político menemista quedó atada, por tanto, y entre otras cosas, al uso político y privado de fondos públicos, lo cual desató una vorágine de negocios turbios y desfalcos generalizados, alentados por el desguace de las empresas estatales, que abrió múltiples vías para esta forma de ejercicio del poder. La sociedad se veía sacudida cotidianamente por algún escándalo, y tal vez por esa razón comenzó a considerarlos como una parte normal del funcionamiento de la política. Contra toda racionalidad, los nuevos ricos, lejos de esconder sus flamantes fortunas, las exhibían sin pudor en las revistas de la farándula y en la televisión. Por otra parte, la denuncia se convirtió en un arma política, dado que la mayor parte de la información periodística sobre hechos de corrupción provenía de los conflictos internos dentro del propio partido oficial.

Para garantizar el buen funcionamiento del sistema y, a la vez, asegurarse de que no existirían problemas a la hora de establecer la reforma del Estado y las privatizaciones, Menem también disciplinó al poder judicial. Muy pronto modificó la composición de la Corte Suprema de Justicia, ampliando sus miembros de 5 a 9; para garantizarse la mayoría de los votos colocó allí a personalidades de escaso relieve judicial, pero cuya lealtad hacia Menem era tan grande que ni siquiera trataban de disimularla. Finalmente, modificó la composición de los juzgados federales, que se dedicaban a tratar las cuestiones vinculadas con la administración del Estado y, eventualmente, los casos de corrupción; de esta manera garantizó la impunidad para el nuevo sistema político.

El éxito de Menem en la empresa de disciplinar al peronismo se debió también a que, mirado de un modo más profundo, el estilo político del presidente se adaptaba mejor a las tradiciones del peronismo de lo que a primera vista podría parecer. Por un lado, tal como lo hemos visto, la insistencia de Perón acerca de la importancia de la doctrina apenas si alcanza para disimular su extremo pragmatismo. En esa línea, Menem no sólo siguió la línea del fundador del movimiento, sino que llegó a hacer del pragmatismo una virtud proclamada de forma explícita. La convocatoria de lo que llamó «Congreso de Actualización Doctrinaria» fue apenas una puesta en escena a favor de una de las tradiciones del partido, y en ningún momento ensombreció los reiterados elogios hacia una política pragmática.

Por otro lado, el presidente estaba dispuesto a ejercer el poder sin mayor preocupación por las reglas de juego republicanas, una tradición fuertemente arraigada en el peronismo, y que sólo el peronismo renovador intentó modificar; pero esta iniciativa fue dejada muy pronto en el olvido, a medida que los renovadores fueron atraídos uno a uno por el menemismo. Más aún, la mayor parte de ellos se convirtieron en entusiastas defensores del presidente, cuando no en colaboradores formidables; ése fue el caso de José Luis Manzano, quien no dudó en confesar que su método político era «robar para la corona».

Fue así como el menemismo dio un inmenso vigor y fortaleza al partido peronista, que se consolidó como la fuerza hegemónica en la Argentina; a cambio de ello, el partido renunció a la defensa de todo principio. La notable plasticidad del peronismo sería puesta a prueba con muy buenos resultados en los años sucesivos.

Estabilidad, reforma de la Constitución y reelección

En enero de 1991 estalló uno de los más famosos escándalos de corrupción, cuyas consecuencias políticas fueron muy relevantes. Todo comenzó con un pedido ilegal de dinero (coima) a la empresa norteamericana Swift por parte de un grupo estrechamente vinculado con Menem y dirigido por un familiar del presidente, Emir Yoma. Este grupo había montado oficinas a las que era imprescindible acudir para obtener alguna clase de beneficio estatal. La empresa Swift, lejos de aceptar el soborno, elevó su queja ante el gobierno norteamericano, que instruyó a su embajador para presentar la denuncia ante el presidente: la denuncia fue exitosa y pronto pasó a los diarios. El escándalo estalló. Si bien no era el primer hecho de corrupción conocido, ni mucho menos, la presencia de los EE.UU. le dio una dimensión particular, hasta culminar con una crisis de gabinete. Erman González fue desplazado del Ministerio de Economía y fue reemplazado por el canciller Domingo Cavallo.

Cavallo era uno de los pocos miembros del gabinete que no dependía directamente del presidente. Contaba con un equipo técnico solvente, y aunque inicialmente escaso de poder propio, el éxito de sus políticas económicas y el posterior respaldo de buena parte de los empresarios más poderosos lo convirtieron en un sólido capital político. Fue, en muchos sentidos, el único personaje capaz de hablar con Menem de igual a igual, y para la personalidad del presidente, esto era un problema. La tirantez entre uno y otro se hizo notar muchas veces, hasta que, después de varios años de convivencia, el matrimonio se rompió entre mutuas acusaciones de corrupción.

El programa económico de Cavallo, cuya pieza clave fue la convertibilidad, significó no sólo un importante cambio económico, sino también un giro político de enorme importancia. La estabilidad cambiaria, que se prolongó hasta la caída del gobierno de Fernando de la Rúa, permitió también un período de estabilidad política –algo menos prolongado que la convertibilidad– que terminó por consolidar a la joven democracia. En efecto, la disminución en la intensidad del conflicto social se sumó al disciplinamiento de los militares y del peronismo para ofrecer un clima de normalidad que caracterizó buena parte del gobierno de Menem. Más aún, ni la terrible crisis de 2001 abrió la posibilidad para una alternativa al régimen.

Fortalecido por el éxito alcanzado en el control de la inflación, Menem triunfó claramente en los comicios de 1991: el peronismo gobernaba la casi totalidad de las provincias y contaba con una holgada mayoría en las cámaras. Inmediatamente después de la victoria electoral, comenzaron a sonar las peticiones para una eventual reelección de Menem. Aunque parecía algo prematuro, dado que aún faltaban cuatro años para el recambio presidencial, el hecho de que la reelección estuviera expresamente prohibida por la Constitución implicaba que era necesario anticiparse mediante una reforma constitucional. La situación no era sencilla, pues Menem disponía de los dos tercios de los votos necesarios para aprobar la ley de reforma sólo en el Senado, no en la Cámara de Diputados. Durante 1992 las presiones se intensificaron. Voceros del menemismo sugirieron que estaban dispuestos a forzar una nueva interpretación de la Constitución, amenaza que no era descartable, toda vez que la llamada «mayoría automática» de la Corte Suprema se había encargado de demostrar que estaba dispuesta a avalar cualquier decisión del presidente sin mayor preocupación por los aspectos jurídicos. Así las cosas, el ex presidente Alfonsín, que aún guardaba una amplia cuota de poder en el radicalismo, decidió modificar su actitud de rechazo hacia Menem. Consciente de que el presidente estaba dispuesto a hacer aprobar su reelección a cualquier precio, prefirió negociar el apoyo del radicalismo a cambio de otras modificaciones en la Constitución, en especial la que aseguraba la autonomía política del gobierno de la ciudad de Buenos Aires y la reducción del mandato presidencial de seis a cuatro años. El 14 de diciembre de 1993 se reunió con el presidente Menem y sellaron el acuerdo en Olivos. La reforma fue aprobada al año siguiente y en 1995 Menem obtuvo su reelección con casi el 50 % de los votos.

El declive

1995 fue el año que marcó la plenitud del poder de Menem, pero fue también el del comienzo de su declive. Al menos tres factores confluyeron para llegar a esta situación. Por un lado, las sucesivas crisis económicas desatadas en México y el Sudeste Asiático, que fueron minando la principal base del consenso social del presidente. Dada la vulnerabilidad externa de la economía argentina, el impacto de la crisis fue particularmente duro y desató todos los conflictos latentes entre Menem y Cavallo, cuyas desavenencias y celos precipitaron la renuncia del ministro en 1996. Por cierto, Cavallo no se retiró en paz, sino que lo hizo acusando a uno de los empresarios más oscuros y cercanos al presidente, Alfredo Yabrán. Las acusaciones no eran menores, ya que incluían el narcotráfico y el contrabando a gran escala, y eran empresas de Yabrán las que controlaban las aduanas argentinas.

Las políticas de ajuste del nuevo ministro de Economía Roque Fernández alentaron la conflictividad social, haciendo cada vez más visibles las consecuencias negativas de la convertibilidad. Ante la pasividad de la mayor parte de los sindicatos –en parte vinculada con el temor al desempleo, en parte por la relación con el propio presidente, que solía ofrecerles jugosas cuotas en las privatizaciones de sus correspondientes áreas–, nuevas modalidades de lucha irrumpieron en la escena política, tal como hemos comentado anteriormente.

Además, desde 1994 la oposición había comenzado a reorganizarse. Con ocasión de la elección para los integrantes de la Asamblea Constituyente hizo su aparición el Frente Grande, formado principalmente por disidentes peronistas y socialistas, cuyo líder era Carlos «Chacho» Álvarez. En la elección presidencial de 1995, el Frente Grande se unió con otro sector disidente del peronismo, el partido PAIS, liderado por Juan O. Bordón, conformando el Frepaso (Frente para un País Solidario). En dicha elección, el Frepaso quedó en segundo lugar, superando al radicalismo. Poco antes de las elecciones legislativas de 1997, el Frepaso y la UCR llegaron a un acuerdo y fundaron la Alianza para la Justicia, el Trabajo y la Educación. En octubre de 1997 la Alianza triunfó en los distritos más importantes del país: Capital Federal, Buenos Aires, Santa Fe y Entre Ríos; en Córdoba, donde la alianza no se concretó, el radicalismo también derrotó al peronismo. La primera derrota electoral del presidente no podía haber sido más ruidosa.

Para complicar las cosas, esta elección precedía a un nuevo recambio presidencial, y la Alianza parecía consolidarse como la destinada a gobernar a partir de 1999. Sólo quedaba saber quién sería el candidato. Se acordó hacerlo mediante una elección interna abierta, en la cual el radical Fernando de la Rúa, primer jefe de gobierno electo de la ciudad de Buenos Aires, venció a la precandidata del Frepaso, Graciela Fernández Meijide, reciente ganadora como cabeza de la lista de diputados en la provincia de Buenos Aires.

Pero el factor más relevante que precipitó la crisis del menemismo fue la aparición de un liderazgo alternativo dentro mismo del peronismo, encarnado en el gobernador de Buenos Aires, Eduardo Duhalde. Ya antes de la reelección de Menem, Duhalde se había atrevido a realizar algunas críticas contra el presidente y sus iniciativas económicas. Por el momento no eran más que palabras, ya que el duhaldismo siguió respaldando cada una de las iniciativas presidenciales. Fue durante el segundo mandato de Menem cuando la disputa adquirió un sentido concreto, ya que el gobernador bonaerense aspiraba a suceder al presidente, algo que no entraba en los planes de Menem, quien, en secreto, aspiraba a una nueva reelección o, en el peor de los casos, esperaba controlar su sucesión con un candidato menos poderoso que fuera incapaz de ensombrecer su control del partido.

Así comenzó una disputa que no reconoció ninguna clase de límites: desde la manipulación de las instituciones hasta el asesinato liso y llano, todo fue utilizado para destruir al rival. Uno de los episodios más sonados de esta disputa se produjo en 1997 con el asesinato del reportero gráfico José Luis Cabezas. El cadáver del fotógrafo apareció atado, con un balazo en la nuca, golpeado y semicarbonizado en la localidad balnearia de Pinamar, muy cerca de una residencia que en ese momento ocupaba el gobernador Duhalde. La forma y el lugar en que fue encontrado el cadáver no dejaban dudas: Duhalde dijo expresamente «me tiraron un cadáver» y apuntó sus dardos contra el presidente; muy pronto la principal hipótesis del asesinato derivó hacia la policía bonaerense, una institución que venía dándole tremendos problemas al gobernador al aparecer implicados sus efectivos en casi todos los delitos de importancia: desde el uso de presos para cometer robos y asesinatos hasta el apoyo a los atentados terroristas en la embajada de Israel y la mutua judía AMIA; desde el control de la prostitución y el juego clandestino (negocios tradicionales de la policía) hasta el narcotráfico. Prácticamente no había delito en el que no apareciera un uniformado implicado; y al decir de buena parte del periodismo, la cadena de complicidades incluía a los intendentes y, a través de ellos, al propio gobernador. En este clima, el asesinato del reportero de una prestigiosa revista podía afectar a la imagen de Duhalde, acusado como mínimo por su incapacidad para controlar a la institución. Sin embargo, pronto apareció una segunda pista que llevaba hasta el empresario menemista Yabrán y, por esta vía, al propio Menem; la justicia probó responsabilidades compartidas entre guardaespaldas del oscuro empresario y la policía bonaerense. El propio Yabrán fue llamado a declarar, pero se suicidó de manera espectacular cuando iba a ser detenido. Quedaba claro con qué fichas estaban dispuestos a jugar su partida interna los principales líderes del peronismo.

Las adhesiones a Duhalde crecían con el paso de las semanas, y el menemismo advirtió cómo, al ir terminando su mandato, las lealtades se pasaban a quien todos reconocían como el seguro candidato. Por eso comenzó a estudiar la posibilidad de una nueva reelección; aún hoy no se sabe si verdaderamente pensaba en imponer esa alternativa o si lo hacía para evitar la licuación de su poder durante lo que le quedaba de mandato. Dado que la nueva Constitución lo prohibía expresamente, llegó a amenazar con la convocatoria de un plebiscito en su provincia, La Rioja, donde la mayoría en su favor estaba asegurada. Rápido de reflejos, Duhalde contraatacó con un eventual plebiscito en su provincia, y Fernando de la Rúa amenazó con hacer lo mismo en la ciudad de Buenos Aires. La magnitud de ambos distritos en comparación con la pequeña La Rioja, más la seguridad de que en ambos sería derrotado por unas cifras escandalosas (que superarían varias veces la población total de La Rioja), hizo desistir al presidente de su iniciativa. Y, como lo había previsto, una parte de sus temores se hicieron reales.

Aunque coqueteaba con su reelección, Menem ya había indicado un posible sucesor, el popular cantante y ex gobernador de Tucumán (su gobernación es recordada aún hoy por sus lamentables características), Ramón «Palito» Ortega. Sin embargo, al ver cómo disminuía el poder de su padrino político, Ortega no dudó en pasarse a las filas del duhaldismo como candidato a vicepresidente, una afrenta a la que pocos se hubieran atrevido pocos años antes. La lógica de hierro que la jefatura de Menem había impuesto a su partido se volvía contra él, una vez que sus «guerreros» veían que era otro el jefe que podía garantizarles un adecuado botín. En franca retirada, al menemismo sólo le quedaba borrar las huellas de sus tropelías: con curiosa frecuencia fueron apareciendo los «suicidados», y hasta se llegó a volar un arsenal cerca de la ciudad cordobesa de Río Tercero para borrar pruebas del contrabando de armas a Ecuador y Croacia, un *affaire* en el que estaban involucradas las primeras líneas del gobierno. El hecho de que una parte de la ciudad también fuera destruida no pareció importar demasiado.

Finalmente, poco antes de retirarse, Menem dio una nueva muestra de su poder, boicoteando la candidatura de Duhalde y favoreciendo al candidato de la Alianza por el

Trabajo, la Justicia y la Educación; éste ganó la elección con el 48,5% de los votos, desplazando a Duhalde a un segundo lugar con el 38%.

Libertades y paradojas: la cultura en los años de la democracia

Los años posteriores a la implantación de la democracia en 1983 presentaron una compleja y heterogénea evolución de los procesos culturales. Dicha complejidad tiene su explicación en una serie de fenómenos locales, como por ejemplo la construcción y consolidación de un entramado académico, al menos para una parte importante de la producción intelectual y científica, pero también en fenómenos mundiales, vinculados no sólo con el *boom* de las telecomunicaciones e Internet, sino también con la difusión local de las problemáticas que han sido englobadas bajo el nombre ambiguo de «posmodernidad». Por otra parte, las más de dos décadas de continuidad institucional democrática y de libertad de expresión –salvo algunos intentos menores por parte de los gobiernos– que caracterizaron estos años, y que constituyen una verdadera novedad en la historia argentina, permitieron la permanencia en el tiempo, y por lo tanto la consolidación, de muchos fenómenos culturales, así como su inevitable multiplicación y diversificación. No son procesos sobre los cuales sea posible hacer un balance valorativo o analítico definitivo: al mismo tiempo que intentamos describirlos y explicarlos, nosotros mismos estamos inmersos en sus problemáticas, sus interrogantes, sus expectativas, sus dudas y sus zonas oscuras.

Inicialmente, la desaparición de las mordazas de la dictadura fue vivida como una explosión de libertad. Las diferentes opiniones que habían comenzado a hacerse visibles tímidamente en la sociedad desde comienzos de los años ochenta, de repente se vieron liberadas de los rígidos límites impuestos por la dictadura. Por eso, y a imitación de lo sucedido en España, esta liberalización adquirió por momentos un sentido de verdadero «destape». Si bien fue más notorio y comentado en lo referente al erotismo o la pornografía, no abarcó exclusivamente esas áreas. Y es que en este aluvión de repentina libertad, hasta la política vivió su propio «destape»: cine, radio, televisión y medios gráficos dedicaron buena parte de sus espacios a estos temas sin escatimar las críticas. Pero fue una experiencia pasajera: a medida que la irrefrenable curiosidad por la novedad fue saciada para convertirse en parte de la vida normal, esta sensación de descubrimiento y destape dejó paso a un uso más cotidiano de una libertad que, de esta manera, se incorporó como algo natural a las costumbres.

Ciertamente, no faltaron remezones autoritarios, en general protagonizados por la Iglesia católica, por el gobierno nacional y, sobre todo, por los provinciales. En el primer caso, la institución religiosa nunca abandonó su creencia en deber actuar como censor moral de todos los argentinos. Desde que en 1985 las protestas del episcopado lograron que no se exhibiera el film *Je vous salue, Marie*, hasta los intentos, esta vez fracasados, por evitar una muestra retrospectiva del artista plástico León Ferrari en 2004-2005, la Iglesia no dejó de presionar ante funcionarios y jueces por lo que consideraba violaciones contra la moral. De todos modos, la eficacia de estos reclamos varió según donde se hicieran: mientras que en la Capital Federal y en ciudades como el Gran Buenos Aires o Rosario estas presiones apenas dieron resultados, en cambio en muchas provincias del interior la voz de un obispo podía implicar el inmediato cese de un espectáculo artístico.

En el caso de los gobiernos, por lo general se trató de presiones contra periodistas que resultaban incómodos: desde Alfonsín en adelante no han faltado maniobras destinadas a desplazar a alguno de ellos, como tampoco los juicios, no siempre del todo transparentes, por supuestas calumnias o injurias. Además, el manejo de una amplia cuota de publicidad oficial le permite al gobierno presionar a los dueños de los medios de comunicación para que desplacen o acallen a alguno de sus periodistas. Sin embargo, también en estos casos existen diferencias regionales muy significativas: mientras en las grandes ciudades del litoral la acción de los gobiernos está siempre sometida a una opinión amplia y activa, en varias provincias las cosas son más complicadas. Por ejemplo, no es extraño que en ellas los gobernadores sean también los dueños del diario provincial y de todos los medios audiovisuales. Tampoco lo es que, como sucedió varias veces en San Luis o Santiago del Estero, esas mismas emisoras simplemente corten las emisiones cuando llegan desde Buenos Aires programas inconvenientes. Por último, no han faltado ataques físicos directos contra periodistas que «casualmente» estaban en ese preciso momento investigando a algún poderoso. Pero, aun considerando estos casos, fueron intentos limitados, ya sea por la presión de una opinión que no gusta de los límites a la información o por el desarrollo de una tecnología que hace cada vez más difícil evitar que los mensajes sean recibidos por una amplia porción de la población: en términos generales, no hay duda de que una extensa libertad de expresión imperó durante todo el período iniciado en 1983.

Al mismo tiempo, esta libertad más aplomada y persistente fue permitiendo que se desarrollara un complejo cuadro de expresiones culturales, lo cual fue distinguiendo nichos cada vez más fragmentados y específicos. En parte, esta fragmentación se vinculó con la enorme diversidad de gustos y expresiones, en parte, con la creciente polarización social.

La primera clave para comprender este proceso es la crisis sufrida por la educación pública.

La crisis de la escuela pública

No se trata de un tema menor. Desde fines del siglo XIX, la escuela pública había sido pensada como el dispositivo a la vez civilizador e igualador, en una clave a la vez democratizadora y elitista que evoca las paradojas instaladas en el mundo occidental por la Ilustración. Muchos análisis actuales, especialmente sensibles a la expresión de las diversidades culturales y al carácter disciplinador de las instituciones educativas, no siempre aprecian con buenos ojos esta función histórica del dispositivo escolar. En particular, hoy se suele prestar atención al modo en que esa escuela descartó las diversidades en lo referente a las culturas indígenas y, en menor medida, a la de los inmigrantes; sin embargo, es a todas luces evidente que la escuela pública cumplió un papel esencial en la conformación de una cultura letrada relativamente homogénea y, gracias a su accesibilidad, en la posibilidad de ascenso social que caracterizó en términos generales a la Argentina durante buena parte del siglo XX. Lejos de ser una institución puramente disciplinadora, proveyó de armas a los sectores populares para disputar espacios de poder simbólicos y materiales frente a unas elites que, a pesar de las eventuales diferencias de grado, compartían similares herramientas.

Todo este dispositivo escolar sufrió una verdadera catástrofe a partir de finales de los años ochenta, atrapada entre las dos puntas de una tenaza que no parece aflojar su presión hasta la actualidad. Por un lado, la más evidente: la falta de recursos. Desde los años ochenta las sucesivas crisis económicas impactaron muy fuertemente sobre la estructura educativa. Para los ministros de Economía, la educación es apenas un número en la columna de los gastos y, por lo tanto, algo que debe ser sacrificado ante el altar de la ortodoxia fiscal. Como los sueldos son más bien escasos, la docencia se ha convertido en un trabajo poco atractivo (uno de esos ministros de Economía sugirió sin pudor que los verdaderos docentes trabajaban por vocación y no por dinero, como si la vocación permitiera alimentarse y vestirse) y, sobre todo, cada vez menos prestigioso. Consecuentemente, el propio nivel intelectual de muchos docentes deja mucho que desear y no es extraño que ni siquiera dominen la gramática o la ortografía más elemental.

La crisis también afectó a los alumnos: muchos de ellos, cuando no carentes de alimentación, vestido y vivienda, tampoco saben muy claramente cuáles son los beneficios del estudio. En este sentido, los años noventa, con su despliegue de ignorantes exitosos, a la cabeza de los cuales se ubicó el propio presidente –que gustaba exhibir sin pudor tanto su éxito como su ignorancia–, ocasionaron una crisis de valores en la cual aún nos encontramos inmersos.

Finalmente, los edificios escolares suelen tener serias fallas estructurales, cuando no están literalmente derruidos. Si se construyen edificios nuevos –escasos para las necesidades educativas– lo más frecuente es que su costo final supere varias veces los costos de mercado; se entra así en una lógica que no es la de la mejora educativa sino la de la conformación de lealtades políticas a través de la corrupción. Una enorme cantidad de escuelas se han convertido en ámbitos en los cuales se subsanan las carencias más esenciales (muchos alumnos van a ellas por la comida y el vaso de leche que sus padres, cuando los tienen, no pueden pagar), en claro desmedro de su labor educativa.

En contraste, las escuelas de gestión privada han ocupado una parte del lugar que antes ocupaba la escuela pública, pero con varios problemas. En primer lugar, el más evidente: las escuelas privadas son caras y una amplia capa de la población no puede acceder a ellas; de hecho, se han convertido en el refugio de las clases medias y acomodadas que aún comprenden perfectamente el valor de la educación, aunque sólo sea en el sentido más utilitario que supone garantizar el futuro laboral. Sin embargo, no todas estas escuelas de gestión privada son buenas, y en muchas de ellas es posible observar que la crisis de la educación no es exclusivamente el resultado de la ausencia de recursos.

La otra parte de la pinza que somete a la educación tiene más que ver con las concepciones que sobre esta actividad se han ido imponiendo desde finales de la década del ochenta. Ya hemos mencionado, especialmente durante los años noventa, que la educación no fue considerada un valor social de primera magnitud. Dado que no existe una relación directa entre el saber y las ganancias monetarias, y dado que estas ganancias se convirtieron en sinónimo de éxito social, la educación sufrió una fuerte devaluación. Pero siguió existiendo un sistema educativo y un ministerio encargado de su gestión: de allí provino el otro problema.

Desde el fin de la dictadura, el reclamo por una educación menos autoritaria y más democrática se convirtió en un imperativo de cambio y reforma. Así, desde los años ochenta un elenco más o menos estrecho de tecnócratas se han instalado y rotado en los puestos de gestión educativa, dispuestos a promover lo que cada uno de ellos considera renovación y mejora. La educación se ha convertido por tanto en objeto de constantes experimentaciones, cuyos resultados han sido, en veinte años de gestión democrática, sencillamente catastróficos. La más importante de estas reformas, la consagrada por la Ley Federal de Educación de abril de 1993, produjo una extensa serie de males de los cuales no parece muy sencillo que la educación pueda reponerse a corto plazo.

La renovación como fundamento ha tenido muy claro aquello que debían destruir, es decir, esa antigua educación a la que gustan llamar «erudita» o «enciclopedista». En su lugar han dejado algo muy parecido a la tierra arrasada y, lo más paradójico, además, con unos costos económicos elevadísimos. En nuestros días, el actual ministro de Educación

Daniel Filmus, que fuera un activo promotor de la citada ley, promete una nueva «reforma de la reforma» que salvará a la educación de las consecuencias de la anterior reforma. Mientras tanto, la educación pública argentina, que fuera uno de los puntales de una sociedad a la vez más culta e igualitaria, sigue su camino hacia abajo.

La cultura audiovisual

En cambio, el lugar de la educación pública ha sido ocupado por una cultura audiovisual cuyo vigor y fortaleza no parece reconocer límites, como tampoco su penetración en todas las capas de la sociedad.

En primer lugar, la televisión. Los años de la democracia han coincidido con la paulatina privatización de casi todos los canales tradicionales y con la irrupción de la televisión por cable, con su amplia oferta de canales. Incluso para aquellos sectores a los que les resulta imposible acceder a una educación de mínima calidad, la televisión se ha convertido en una presencia ineludible. Por otra parte, la variedad de la oferta tampoco parece tener límites: desde los noticiarios hasta los programas infantiles, desde los canales de alta cultura hasta los de deportes, la televisión multiplica su oferta durante las 24 horas.

Esta relación con la cultura audiovisual radial y televisiva se complementó con la irrupción de la informática e Internet. Desde fines de los años ochenta y, sobre todo, durante los años noventa, la informática se impuso sin restricciones y se convirtió en un objeto de consumo masivo, incluso popular. Ciertamente, no todos pueden adquirir su propio ordenador y, sobre todo, solventar la renovación constante que exige su uso. Pero la proliferación de locutorios en los que se puede acceder a Internet por un precio accesible la ha convertido en una herramienta de uso popular. El público de estos locutorios –por lo general niños, adolescentes y jóvenes– ha hecho de los mismos un lugar de juegos y de sociabilidad.

La cada vez más notoria importancia de estas formas novedosas de comunicación y cultura se complementan con otras más tradicionales, que sin embargo han modificado notoriamente sus formatos y contenidos para adaptarse a los gustos de la población. En el caso de los medios gráficos, se han publicado centenares de títulos, dedicados a los aspectos más variados de la vida social. En cambio, aunque se ha intentado fundar nuevos diarios que sean capaces de competir con los matutinos tradicionales –el gigante *Clarín* y el tradicional *La Nación*–, en general esas iniciativas no fueron exitosas. Sólo se destaca una excepción, el diario *Página 12*, fundado en 1987 por Jorge Lanata y E. Tiffemberg. *Página 12* revolucionó el mercado del periodismo por varias razones: un estilo desembozado que se hace muy evidente en sus primeras páginas –algunas de las cuales son verdaderas joyas de la creatividad– y por su periodismo de investigación, que reveló muchos de los actos de corrupción que caracterizaron a la política argentina. Su éxito también se debe a que se ubicó en la izquierda del espectro político, una izquierda moderada que en Argentina también suele ser denominada «progresismo». Aunque finalmente el diario fue comprado por el Grupo Clarín, aún mantiene las características que lo han hecho popular.

Esta operación no fue una excepción: uno de los procesos más característicos de los años noventa fue la creación de grandes emporios en los medios de comunicación, con el Grupo Clarín a la cabeza, que controla los matutinos *Clarín* (de lejos el más vendido de la Argentina) y *Página 12*, el Canal 13 de televisión abierta, radios de AM y FM, una empresa de servicios de televisión por cable –también posee un importante paquete accionarial de la principal compañía competidora– y una editorial de manuales escolares, por mencionar sólo aquellas empresas más notorias. Aunque este crecimiento producido durante los años noventa generó algunos debates, llegándose incluso a cuestionar su legalidad, este grupo, como otros similares, no ha dejado de crecer y absorber medios de comunicación.

Sin embargo, este proceso de concentración fue acompañado por la proliferación de radios, periódicos y canales comunitarios, muchas veces ilegales, que no pueden ser combatidos –tal como reclaman los grandes grupos– dada la facilidad para acceder a las tecnologías necesarias.

Académicos e intelectuales

Mientras tanto, otros cambios modificaron las condiciones de producción y organización del mundo específicamente intelectual. Durante los primeros años de la democracia, muchos pensaron que era posible retomar el proceso cultural allí donde había quedado truncado por la violencia y seguir su camino ascendente. Así, señala Carlos Altamirano, el escritor José Pablo Feinmann –que suele escribir en varios medios de comunicación y por aquellos años lo hacía en la revista *Humor*– podía volver en 1982 sobre el viejo tópico de la fractura entre una elite intelectual y el «pueblo», una fractura que tendría sus causas en el carácter cosmopolita de la cultura erudita, incapaz de comprender los aspectos nacionales del pueblo. Detrás de esta idea se presentaba latente otro principio: toca a los intelectuales expresar la voluntad del pueblo, que puede ser asociado, según los casos, con la nación, los pobres o la clase obrera. Es evidente la matriz iluminista de esta convicción, aunque tamizada por concepciones de raíz romántica. Durante los años sesenta y setenta, como hemos visto, la radicalización política llevó también a una radicalización de esta idea, hasta culminar en la casi total politización de la actividad cultural y de los propios artistas e intelectuales.

Sin embargo, era éste un último llamamiento para un modelo de intelectual que estaba desapareciendo, no sólo en la Argentina, sino en buena parte del mundo occidental. En efecto, la vida cultural en nuestros días recorre carriles muy diferentes de aquellos que podían imaginarse en 1982. Esta mutación se vincula con procesos generales que en el caso de la Argentina se vieron acentuados por razones locales. Entre las primeras, se ubica la crisis de los grandes paradigmas ideológicos que otorgaban un sentido preciso e identificable a la evolución histórica y, por lo tanto, a las opciones políticas frente a esa evolución. En muchos sentidos, la posición del intelectual «comprometido» era, al decir de Paul Benichou, similar a la que ocupaba antes el sacerdote: revelar a los no iniciados el sentido de esa historia y de la redención final. La incertidumbre sobre el futuro del mundo (y por lo tanto sobre el sentido del presente y del pasado) provocada por la crisis de paradigmas genera inevitablemente otro tipo de intelectual, ni mejor ni peor que el anterior, pero sin dudas incapaz de cumplir ese rol profético que solía tener. Frente a la duda constante, ya no hay forma tampoco de que los intelectuales expresen la voluntad de un colectivo, «pueblo», «clase obrera» o «nación», de cuya existencia real, además, también se duda. La crisis de esos colectivos portadores de presente y futuro dejó sin sitio a sus intelectuales «orgánicos». Una popular frase de una también popular canción difundida en los primeros años setenta, «si se calla el cantor, calla la vida», es hoy apenas más que una pieza de museo. Lo más parecido a un intelectual profético son hoy los economistas que, a pesar de sus constantes errores, siguen creyendo que les cabe un papel de anunciadores del futuro. Pero la diferencia entre éstos y sus antecesores no podría ser mayor y, en cierto sentido, esta diferencia confirma la profundidad de los cambios.

En primer lugar, se trata de tecnócratas que no hablan en nombre de una evolución «racional» de la historia sino simplemente de lo que «es». Por eso niegan ser ideólogos y se instalan en el mundo del pragmatismo, de leyes técnicas que están más allá, incluso, de su propia voluntad. Por otra parte, no hablan en nombre de sociedades ni de una parte de la sociedad, sino de «los mercados», a los que creen existentes más allá de esas sociedades (por eso no es extraño oírlos hablar de las contaminaciones de la política). Por último, restringen sus anuncios a lo puramente económico, evitando esa vocación universal y humanista del viejo intelectual: aunque son, en muchos casos, extremadamente ignorantes más allá de las cuestiones de su actividad; sin embargo, creen que el resto de las actividades debe someterse a la lógica de sus leyes. Aparte de estos economistas y de algunos personajes para los que los últimos cuarenta años no han pasado, ninguna otra rama intelectual recurre hoy al pronóstico como actividad.

En segundo lugar, la propia crisis de la cultura letrada, tal como ha sido analizada por Beatriz Sarlo, deja a los intelectuales, cuyas herramientas siguen siendo las de aquella cultura letrada, sin la masa crítica sobre la cual operar. En nuestros días la eficacia de una publicidad televisiva es muy superior a la del más sesudo texto, aun cuando ese texto no sea demasiado complejo, según los parámetros vigentes unas tres décadas atrás. Las herramientas que proveía la escuela eran también una condición para el éxito social de esa vieja figura de intelectual, y esas herramientas ya no están disponibles sino para estrechos sectores de la sociedad.

Pero a estas condiciones, que se reiteran en muchos países de Occidente, se le agrega en la Argentina una particular: la construcción de un campo específicamente académico. El ejemplo de los países europeos demuestra que «academia» e «intelectualidad» no son necesariamente contradictorios; el problema es que en este caso la crisis general de la figura del «intelectual» se dio en paralelo no con la presencia, sino con la construcción de un campo académico. En efecto, si bien no se trataba de una realidad completamente desconocida, la magnitud y la perduración en el tiempo de un universo académico resultó ser una total novedad.

Aquellos que a partir de 1983 tomaron el control de las principales instituciones universitarias y de investigación, descubrieron bien pronto que uno de los legados de los años del régimen militar había sido terminar con la presencia de una política radical y extremista en estas instituciones. De esta manera, quienes habían vivido exiliados o habían sobrevivido en instituciones privadas, pudieron ensayar un estilo de gestión que apuntaba más a los criterios académicos que a los provenientes de las ideologías políticas.

Ciertamente la experiencia del exilio en otras sociedades donde las cosas ya funcionaban de esa manera fue un primer ingrediente; la explosión de las comunicaciones con el resto del mundo fue otro. Al abandonar el aislamiento que había caracterizado al mundo universitario y científico argentino, los investigadores tuvieron que aprender a someterse a las reglas de control y crítica que ya funcionaban en el resto del mundo. Así, escribir un texto mediocre en nombre del «pueblo» o de la «liberación» no parecía un gran argumento para publicar en revistas internacionales. La calidad de la obra o, mejor aún, el encuadre de la obra en los requisitos de calidad exigidos por la academia de turno era ahora un requisito ineludible. Finalmente, el desplazamiento de los planteles de gestión y docencia de los años de plomo (que por cierto no fue total, dependiendo en buena medida de qué universidad se trate), más el gran aumento de los graduados universitarios, abrió lugares de trabajo para miles de jóvenes y no tan jóvenes cuyo umbral no era tanto la figura del intelectual sartreano, sino la del investigador experto inmerso en una trama académica.

Durante los años noventa, el conflicto político entre la principal universidad argentina –la Universidad de Buenos Aires, dominada por el radicalismo–, y el gobierno peronista de Menem llevó a que desde el gobierno se promoviera la creación de muchas universidades estatales y varias privadas. Aunque la calidad de las mismas es variable, lo cierto es que con el tiempo, y pese a las críticas iniciales, acentuaron este proceso al multiplicar las posibilidades de trabajo sometido a criterios académicos. Si bien persiste en algunos ámbitos un fuerte discurso antiacademicista, por lo general quienes lo invocan ya no son reconocidos como grandes intelectuales, de ahí que sus críticas –por lo general no demasiado lúcidas– suelen caer en saco roto.

Estos cambios en los modos de funcionamiento del mundo intelectual pueden ser observados, además, en las empresas editoriales. Salvo en los períodos de crisis agudas, en la Argentina se editan gran cantidad de títulos. Pero, a diferencia de lo que sucedía en otros tiempos, esas ediciones son restringidas en número. Con excepción de algunas investigaciones periodísticas, de algunas empresas de divulgación y de ciertos autores consagrados en el mercado (como la serie de Harry Potter o las novelas de Paulo Coelho), las tiradas son muy cortas, dado que suelen apuntar a públicos también restringidos. Como con otras tantas cuestiones del capitalismo contemporáneo, el mercado cultural es un mercado fragmentado.

De cualquier modo, a pesar de que las posibilidades laborales se han ampliado gracias a la consolidación de este mundo académico y editorial, el flujo hacia el exterior de quienes pretenden vivir de la cultura sigue siendo constante. En parte porque las condiciones de ese mismo mundo académico incluyen los posgrados en el exterior y otros tipos de intercambios, en parte porque las condiciones económicas para sostener investigaciones importantes no son fáciles en la Argentina. Así, en 1984 el argentino César Milstein recibió el Premio Nobel de Medicina por sus trabajos de investigación realizados en Inglaterra.

14. El derrumbe y la «recuperación»: de la Alianza a Kirchner (1999-...)

A partir de las elecciones de octubre de 1999, la República Argentina entró de lleno en una vorágine de disolución económica y política que anunciaba cambios de una envergadura nunca vividos antes, y que pocos imaginaban hacia dónde conducían. El descontento de la sociedad, basado en razones diferentes de acuerdo con el lugar que cada ciudadano ocupaba en ella, se expresó con una virulencia inédita. Para algunos se trataba de un rechazo generalizado a la política en general, o por lo menos a la vida política tal como se desarrolló en la década de 1990; para otros era la oportunidad de intentar aprovechar lo que percibían para así llevar a cabo una revolución «desde abajo»; finalmente, para muchos era la manifestación del desconcierto ante una realidad que los había señalado como perdedores sin que se percibiera con claridad la razón de esa situación desfavorable.

La revisión de lo ocurrido en estos años decisivos implica enfrentarse con una realidad en la que los acontecimientos políticos se entrelazan de tal manera que resulta difícil desglosarlos, por lo que se ha optado por una narración en la que éstos aparecen integrados de manera que se ofrezca una imagen lo más aproximada posible a lo que fue esta historia reciente. Queda, como es lógico, para las próximas generaciones revisar las preguntas para encontrar otras respuestas, tal vez más adecuadas, que expliquen lo ocurrido.

Relato de un fracaso: el gobierno de la Alianza

Las elecciones celebradas el 24 de octubre de 1999 dieron el triunfo a la Alianza, y aunque no fue una victoria amplia –de hecho, la agrupación vencedora no contó con mayoría propia en el Parlamento, perdió en la mayoría de las provincias y se vio obligada a buscar fórmulas de colaboración con otras fuerzas políticas–, sin duda mostraba la voluntad de cambio de una sociedad que aparecía, finalmente, repudiando al partido que había impulsado una serie de transformaciones estructurales en la sociedad argentina, y cuyas consecuencias en ese momento se manifestaban de manera muy dramática en el terreno social. Por otra parte, al malestar por la situación económica se sumaba un creciente rechazo de la figura del presidente Menem y su entorno, aunque Duhalde, el candidato peronista, se destacó por tomar distancia respecto de su antecesor. Es así como muchos analistas afirmaron que el único derrotado en las elecciones fue justamente él, ya que incluso en la provincia de Buenos Aires la por entonces prestigiosa candidata de la Alianza a la gobernación, Graciela Fernández Meijide, fue superada por el ex vicepresidente de Menem, Carlos Ruckauf.

Como se ha indicado ya, la creación de la Alianza fue el resultado de los acuerdos alcanzados en 1997 entre el Frepaso y la Unión Cívica Radical. Se trataba de un acercamiento atípico entre una agrupación de centro-izquierda de formación reciente, con una significativa presencia electoral en la ciudad de Buenos Aires y el conurbano bonaerense pero no más, y el tradicional partido de las clases medias, fuertemente golpeado por la debacle electoral sufrida en las elecciones presidenciales de 1995. La elaboración del acuerdo programático entre estas fuerzas políticas condujo a una moderación de las posturas, sobre todo del Frepaso, para así ampliar al máximo las posibilidades de reclutar adhesiones entre sectores amplios de la sociedad, unificados por la oposición al menemismo. Así, por ejemplo, se establecía el compromiso de mantener la vigencia de la convertibilidad del peso, una de las cuestiones que en mayor medida estaba en el centro de las preocupaciones generales. El eje de la estrategia de la Alianza se centró entonces en el tema de la corrupción; se hacían también alusiones a la desocupación y a la calidad de la educación, pero las diferencias entre los socios impidieron que se realizaran tomas de posición demasiado precisas.

Dado que la Alianza postergó muchos de los problemas para ser resueltos después de las elecciones, la transición fue errática y lenta, producto también de la demora del presidente electo en tomar decisiones, un rasgo que rápidamente se tornó casi patológico.

Fernando de la Rúa era un personaje muy conocido en la política argentina y sobre todo en la ciudad de Buenos Aires, donde prácticamente nunca había perdido una elección. Desde 1995 administraba la ciudad con cierta eficacia desde su cargo de jefe de gobierno. El hecho de haber alcanzado la cúspide en un partido como la Unión Cívica Radical parecía garantizar cierta habilidad para el ejercicio de la política. El caudal de votos obtenidos y la férrea promesa de no tocar la convertibilidad del peso parecían garantizarle una buena presidencia. Sin embargo, las cosas no fueron así...

Existen, en principio, causas específicamente políticas que ayudan a explicar el porqué del desastre.

En primer lugar, la propia Alianza era un problema. La UCR era un partido de larga tradición y bien organizado, que además gobernaba en muchas intendencias y varias provincias. El sector de De La Rúa representaba a los grupos más conservadores del partido, aquellos que nunca habían disimulado su disgusto por la alianza con el Frepaso. Por su parte, el Frepaso era una alianza de agrupaciones muy diversas, cuyo factor aglutinante era el prestigio de dirigentes como Álvarez, Fernández Meijide o Aníbal Ibarra. Aunque entre estas agrupaciones las ideas eran variadas, podemos decir que al menos el sector más visible sostenía posiciones de centro-izquierda. La Alianza había sido un buen instrumento para derrotar al peronismo en declive, pero en nada se parecía a una coalición preparada para asumir el gobierno y menos aún en circunstancias de enorme gravedad. Las sospechas y recelos mutuos entre radicales y frepasistas eran innumerables, y los gestos de concordia entre los principales dirigentes no alcanzaban a los cuadros medios y bajos, que se boicoteaban y atacaban mutuamente. Lentamente, la Alianza se fue rompiendo desde abajo hacia arriba.

En segundo lugar, el propio presidente pareció sufrir un repentino cambio que convirtió a aquel político serio y exitoso y al prudente administrador en uno de los más torpes políticos de la historia argentina. Tal vez las causas de este repentino cambio nunca serán aclaradas, aunque la confesión de su propio ministro de Salud y médico personal –quien aseguró que el presidente sufría una enfermedad que alteraba en parte sus facultades mentales– nos sirva como una posible pista. En cada ocasión, y ante cada situación, De la Rúa tomó siempre la peor de todas las decisiones posibles; en pocos meses había destruido lo que quedaba de la coalición de gobierno y había obligado a buena parte de su propio partido a pasar a una especie de sorda oposición. La imagen del presidente se vio muy deteriorada: los medios de comunicación no perdonaron sus torpezas personales y arremetieron contra él con furia. Aún se recuerda el papelón realizado en el programa más popular de la televisión, al que había asistido para mejorar su imagen: apareció extraviado y ausente, no supo cómo reaccionar ante un militante que irrumpió en el estudio para criticarlo, confundió los nombres de todas las personas de las que habló y, finalmente, estuvo varios segundos buscando sin éxito la salida del estudio ante millones de espectadores. En adelante, las burlas se multiplicaron y el propio presidente se encargó de dar argumentos a los críticos.

Todo esto ayudaba muy poco para asumir la conducción política del gobierno en un momento en el que la crisis alentaba una conflictividad social que atravesaba verticalmente cada vez a más sectores de la sociedad.

De cualquier forma, y a pesar de la significación de lo dicho, el gran problema para el gobierno estaba en la difícil situación económica: la crisis experimentada por el real, la moneda brasileña, a fines de 1998 y principios de 1999, se había hecho sentir con gran fuerza en la economía argentina, en mayor medida que las crisis financieras internacionales anteriores. Se trataba, en este caso, del principal socio del Mercosur, y el impacto de la depreciación de la divisa brasileña debía inevitablemente afectar al comercio de este mercado regional. El mantenimiento de la convertibilidad del peso generaba problemas muy serios.

Había además otras señales muy preocupantes: el endeudamiento externo había subido a lo largo de la segunda mitad de la década de 1990 desde aproximadamente 80.000 millones de dólares a más de 120.000 millones; a su vez, el déficit público llegó en 1999 a los 7.000 millones para el Estado nacional, a los que había que agregar los 3.000 millones de déficit de las provincias. Las dimensiones de la «herencia recibida» eran mucho más gravosas de lo previsto, una circunstancia que no fue lo suficientemente destacada por la nueva administración.

A su vez, la situación del país en el escenario internacional también se había modificado para peor, sobre todo a partir del incumplimiento por parte del gobierno de Menem de las condiciones establecidas en los préstamos concedidos en la segunda mitad de los noventa, que incluían ajustes en el déficit de las provincias y del sistema de pensiones, que todavía permanecía en manos del Estado. Estaba muy claro que la Argentina «había pasado de moda» para los inversores internacionales –la expresión ahora utilizada es *flight to quality*–, y eso se reflejaba de manera rotunda en el «riesgo país»[1].

La ya prolongada fase de estancamiento económico, que se inició en 1998, hizo pensar a muchos que las circunstancias creadas por la nueva realidad política iban a contribuir a revertir la situación. Pero los problemas eran más serios, y los nuevos responsables de la política económica, encabezados por el radical José Luis Machinea, iniciaron su gestión impulsando un ajuste destinado a reducir el déficit fiscal por medio de un aumento de impuestos, acompañado del despliegue de medidas de control del gasto público. De esta forma se buscaba también recuperar la confianza de los inversores financieros, de quienes dependía la principal fuente disponible de recursos para cubrir el déficit.

La ortodoxia de las decisiones adoptadas, que incluían un aumento en el impuesto a las ganancias (si bien exclusivamente reservado para los sectores con mayores recursos), contribuyeron a afirmar en la opinión pública la idea de que había una continuidad de la gestión económica respecto del menemismo, y los índices de popularidad del nuevo gobierno cayeron rápidamente.

Por lo demás, el impacto del ajuste fue negativo: si el ministro Machinea pensaba que una brusca disminución del déficit iba a bajar las tasas de interés generando un efecto expansivo sobre la economía, el hecho de que el presidente De la Rúa acotara las dimensiones del ajuste imponiendo una

---

1. Indicador elaborado por consultoras internacionales que intenta reflejar la situación económica y sobre todo financiera de un país que demanda crédito exterior. Cuanto mayor es el «riesgo país», más altos son los tipos de interés que se deben abonar para acceder a fondos externos.

política gradualista, que pasó a ser la característica general de la nueva administración, determinó que la repercusión de las nuevas medidas fuera mucho menor de lo esperado, y además recesiva; el consumo se frenó.

Dado que los resultados de las primeras acciones del gobierno en el terreno económico fueron negativos, y rápidamente las previsiones en materia de déficit fiscal se tornaron preocupantes, en mayo se adoptaron varias medidas que mostraban mayor dureza: disminución de los salarios del sector público a partir de los 1.000 pesos, anuncios de racionalización del Estado y control del gasto provincial, modificación de los marcos regulatorios y contratos de concesión de las empresas privatizadas; además, se impulsaba una «reforma política» que redujera los gastos de las diferentes instituciones políticas –legislaturas provinciales, concejos deliberantes urbanos– de todo el país.

El efecto de estos anuncios fue escaso, fundamentalmente porque se tomaron pocas decisiones concretas, dando lugar a que muchos de los sectores afectados pudieran organizarse para resistir la ofensiva del gobierno.

Mientras tanto, la situación social se deterioraba día a día: desligados de todo compromiso con un gobierno que no era justicialista, el sindicalismo, tan contemplativo en su mayoría durante toda la gestión de Carlos Menem, comenzó a reaccionar frente a una realidad que golpeaba con dureza. El incremento de los índices de pobreza reflejaba en números una situación que en los principales núcleos urbanos los ciudadanos percibían de manera concreta. Las demandas planteadas en la calle por desocupados, sindicatos estatales y poblaciones del interior denunciaban que la protesta no era el resultado de maniobras desestabilizadoras, sino la expresión de una disconformidad que buscaba diferentes métodos para hacerse oír.

La renuncia de «Chacho» Álvarez

A la crisis económica que se prolongó de manera dramática durante todo el año 2000 se sumó una crisis política que tuvo efectos devastadores. El vicepresidente de la nación y presidente del Senado, Carlos «Chacho» Álvarez, se hizo eco de una denuncia periodística publicada en el mes de junio en la que se afirmaba que la tramitación de la ley de reforma laboral aprobada dos meses antes –una «flexibilización» del mercado de trabajo reclamada por los organismos financieros internacionales, pero resistida por los sindicatos, en especial por la CGT disidente liderada por el opositor Hugo Moyano– había sido acompañada del pago de sobornos a varios senadores.

Se puso así en marcha una crisis en el seno del gobierno, pues Álvarez se propuso seguir la investigación hasta las últimas instancias, mientras el presidente De la Rúa, luego de desestimar la denuncia, optó por acotar las dimensiones del escándalo pasándola al ámbito judicial. El enfrentamiento entre los integrantes del Poder Ejecutivo se resolvió de una manera sorprendente: cuando el presidente intentó resolver la cuestión con un acto de autoridad, produciendo cambios en el gabinete –que incluían la salida del jefe de gabinete y del ministro de Justicia, ambos radicales, y el reforzamiento de un entorno vinculado estrechamente a su persona, que estaba dando lugar a crecientes comentarios críticos–, la respuesta de Álvarez fue la renuncia a su cargo, concretada el 5 de octubre. Las interpretaciones sobre este acontecimiento son múltiples, dando lugar a una bibliografía que incluye el testimonio del propio Álvarez realizado a un periodista de activa participación en el episodio. Sin embargo, el saldo parece muy claro: el desprestigio de una coalición que llegaba al poder para sanear la política pero operaba reproduciendo –con menos habilidad– los mismos vicios de su tan cuestionado antecesor.

Tras la renuncia del vicepresidente, la vida política se enrareció por los enfrentamientos, deserciones y dimisiones dentro de la Alianza, lo que dio la razón a quienes afirmaban que el único elemento que los había unido era el deseo de derrotar al justicialismo. Por otra parte, el creciente aislamiento del presidente, que mostró una increíble incapacidad para conducir la situación, tratándose de un hombre con varias décadas de ejercicio de la política, contribuyó a impulsar el rechazo de la ciudadanía.

El retorno de Cavallo

Tan grande era la confusión en el gobierno que a la vista del agravamiento de la crisis económica –caída de la actividad económica mes tras mes, y crecientes dificultades para afrontar los problemas del endeudamiento externo– se llegó al extremo, difícilmente imaginable, de recurrir a Domingo Felipe Cavallo, gestor privilegiado de la política desarrollada por Carlos Menem en su primera presidencia, para ocupar el cargo de ministro de Economía.

Con anterioridad, la renuncia de Machinea el 1 de marzo de 2001 hizo que De la Rúa colocara en el Ministerio a Ricardo López Murphy, un economista liberal pero afiliado a la UCR, altamente valorado por los sectores financieros. Su programa de *shock*, de índole claramente fiscalista –que incluía una fuerte reducción del gasto público a través de recortes que afectaban a la educación y a la salud, y una disminución de los agentes estatales sin tocar las bases impositivas y sin hablar de combatir la gigantesca evasión fiscal– logró recolectar un amplio rechazo entre los sectores políticos y sociales, que llevó al presidente a realizar un nuevo cambio de gabinete en el que Cavallo ocupó la vacante dejada por López Murphy. Solamente habían pasado dos semanas, y la tramitación de la crisis contribuyó a desprestigiar todavía más al gobierno frente a la opinión pública.

Paradójicamente, la llegada de Cavallo había sido alentada por el ex vicepresidente Álvarez en lo que, esperaba, iba a ser su propio reingreso al gobierno como jefe de gabinete y verdadero poder detrás del trono. Pero si alguna vez tuvo posibilidades de concretarse, la reacción del radicalismo –que prácticamente abandonó al presidente (varios ministros renunciaron el mismo día que asumió Cavallo)– frustró esta expectativa. Por otra parte, Cavallo no tenía ninguna intención de compartir el poder con Álvarez, y esperaba muy pronto ser el verdadero jefe del gobierno.

El retorno del ex ministro de Menem tuvo como objetivo central brindar señales positivas a las instituciones y bancos internacionales respecto del comportamiento económico del gobierno argentino. Sin embargo, la situación a la altura de mediados de 2001 era de tal gravedad que hacía imposibles los milagros, sobre todo con circunstancias tan negativas como la combinación de un freno importante y duradero de la actividad económica acompañado de un cese de la entrada de capitales provenientes del exterior, elemento fundamental que había contribuido a sostener el modelo de apertura económica y a garantizar la solvencia del peso argentino.

A la vista de lo ocurrido con posterioridad, parece entonces indiscutible que la salida de la convertibilidad del dólar era inevitable, dado que el costo para su sostenimiento era muy alto en términos de endeudamiento, a lo que se sumaban las altas tasas de interés que debían pagarse como consecuencia del «riesgo país» que resultaba inviable. Por lo tanto, las numerosas alternativas que se produjeron durante los últimos meses de 2001 –desde la disminución de los aportes patronales a la Seguridad Social para mejorar la competitividad, hasta las duras negociaciones con el exterior, pasando por la disminución de los salarios públicos y de las pensiones de un 13% con el objetivo de alcanzar el ambicionado «déficit cero»– parecen ser los hitos de la crónica de una «muerte anunciada»[1]. Sin embargo, decisiones de tal magnitud como las restricciones al retiro de los depósitos, que se implantaron a principios de diciembre para frenar la especulación con el dólar, contribuyeron a hacer la situación absolutamente insostenible.

Mientras la coalición gobernante se deshacía y el Partido Justicialista trataba de capitalizar las dificultades en su propio beneficio, el malestar de la sociedad era cada vez más notable y extendido. Las elecciones para la renovación parcial de las cámaras celebradas el 14 de octubre constituyeron un gran fracaso para el gobierno, que incluso carecía de candidatos propios; pero el éxito del peronismo fue muy relativo, ya que también perdieron votos. El termómetro del humor de los ciudadanos se manifestó en la disminución del porcentaje de votantes, pero sobre todo en el aumento de los votos en blanco e impugnados, que alcanzó cifras inéditas.

La crisis estaba instalada en todos los ámbitos; el tema era saber cuándo la crisis política convergería con la tremenda crisis social, de la que la emergencia del fenómeno «piquetero» era sólo la punta de un iceberg donde se combinaban de manera explosiva la disconformidad de las clases medias, la desesperación de los «carenciados», el oportunismo de algunos políticos dispuestos a acelerar la desestabilización del gobierno y las expectativas de sectores radicalizados que creían llegada la hora de impulsar un desenlace revolucionario.

---

1. Incluso se obligó a las Administradoras de Fondos y Pensiones a tomar bonos argentinos a cambio del dinero de los aportantes, lo cual introdujo un serio problema para los futuros jubilados.

La crisis de diciembre de 2001

En diciembre de 2001 comenzó la debacle, anunciada desde unas semanas antes por la creciente fuga de capitales. Ante esta situación, el ministro Cavallo anunció restricciones a los retiros de efectivo y depósitos de los bancos y a los movimientos de capitales –lo que se dio en llamar «corralito»–, y el dinero desapareció de la calle ante la desesperación de la población.

El jueves 13 de diciembre, con el «corralito» en pleno funcionamiento, se concretó el séptimo paro general en contra del gobierno, que contó con un importante apoyo en todos los sectores de la sociedad y, pese a no estar previsto, se realizaron movilizaciones en varias ciudades del interior, en las que se juntaban empleados estatales exigiendo el pago de sueldos atrasados y desocupados exigiendo trabajo y alimentos.

Al día siguiente comenzaron a detectarse los primeros saqueos de supermercados en Mendoza y Rosario, punto de partida para una serie de acontecimientos similares que se verificaron en otros lugares. En algunos casos los saqueos eran precedidos por mujeres que se acercaban a pedir comida. Era evidente que a los iniciales saqueos espontáneos le estaban sucediendo en la provincia de Buenos Aires otros dirigidos y alentados por punteros políticos del duhaldismo, que veían en esta situación la posibilidad de alcanzar finalmente el gobierno que las urnas les habían negado.

Se llegó así a los días cruciales del 19 y 20 de diciembre. Imposible es describir todo lo que ocurrió el miércoles 19; los saqueos llegaron incluso a algunos barrios de la Capital Federal –Constitución, Villa Lugano– y afectaron tanto a las cadenas de super e hipermercados como a los modestos negocios de barrio. El gobernador de la provincia de Buenos Aires, Carlos Ruckauf, llegó a pedirle al ministro de Defensa la intervención militar; si inicialmente podía suponerse algún tipo de maniobra desestabilizadora, al finalizar el día no cabían dudas respecto a que las autoridades habían sido superadas por la gravedad de los acontecimientos.

Cuando llegó la noche, la convergencia de las crisis económica, social y política provocaron una crisis institucional. El presidente De la Rúa pronunció un discurso por televisión en el que anunciaba la instauración del estado de sitio; era justamente lo que reclamaban los sectores conservadores y las embajadas extranjeras, que presionaban para proteger las empresas de sus países.

La respuesta fue inédita: la mayor parte de los barrios de la capital se vieron sacudidos por ruidosos «cacerolazos», espontáneos según todos los indicios, y por marchas protagonizadas por familias que terminaron convergiendo en Plaza de Mayo y en el Congreso. Apenas pasada la medianoche se dio a conocer la renuncia de Cavallo y casi inmediatamente se procedió a reprimir a los manifestantes.

Desde la mañana del jueves 20, grupos de manifestantes provenientes de organizaciones políticas y sociales –partidos de izquierda, grupos piqueteros y bandas juveniles sin posicionamiento político– se concentraron en Plaza de Mayo y sus alrededores, siendo objeto de una dura represión por parte de la caballería de la Policía Federal. Se entablaron verdaderas batallas campales que se prolongaron durante varias horas, y que incluyeron asimismo a las Madres de Plaza de Mayo, que realizaban su habitual vuelta a la pirámide de todos los jueves. El saldo de los operativos represivos fue de 8 muertos y más de 90 heridos de bala, la mayor parte de los cuales no tuvieron vinculación alguna con los saqueos.

Después de haber realizado una inútil convocatoria para un gobierno de coalición, De la Rúa renunció alrededor de las 20 horas y se marchó de la Casa Rosada en helicóptero (casi en secreto), mientras continuaban los enfrentamientos en Plaza de Mayo. Es difícil imaginar un final peor para un presidente que había suscitado grandes expectativas. Muy poco tiempo antes, las centrales sindicales habían convocado a un «paro general por tiempo indeterminado», que sin embargo no fue acompañado por una convocatoria a una movilización de los trabajadores.

Mientras tanto, en muchas zonas del Gran Buenos Aires se extendió el pánico; a los saqueos cada vez más numerosos de comercios se agregaron los infaltables rumores de ataques a viviendas particulares, que no se concretaron. Asimismo, ante la pasividad de la policía, se produjeron enfrentamientos entre «saqueadores» y «vecinos», los cuales fueron invitados a armarse por las mismas fuerzas de seguridad, con lo que se dio pie a que la mayor parte de las víctimas fueran consecuencia de la acción de quienes buscaban defenderse ante la desaparición de una de las funciones que debe asegurar el Estado: la seguridad de los ciudadanos.

Después de dos días, el saldo de muertos era impreciso: la prensa coincidió en su mayoría en afirmar que no fueron menos de 28 (aunque algunos organismos defensores de los derechos humanos sostuvieron que sumaron 35). De ellos, casi todos murieron en la ciudad de Buenos Aires, el Gran Buenos Aires y la provincia de Santa Fe, pero también hubo víctimas en Río Negro, Córdoba, Corrientes, Neuquén y Tucumán.

El gobierno de la Alianza cayó víctima de sus tremendos errores, dejando el camino libre para el retorno del peronismo. Una de las novedades fue que no hubo golpe militar, alternativa impensable no muchos años antes. Pero de cualquier manera la situación no estaba resuelta, ni mucho menos.

La danza de los presidentes y la bronca de la sociedad

A partir de la renuncia del presidente De la Rúa hubo durante varias semanas dos escenarios diferentes –la vida política «oficial» y la calle– que se disputaban la primera página de los diarios y los titulares de los informativos de televisión y radio. No se trataba, sin embargo, de una separación marcada: los actores de la calle irrumpieron y presionaron como nunca sobre los actores políticos tradicionales, limitando y condicionando su actividad.

El viernes 21, el justicialista misionero Ramón Puerta, presidente de la Cámara de Senadores, se hizo cargo del Poder Ejecutivo. Se reunió entonces la Asamblea Legislativa, compuesta por senadores y diputados juntos, en la que el peronismo tenía una amplia mayoría, para elegir a un presidente provisional. Aunque nadie dudaba de que el favorecido sería Duhalde, ya que además del apoyo de su propia tropa contaba también con el de buena parte del radicalismo, éste de momento prefirió no hacer explícito su interés. Entonces se produjo un nuevo paso de comedia que demostró hasta dónde habían caído las instituciones republicanas en la Argentina: ante la negativa generalizada de todos aquellos a quienes se ofrecía el gobierno (evidentemente todos esperaban la confirmación de Duhalde), el pintoresco gobernador de la provincia de San Luis, Adolfo Rodríguez Saá, aceptó el cargo y logró hacerse elegir por el Congreso, aunque por escaso margen y luego de duras negociaciones. Asimismo se convocaba a elecciones para el 3 de marzo.

La corta gestión de Rodríguez Saá –sólo siete días– estuvo caracterizada por gestos espectaculares: anunció que el país suspendía el pago de la deuda externa ante el entusiasmo de los legisladores; sostuvo que no habría devaluación del peso; anunció un ambicioso plan de obras públicas destinado a crear un millón de puestos de trabajo, y recibió en la Casa Rosada a piqueteros y dirigentes sindicales, a las Madres de Plaza de Mayo y al embajador de Estados Unidos.

Mientras esto ocurría, la crispación de la sociedad urbana iba en aumento: cacerolazos y manifestaciones vecinales se sucedían reclamando la devolución de los depósitos confiscados por el «corralito» o protestando por la dureza de la represión policial. El viernes 28 el Congreso fue asaltado –sospechosamente no había custodia policial– y algunas de sus salas resultaron destruidas e incendiadas. Las reclamaciones de las clases medias se hicieron sentir sobre quienes actuaban en el escenario de la política oficial –su consigna preferida era «que se vayan todos»–, y a ellas se sumaron las peticiones de los grupos dominantes, de la banca y de los directivos de las empresas privatizadas, que querían evitar una devaluación.

Ante la gravedad de la situación, la mayor parte del justicialismo, con Duhalde a la cabeza, se opuso a Rodríguez Saá forzando su renuncia, que se hizo efectiva el domingo 30. Su sucesor provisional fue Eduardo Caamaño, presidente de la Cámara de Diputados.

El nuevo capítulo de la crisis fue resuelto por la Asamblea Legislativa que, reunida el martes 1 de enero, tomó dos decisiones importantes: por fin eligió presidente a Eduardo Duhalde, ex vicepresidente y principal dirigente justicialista en la provincia de Buenos Aires, y también anuló la convocatoria a elecciones. La propuesta del nuevo presidente coincidía con la de sectores caracterizados de la sociedad, como la Iglesia, y con las expectativas de instituciones como el Fondo Monetario Internacional o los gobiernos de Estados Unidos y España; se trataba de impulsar un gobierno de emergencia destinado a restaurar el orden público y afrontar la crisis de la convertibilidad.

No parecía tarea fácil en ese caluroso enero de 2002...

La recuperación

Del mismo modo que había ocurrido con Menem varios años antes, la magnitud de la crisis fue el principal capital político de Duhalde y otra vez la principal tarea del presidente fue recomponer la autoridad de las instituciones, y hay que decir que el resultado fue, teniendo en cuenta la situación, razonablemente exitoso.

En su primer discurso como presidente, anunció enfáticamente que quien había depositado dólares cobraría dólares. Pero la situación no se resolvía con palabras; las autoridades económicas debían enfrentarse a una situación en la que las disposiciones a adoptar respecto de la salida de la convertibilidad iban a tener consecuencias para millones de personas. En efecto: alguna decisión de peso era imprescindible en un país cuyo sistema financiero, por distintas razones –incluyendo operaciones de fuga de capitales–, carecía de los dólares necesarios para devolver los depósitos de los ahorristas.

Presionado por todos los sectores con capacidad de hacerse oír, el gobierno, a través de su ministro de Economía, Jorge Remes Lenicov, puso en marcha a principios de febrero una «pesificación asimétrica», acompañada por una devaluación inicial del 40%. De esta manera se favorecía a los deudores –empresas, particulares, deudores hipotecarios–, que «pesificaban» sus deudas en dólares sin límite de monto manteniendo el 1 a 1, mientras que los acreedores, la gente que tenía colocada sus depósitos en dólares (o tenía cuentas corrientes en la divisa norteamericana), recibiría 1,40 pesos por cada dólar depositado. Además, se estableció una libre flotación del tipo de cambio y la liberación parcial de los salarios del «corralito», que tenía capturados los depósitos de los particulares.

Los meses siguientes fueron de enormes dificultades: mientras la actividad económica continuaba un acelerado declive, con despidos y suspensiones masivas de personal, las protestas se manifestaron en todos los sectores de la sociedad, desde los cacerolazos de las víctimas del «corralito», que reclamaban la devolución de sus depósitos en dólares, a los piqueteros que operaban casi diariamente reclamando trabajo y haciendo suyo también el mensaje «que se vayan todos». El fenómeno de los «cartoneros», gente que salía a revisar la basura para sacar el cartón y venderlo, se convirtió en un componente habitual del paisaje urbano de Buenos Aires.

En algunas provincias, en su mayoría en bancarrota, se emitieron bonos con los que se pagaban los sueldos estatales, una práctica que se había iniciado durante la década menemista. El gobierno, mientras tanto, implantó planes de ayuda de emergencia para cubrir las necesidades mínimas de un amplio espectro de la población.

Los integrantes de la Corte Suprema de Justicia, sumamente cuestionados por su actividad durante el menemismo, amenazaron con declarar la inconstitucionalidad del «corralito», lo que sólo contribuía a agravar una realidad ya de por sí dramática. El gobierno respondió con una medida inusual: paralizó todos los procesos que se estaban tramitando en los juzgados sobre este tema e impulsó el juicio político a los integrantes de la Corte, aunque no logró en el Parlamento los votos necesarios para concretar su destitución.

El valor del dólar, indicador importante del sentir de la sociedad, subió hasta más allá de los 4 pesos; la hiperinflación parecía estar en el horizonte inmediato y todos aquellos que disponían de efectivo –seguía vigente la limitación para el retiro de dinero de las cuentas corrientes– huían de la moneda nacional.

La tensión social alcanzó su punto máximo a fines de junio, cuando un operativo policial realizado en el Puente Pueyrredón terminó con la muerte de dos militantes piqueteros, Darío Santillán y Maximiliano Kosteki. Las reacciones que generó la represión condujeron al gobierno a adelantar las elecciones presidenciales para el 30 de marzo de 2003; este episodio dio por tierra con cualquier ilusión de Duhalde de presentarse a las elecciones futuras.

Mientras tanto, el gobierno había iniciado trabajosas negociaciones con el FMI para tratar de superar la situación de cese de pagos; la institución, luego de la generosidad y benevolencia con la que había tratado al gobierno de Menem, se mostró muy intransigente y planteó varias exigencias para auxiliar al país en su desesperada situación. Los enviados del FMI pasaron a ser figuras conocidas por la opinión pública por sus constantes viajes y reuniones con los funcionarios argentinos.

El segundo semestre del año trajo la buena noticia de una lenta pero perceptible recuperación económica: con el dólar por las nubes, las actividades vinculadas con el mercado interno comenzaron a recuperarse, desarrollando una tímida sustitución de importaciones, y el ciclo económico, que tocó fondo pocos meses antes, empezó a revertirse. Además, los precios en los mercados internacionales de los productos que Argentina exportaba, especialmente la soja, empezaron a experimentar un aumento significativo. A la nueva realidad sin duda contribuyó Roberto Lavagna, designado ministro de Economía a fines de abril tras la renuncia de Remes Lenicov; su prudente gestión contribuyó a que las variables económicas comenzaran a estabilizarse. Sin embargo, se trataba de síntomas todavía débiles, que en manera alguna mejoraban la situación de la enorme cantidad de ciudadanos que se habían hundido durante la mayor crisis sufrida por el país.

Los obstáculos seguían existiendo: hacia el mes de noviembre, ante la falta de acuerdo con el Fondo Monetario Internacional, se entró también en cese de pagos con los organismos financieros internacionales. Para justificar esta decisión, el presidente Duhalde señaló que «si no pagamos entramos en *default* y si pagamos nos quedamos sin reservas con los enormes riesgos que eso implica».

Hacia las elecciones

Mientras sectores de la sociedad insistían en sus reclamaciones, los políticos se prepararon para las elecciones, cuya fecha definitiva se estableció el 27 de abril de 2003, con segunda vuelta eventual para el 18 de mayo.

Las controversias en el Partido Justicialista reprodujeron las peores prácticas que la sociedad repudiaba de los políticos: no se pudieron realizar elecciones internas, por lo que finalmente se concretó la existencia de tres fórmulas presidenciales de origen peronista: el Frente por la Victoria, que llevaba como candidatos a Néstor Kirchner, gobernador de Santa Cruz, y Daniel Scioli, ministro de Turismo de Duhalde; el Frente por la Lealtad, encabezado por el ex presidente Menem y el gobernador de Salta, Julio Romero, y el Movimiento Nacional y Popular, con la fórmula integrada por el gobernador de San Luis, Adolfo Rodríguez Saá, y el ex dirigente radical Melchor Posse.

Frente a estas tres candidaturas del mismo origen se encontraban el ARI (Alianza por la Renovación Institucional), una agrupación de centro izquierda que contaba con la figura dominante de Elisa Carrió, ex dirigente radical, como candidata a presidenta; el ex ministro de Fernando de la Rúa, Ricardo López Murphy, al frente de Recrear, que intentaba capitalizar los votos de la derecha, y la Unión Cívica Radical, que presentó como candidato a Leopoldo Moreau, con la amenaza cierta de obtener los peores resultados electorales de su historia.

La campaña electoral mostró a los candidatos lanzados a una desesperada búsqueda de un voto que aparecía menos cautivo que nunca; había que enfrentarse a una realidad en la que, tras la crisis, las reacciones de la sociedad podían ser imprevisibles.

Con encuestas que anunciaban resultados muy variados, pero la existencia segura de una segunda vuelta, las elecciones dieron como resultado que Menem-Romero (23,9% de los votos) y Kirchner-Scioli (21,9%) se enfrentarían en la segunda vuelta. Sin embargo, la imposibilidad del ex presidente de lograr mayores apoyos, y la rotunda derrota que auguraban las encuestas –desde el 65 hasta el 80% a favor de Kirchner– condujeron a que renunciara a presentarse.

Fue así como Néstor Kirchner accedió sorprendentemente a la primera magistratura de la Nación.

El presidente inesperado

La figura de Néstor Kirchner era relativamente desconocida en el panorama político del país; la provincia de Santa Cruz es una de las menos pobladas, y en condiciones normales una buena administración allí no hubiera implicado necesariamente su ascenso dentro del escenario nacional. Además, su oposición a Menem había sido moderada hasta los últimos tiempos, por lo que no aparecía como un referente demasiado destacado para quienes querían acabar con el ex presidente.

Sin embargo, en la caótica situación del año 2002, con la sociedad al borde de la desilusión, y con la expresa voluntad del presidente Duhalde de cerrar todos los caminos para un retorno de Carlos Menem[1], su figura apareció como un posible candidato ante el poco arraigo popular de unos –el gobernador de Cordoba José Manuel de la Sota– y las dudas eternas de otros –el ex corredor de automóviles de Fórmula 1 y gobernador de la provincia de Santa Fe, Carlos Reutemann–. El aparato político del presidente en la provincia de Buenos Aires se puso al servicio del candidato, que, además, podía ser presentado como expresión de la voluntad de cambio de la sociedad, ya que no era un hombre de la «vieja» política.

Sus primeros gestos como presidente dieron lugar a que pronto se hablara de un «estilo K»: ya en la ceremonia de

---

1. Incluso modificó la ley electoral introduciendo un sistema de segunda vuelta, con el que pensaba aprovecharse del rechazo que Menem generaba en la mayor parte de la sociedad.

toma del poder buscó acercarse al público asistente sin intermediarios; más tarde dio muestras de inusitada energía al remover la cúpula del Ejército y embestir a los pocos días contra la Corte Suprema de Justicia.

Manteniendo la continuidad en ciertos terrenos con la gestión de Duhalde –la más significativa fue el mantenimento de Lavagna como ministro de Economía–, sin embargo inició la ardua tarea de construir su propio liderazgo, tomando distancia respecto de la influencia de Duhalde.

Para afianzar su popularidad contó con varios elementos favorables: 1) la mejora sensible de la situación económica, resultado combinado de la reactivación del mercado interno a favor de un dólar caro que limitó las importaciones, del *shock* exportador encabezado por la soja y de una administración prudente que permitió mantener los precios bajo control y alcanzar un importante superávit fiscal; 2) el hecho de que su discurso sintonizara con amplios sectores progresistas que valoraron su labor como una reivindicación (por lo menos parcial) de las expectativas de cambio que se frustraron en los años setenta; y 3) la percepción por parte de la sociedad de que existía una voluntad de acción destinada a emerger de la crisis, modificando el rumbo económico seguido en la década de 1990.

La Argentina hoy

Transcurridos más de tres años, la situación en la República Argentina sin duda ha cambiado, pero ¿cuánto?

Las cifras de crecimiento desde 2003 son comparables a las de China, el desempleo ha bajado, aunque todavía es alto, y las estadísticas sobre la pobreza extrema revelan una cierta disminución. Un recorrido superficial por Buenos Aires muestra, junto a otras realidades a las que nos referiremos más adelante, el retorno al consumo de los restos todavía vigorosos de una clase media a la que se le ha diagnosticado la muerte en varias ocasiones. Las ciudades de la Pampa húmeda, transitadas por automóviles recién estrenados, dan cuenta de la prosperidad de quienes participan del *boom* exportador de soja y otros productos del campo. A su vez, el dólar y el euro caros han permitido el resurgimiento de algunas actividades manufactureras vinculadas con el mercado interno, y el turismo se está transformando en una fuente de ingresos de cierta importancia. Últimamente se ha argumentado que el mundo le ha dado a la Argentina una nueva oportunidad y que el futuro de un país productor de alimentos competitivo da margen para el optimismo.

A estos elementos positivos se contraponen otros que también impresionan mucho, pero en otro sentido: la mayor parte de los que se hundieron durante la crisis aún no han salido a la superficie. Cuando anochece, los cartoneros irrumpen en los barrios de la ciudad mostrando la cara de los perdedores; el fenómeno piquetero, más allá de su instrumentación política y de la demonización que de él hacen los sectores conservadores, es la demostración cotidiana de problemas no resueltos; las crisis profundas pueden no ser duraderas, pero sus consecuencias se prolongan en el tiempo.

Un dato estadístico que se puede comprobar a diario es que la sociedad argentina ha crecido en sus niveles de desigualdad. El menemismo hizo su parte con prolijidad, pero ahora la concentración del ingreso ha adquirido niveles insultantes. El poder económico sigue en manos firmes que operan para ser los mayores beneficiarios de una realidad que, de nuevo, los encuentra en una situación privilegiada. El discurso oficial no logra ocultar que en la Argentina de 2005 los verdaderos ganadores siguen siendo pocos.

Frente a esta realidad llena de claroscuros, la gestión del presidente Néstor Kirchner es objeto de valoraciones encontradas. Como lógica consecuencia de una situación económica diferente, a la que mucho contribuyó la actividad del ministro Lavagna –que continuó en el cargo hasta fines de 2005–, la imagen favorable del titular del ejecutivo alcanza un altísimo porcentaje en las encuestas (entre el 60 y el 70%). Sin duda, éste es un dato formidable, y lo es más si pensamos que Kirchner llegó al poder con un modesto 22% de los votos, ocupando el segundo lugar detrás de Carlos Menem, y sólo el rechazo generalizado de la figura del ex presidente –lo que lo llevó a renunciar a la segunda vuelta electoral– hizo posible su triunfo.

La aceptación de la labor presidencial, potenciada por la concreción de medidas significativas como la remoción de los jueces más cuestionados de la Corte Suprema de Justicia o el reconocimiento brindado a las víctimas del «terrorismo de Estado», se cuenta en el haber de quien hace gala de autoridad y se precia de no responder a presiones de ningún tipo. Este rasgo de carácter lo ha llevado a salir al ruedo a enfrentarse con diversas situaciones, como el retiro del país de las concesionarias francesa y española del servicio de suministro de agua en el Gran Buenos Aires, en las que se expuso de forma gratuita a las críticas de quienes sin duda apuestan por su fracaso. Además, su explícito deseo de romper con el pasado en la política exterior y mostrarlo así a la ciudadanía lo conducen a adoptar comportamientos que generan una impresión negativa en sus interlocutores, víctimas ocasionales de gestos de los que no son necesariamente los destinatarios directos. El acercamiento al presidente venezolano Hugo Chávez, una opción que busca apartarse de la hegemonía norteamericana en la región, también es objeto de controversia y críticas que no se limitan a las que, obviamente, proceden de la derecha política y económica.

Existe un tema en el que sin duda Kirchner tiene una deuda pendiente: el de la renovación de la política. Habiendo irrumpido en la escena como un *outsider* que parecía satisfacer las expectativas de cambio de vastos sectores de la sociedad, las elecciones parciales que se celebraron el 23 de octubre de 2005, y en las que obtuvo un triunfo importante, lo mostraron recurriendo a la mayor parte de las prácticas que la ciudadanía –bien es cierto que sin hacerse cargo de sus propias responsabilidades– condenó de la clase política, a la que hizo responsable de todos los males de la República. En un momento en el que, más allá de gestos *pour la galerie*, los contornos ideológicos se han esfumado casi totalmente, Kirchner comparte con muchos de los peronistas con los que está enfrentado una manera de hacer política, que sigue siendo la que la sociedad mayoritariamente rechazó en 2001-2002.

La oposición, por su parte, fluctúa entre el viejo discurso conservador que apela a los clichés tradicionales –el reclamo por la seguridad, la apelación al orden–, o el mensaje mesiánico de líderes que hacen gala de su progresismo, como «Lilita» Carrió, y buscan en el carisma y en su dominio de los medios intentar demostrar que pueden ser una opción de gobierno.

A diferencia de lo ocurrido hace no mucho más de tres años, la República Argentina ya no ocupa la primera plana de los periódicos del mundo, lo que sin duda constituye un indicio positivo; la normalidad es un valor que se extraña cuando se vive de sobresalto en sobresalto. Pero es cierto que la normalidad no es suficiente, y en cuanto a su futuro, la Argentina sigue generando interrogantes que sólo el mañana puede responder. Además, las contradicciones de un país cuya riqueza –de recursos naturales y humanos– sin embargo ha generado en las últimas décadas pobreza, desigualdad y exclusión, llevan a ser cautos en las afirmaciones. En demasiadas ocasiones, algunas muy recientes, el triunfalismo ha cedido rápidamente, dando paso a un pesimismo paralizante.

Bibliografía

Alonso, Paula, *Entre la revolución y las urnas. Los orígenes de la Unión Cívica Radical y la política argentina en los años 90*. Buenos Aires, Editorial Sudamericana/Universidad de San Andrés, 2000.

Altamirano, Carlos, *Arturo Frondizi*. Buenos Aires, FCE, 1998.

—, *Bajo el signo de las masas, 1943-1973*. Buenos Aires, Ariel, 2001.

— (ed.), *La Argentina en el siglo XX*. Buenos Aires, Ariel, 1999.

— y Sarlo, Beatriz, *Ensayos Argentinos. De Sarmiento a la vanguardia*, Buenos Aires, CEAL, 1983.

Álvarez, Chacho, y Morales Solá, Joaquín, *Sin Excusas*. Buenos Aires, Sudamericana, 2002.

Amadeo, Eduardo, *La salida del abismo. Memoria política de la negociación entre Duhalde y el FMI*. Buenos Aires, Planeta, 2003.

Amaral, Samuel, y Ben Plotkin, Mariano, *Perón, del exilio al poder*. Buenos Aires, Cántaro, 1993.

Barsky, Osvaldo, y Gelman, Jorge, *Historia del agro argentino. Desde la Conquista hasta fines del siglo XX*. Buenos Aires, Mondadori, 2001.

Basualdo, Eduardo, *Deuda externa y poder económico en Argentina*. Buenos Aires, Nueva América, 1987.

Botana, Natalio, *El orden conservador. La política argentina entre 1880 y 1916*. Buenos Aires, Sudamericana, 1977.
— y Gallo, Ezequiel, *De la república posible a la república verdadera (1880-1910)*. Buenos Aires, Ariel, 1997.
Buchrucker, Cristian, *Nacionalismo y Peronismo (La Argentina en la crisis ideológica mundial 1927-1955)*, Buenos Aires, Sudamericana, 1987.
Caimari, Lila, *Perón y la Iglesia Católica. Religión, Estado y sociedad en la Argentina*. Buenos Aires, Ariel, 1995.
Calveiro, Pilar, *Política y/o violencia. Una aproximación a la guerrilla de los años 70*. Buenos Aires, Grupo Editorial Norma, 2005.
Cavarozzi, Marcelo, *Autoritarismo y Democracia*. Buenos Aires, EUDEBA, 2002.
Comisión Especial de la Cámara de Diputados, *Fuga de divisas en la Argentina. Informe Final*. Buenos Aires, Siglo XXI, 2005.
CONADEP, *Nunca Más*. Buenos Aires, EUDEBA, 1984.
Cortés Conde, Roberto, *La economía política de la Argentina en el siglo XX*. Buenos Aires, Edhasa, 2005.
Chiaramonte, José Carlos, *Ciudades, provincias, estados: orígenes de la Nación Argentina (1800-1846)*. Buenos Aires, Ariel, 1997.
—, *Nación y Estado en Iberoamérica. El lenguaje político en tiempos de las independencias*. Buenos Aires, Planeta, 2004.
Devoto, Fernando, *Nacionalismo, fascismo y tradicionalismo en la Argentina Moderna. Una historia*. Buenos Aires, Siglo XXI, 2002.
—, *Historia de la inmigración en la Argentina*. Buenos Aires, Sudamericana, 2003.
Díaz Alejandro, Carlos F., *Ensayos sobre la historia económica argentina*. Buenos Aires, Amorrortu, 1975.
De Ipola, Emilio, *Ideología y discurso populista*. México, Folios, 1982.
De Riz, Liliana, *La política en suspenso (1966-1976)*. Buenos Aires, Paidós, 2000.

Di Stefano, Roberto, y Zanatta, Loris, *Historia de la Iglesia argentina. Desde la Conquista hasta fines del siglo XX.* Buenos Aires, Mondadori, 2000.

Fradkin, Raúl, *Cosecharás tu siembra. Notas sobre la rebelión popular argentina de diciembre de 2001.* Buenos Aires, Prometeo, 2002.

Gallo, Ezequiel, *La pampa gringa. La colonización agrícola en Santa Fe (1870-1895).* Buenos Aires, Edhasa, 2004.

Gelman, Jorge, *Rosas, el estanciero.* Buenos Aires, Capital Intelectual, 2005.

Gerchunoff, Pablo, y Llach, Lucas, *El ciclo de la ilusión y el desencanto. Un siglo de políticas económicas argentinas.* Buenos Aires, Ariel, 2003.

—, *Entre la equidad y el crecimiento. Ascenso y caída de la economía argentina, 1880-2002.* Buenos Aires, Siglo XXI, 2004.

Gilman, Claudia, *Entre la pluma y el fusil. Debates y dilemas del escritor revolucionario en América Latina.* Buenos Aires, Siglo XXI, 2003.

Gillespie, Richard, *Soldados de Perón. Los Montoneros.* Buenos Aires, Grijalbo, 1987.

Halperin Donghi, Tulio, *Revolución y guerra. Formación de una elite dirigente en la Argentina criolla.* Buenos Aires, Siglo XXI, 1972.

—, *El espejo de la historia. Problemas argentinos y perspectivas latinoamericanas.* Buenos Aires, Sudamericana, 1987.

—, *Proyecto y construcción de una nación (1846-1880).* Buenos Aires, Ariel, 1995.

—, *La larga agonía de la Argentina peronista.* Buenos Aires, Ariel, 1995.

—, *Argentina y la tormenta del mundo. Ideas e ideologías entre 1930 y 1945.* Buenos Aires, Siglo XXI, 2003.

Hora, Roy, *Los terratenientes de la pampa argentina. Una historia social y política.* Buenos Aires, Siglo XXI, 2003.

James, Daniel, *Resistencia e integración. El peronismo y la clase trabajadora argentina, 1946-1976.* Buenos Aires, Sudamericana, 1990.

KHAVISSE, Miguel, y BASUALDO, Eduardo, *El Nuevo Poder Económico en la Argentina*. Buenos Aires, Hyspamérica, 1985.
LANUSSE, Lucas, *Montoneros. El mito de sus 12 fundadores*. Buenos Aires, Vergara, 2005.
LYNCH, John, *Argentine Caudillo: Juan Manuel de Rosas*. Londres, SR Books, 2001.
—, *América Latina, entre colonia y nación*. Madrid, Crítica, 2001.
MADDISON, Angus, *La economía mundial. 1820-1992. Análisis y Estadísticas*. París, OCDE, 1997.
—, *The World Economy. A Millennial Perspective*. París, OCDE, 2001.
—, *The World Economy. Historical Statistics*. París, OCDE, 2003.
MURMIS, Miguel, y PORTANTIERO, Juan Carlos, *Estudios sobre los orígenes del peronismo*. Buenos Aires, Siglo XXI, 1973.
NOVARO, Marcos, y PALERMO, Vicente, *Política y poder en el gobierno de Menem*. Buenos Aires, Norma, 1996.
NUN, José, y PORTANTIERO, Juan Carlos (comps.), *Ensayos sobre la transición democrática en la Argentina*. Buenos Aires, Puntosur, 1987.
O'DONNELL, Guilllermo, *El Estado Burocrático Autoritario, 1966-1973*. Buenos Aires, Editorial Belgrano, 1982.
PERSELLO, Ana Victoria, *El Partido Radical. Gobierno y oposición, 1916-1943*. Buenos Aires, Siglo XXI, 2004.
PLOTKIN, Mariano, *Mañana es San Perón*, Buenos Aires, Ariel, 1993.
POTASH, Robert, *El Ejército y la política en la Argentina*, 2 vols. Buenos Aires, Hyspamérica, 1987-1988.
PUCCIARELLI, Alfredo (coord.), *La primacía de la política. Lanusse, Perón y la Nueva Izquierda en tiempos del GAN*. Buenos Aires, EUDEBA.
—, *Empresarios, Tecnócratas y Militares. La trama corporativa de la última dictadura*. Buenos Aires, Siglo XXI, 2004.
PUJOL, Sergio, *Rock y Dictadura. Crónica de una generación (1976-1983)*. Buenos Aires, Emecé, 2005.

QUIROGA, Hugo, *La Argentina en emergencia permanente*. Buenos Aires, Edhasa, 2005.
RAPOPORT, Mario y cols., *Historia económica, política y social de la Argentina*. Buenos Aires, Macchi, 2000.
ROMERO, Luis Alberto, *Breve historia contemporánea de la Argentina*. Buenos Aires, FCE, 1994.
ROUQUIE, Alain, *Poder militar y sociedad política en la Argentina*. Buenos Aires, Emecé, Tomo I, 1981; Tomo 2, 1982.
SÁBATO, Hilda, «La Revolución del 90. ¿Prólogo o epílogo?», en *Punto de Vista*, 13, 19, diciembre 1990.
—, *Capitalismo y ganadería en Buenos Aires: la fiebre del lanar, 1850-1890*. Buenos Aires, Sudamericana, 1989.
—, *La política en las calles. Entre el voto y la movilización, 1862-1880*. Buenos Aires, Sudamericana, 1998.
SARLO, Beatriz, *Una modernidad periférica: Buenos Aires 1920-1930*. Buenos Aires, Nueva Visión, 1988.
—, *Escenas de la vida posmoderna. Intelectuales, arte y videocultura en la Argentina*. Buenos Aires, Ariel, 1994.
SCHVARZER, Jorge, *La industria que supimos conseguir. Una historia político-social de la industria argentina*. Buenos Aires, Planeta, 1996.
—, *Implantación de un modelo económico. La experiencia argentina entre 1975 y 2000*. Buenos Aires, A-Zeta, 1998.
SIDICARO, Ricardo. *La política mirada desde arriba. Las ideas del diario «La Nación», 1909-1989*. Buenos Aires, Sudamericana, 1993.
—, *Los tres peronismos. Estado y poder económico 1946-55/1973-76/1989-99*. Buenos Aires, Siglo XXI, 2002.
SIGAL, Silvia, *Intelectuales y poder en la década del sesenta*. Buenos Aires, Puntosur, 1991.
SPINELLI, María Estela, *Los vencedores vencidos. El antiperonismo y la «revolución libertadora»*. Buenos Aires, Biblos, 2005.
TERÁN, Oscar, *Nuestros años sesenta*. Buenos Aires. Puntosur, 1991.
—, *Vida intelectual en el Buenos Aires fin-de-siglo (1880-1910)*. Buenos Aires, FCE, 2000.

Terán, Oscar, (coord.), *Ideas en el siglo. Intelectuales y cultura en el siglo XX latinoamericano*. Buenos Aires, OSDE/Siglo XXI, 2000.

Ternavasio, Marcela, *La revolución del voto. Política y elecciones en Buenos Aires 1810-1852*. Buenos Aires, Siglo XXI, 2002.

Torre, Juan Carlos, *La vieja guardia sindical y Perón. Sobre los orígenes del peronismo*. Buenos Aires, Sudamericana, 1990.

—, *El gigante invertebrado. Los sindicatos en el gobierno, Argentina 1973-1976*. Buenos Aires, Siglo XXI, 2004.

Vezzetti, Hugo, *Pasado y presente. Guerra, dictadura y sociedad en la Argentina*. Buenos Aires, Siglo XXI, 2002.

Vitelli, Guillermo, *Cuarenta años de inflación en la Argentina*. Buenos Aires, Hyspamérica, 1985.

—, *Los Dos Siglos de la Argentina. Historia Económica Comparada*. Buenos Aires, Prendergast, 1999.

VV.AA., *Nueva Historia Argentina*, 10 volúmenes. Buenos Aires, Sudamericana, 1997-2005.

VV.AA., *Historia de la Argentina*. Barcelona, Crítica, 2002.

Zanatta, Loris, *Del Estado Liberal a la Nación Católica*. Buenos Aires, Universidad de Quilmes, 1997.

—, *Perón y el mito de la Nación Católica*. Buenos Aires, Sudamericana, 1999.

Índice onomástico

62 Organizaciones, 322

Abdala, Germán, 467
Abuelas de Plaza de Mayo, 432
Academia de Letras, 304
Acción Argentina, 281
Acción Católica, 298, 386
Acindar, empresa, 477
Administradoras de Fondos de Jubilaciones y Pensiones, 472, 516
Aerolíneas Argentinas, 470-471
Agosti, Orlando Ramón, 408
Aguirre, Julio, 341
Alberdi, Juan Bautista, 74-77, 94, 148, 157
Alem, Leandro N., 143, 145-146, 231
Alemann, Roberto, 335, 406-407, 422
Alende, Óscar, 342-343, 359, 363
Alfonsín, Raúl, 396, 428-430, 442, 445-447, 449-457, 459-460, 462-463, 469, 471, 481, 488
Alianza Apostólica Anticomunista, *véase* Triple A.

Alianza Civil, 228
Alianza para el Progreso, 335, 382
Alianza para la Justicia, el Trabajo y la Educación, 489-490, 492, 507-509, 514, 519
Alianza Popular Revolucionaria, 363
Alianza por la Renovación Institucional (ARI), 525
Allende, Salvador, 419
Alsina, Adolfo, 93, 102
Alsina, Valentín, 93
Alsogaray, Álvaro, 330, 335, 338, 466
Alsogaray, María Julia, 466
Altamirano, Carlos, 501
Álvarez, Carlos «Chacho», 467, 489, 509, 513, 515
Álvarez Jonte, Antonio, 34
Alvear, Carlos María de, 34
Alvear, Marcelo Torcuato de, 168, 173-174, 181, 190-192, 199, 224, 226, 228, 231, 235-236, 240, 295
Álzaga, Martín de, 25
AMIA, mutua, 491

537

Angeloz, Eduardo, 460-462, 484
Anglo, empresa, 214, 233
Apold, Raúl, 306
Aramburu, Pedro Eugenio, 320, 322, 343, 358, 360
Aráoz de Lamadrid, Gregorio, 65, 78
Ariel (José Enrique Rodó), 159
Arlt, Roberto, 193, 202, 381
Armour, empresa, 214
Artigas, José Gervasio, 37, 50
Asamblea de Unión Nacional, 362
Asamblea Permanente por los Derechos Humanos, 432
Asociación de Bancos Argentinos, 410
Asociación de la Joven Generación Argentina, 74; *véase también* Generación de 1837
Asociación de Mayo, 78
Asociación del Trabajo, 179-180
Asociación Obrera Textil, 336
Atlántida, editorial, 204, 435
Atlántida, revista, 204
Avellaneda, Nicolás, 83, 99, 101-102, 135
Ayacucho, batalla (1824), 200

Balbín, Ricardo, 295-296, 322, 325-326, 363
Balcarce, Juan Ramón, 32, 66-68
Balza, Martín, 481
Banco Central, 211, 242, 263, 267, 329, 338, 406-407, 468, 472
Banco de la Nación Argentina, 124-125
Banco Internacional de Reconstrucción y Fomento, 324
Banco Mundial, 470
Banco Nacional, 60
Barceló, Alberto, 232
Barletta, Leonidas, 203, 248
Barracas, tratado de (1829), 53

Barrionuevo, Luis, 484
Barroetaveña, Francisco, 143
Beagle, canal de, conflicto con Chile, 419-420, 447
Beatles, The, 383
Beckett, Samuel, 382
Belgrano, Manuel, 26, 31-32
Begnis, Carlos Silvestre, 342
Benegas, tratado (1820), 45
Benichou, Paul, 502
Benítez, Adolfo, 368
Bergson, Henri, 159
Berón de Astrada, Genaro, 78
Bertoni, Lilia Ana, 158
Bialet Massé, Juan, 149
Bignone, Reinaldo Benito, 426, 429, 480
Billiken, revista, 204
Bioy Casares, Adolfo, 251, 303
Birri, Fernando, 384
Blanco, Eugenio, 343
Bolsa de Cereales, 176
Bolsa de Comercio, 277
Bonald, Louis de, 350
Bonanni, Pedro, 366
Borbones, dinastía, 12, 26
Borda, Guillermo, 358
Bordabehere, Enzo, 214
Bordón, Juan O., 489
Bores, Tato, 439
Borges, Jorge Luis, 202, 251, 303
Bornemann, Elsa, 438
Botana, Natalio, 137, 154, 204
Braden, Spruille, 286
Buenos Aires, batalla (1880), 103
Buenos Aires Herald, periódico, 435
Bunge, Delfina, 304
Bunge y Born, empresa, 466-467, 480
Bustos, Juan Bautista, 51, 64

Caamaño, Eduardo, 521
Cabezas, José Luis, 478, 490
Cabildo Abierto del Justicialismo (1950), 294
Cachano, Miguel Ángel, 335
Cadícamo, Enrique, 252
Cafiero, Antonio, 366, 457-459
Cafrune, Jorge, 385
Caillois, Roger, 251
Caja de Conversión, 173, 176
California Argentina de Petróleo, empresa, 269
Cámara Argentina de Comercio, 410
«Cambalache» (Enrique Cadícamo), 252
Campaña del desierto, 67, 86, 102, 115
Campichuelo, batalla, (1810), 32
Cámpora, Héctor J., 362-363, 367, 369-370, 388
Camps, Ramón, 417
Camus, Albert, 305
Canal 13, televisión, 500
Cané, Miguel, 157
Cantilo, José Luis, 185
Cañuelas, tratado de (1829), 53
Capellini, Orlando, 376
Caputo, Dante, 448
Caras y caretas, revista, 204
Carlos III, rey de España, 11
Carlota Joaquina, infanta, 26
«Carpa Blanca», 478
Carril, Salvador María del, 97
Carrillo, Ramón, 273
Carrió, Elisa, 525
Carulla, Juan, 201
Casa de la Moneda, 60
Casares, Tomás, 201, 301
Caseros, batalla (1852), 81-82, 92
Castelli, Juan José, 31-32
Castelnuovo, Elías, 246, 248, 304

Castillo, Ramón S., 236, 239-241, 280
Castro, Fidel, 334, 438
Cavallo, Domingo Felipe, 407, 468, 473, 487, 489, 514-515, 517-518
Cavarozzi, Marcelo, 401
CEA (Consejo Empresario Argentino), 401, 410
CEAL (Centro Editor de América Latina), 380, 436
CEDES (Centro para el Estudio del Estado y la Sociedad), 439
Central de Trabajadores de la Argentina, *véase* CTA.
Centro, revista, 305
Centro Editor de América Latina, *véase* CEAL.
Centro Naval, 180
CEPAL (Comisión Económica para América Latina), 327, 382
Cepeda, batalla (1820), 37-38, 43, 48
Cepeda, batalla (1859), 97-98
CGE (Confederación General Económica), 278, 368
CGT (Confederación General del Trabajo), 220, 275-276, 278, 284, 290-291, 294, 320, 323, 333, 347, 356, 370, 375, 449, 513
CGT-Brasil, 423
CGT de los Argentinos, 355
Chacabuco, batalla, (1817), 36
Chacra, revista, 205
Chávez, Fermín, 304
Chávez, Hugo, 529
«Che» Guevara, Ernesto, 335, 379, 382
Chiaramonte, José Carlos, 28
Chiclana, Feliciano, 33
CIA (Central de Inteligencia Americana), 436

Círculos de Obreros, 133
«Claridad», colección de novelas, 205
Claridad, revista, 201, 203, 249
Clarín, grupo editorial, 500
Clarín, periódico, 306, 500
«Club del Clan», 383
Club del Progreso, 132, 139
Coelho, Paulo, 505
Colegio de Ciencias Morales, 45
Colegio Militar, 101, 222, 225-226
Comisión Económica para América Latina, *véase* CEPAL.
Comisión Interamericana de Derechos Humanos, 420
Comisión Nacional sobre la Desaparición de las Personas, *véase* CONADEP.
Comisión Pacificadora de Indios, 52
Compañía de Monte, 373
CONADEP (Comisión Nacional sobre la Desaparición de Personas), 414, 452-453
Concordancia, 229, 233
Confederación de las Derechas, 193
Confederación General del Trabajo, *véase* CGT.
Confederación General Económica, *véase* CGE.
Conferencia de Cancilleres de Punta del Este (1962), 335
Conferencia de los Ejércitos Americanos (1964), 346
Conferencia Episcopal Argentina, 409
Confirmado, revista, 348
Congreso Eucarístico (1934), 234, 247
Congreso Nacional de la Productividad y Bienestar Social (1955), 270, 276

Consejo de Investigaciones Científicas y Técnicas (Conicet), 380
Consejo Económico Nacional, 267
Consejo Empresario Argentino, *véase* CEA.
Consenso de Washington, 464
Conti, Haroldo, 436
Contorno, revista, 305, 380
Cooke, John William, 279
Coordinadora (Junta Coordinadora Nacional), 459-460
Copello, Santiago Luis, 238
«Cordobazo» (1969), 355-356, 358, 387
Corporación de Transportes, 242
Correa, Carlos, 305
Cortázar, Julio, 303, 383
Cortés Conde, Roberto, 272
Costa Méndez, Nicanor, 425
Cox, Robert, 435-436
Cristianismo y Revolución, revista, 386
Criterio, revista, 200
Crítica, periódico, 197, 202, 204
Crotto, José Camilo, 190
CTA (Central de Trabajadores de la Argentina), 478
Cuadrilátero, tratado del (1822), 45, 51
Cursos de Cultura Católica, 200

D'Abernon, Edgar, 175
Dagnino Pastore, José María, 358, 406-407
Darío, Rubén, 159
De la Plaza, Victorino, 155
De la Rúa, Fernando, 482, 487, 490, 492, 508-509, 511, 513-514, 518-519, 525
De la Sota, José Manuel, 457, 526
De la Torre, Lisandro, 154-156, 214, 224, 228

De Maistre, Joseph de, 350
Del Mazo, Gabriel, 249
Del Carril, Bonifacio, 251
Del Carril, Hugo, 306
Dellepiane, Luis J., 180, 197-198
Derqui, Santiago, 97-98
Di Tella, Guido, 177
Di Tella, instituto, 384-385, 387
Díaz Alejandro, Carlos, 169
Discépolo, Armando, 304
Doll, Ramón, 304
Dorrego, Manuel, 48, 52-53, 61-63
Duarte de Perón, Eva («Evita»), 274, 279, 293-295, 297, 304
Duhalde, Eduardo, 459, 484, 490-493, 506, 520-521, 523-527
Duhau, Luis, 214

Echeverría, Esteban, 75
Eichmann, Adolf, 340
Ejército Grande, 81
Ejército Revolucionario del Pueblo, *véase* ERP.
El Descamisado, revista, 368
El Gráfico, revista, 205
El Hogar, revista, 204
El hombre que está solo y espera (Scalabrini Ortiz), 250
El Mundo, periódico, 193, 204
El Payador (Leopoldo Lugones), 160
El Porteño, revista, 439
El Pueblo, periódico, 200
El Restaurador de las Leyes, periódico, 68
Emecé, editorial, 251
Erman González, Antonio, 467, 487
ERP (Ejército Revolucionario del Pueblo), 357, 361, 370, 373-374, 414-415, 461
Escuela de Náutica, 101

Espejo, José, 276
Estrada, José Manuel, 143, 157
EUDEBA, editorial, 380
«Evita», *véase* Duarte de Perón, Eva.
Ezcurra, Encarnación, 67-68

Falcón, Ramón, 151
FAP (Fuerzas Armadas Peronistas), 357, 360
FAR (Fuerzas Armadas Revolucionarias), 357
Farrell, Edelmiro, 282
Favio, Leonardo, 384
Federación de Obreros Marítimos, 178-179
Federación Nacional Democrática, 224, 227
Federación Obrera Argentina, 150; *véase también* FORA
Feinmann, José Pablo, 501
Fernández, Roque, 473, 489
Fernández Meijide, Graciela, 490, 507, 509
Fernando VII, rey de España, 26, 31, 33, 35-36
Ferrari, León, 494
Ferré, Pedro, 59
Ferrer, Aldo, 359
Fiat Concord, empresa, 361
Figueroa Alcorta, José, 151-152
Filmus, Daniel, 499
Firmenich, Mario, 481
FMI (Fondo Monetario Internacional), 324, 354, 472, 521, 523-524
Fondo de Reparación Histórica, 484
Fondo Monetario Internacional *véase* FMI
FORA (Federación Obrera Regional Argentina), 150
FORJA, grupo cultural, 249

Framini, Andrés, 336
Francia, José Gaspar de, 100
Frank, Waldo, 251
FREJULI (Frente Justicialista de Liberación), 363
Frente Grande, 489
Frente Justicialista de Liberación, *véase* FREJULI.
Frente Nacional y Popular, 328, 341
Frente por la Lealtad, 525
Frente por la Victoria, 525
FREPASO (Frente para un País Solidario), 489-490, 507-509
Frías, Félix, 75
Frigerio, Rogelio, 327-328
Frondizi, Arturo, 296, 299, 314, 322, 325-326, 328, 330-332, 334-339, 341, 345, 377, 381, 383
Frondizi, Risieri, 381
Frondizi, Silvio, 389
Fuerzas Armadas Peronistas, *véase* FAP.
Fuerzas Armadas Revolucionarias, *véase* FAR.
Fundación Eva Perón, 274, 294

Galán, José Miguel, 93
Galimberti, Rodolfo, 368
Gallo, Vicente, 192
Galtieri, Leopoldo Fortunato, 407, 421-422, 425-426
Gálvez, Manuel, 202, 304
Gamond, Eduardo, 363
García, Luis J., 197
García, Manuel José, 48
García, Próspero, 230
García Elorrio, Juan, 386
García Márquez, Gabriel, 383
Gardel, Carlos, 205, 252
Gas del Estado, empresa, 470
Gelbard, José Ber, 278, 364-365, 368, 370, 373

Generación de 1837, 74-75, 82, 87, 95
Generación del ochenta, 157-158, 161
Genta, Jordán Bruno, 301
Gente, revista, 412
Germani, Gino, 380
Gilman, Claudia, 385
Girondo, Oliverio, 202, 251
Goebbels, Joseph, 306
Gómez, Alejandro, 338
Gómez, Indalecio, 152
Gómez Morales, Alfredo, 267, 366, 373, 375
González, Elpidio, 198
González, Joaquín V., 148-149
González Tuñón, Raúl, 248
Gorleri, Jorge, 436
Gorriarán Merlo, Enrique, 461
GOU (Grupo de Oficiales Unidos), 280-282, 291
Goyena, Pedro, 143, 157
Gramuglio, María Teresa, 244
Gran Colecta Nacional (1919), 179
Grinspun, Bernardo, 442
Grito de Alcorta (1912), 134
Grondona, Mariano, 341
Grosso, Carlos, 457
Groussac, Paul, 157
Grupo de Oficiales Unidos, *véase* GOU.
«Grupo de los Ocho», 467
Guerra con Brasil (1825-1827), 42, 46-48, 52, 61
Guerra contra la Confederación Peruano-Boliviana (1837-1838), 78
Guerra de Malvinas (1982), 407, 423-426, 440
Guerra del Paraguay (1865-1871), 100
Guido, José María, 338-339, 401

Gutiérrez, Juan María, 75
Halperin Donghi, Tulio, 157
Haynes, editorial, 204
Haynes, Alberto, 204
Hernández, José, 91-92, 160
Hernández Arregui, Juan José, 304
Hidalgo de Cisneros, Baltasar, 27
Historia de una pasión argentina (Eduardo Mallea), 250
Houssay, Bernardo, 302, 380
Huaqui, batalla (1811), 33
Humor, revista, 439, 501
Hunt, Rex, 424

IAPI (Instituto Argentino de Promoción del Intercambio), 264, 267-268
Ibarguren, Carlos, 198, 246
Ibarra, Aníbal, 509
Ibarra, Juan Felipe, 66
Iglesia católica, 85, 102, 141, 157, 179, 200-201, 234, 238, 248, 260, 281, 288, 291, 294, 297-299, 301, 304, 332, 345, 381, 387, 409, 419, 434-435, 448, 450, 453, 455, 459, 494, 521
Illía, Arturo, 318, 343, 347, 349, 383
Imago Mundi, revista, 305
Imaz, Francisco, 358
Ingenieros, José, 158
Inicial, revista, 202
Instituto Argentino de Promoción del Intercambio, *véase* IAPI.
Irazusta, Julio, 201
Irazusta, Rodolfo, 201
«Isabelita», *véase* Martínez de Perón, María Estela.
Iuyamtorg, empresa, 173
Ivanissevich, Óscar, 303, 389

Jauretche, Arturo, 249, 304
Je vous salue, Marie, 494
Jockey Club, 132, 139, 298
JSP (Juventud Sindical Peronista), 362
Juan Pablo II, papa, 419
Juárez Celman, Miguel, 124, 128, 139, 141-142, 144-145
Junta Central de Sevilla, 29
Junta Consultiva, 320
Junta Coordinadora Nacional, *véase* Coordinadora.
Junta Grande, 33
Juntas Reguladoras, 211, 242
JUP (Juventud Universitaria Peronista), 362
Justo, Agustín P., 183, 191, 194, 211, 213-214, 224, 226-230, 232-238, 240
Juventud Peronista, 362-363, 367-368, 370, 372
Juventud Sindical Peronista, *véase* JSP.
Juventud Universitaria Peronista, *véase* JUP.

Kempes, Mario Alberto, 418
Kennedy, John Fitzgerald, 335, 340, 382
Kirchner, Néstor, 525-526, 528-530
Klan Radical, 195
Kosteki, Maximiliano, 523
Krieger Vasena, Adalbert, 318, 353, 358-359

La Causa Peronista, revista, 368
La cuba electrolítica, 438
«La Cueva», local musical, 383
La fiesta de todos (Sergio Renán), 437
La Forestal, empresa, 181
La gran aldea (Lucio V. López), 90

La hora de los hornos (Fernando Pino Solanas), 384
La Hora del Pueblo, 360
La Nación, periódico, 197, 204, 500
La Nueva República, periódico, 201
La Opinión, periódico, 436
La Prensa, periódico, 204, 291
La Razón, periódico, 204, 436
La razón de mi vida (Evita), 297, 304
Lagos, Hilario, 94
Lanata, Jorge, 500
Lanusse, Alejandro Agustín, 358, 360-362, 364, 419
Las aguas bajan turbias (Hugo del Carril), 306
Lautaro, logia, 34
Lavagna, Roberto, 524, 527, 529
Lavalle, Juan, 52-53, 61, 78-79
Lavalleja, Juan Antonio, 47
Lencinas, Carlos Washington, 195
Lennon, John, 382
Levalle, Nicolás, 144
Levingston, Roberto Marcelo, 359-360
Liga Argentina por los Derechos del Hombre, 432
Liga de Gobernadores, 103
Liga del Interior (1830), 64-65
Liga del Sur, 155
Liga Patriótica Argentina, 179-181, 201
Liga Republicana, 195
«línea Mayo-Caseros», 321
Liniers, Santiago de, 25, 32
Lisandro de la Torre, empresa, 332
Lonardi, Eduardo, 300, 319-320, 323
López, Estanislao, 37, 50, 52-53, 65
López, Lucio V., 90, 157

López, Vicente Fidel, 75, 93
López Jordán, Ricardo, 101
López Llausás, Antonio, 251
López Murphy, Ricardo, 514, 525
López Rega, José, 368, 370-371, 373, 375, 388
Luder, Ítalo, 429-430, 480
Lugones, Leopoldo, 160, 200

Machinea, José Luis, 511, 514
Maddison, Angus, 112, 309
Madres de Plaza de Mayo, 418, 432, 518, 520
Maipú, batalla, (1818), 36
Mallea, Eduardo, 250-251
Manifiesto de los 44, 197
Manrique, Francisco, 363
Manzano, José Luis, 486
Manzi, Homero, 249, 304
Marechal, Leopoldo, 304
Mariani, Roberto, 203, 248
Marmol, José, 75
Márquez, Carlos D., 237
Martín Fierro (José Hernández), 90-92, 160
Martín Fierro, revista, 202, 246
Martínez, Enrique, 198
Martínez de Hoz, Federico, 232
Martínez de Hoz, José Alfredo, 338, 395-397, 400-403, 406-407, 417, 420, 427, 463
Martínez de Perón, María Estela («Isabelita»), 308, 317, 365, 367, 370, 373-375, 400, 429, 452, 457
Martínez Estrada, Ezequiel, 250-251
Martínez Zuviría, Gustavo («Hugo Wast»), 281, 301
Massera, Emilio Eduardo, 408, 417, 429, 434, 439, 454, 481
Matienzo, José N., 229

Mayo francés (1968), 355
Maza, Manuel, 68-69, 78
Maza, Ramón, 78
Mazorca, banda, 67, 73
Medellín, Conferencia de (1968), 355, 386
Melo, Leopoldo, 192
Méndez, Evar, 202
Méndez Delfino, Eustaquio, 338
Menem, Carlos Saúl, 397, 444, 450, 457-468, 471-475, 479-492, 505-506, 510, 512, 514-515, 521, 523, 525-526, 529
Menem, Eduardo, 460
Menéndez, Luciano Benjamín, 295
Menéndez, Mario Benjamín, 424-426
Menotti, César Luis, 418
Mercosur, 469, 473, 510
Miguel, Lorenzo, 449
Mill, John Stuart, 128
Milstein, César, 505
Miranda, Miguel, 267
Miranda-Eady, tratado, 263
Mitre, Bartolomé, 50, 83, 96-101, 135, 143, 145-146, 151, 304
Mondelli, Emilio, 366
Montevideo, sitio grande, 79-80
Montoneros, 357-358, 362, 368, 370, 372-374, 385-386, 414-415, 429, 480-481
Mor Roig, Arturo, 361
Morales, María Soledad, 478
Moreau, Leopoldo, 525
Moreno, Mariano, 31-33
Moreno, Rodolfo, 232
Morillo, Pablo, 31
Mosconi, Enrique, 173
Movimiento de Intransigencia y Renovación, 295
Movimiento de Villeros Peronistas (MVP), 362

Movimiento Nacional y Popular, 525
Movimiento Todos por la Patria (MTP), 461
Moyano, Hugo, 513
Moyano Llerena, Carlos, 359
Mujica, Carlos, 386, 389
Multipartidaria, 422-423
Mundial de Fútbol (1978), 417-418, 437
Mundo Argentino, revista, 204
Murúa, Lautaro, 384

Napoleón Bonaparte, 31, 35
Nebbia, Litto, 383
Nietzsche, Friedrich, 159
Noble, Roberto J., 306
«noche de los bastones largos» (1966), 352, 387
Nosotros, revista, 246
Noticias, periódico, 368
Nunca más, informe, 436, 453

Ocampo, Victoria, 250
Oesterheld, Héctor, 436
Olivos, acuerdo de (1993), 488
Oncativo, batalla (1830), 64
Onganía, Juan Carlos, 309, 314, 318, 341-342, 346, 348-350, 352-353, 356, 358, 361, 383, 387, 399, 401
Ongaro, Raimundo, 355
ONU (Organización de Naciones Unidas), 327, 425, 481
Operación Claridad, 437-438
Operativo Independencia, 374
Opus Dei, 351
Oribe, Manuel, 79-81
Ortega, Ramón «Palito», 437, 492
Ortega Peña, Rodolfo, 389
Ortiz, Roberto M., 234, 236-237, 239
Otero, Ricardo, 368

Ottalagano, Alberto, 389
Ottawa, Conferencia de (1932), 212
Oyhanarte, Horacio, 175, 198

Pacelli, Eugenio (Pío XII), 234
Pacto Federal (1831), 65-66, 72, 93
Página 12, periódico, 500
PAIS, partido, 489
Palacio, Ernesto, 201, 250, 304
Palacios, Alfredo, 150
PAN (Partido Autonomista Nacional), 97, 110, 136, 138, 141-142, 145-147, 150-151
Para Ti, revista, 205
Paramount, empresa, 252
Partido Autonomista Nacional, *véase* PAN.
Partido Comunista, 234, 248, 357
Partido Conservador, 214, 225, 227
Partido Demócrata Nacional, 228, 232, 336
Partido Demócrata Progresista, *véase* PDP.
Partido Intransigente, 447
Partido Justicialista, *véase* Partido Peronista
Partido Laborista, 285
Partido Peronista, 289-290, 320, 325, 331-333, 336, 347, 362, 368, 371-374, 428-429, 445-446, 457-459, 485-486, 516, 525
Partido Revolucionario de los Trabajadores, 357
Partido Socialista, 119, 154, 156, 184, 196, 204, 228, 248
Partido Socialista Independiente, 196, 204, 225, 228, 232
Patrón Costas, Robustiano, 240
Paso, Juan José, 33-34
Pavón, batalla (1861), 82, 98, 109

Paz, José María, 53, 64-65
PDP (Partido Demócrata Progresista), 155, 228
Pellegrini, Carlos, 142, 144-145, 147, 150-151
Peñaloza, Ángel Vicente «Chacho», 100
Pérez Esquivel, Adolfo, 421
Perón, Eva, *véase* Duarte, Eva.
Perón, Isabel, *véase* Martínez de Perón, María Estela
Perón, Juan Domingo, 183, 223, 257, 260, 263, 267-268, 270, 275-280, 282-289, 293-300, 302-303, 308, 318-319, 321-323, 325-326, 328, 331-332, 336, 341-342, 347-348, 361-363, 365, 367-373, 379, 388, 415, 452, 457, 459, 467, 475
Petróleo y política (Arturo Frondizi), 299
Pettoruti, Emilio, 202
Pico, César, 201
Piglia, Ricardo, 439
Pinedo, Federico, 214, 243, 338; *véase también* Plan Pinedo
Pino Solanas, Fernando, 384
Pinochet, Augusto, 419
Pío XII, *véase* Pacelli, Eugenio.
Plan Austral, 441, 443, 459
Plan Bonex, 467
Plan Conintes (Conmoción Interna del Estado), 332
Plan Marshall, 260, 266
Plan Pinedo, 217, 222, 239
Plan Primavera, 444, 460
Pomar. Gregorio, 226, 228
Ponce, Aníbal, 248
Portogalo, José, 248
Posadas, Gervasio Antonio de, 34
Posse, Melchor, 525
Prebisch, Raúl, 323

Premio Nobel, 302, 304, 380, 421, 505
Prieto, Adolfo, 160
Primera Plana, revista, 348, 382-383
Prisma, revista, 202
Proa, revista, 202
Proceso de Reorganización Nacional, 399, 401, 409, 422
Puente de Márquez, batalla (1829), 53
Puerta, Ramón, 520
Puig, Juan Carlos, 368
Puig, Manuel, 384
Puiggrós, Rodolfo, 304, 368, 370
Punto de vista, revista, 439

Quarracino, Antonio, 453
Quebracho Herrado, batalla (1840), 79
Quintana, Manuel, 150
Quiroga, Facundo, 50-51, 53, 64-66, 69
Quiroga, Horacio, 202

Radiografía de la Pampa (Ezequiel Martínez Estrada), 250
Ramírez, Francisco, 37, 51
Ramírez, Pedro Pablo, 240-241, 280-282
Ramos, Jorge Abelardo, 304
Ramos Mejía, José María, 158
Rapanelli, Néstor, 480
Rapoport, Mario, 112
Rawson, Arturo, 280
Recrear, partido, 525
Regimiento de Patricios, 25
Reglamento de Comercio Libre (1778), 12-14, 25
Reglamento de Intendencias (1786), 12
Remes Lenicov, Jorge, 522, 524
Renán, Sergio, 437

Repetto, Nicolás, 228
Rerum Novarum, encíclica, 133
Respiración artificial (Ricardo Piglia), 439
Reutemann, Carlos, 526
Ricardo, David, 110
Rico, Aldo, 455
Righi, Esteban, 368
Rivadavia, Bernardino, 38, 43-46, 48, 71
Rivera, Fructuoso, 79
Robertson, Malcolm, 172
Roca, Julio Argentino, 102-103, 135-136, 138-139, 141-142, 144-147, 150, 183, 304
Roca, Julio Argentino (hijo), 213, 229
Roca-Runciman, tratado (1933), 212-214, 233, 244
Rocha, Dardo, 139
Rodó, José Enrique, 159
«Rodrigazo», 317, 366
Rodrigo, Celestino, 317, 366, 375, 463; *véase también* «Rodrigazo».
Rodríguez, Martín, 41, 43-44
Rodríguez Peña, Nicolás, 26, 34
Rodríguez Peña, Saturnino, 26
Rodríguez Saá, Adolfo, 520-521, 525
Roig, Miguel, 480
Rojas, Isaac, 300, 319-320, 326, 467
Rojas, Ricardo, 160
Romero, José Luis, 305, 379
Romero, Julio, 525
Rosas, Juan Manuel de, 52-53, 55-56, 58-61, 63-64, 66-74, 78-82, 92, 109, 139, 250, 321
Royal Dutch Shell, 173
Rucci, José, 370
Ruckauf, Carlos, 507, 517
Ruiz Guiñazú, Magdalena, 439

Runciman, Walter, 213; *véase también* Pacto Roca-Runciman

Saadi, Vicente Leónidas, 448
Saavedra, Cornelio, 25, 31-33
Sábato, Ernesto, 453
Sabattini, Amadeo, 285
Sáenz Peña, Luis, 146
Sáenz Peña, Roque, 145-146, 152-154, 162, 186, 222, 236
Saint Jean, Ibérico, 417
Salimei, Jorge Néstor, 353
Sallustro, Oberdan, 361
Salón Literario, 74-75; *véase también* Generación de 1837
Samoré, Antonio, 419
San José de Flores, pacto (1859), 98
San Martín, José de, 34-36, 294, 305
San Nicolás, acuerdo de (1852), 93
Sánchez Sorondo, Matías, 226
Santillán, Darío, 523
Santos Discépolo, Enrique, 251-252
Santucho, Roberto Mario, 415
Sarlo, Beatriz, 439, 503
Sarmiento, Domingo Faustino, 50, 75-77, 83, 89, 99-101, 148, 157, 305
Sarney, José, 469
Sarratea, Manuel de, 33
Sartre, Jean Paul, 305
Sayhueque, Valentín, 102
Scalabrini Ortiz, Raúl, 249-250, 304
Scioli, Daniel, 525
SEGBA, empresa, 470
Seguridad Nacional, doctrina, 411
Seineldín, Mohamed Alí, 456, 481
Semana Trágica, 180
Servicio de Informaciones del Estado (SIDE), 411

Sidicaro, R., 204
Sigal, Silvia, 302
Sigaut, Lorenzo, 406
Siglo XXI, editorial, 436
Sociedad de Beneficencia, 274
Sociedad Rural Argentina, 132, 170, 172, 175-176, 410
Solano Lima, Vicente, 342, 363, 367
Solano López, Francisco, 100
Solero, F., 305
Standard Oil, empresa, 173
Sourrouille, Juan Vital, 442
Sudamericana, editorial, 251
Sueldo, Horacio, 363
Sur, revista, 246, 250-251, 303, 305, 381
Swift, empresa, 214, 486

Taiana, Jorge, 368, 370
Tanguito (José A. Iglesias), 383
Tato, Miguel Paulino («Néstor»), 389, 436-437
Tejedor, Carlos, 103, 135
Tendencia Revolucionaria, 362, 367-368, 370, 415-416
Terán, Óscar, 382
Thatcher, Margaret, 425
Tiempo, César, 203, 304
Tiffemberg, E., 500
Timmerman, Jacobo, 382, 436
«Tor», colección de novelas, 205
Torres, José Luis, 244
Torre Nilsson, Leopoldo, 384
Triaca, Jorge, 449
Triple A (Alianza Apostólica Anticomunista), 371, 373, 388-389, 410-411, 429, 434-435
Tucumán, batalla (1839), 65

UBA (Universidad de Buenos Aires), 45, 301, 351, 368, 370, 379, 381, 389, 504

Ubaldini, Saúl, 423, 449
UC (Unión Cívica), 143, 145
UCR (Unión Cívica Radical), 110, 145-147, 150, 154-156, 162, 182-185, 188-189, 194, 196, 199, 227-228, 230-232, 235-237, 280, 295, 322, 363, 369, 428-429, 444-445, 489, 507-508, 514, 525
UCR-Junta Renovadora, 285
UCRA (Unión Cívica Radical Antipersonalista), 192, 194, 231
UCRI (Unión Cívica Radical Intransigente), 322, 325, 342-343
UCRP (Unión Cívica Radical del Pueblo), 322, 325, 334, 336, 343, 350
UDELPA (Unión del Pueblo Argentino), 343
Ugarte, Marcelino, 150, 155-156, 185
UGT (Unión General de los Trabajadores), 150-151
Un elefante ocupa mucho espacio (Elsa Bornemann), 438
Unión Cívica, *véase* UC
Unión Cívica de la Juventud, 143
Unión Cívica Radical, *véase* UCR.
Unión Cívica Radical Antipersonalista, *véase* UCRA.
Unión Cívica Radical del Pueblo, *véase* UCRP,
Unión Cívica Radical Intransigente, *véase* UCRI.
Unión de Centro Democrático, 447
Unión del Pueblo Argentino, *véase* UDELPA.
Unión Democrática, 277, 285-287
Unión Industrial Argentina, 177, 278
Unión Nacional, 151
Unión Obrera Metalúrgica, 356
Unión Popular, 342, 348
Universidad de Buenos Aires, *véase* UBA.
Uriburu, José Evaristo, 146
Uriburu, José Félix, 197, 199, 201, 210, 219, 222-227, 238
Urquiza, Justo José de, 51, 75, 81-82, 93-98, 100

Valdez Cora, Ramón, 214
Valle, Aristóbulo del, 143
Valle, Juan José, 323
Vallese, Felipe, 340
Vandor, Augusto Timoteo, 333, 336, 347-348, 356
Varela, Felipe, 100
Vargas Llosa, Mario, 383
Vasena, talleres, 180
Vaticano II, concilio, 357, 386
Vezzetti, Hugo, 414
Viamonte, Juan José, 53, 68
«Viborazo» (1971), 360
Videla, Jorge Rafael, 400, 408, 412, 417, 419-421, 435, 454, 481
Vigil, Constancio, 204
Villar, Alberto, 373
Viola, Roberto, 405, 407, 420-422
Viñas, David, 161, 305
Virasoro, José Antonio, 98
Vítolo, Alfredo, 336

Walsh, Rodolfo, 385, 436
Wehbe, Jorge, 338, 406
Wilde, Eduardo, 157

Yabrán, Alfredo, 489, 491
Yacimientos Petrolíferos Fiscales, *véase* YPF.
Yoma, Emir, 486

YPF (Yacimientos Petrolíferos Fiscales), 172-173, 329, 470-471
Yrigoyen, Hipólito, 147, 155-156, 163, 168, 172-176, 178-184, 188-199, 207, 222-226, 228, 230-231, 235, 246

Yunque, Álvaro, 248
Yupanqui, Atahualpa, 385

Zamora, Antonio, 203
Zymelman, Manuel, 177

Índice

Prólogo 7

INTRODUCCIÓN: EL VIRREINATO DEL RÍO DE LA PLATA ... 11
   Los antiguos pobladores del territorio 15

PRIMERA PARTE: LA FORMACIÓN DEL ESTADO EN LA ARGENTINA (1810-1880)
1. El proceso de independencia 23
   Las invasiones inglesas y la militarización de Buenos Aires 23
      El «partido de la independencia» 26
   La Revolución de Mayo 27
2. La primera década revolucionaria (1810-1820) 28
   Las consecuencias económicas de la revolución 28
   Los desafíos de la política 31
      1810-1814: la revolución audaz 31
      1815-1820: la revolución conservadora 35
3. Anarquía y descomposición (1820-1829) 38
   Una economía en expansión 38
      La economía porteña y los terratenientes 39
   Una década de agitada vida política 43
      La «feliz experiencia» de Buenos Aires (1820-1826). 43

  El Congreso de 1824 y la guerra con el Brasil 45
  La política en el interior: caudillos y Estados provinciales 48
  El ascenso de Rosas 52
4. La Confederación rosista (1829-1852) 54
  Las bases económicas del régimen rosista 56
    La política económica de Rosas 58
  El orden político rosista 60
    Primer gobierno de Rosas (1829-1832) 60
      El estado de guerra civil 61
      Las provincias divididas: la Liga Unitaria y el Pacto Federal de 1831 64
  El federalismo dividido 66
    Gobierno de Balcarce (1832-1833) 66
    La «Revolución de los Restauradores» 67
    Viamonte y Maza: el predominio rosista 68
  Consolidación del orden rosista (1835-1852) 69
    Un nuevo estilo de hacer política 70
    Rosas y la organización constitucional del país .. 71
  Desafíos internos y externos a la Confederación rosista 72
    Crisis y oposición: la implantación del terror 73
    Las nuevas ideas: la Generación de 1837 74
    La crisis de la Confederación 77
    Disolución del orden rosista 80
5. La trabajosa construcción del Estado nacional (1852-1880) 82
  Las transformaciones económicas y sociales 83
  La puesta en marcha de la Argentina agroexportadora 84
    La «fiebre» del lanar 87
    El interior frente a la nueva situación 89
  Una sociedad crecientemente heterogénea 89
  El proceso político de la secesión de Buenos Aires .. 92
    La Confederación 94
    Buenos Aires consolida su Estado 95

Entre Cepeda y Pavón 97
Hacia la definitiva organización nacional 98

SEGUNDA PARTE: APOGEO Y CRISIS DE UN PROYECTO DE NACIÓN (1880-1943)
6. Argentina 1880-1916: una economía abierta y un orden político conservador 109
   La economía en un período de expansión 110
      El crecimiento en cifras 112
      El sector agropecuario 115
      La actividad industrial 118
      Comercio e inversiones extranjeras 120
      El sistema monetario 122
      El rol del Estado 124
      La distribución del ingreso 126
      La evolución económica antes y después de la crisis de 1890 128
   Una sociedad en movimiento 129
   La dinámica política 135
      Miguel Juárez Celman: apogeo y crisis 141
      La revolución de 1890 y sus consecuencias 143
      Hacia la reforma 147
      La reforma Sáenz Peña 152
      Hipólito Yrigoyen presidente 154
   El mundo de la cultura: positivismo y modernismo ... 156
7. De la guerra a la depresión: los radicales en el poder (1916-1930) 162
   La realidad económica 163
      La guerra y sus consecuencias 165
      La posguerra 167
      Los años de Alvear 168
      La producción agropecuaria 169
      El sector industrial y las inversiones 171
         El petróleo 172
      La política monetaria y fiscal 173

La economía frente a la crisis mundial: el segundo mandato de Yrigoyen 174
    Los problemas de la ganadería 175
    La crisis de 1929 175
¿Hubo una «gran demora» en la década de 1920? ... 177
La sociedad: consolidación de las clases medias 178
El juego de la política 182
    El oficialismo y la oposición 183
    El gobierno de Marcelo T. de Alvear 190
    Del plebiscito a la crisis 194
La cultura durante los gobiernos radicales 198
    Vanguardia y compromiso social 201
    Una cultura de masas 203

8. La Argentina frente a la crisis mundial (1930-1943) . 207
La evolución económica 208
    Las estadísticas del período 208
    El sector externo en crisis 210
    El pacto Roca-Runciman 212
        Consecuencias del pacto 214
    La industrialización sustitutiva de importaciones 214
    El impacto de la guerra 216
Las transformaciones sociales 219
    Las repercusiones de la crisis 219
        Las condiciones laborales 221
        ¿Una restauración conservadora? 221
La política en el intervalo de dos golpes militares ... 222
    La caída de Yrigoyen y el gobierno de Uriburu ... 222
    La presidencia de Justo 227
    La cuestión radical: el camino hacia el fraude 229
    La Concordancia 232
        La sucesión 233
    Ortiz o la imposible salida del fraude 236
    Guerra, crisis y golpe 239
    Estado, política y corporaciones 241
La cultura bajo el signo de la crisis 243

El «ensayo sobre el ser nacional» y otras reflexiones 249
La cultura de masas 251

TERCERA PARTE: LA INESTABILIDAD COMO CONSTANTE. LA ARGENTINA DE PERÓN A VIDELA (1943-1976)
9. La irrupción de las masas (1943-1955) 257
 La coyuntura económica 258
  La política económica del peronismo 258
  La época de oro (1946-1948) 261
  Los primeros problemas 266
  La búsqueda de un nuevo rumbo 268
 Las transformaciones sociales impulsadas por el peronismo 272
  Eva y la Fundación Eva Perón 274
  El Estado y el movimiento obrero 274
  El peronismo y el empresariado 277
  Las clases medias y el antiperonismo 278
 La evolución política 280
  Las elecciones de 1946 285
  La fiesta peronista 287
  La reelección 294
  La segunda presidencia: peronización y derrumbe 296
 La cultura en la Argentina justicialista 301
  La cultura de masas: nueva expansión y control . 306
10. Las contradicciones de un país dividido (1955-1976) 308
 Una economía inestable 309
 Un período crítico 318
  La Revolución Libertadora 318
   La corta experiencia nacionalista 319
   Los «gorilas» al poder 320
   Hacia una salida política restringida 324
  La experiencia desarrollista 326
   La propuesta de Frondizi 327

La gestión económica del gobierno	328
Frondizi y el peronismo	331
Las renovadas dificultades políticas	335
Crisis militar y nueva salida constitucional	337
Los liberales al mando de la economía	338
«Azules» y «colorados»	339
El Frente Nacional y Popular y su fracaso	341
Un presidente asediado	343
Una economía en recuperación	343
El radicalismo en el gobierno	344
Un intento autoritario: la Revolución Argentina	349
Un general para el futuro argentino	350
Un gobierno autoritario	351
La política económica de Krieger Vasena	353
El «Cordobazo» o el fin del sueño autoritario	355
La Revolución Argentina en terapia intensiva	358
«Se van... se van». La retirada de los militares	361
De la revolución al caos	364
La economía en tiempos tormentosos	364
La corta primavera de la Juventud Peronista	366
La tercera presidencia de Perón	370
Isabel y el derrumbe	373
Las transformaciones sociales	376
La cultura entre la modernización, la rebeldía y la violencia	378
Los años de la Revolución Libertadora y la breve ilusión frondizista	379
Los años sesenta y la radicalización de la cultura	382
La cultura y la lógica de la guerra. Los primeros años setenta	388

Cuarta parte: Dictadura, democracia, derrumbe y... (1976-...)

Un país en caída libre	394

11. La experiencia extrema del poder militar (1976-1983) 399
    La política económica 399
        La gestión de Martínez de Hoz 400
        La culminación del desastre 406
    El terrorismo de Estado 408
        Los métodos represivos de la dictadura 412
        La actividad de las organizaciones armadas 414
    La dinámica política 416
        25 millones de argentinos... 417
        El conflicto con Chile 419
        Primeros síntomas de debilidad 420
            La reaparición de los partidos políticos 421
            Galtieri y el intento de revitalización del Proceso de Reorganización Nacional 422
        La Guerra de Malvinas 423
            Una reivindicación histórica 424
            La guerra 426
        El final del «Proceso» 426
    Dictadura y sociedad 430
        El impacto de la política económica sobre la sociedad 432
    La cultura en tiempos de la dictadura 434
12. La democracia restablecida: el gobierno de Alfonsín . 441
    La economía antes y después del Plan Austral 442
    El difícil camino de la democracia 445
        La primavera democrática 445
        La cuestión militar entre el *make-up* y los derechos humanos 450
        La renovación del peronismo 457
        El fracaso del impulso reformista y el desbarranque del gobierno radical 459
13. El menemismo (1989-1999) 463
    La gestión económica del menemismo 465
        La convertibilidad 468
        Las privatizaciones 470

El sueño se acaba	472
La sociedad argentina en la década de 1990	474
La novedad del menemismo	474
Hacia la vulnerabilidad social	475
Las resistencias sociales al modelo	477
La práctica política del menemismo	479
El primer menemismo	479
Estabilidad, reforma de la Constitución y reelección	486
El declive	488
Libertades y paradojas: la cultura en los años de la democracia	493
La crisis de la escuela pública	496
La cultura audiovisual	499
Académicos e intelectuales	501
14. El derrumbe y la «recuperación»: de la Alianza a Kirchner (1999-...)	506
Relato de un fracaso: el gobierno de la Alianza	507
La renuncia de «Chacho» Álvarez	513
El retorno de Cavallo	514
La crisis de diciembre de 2001	517
La danza de los presidentes y la bronca de la sociedad	519
La recuperación	521
Hacia las elecciones	524
El presidente inesperado	526
La Argentina hoy	527
Bibliografía	531
Índice onomástico	537